U0524151

中国法律史学文丛

敦煌契约文书研究

王斐弘 著

商务印书馆
创于1897 The Commercial Press

图书在版编目(CIP)数据

敦煌契约文书研究/王斐弘著.—北京:商务印书馆,2021
(中国法律史学文丛)
ISBN 978-7-100-19946-9

Ⅰ.①敦… Ⅱ.①王… Ⅲ.①敦煌学—契约—文书—研究 Ⅳ.①K870.64

中国版本图书馆 CIP 数据核字(2021)第 092082 号

权利保留,侵权必究。

中国法律史学文丛
敦煌契约文书研究
王斐弘 著

商 务 印 书 馆 出 版
(北京王府井大街36号 邮政编码100710)
商 务 印 书 馆 发 行
北京新华印刷有限公司印刷
ISBN 978-7-100-19946-9

2021年9月第1版   开本 880×1230 1/32
2021年9月北京第1次印刷   印张 16¼
定价:116.00元

总　　序

随着中国的崛起，中华民族的伟大复兴也正由梦想变为现实。然而，源远者流长，根深者叶茂。奠定和确立民族复兴的牢固学术根基，乃当代中国学人之责。中国法律史学，追根溯源于数千年华夏法制文明，凝聚百余年来中外学人的智慧结晶，寻觅法治中国固有之经验，发掘传统中华法系之精髓，以弘扬近代中国优秀的法治文化，亦是当代中国探寻政治文明的必由之路。中国法律史学的深入拓展可为国家长治久安提供镜鉴，并为部门法学研究在方法论上提供养料。

自改革开放以来，中国法律史学在老一辈法学家的引领下，在诸多中青年学者的不懈努力下，在这片荒芜的土地上拓荒、垦殖，已历30年，不论在学科建设还是在新史料的挖掘整理上，通史、专题史等诸多方面均取得了引人瞩目的成果。但是，目前中国法律史研究距社会转型大潮应承载的学术使命并不相契，甚至落后于政治社会实践的发展，有待法律界共同努力开创中国法律研究的新天地。

创立已逾百年的商务印书馆，以传承中西优秀文化为己任，其影响达致几代中国知识分子及普通百姓。社会虽几度变迁，物是人非，然而，百年磨砺、大浪淘沙，前辈擎立的商务旗帜，遵循独立的出版品格，不媚俗、不盲从，严谨于文化的传承与普及，保持与学界顶尖团队的真诚合作，始终是他们追求的目标。追思当年，清末民国有张元济（1867—1959）、王云五（1888—1979）等大师，他们周围云集一批仁人志士与知识分子，通过精诚合作，务实创新，把商务做成享誉世界的中国品牌。抗战烽烟使之几遭灭顶，商务人上下斡旋，辗转跋涉到渝、沪，艰难困苦中还不断推出各个学科的著述，中国近代出版的一面旗帜就此屹立不败。

近年来，商务印书馆在法律类图书的出版上，致力于《法学文库》丛书和法律文献史料的校勘整理。《法学文库》已纳入出版优秀原创著作十余部，涵盖法史、法理、民法、宪法等部门法学。2008年推出了十一卷本《新译日本法规大全》点校本，重现百年前近代中国在移植外国法方面的宏大气势与务实作为。2010年陆续推出《大清新法令》(1901—1911)点校本，全面梳理清末法律改革的立法成果，为当代中国法制发展断裂的学术脉络接续前弦，为现代中国的法制文明溯源探路，为21世纪中国法治国家理想呈献近代蓝本，并试图发扬光大。

现在呈现于读者面前的《中国法律史学文丛》，拟收入法律通史、各部门法专史、断代法史方面的精品图书，通过结集成套出版，推崇用历史、社会的方法研究中国法律，以期拓展法学规范研究的多元路径，提升中国法律学术的整体理论水准。在法学方法上致力于实证研究，避免宏大叙事与纯粹演绎的范式，以及简单拿来主义而不顾中国固有文化的作品，使中国法律学术回归本土法的精神。

何　勤　华
2010年6月22日于上海

自　序

20世纪初，机缘天启，敦煌藏经洞被意外发现，封藏其中的"百科全书式"的敦煌文献震惊中外，由此逐渐诞生了一门国际性的学科"敦煌学"。举凡中古时代的宗教、哲学、政治、经济、社会、法律、历史、文化、民族、文学、艺术、语言、文字、天文、地理、科技、建筑、绘画、雕塑、军旅、边贸、风俗、习惯、交通等领域，均可利用敦煌文献、敦煌石窟等敦煌遗存进行分类研究，弥足珍贵。

敦煌法律文献是敦煌文献的一部分，因其原始性、真实性、民族性、地域性、宗教性、民间性以及填补正史典籍空白的价值，备受中外法史学者的青睐而成为一座值得深度开掘的"学术富矿"。敦煌法律文献可分为两大类，一类是敦煌法律文书，包括唐代法典写本及残卷（律、令、格、式）、唐代判集及判集残卷，以及关于奴婢、地宅、遗产、债务、税役纠纷、退田、租田、请地、徭役、砲（礧）课等状牒、公验和种类庞杂的籍历等；另一类是敦煌契约文书，又可分为敦煌契约和敦煌文书，前者主要包括敦煌借贷契、买卖契、租佃契、雇工契和养男立嗣契，后者主要包括敦煌放良文书、放妻文书、分家析产文书（又称"分书"）、析产遗嘱文书（又称"遗书"），因此，敦煌契约文书又可称为"敦煌五契四书"。

敦煌契约文书，不仅是研究唐、五代至宋初民间经济活动与日常生活不可多得的史料，而且是研究传统中国的民间社会以怎样的规则规范"民间细故"的法史文本，更是布罗代尔（1902—1985）所言的"长时段"考量、检验它所在时代民间与国家智慧的载体之一。在布罗代尔看来，与地理时间相协应的长时段,其内质是一种"结构",一种十分耐久的实在。有些结构因长期存在而成为世代相传、连绵不绝的恒在因素:它们左右着历史长河的流速。另有一些结构较快地分化瓦解。但所有的结构全都具有促进和阻碍社会发展的作用。事实上,敦煌契约文书记录和承载了中古时代的先民在日常的民事交往中创制和依循的契约规则,内中蕴含长期积淀而成并与其生活与文化相洽的习惯,而这些习惯一旦程式化为一种可资套用的文书"样式",就变成广为流布与规范民间生活的"乡法",它潜含着传统文化的密码,并与同时代的"国法"一道成为安排乡民社会的共通规则,进而成为调整和稳定乡民社会的一张巨大而又隐于无形的秩序之网。

与此相应,作为敦煌学研究分支之一的敦煌法学,经过一代复一代中外法律学人筚路蓝缕、前后相沿的不懈努力,以其贯通古今、融会中西、自成一体和蔚为大观的研究成果,卓立于敦煌学之林,令人瞩目。

惟其如此,我们尝试通过敦煌契约文书再现中古时代广阔的生活景象,且以法学的视角,阐释"官有政法,民从私契"的中国传统,梳理删繁就简、追求实质公正的制度安排,剖析情、理、法融会的公平正义,进而揭示中国古代私意合约至上,诚实守信的契约精髓,以及"民有私约如律令"的一贯立场。惟其如此,我们在还原契约事实,经由价值评价,侧重以文化分析的方法对接敦煌契约背后博大精深的思想传统,悉心抉发涵贯其中的文化根脉,探赜索隐,返本开新。

敦煌藏经洞发现后,敦煌文献被骗买而遗散海外。对此,陈寅恪在《陈垣敦煌劫余录序》中针对"敦煌者,吾国学术之伤心史也"的时论,独持"是说也,寅恪有以知其不然"。虽然不少人将这一时论误读为陈寅恪的名言,但这一误读事实上激发了我国敦煌学人深沉的文化担当情怀,成了他们倾心开掘本土资源的巨大动力。

本书是集中、系统研究敦煌契约文书的著述之一,深植本土,参诸域外，尝试"尽精微"而"致广大"，力求存其真、挈其要、发其微，让弥足珍贵的敦煌契约文书在诞生它的国度，经千载之下的阐发与扬弃，再度绽放古国璀璨的文化光芒。

此外，弘愿虽大，但学力有限，书中所论，错谬难免，尚祈四海方家，不吝指正。

是为序。

王斐弘

2020年初夏·杭州半隐庐

目　录

导言 ………………………………………………………………… 1

一、敦煌的地理、文化地位与敦煌学 ……………………………… 1

 (一)敦煌的地理气候 ……………………………………………… 1

 (二)敦煌的历史文化地位 ………………………………………… 3

 (三)敦煌学 ………………………………………………………… 7

二、敦煌藏经洞的发现与敦煌文献的流布 ……………………… 10

 (一)敦煌藏经洞的发现 ………………………………………… 10

 (二)斯坦因与英藏敦煌文献 …………………………………… 12

 (三)伯希和、奥登堡、橘瑞超与法、俄、日藏敦煌文献 ……… 14

三、敦煌法律文献的研究概况 …………………………………… 17

 (一)兴起阶段(20世纪初至20世纪60年代末) ……………… 19

 (二)发展阶段(20世纪70年代至20世纪末) ………………… 22

 (三)精细化阶段(21世纪初至今) ……………………………… 25

 (四)已有研究成果的特点与研究趋向 ………………………… 30

四、本书研究的内容、特色与展望 ……………………………… 34

 (一)研究内容 …………………………………………………… 34

  1. 敦煌买卖契约 ……………………………………………… 35

  2. 敦煌土地交易契约 ………………………………………… 35

  3. 敦煌租佃契约 ……………………………………………… 36

  4. 敦煌雇工契约 ……………………………………………… 36

5. 敦煌养男立嗣契约 ·· 37
　　　6. 敦煌放良文书 ·· 37
　　　7. 敦煌分家析产文书 ·· 37
　　　8. 敦煌析产遗嘱文书 ·· 38
　（二）核心观点 ··· 38
　（三）研究特色 ··· 39
　（四）局限与展望 ··· 40

第一章　唐代买卖的法律规定与国家监控 ·· 43
一、买卖关系的产生与唐代买卖法律关系 ······································ 43
　（一）社会分工与买卖关系的产生 ··· 43
　（二）唐代的"市"制 ·· 46
　（三）买卖主体与出卖标的物的关联 ··· 47
　　　1. 卖物 ·· 48
　　　2. 卖人 ·· 48
　　　3. 官人禁止从商 ·· 49
　　　4. 禁止年幼者买卖 ·· 49
　（四）买卖标的物 ··· 50
　　　1. 关于不动产的买卖 ·· 50
　　　2. 关于动产的买卖 ·· 50
　　　3. 禁卖人 ·· 54
　　　4. 专卖 ·· 54
　　　5. 售出地区限制 ·· 55
　　　6. 禁售官印文 ·· 55
二、国家对市场的监控 ·· 56
　（一）市券 ··· 56
　（二）惩罚扰乱正常交易的违法犯罪行为 ····································· 59

（三）度、量、衡 ·· 62
第二章　敦煌一般买卖契约 ·· 65
　一、敦煌买卖契约的范围与分类 ·· 66
　　（一）契约的意涵与敦煌买卖契约的研究简况 ······················ 66
　　（二）对敦煌买卖契约所涉范围的分类 ································ 69
　二、敦煌所出卖牛契、易牛契 ··· 72
　　（一）寅年（822年）令狐宠宠卖牛契 ··································· 73
　　（二）未年（803年）尼僧明相卖牛契 ··································· 81
　　（三）丁巳年（897年或957年）唐清奴买牛契 ························ 83
　　（四）寅年（822年）报恩寺寺主僧某某易牛契 ······················ 86
　三、敦煌所出卖身契及其比较 ··· 87
　　（一）丙子年（916年）阿吴卖儿契 ······································ 87
　　（二）宋淳化二年（991年）韩愿定卖妮子契 ·························· 91
　　（三）贞明九年（923年）曹留住卖人契 ································ 96
　　（四）唐天宝年代敦煌郡行客王修智卖胡奴市券公验 ············· 98
　　（五）清咸丰十年（1860年）三月浙东"女子卖身契" ············· 101
　四、敦煌所出其它买卖契约 ·· 103
　　（一）唐大中五年（851年）僧光镜赊买车小头钏契 ··············· 103
　　（二）癸未年（923年）张幸德赊买斜褐契 ···························· 105
　　（三）丁酉年（937年）阴贤子买车具契 ······························· 107
　　（四）丙辰年（956年？）十二月十八日氾流□卖铛契 ············· 109
　五、敦煌买卖契约与罗马法关于买卖解纷的比较 ···················· 110
　　（一）规则与规定：敦煌契约与罗马法关于买卖的解纷方式 ··· 110
　　（二）反观与继承：作为本土法治资源的传统取向 ················ 113
　六、基本结论 ·· 115
　　（一）买卖标的物有限 ·· 115

（二）国家法的控制与契约规则的弥合与对接……………… 116
　　（三）买卖契约成立的条件具体明确…………………………… 118
　　（四）契约的社会功能显著……………………………………… 121

第三章 "均田制"及其思想渊源……………………………… 124
一、"均田制"的意涵与内容………………………………… 125
　　（一）"均田制"的意涵………………………………………… 125
　　（二）均田制的主要内容………………………………………… 127
　　　1. 均田的时间、执行者与步骤……………………………… 127
　　　2. 授田的原则………………………………………………… 129
　　　3. 均田的对象及数量………………………………………… 130
　　　4. 均田制相关的租、庸、调………………………………… 138
　　　5. 小结………………………………………………………… 139
二、思想渊源与均田制的本质………………………………… 141
　　（一）"丁男受田百亩"的儒家理想…………………………… 141
　　（二）均田制的本质……………………………………………… 143

第四章 唐代土地交易的实体规范与程序控制……………… 146
一、唐代土地交易的实体法律规范…………………………… 146
　　（一）有关土地、园宅的禁止性规定及刑罚…………………… 147
　　　1. 占田过限…………………………………………………… 147
　　　2. 盗贸、盗卖公私田………………………………………… 150
　　　3. 在官侵夺私田……………………………………………… 150
　　　4. 出卖口分田………………………………………………… 151
　　（二）许可土地、园宅买卖的规定……………………………… 155
　　　1. 庶人永业田、口分田、赐田许卖………………………… 155
　　　2. 官人永业田、赐田允许买卖……………………………… 157
　　　3. 许可园宅地买卖…………………………………………… 158

二、唐代有关土地交易的程序控制 ··· 159
　(一)律、令的规定 ··· 159
　(二)申牒买卖田宅的具体程序 ······································· 160
　　1. 申牒程序 ··· 160
　　2. 官府审核、下发准卖文牒 ······································· 162
　　3. 签约与履行 ··· 163
三、结语 ·· 166

第五章　敦煌土地交易契约的民间规则 ··································· 168
一、土地交易契的契约要素 ··· 168
　(一)契约要素与敦煌土地交易契的类别及要素 ························· 168
　(二)说明与补充 ··· 171
二、土地交易契的契约结构 ··· 173
　(一)敦煌所出卖地契的契约结构 ····································· 173
　　1. 首部 ··· 174
　　2. 正文 ··· 175
　　3. 尾部 ··· 175
　(二)敦煌所出卖宅舍契的契约结构 ··································· 176
　　1. 首部 ··· 177
　　2. 正文 ··· 178
　　3. 尾部 ··· 178
三、土地交易契契约要素分析 ··· 179
　(一)田宅交易契约的年代 ··· 179
　(二)田宅买卖双方的身份 ··· 180
　(三)交易原因 ··· 181
　(四)田宅交易标的物的性质 ··· 183
　(五)田宅交易的数量与价款 ··· 185

（六）田宅交易的交付日期与履行 ······················· 186

（七）田宅交易的"先悔罚则" ····························· 187

    1. 罚金"入不悔人" ··································· 187

    2. 罚金入官 ··· 189

    3. 不明确 ·· 191

（八）田宅交易的风险担保 ································· 191

    1. 瑕疵担保 ··· 191

    2. 保人担保 ··· 192

    3. 抵赦条款 ··· 193

    4. 不许他人收赎 ······································ 193

四、敦煌土地交易契的整体阐释 ····························· 195

（一）卖地契 ·· 195

    1. 后周显德四年（957年）吴盈顺卖地契 ······ 195

    2. 宋太平兴国七年（982年）吕住盈、阿鸾兄弟典卖地契 ······ 197

    3. 阴国政卖地契 ······································ 199

（二）卖宅舍地基契 ··· 200

    1. 丙辰岁（896年或956年）宋欺忠卖宅舍契 ······ 200

    2. 唐乾宁四年（897年）张义全卖宅舍地基契 ······ 202

    3. 后唐清泰三年（936年）杨忽律哺卖宅舍地基契 ······ 203

    4. 残契 ··· 205

    5. 宋太平兴国七年（982年）吕住盈、阿鸾兄弟的卖宅舍地基契 ······ 206

（三）易地契、换舍契 ·· 207

    1. 易地契 ·· 207

    2. 以地换舍契 ·· 212

五、结语 ··· 213

第六章　敦煌租佃契约 ·· 215

一、租佃、租佃制 ·· 215
　（一）租佃、租佃契约、租佃制的意涵 ································· 215
　　　1. 租佃、租佃契约 ·· 215
　　　2. 租佃制 ·· 216
　（二）租佃源流 ·· 217
二、敦煌租佃契的契约要素分析 ·· 220
　（一）敦煌租佃契的研究对象与范围 ··································· 221
　（二）敦煌租佃契的契约要素 ··· 223
　　　1. 立契年代与立契时间 ·· 223
　　　2. 租佃契的主体 ··· 224
　　　3. 租佃原因 ··· 224
　　　4. 佃田数量 ··· 226
　　　5. 租期 ··· 226
　　　6. 租地价金及交纳期限 ·· 227
　　　7. 税役承担 ··· 231
　　　8. 违约责任与风险担保 ·· 234
　　　9. 签署 ··· 238
三、敦煌租佃契约的整体阐释 ··· 241
　（一）出租租佃契约 ·· 241
　　　1. 唐天复四年(904年)令狐法性出租土地契 ·················· 241
　　　2. 唐天复二年(902年)樊曹子刘加兴租佃土地契(草稿) ··· 244
　　　3. 奴子租口分地与王粉堆契抄 ··································· 246
　　　4. 唐咸通二年(861年)齐像奴与人分种土地契 ··············· 246
　（二）入租租佃契约 ·· 248
　　　1. 乙亥年(915年?)索黑奴等租地契 ···························· 248
　　　2. 乙丑年(965年)二月廿四日祝骨子合种契 ·················· 249

（三）土地出典契约 ………………………………………… 251

第七章 敦煌土地返还疑难纠纷解决机制 … 253
一、索怀义土地返还纠纷案的基本案情 … 253
（一）土地纠纷的缘起 ………………………………………… 253
（二）土地纠纷案的发生及其牒状 …………………………… 255

二、对索义成土地返还纠纷案相关法律问题的分析 … 261
（一）案由 ……………………………………………………… 261
（二）需要澄清的相关问题 …………………………………… 262
（三）本案的法律关系 ………………………………………… 263
（四）原告的诉称、被告的辩称及第三人的陈述 …………… 264
    1. 索进君耕种的时间 ……………………………………… 265
    2. 索佛奴所述其他事实是否成立 ………………………… 266
    3. 阿龙、索怀义的行为是否构成默认 …………………… 267
（五）租佃契约的法律效力 …………………………………… 267
    1. 租佃契约本身的效力 …………………………………… 267
    2. 租佃契约在民事诉讼中的证明力 ……………………… 268
    3. 情势变更后租佃契约的效力 …………………………… 268
（六）民事纠纷解决的程序与处理机制 ……………………… 270
    1. 制作牒状 ………………………………………………… 270
    2. 呈递牒状和证据 ………………………………………… 270
    3. 受理与交办 ……………………………………………… 271
    4. 调查询问 ………………………………………………… 271
    5. 呈递调查结果 …………………………………………… 271
    6. 作出裁断 ………………………………………………… 272

三、索义成土地返还纠纷案的价值 … 272
（一）法律价值 ………………………………………………… 272

  1. 高效 ·· 272

  2. 直接 ·· 273

  3. 得当 ·· 274

 (二)文献价值 ·· 275

第八章　敦煌雇工契约 ·· 277

 一、敦煌雇工契通览与雇工契一般契约要素 ···································· 278

  (一)敦煌雇工契通览 ·· 278

  (二)敦煌雇工契一般契约要素 ·· 284

   1. 契约主体 ·· 284

   2. 雇工原因与具体劳作 ·· 286

 二、雇期与雇价 ·· 288

  (一)雇期 ··· 288

  (二)雇价 ··· 292

 三、违约责任与免责条款 ··· 295

  (一)违约责任 ··· 295

  (二)免责条款 ··· 297

 四、附随义务与先悔罚则 ··· 298

  (一)附随义务及相关法律责任 ·· 298

   1. 对雇主提供的农具耕牛等生产资料进行必要的保护 ············· 299

   2. 受雇期间受雇者不得有损害他人的行为 ····························· 300

   3. 其他附随义务及注意事项 ·· 301

  (二)先悔罚则 ··· 302

第九章　敦煌养男立嗣契约 ·· 304

 一、敦煌养男立嗣契的研究现状与我国古代收养的律令 ············· 304

  (一)敦煌养男立嗣契约的研究现状 ··· 304

  (二)中国古代关于同宗养子与异姓收养的律令 ······················· 306

        1. 同宗养子与异姓收养 ………………………………………… 307
        2. 唐律关于禁止收养的情形与例外 …………………………… 310
        3. 唐律关于收养的法律效力 …………………………………… 313
    二、收养的本质、立法原理与官民的态度 ………………………………… 314
      （一）收养的目的与核心 …………………………………………… 314
        1. 收养目的 ……………………………………………………… 314
        2. 收养的核心问题 ……………………………………………… 315
      （二）中国古代的立法解释及其原理 ……………………………… 318
      （三）民间收养异姓子的事实及官民的态度 ……………………… 322
    三、对八件敦煌养男立嗣契的分析 ………………………………………… 324
      （一）吴再昌养男契（样式）………………………………………… 325
      （二）某甲养外甥为男契（样式）…………………………………… 330
      （三）后唐清泰二年（935年）敦煌乡张富深收养外甥为男契 …… 333
      （四）壬戌年（902年或962年）胡再成养男契 …………………… 338
      （五）养子契（抄）…………………………………………………… 341
      （六）养男契样文 …………………………………………………… 342
      （七）宋太平兴国八年（983年）养女契（草稿）…………………… 343
      （八）宋乾德二年（964年）史汜三立嗣文书 ……………………… 346
    四、敦煌养男立嗣契的形式、结构与变化 ………………………………… 350
      （一）养男立嗣契的总体形式 ……………………………………… 350
      （二）养男立嗣契的结构与变化 …………………………………… 351
        1. 首部 …………………………………………………………… 351
        2. 正文 …………………………………………………………… 352
        3. 尾部 …………………………………………………………… 353
    五、敦煌养男立嗣契与罗马法关于收养的比较 ………………………… 354
      （一）敦煌养男立嗣契与罗马法关于收养的异同 ………………… 354

1. 收养方式上的异同 ··· 354

　　2. 限制条件的异同 ··· 356

　　3. 收养后果及其他方面的不同 ····································· 356

(二)关于收养主要问题的比较 ··· 357

　　1. 收养年龄问题 ·· 357

　　2. 收养人主体资格问题 ··· 358

　　3. 妇女能否被收养的问题 ·· 359

　　4. 收养奴隶或奴婢的问题 ·· 359

第十章　敦煌放良文书 ··· 361

一、文本阐释：敦煌所出放良书的意涵与结构 ····················· 362

(一)对放良文书的解读与阐释 ··· 362

　　1. 放良书(样式)两件 ·· 362

　　2. 阿郎放奴婢书壹道(样式) ······································· 368

　　3. 放良书(样式) ·· 369

　　4. 从良书(样式) ·· 371

　　5. 后唐清泰三年(936年)放家童书(样式) ···················· 374

　　6. 家童再宜放书一道(样式) ······································· 377

(二)放良文书的结构 ··· 378

　　1. 首部 ··· 378

　　2. 正文 ··· 379

　　3. 尾部 ··· 379

二、俗世信仰：作为放良书理论根基的"三世二重因果论" ········ 379

(一)传统中国对"命运"的界说与报应论 ···························· 380

　　1. 先秦诸子对"命"的界说与态度 ······························· 380

　　2. 先秦以降先贤对"命"的分析 ··································· 385

(二)作为放良书理论依据的佛教"三世二重因果论" ·············· 389

    1. 放良书所见佛教的核心字词 ·················· 390
    2. "三世二重因果论" ························· 391
    3. 佛教"三世二重因果论"的功用 ················ 395
  三、身份社会：良贱折射的法律与社会问题 ············ 398
    （一）唐代有关良贱身份的法律规定 ················ 398
    （二）放良的途径与程式 ······················ 406
    1. 放良的途径 ··························· 406
    2. 放良的程式 ··························· 411

第十一章　敦煌分家析产文书 ···················· 412
  一、同堂还是分家：文化、法律与现实的背反 ·········· 412
    （一）同堂还是分异 ························· 413
    （二）唐代律令关于别籍异财与析户的规定 ············ 415
  二、敦煌分书的立约前提与立约原因 ················ 419
    （一）分书中不存在唐律所禁止的前提 ·············· 419
    1. 敦煌分书样式不存在禁止性前提 ················ 419
    2. 敦煌真实分书中也不存在禁止性前提 ·············· 421
    （二）分书订立的原因 ······················· 422
    1. 敦煌分书样式的订立原因 ···················· 422
    2. 敦煌真实分书的订立原因 ···················· 423
  三、敦煌分书所见的家产分割及分割原则 ·············· 425
    （一）分书样式中的家产分割原则 ················· 426
    （二）真实分书中的家产分割及分割原则 ············· 427
  四、敦煌分书的结构及各部分的意涵 ················ 433
    （一）首部：文书要素及其意涵 ·················· 434
    1. 文书名称 ··························· 434
    2. 立契时间 ··························· 434

3. 分家当事人乡属与姓名 ………………………………………… 435

　　　4. 亲情论说 ………………………………………………………… 435

　（二）正文：文书要素及其意涵 ……………………………………… 437

　　　1. 立约原因或立约前提 …………………………………………… 437

　　　2. 家产分割及分割原则 …………………………………………… 438

　　　3. 分家后的情理论说 ……………………………………………… 438

　　　4. 违约责任与先悔罚则 …………………………………………… 440

　（三）尾部：文书要素及其意涵 ……………………………………… 442

　　　1. 契尾套语 ………………………………………………………… 442

　　　2. 立约时间 ………………………………………………………… 443

　　　3. 签署画押 ………………………………………………………… 443

五、结语 …………………………………………………………………… 444

第十二章　敦煌析产遗嘱文书 …………………………………… 446

一、析产与分家的界分和别籍异财 ……………………………………… 446

　（一）敦煌析产遗嘱文书与分书的区分与联系 ……………………… 447

　（二）别籍异财 ………………………………………………………… 449

二、敦煌析产遗嘱文书的意涵 …………………………………………… 450

　（一）析产遗嘱（样式） ……………………………………………… 451

　（二）遗书二件（样式） ……………………………………………… 452

　（三）遗书一道（样式） ……………………………………………… 454

　（四）慈父遗书一道（样式） ………………………………………… 456

　（五）唐咸通六年（865年）尼灵惠唯书 …………………………… 457

　（六）沙洲僧崇恩处分遗物凭据 ……………………………………… 459

　（七）杨将头遗物分配凭据 …………………………………………… 463

三、中国古代有没有私法意义上的遗嘱继承 …………………………… 464

　（一）滋贺秀三的观点是否成立 ……………………………………… 465

（二）中国古代的遗嘱继承 …………………………………… 468
四、敦煌析产遗嘱文书的文化结构 …………………………………… 470
　　（一）作为族群重要标识的词语 ………………………………… 472
　　（二）作为汉民族思维方式的"喻射"现象 …………………… 473
　　（三）释、儒、道的混融 ………………………………………… 474
　　（四）民族文化的混融与生活样态的缩影 ……………………… 476
五、族、宗族、家族、民族视角的深层追问 ………………………… 477
　　（一）家产继承的目的是什么？ ………………………………… 479
　　（二）同居共财和析产遗嘱关系中的合户与析户 ……………… 480
　　（三）"非我族类"的财产继承与立嗣的变异 ………………… 482
　　（四）宗祧继承、政治继承与财产继承的混融 ………………… 484
　　（五）民族的文化特性与继承的外显 …………………………… 486

附录：主要历史时期敦煌地区大事件 …………………………… 489

后记 ………………………………………………………………… 494

附：表格目录

表1 敦煌一般买卖契约一览表 ………………………… 70
表2 唐代敦煌地区授田对照节录表 ………………… 148
表3 敦煌土地交易契约一览表 ……………………… 169
表4 敦煌租佃契约一览表 …………………………… 221
表5 敦煌雇工契约一览表 …………………………… 278
表6 主要历史时期敦煌地区大事件 ………………… 489

导　言

开宗明义，本书是对敦煌契约文书专门、系统的研究，属于以敦煌法律文献为主要研究对象的敦煌法学的重要组成部分，而"敦煌法学"则是"敦煌学"的有机组成部分。[①] 由于敦煌契约文书是敦煌莫高窟藏经洞发现、刊布的敦煌文献的重要组成部分，因此，对敦煌契约文书的研究，不仅需要追溯敦煌藏经洞的发现与敦煌文献流布的远源，尤其需要梳理百余年来一代复一代的中外敦煌学者对敦煌法律文献薪火相传、不懈趋进的研究成果，并对已有研究成果的特点与研究趋向进行归结，才能在与敦煌学真正相称的高度上自觉展开臻于深微的专业化研究。

一、敦煌的地理、文化地位与敦煌学

（一）敦煌的地理气候

敦煌位于河西走廊的最西端，是现今甘肃省的一个县级市。"其地界在古代东接酒泉郡，西邻罗布泊，西北扼玉门关、阳关两关，出关可

[①] 笔者曾在2008年出版的拙作《敦煌法论》"自序"中提出，将该书命名为"敦煌法论"，其一，取其简洁；其二，便于识记；还有一个原因就是有点为敦煌学分支的敦煌法学正名的意味。2019年，本书在商务印书馆编审期间，责编王兰萍博士提出并建议本书中采用"敦煌法学"的概念。此后，兰州大学李功国教授明确界定了"敦煌法学"的概念、属性与特征，还率先发起并成立了"兰州大学敦煌法学研究中心"。由此可见，敦煌法学已为识者所共见。

达葱岭。"① 其地界在现今甘肃省的西北部,东临瓜州县,南接阿克塞哈萨克族自治县和肃北蒙古族自治县,西与新疆若羌县毗邻,北与新疆哈密市接壤。介于东经92°13′—95°30′,北纬39°40′—41°40′之间,总面积3.12万平方公里,其中,绿洲面积1400平方公里,占总面积的4.5%。

敦煌东有三危山,南有鸣沙山,西面是库木塔格沙漠,与罗布泊相连,北面是戈壁,与天山余脉相接。敦煌地貌以四周的山地、沙漠和戈壁为主,中间是由党河冲积扇带和疏勒河冲积平原形成的敦煌绿洲。敦煌城南五公里,有"风夹沙而飞响,泉映月而无尘"的鸣沙山和月牙泉。敦煌城东南25公里处,举世闻名的莫高窟就开凿在鸣沙山东麓的崖壁上,现存北魏至元的洞窟735个。

党河以清洌的祁连雪水滋润着敦煌。由于敦煌地势南北高,中间低,自西南向东北倾斜,因此,党河从上中游的东南方向一路流向西北,进入敦煌境内后,经党河水库开始由西南流向东北,入敦煌绿洲。除党河外,敦煌境内还有西水沟、东水沟、南湖泉水区等水利资源。

敦煌地处内陆,春季多风,夏季炎热,秋季凉爽,冬季寒冷,属于典型的暖温带干旱性气候,其特点是降雨量少(年平均降水量39.9毫米),蒸发量大(蒸发量2490毫米),日照时间长(全年日照时数为3246.7小时),昼夜温差大,气候干燥。年平均气温9.4℃,月平均最高气温为24.9℃(7月),月平均最低气温为-9.3℃(1月),年平均无霜期142天。

与敦煌的地理气候相适应,古代的敦煌以农牧业为主。从敦煌契约文书中,我们看到了作为契约标的物的牛(如黑牸牛、紫犍牛、耕牛)、驴(如青草驴、草驴、父驴)、羊(如大羯羊、齿羊、牡羊)以及马等家畜,也看到了契约标的物的麦(麦、青麦)、粟等粮食作物。

---

① 郝春文主编:《敦煌学概论》,高等教育出版社2010年版,第29页。

正因为敦煌地区的气候十分干燥，一方面，"有利于文物和遗址的保存，敦煌石窟群、敦煌遗书和敦煌简牍等得以完好保存，都和这一地区的干燥气候有关。"①另一方面，如何利用相对丰富的水利资源，也就成为敦煌地区至关重要的大事，反映在敦煌契约文书中，"渠河口作"作为一项必须承担的税役，就成了敦煌土地契约中必备的条款、必尽的义务，②以及现实生活中必做的事项。

（二）敦煌的历史文化地位

敦煌的历史文化地位，一方面是由其所处的"丝绸之路"的咽喉要道决定的，③另一方面，则是由其博大精深、弥足珍贵的文化遗存决定的。

敦煌是丝绸之路上璀璨夺目的明珠。自西汉张骞"凿空"以来，丝绸之路便成为古代中西交通的干线，而敦煌则是古代中原与西域、中国与西亚乃至欧洲、北非交通的咽喉之地，是古代东西方贸易的中转站和不同文化的交汇地，有"华戎所交一都会"的美誉。

"敦煌"之名，最早见于《史记·大宛列传》："始月氏居敦煌、祁连间"。④《汉书·张骞传》载："昆莫父难兜靡本与大月氏俱在祁连、焞煌间，小国也。"⑤又，《汉书·西域传》载："而张骞始开西域之迹。其后骠骑将军击破匈奴右地，……初置酒泉郡，后稍发徙民充实之，分置武威、张掖、敦煌，列四郡，据两关焉。"⑥敦煌有确切纪年的历史，始于敦煌郡

---

① 郝春文主编：《敦煌学概论》，高等教育出版社2010年版，第30页。
② 如，在令狐法性出租土地契（P.3155号背）中约定"渠河口作，两家各半支"；在索义成分付与兄怀义佃种凭（P.3257号）中约定"渠河口作税役"由阿龙承担；在祝骨子合种契（P.3277号）中约定"渠河口作，农种家衹当"等。
③ 最早由德国学者李希霍芬（Richthofen，1833年—1905年）于1877年提出的"丝绸之路"，已被世界公认和通用，其本质是古代中外经济与文化交流之路，孕育了独特的丝路文化。
④ ［汉］司马迁：《史记》，中华书局2009年版，第715页。
⑤ ［汉］班固：《汉书》，中华书局2012年版，第2339页。
⑥ 同上书，第3318—3319页。

的建立。

魏晋南北朝时期,敦煌先后历经了曹魏、西晋、前凉张氏、前秦苻氏、后凉吕氏、西凉李氏、北凉沮渠氏、北魏、西魏、北周等10个政权的统辖。这一时期,由于朝代更迭,战乱频仍,此时的敦煌,在成为佛教东传门户的同时,因民众在战乱中的寄望,也成了佛教文化的重镇。《魏书·释老志》云:"敦煌地接西域,道俗交得其旧式,村坞相属,多有塔寺。"① 正是在这一背景下,据唐代的《李克让重修莫高窟佛龛碑》载:"莫高窟者,厥初秦建元二年,有沙门乐僔,戒行清虚,执心恬静,尝杖锡林野,行止此山,忽见金光,状有千佛,遂架空凿□,造窟一龛。"② 以此,前秦建元二年(366年),乃是敦煌石窟艺术的起点。该碑归结道,"遥自秦建元之日,迄大周圣历之辰,乐僔、法良发其宗,建平、东阳弘其迹,推甲子四百他岁,计窟室一千余龛",此"实神秀之幽岩,灵奇之净域也。"③

隋唐时期,是敦煌历史的快速发展时期。隋代虽短,但却是敦煌走向兴盛的起始。隋唐时期的政治家、地理学家裴矩(548年—627年)在其经略西域时著有《西域图记》三卷,并在《西域图记·序》中明确提出:"发自敦煌,至于西海,凡为三道,各有襟带。"而这三条通道——北道、中道与南道,分别以伊吾、高昌、鄯善为门户,"总凑敦煌,是其咽喉之地。"④ 也就是说,敦煌在隋代已是总辖丝绸之路的咽喉要道。隋末唐初,敦煌地方割据势力几度易主,但终归唐朝管辖。在唐代,经过长期的"渠河口作",已经形成了比较完善的绿洲灌溉系统。在文化上,由于李氏唐朝尊奉老子,道教在敦煌与中原佛教、藏传佛教,以及儒家学说一道,成为安排人世生活与人间秩序的根基性理论,这不仅表现在敦煌遗书中

---

① [北齐]魏收:《魏书》,中华书局1974年版,第3032页。
② 转引自李永宁:"敦煌莫高窟碑文录及有关问题(一)",《敦煌研究》1982年第1期。
③ 同上。
④ [唐]魏征:《隋书》,中华书局1973年版,第1579—1580页。

佛典数量居首,道教经典居次的数量上,也表现在敦煌契约文书中的论理,确实以释、儒、道为理论依据的运用上。此外,敦煌宗教石窟艺术进入全盛时期。

蕃占时期,前后共67年(781年—848年)。公元755年"安史之乱"后,唐德宗建中二年(781年)吐蕃占领敦煌。蕃占时期,一方面,敦煌被强制推行一系列吐蕃化措施;另一方面,世俗化的佛教与寺院经济发达,莫高窟的开凿也久盛不衰。

归义军时期,前后长达185年(851年—1036年)。正如孔多塞(Marquis de Condorcet,1743年—1794年)所言:"一个农业民族屈服于一个异族之下,是绝不放弃自己的家乡的。"① 大中二年(848年),沙州大族张议潮率军推翻吐蕃对沙州的统治,奉土归唐。唐中央政权遂于大中五年(851年)遣使河西设立归义军,以张议潮为首任节度使,此为张氏归义军时期(851年—914年)。后梁乾化四年(914年),张承奉去世后,沙州大族曹议金(名仁贵)取代张氏,废金山国(后改称敦煌国),恢复归义军称号,史称曹氏归义军时期(914年—1036年)。这一时期,敦煌莫高窟在洞窟开凿、窟檐建筑、彩塑、壁画等方面虽有新的发展,但较之隋唐前期的艺术成就,已逊色不少。

自两宋统治敦煌的西夏、沙州回鹘政权,中经元、明、清,至民国时期的900多年,敦煌因不再受中原政权重视而趋于衰落。其中,西夏、沙州回鹘及元代的敦煌石窟艺术成就主要体现在壁画方面,呈现出回鹘、党项、西藏等风格浓郁的民族特色。元代以后,敦煌石窟营造中辍。明嘉靖七年(1528年),吐鲁番国占领敦煌,开始长达190多年的统治。这一时期的敦煌地区,水利失修,良田抛荒,农牧结合的生产方式被毁,

---

① 〔法〕孔多塞:《人类精神进步史表纲要》,何兆武、何冰译,北京大学出版社2013年版,第22页。

绵延千年的汉唐文化中断。由于吐鲁番国信奉伊斯兰教，因此曾盛极一时的莫高窟满目凄凉："佛像屡遭破坏，龛亦为沙所埋"。至清朝，清廷采纳陕甘总督岳钟琪的建议，大规模移民至敦煌屯田，以农耕为主的敦煌经济逐渐复苏，但文化上的重建，以及信徒在道光、嘉庆年间对莫高窟的整修，重修葺、多杂糅而少建树。

　　历史的行旅至此，历经千年、饱经沧桑的敦煌，如一位得道的高僧退隐于大漠的高处，浓缩成莫高窟，在北塞边关的断崖上，拂去旷世的繁华与风致，一任漫天的黄沙、苍凉的戈壁将自己尘封于历史，静默成大漠落日，静照一弯古心如月的圣泉点化活水源头的传奇；静默成满壁飞天，静观千年时光的"霓裳曳广带，飘浮升天行"。①

　　莫高窟，在沉默中等待一个天启的机缘。藏经洞洞开之日，将震惊中外，让世人再度回眸和关注它的高卓、丰赡与博广。由此，"敦煌学"的大旗立处，每一粒黄沙砾石，都潜含着千年的历史风尘；每一窟彩塑壁画，都演绎着传神的极致风韵；每一件孤本残卷，都承载着不朽的文化密码。有道是：

　　　　震古烁今莫高窟，融中汇外一敦煌。

　　综上，敦煌的历史文化地位，归结起来主要有四方面：一是敦煌文献与殷墟甲骨、居延汉简和明清档案，一起被列为20世纪初我国的四大文化发现；二是敦煌是丝绸之路的咽喉之地，古代东西方贸易的中转站和不同文化的交汇地；三是敦煌的莫高窟是世界文化遗产，古典艺术宝库，举世闻名的佛教艺术中心；四是因藏经洞发现的敦煌文献，以及其他遗存，诞生了一门具有国际影响的"敦煌学"。敦煌在中国，敦煌学

---

① 李白的《古风·其十九》中的诗句。

在世界。

(三)敦煌学

1900年,敦煌莫高窟第17窟发现"藏经洞"。洞中藏有60000多卷敦煌文献,由此在国际上诞生了一门新的学科"敦煌学"。所谓敦煌学,是指以敦煌文献、敦煌石窟艺术、敦煌学理论为主,兼及敦煌史地为研究对象的一门学科。[①] 与这一界定相近,认为敦煌学是以敦煌遗书、敦煌石窟艺术、敦煌史迹和敦煌学理论等为主要研究对象,包括上述研究对象所涉及的历史、考古、地理、社会、哲学、宗教、艺术、语言、文学、民族、音乐、舞蹈、建筑、科技等诸多学科的新兴交叉学科。[②] 我们认为,这一界定在所列举的学科中至少应当添加"法学",才趋于完备和周详。日本学者池田温认为,敦煌学这个词的内涵不仅仅是敦煌,还包括以在中亚探险中发现的古文献、美术品、考古资料等为对象进行历史研究的一般性总称。[③]

事实上,举凡中古时代的宗教、哲学、政治、经济、社会、法律、历史、文化、民族、文学、艺术、语言、文字、天文、地理、科技、建筑、绘画、雕塑、军旅、边贸、风俗、习惯、交通等领域,都可利用敦煌文献,或填补空白而拓新域,或相量印证而出新论,或根植传统而纠时谬,其价值早已为天下共识,弥足珍贵。

与其他学科如哲学、历史学、法学等依据研究领域和研究对象分类命名的单体学科不同,敦煌学的命名具有地名学与多科性的特征。就地名而论,乃是因为在敦煌发现了敦煌学的主要研究对象——敦煌文献等敦煌遗存而命名;就多科性而言,敦煌文献等敦煌遗存虽广涉众多学科,

---

[①] 参见刘进宝:《敦煌学通论》(增订本),甘肃教育出版社2019年版,第3页。
[②] 郝春文主编:《敦煌学概论》,高等教育出版社2010年版,第1页。
[③] 〔日〕池田温:《敦煌文书的世界》,张铭心、郝轶君译,中华书局2007年版,第7页。

但敦煌学并不是它所涉及的所有学科的简单集合体,而是具有内在联系、具有独特理论和方法的有机集合体,是一门有内在规律、自成体系、自成系统的由新材料发现而产生的新兴交叉学科。① 与此不同,池田温认为,敦煌学"并不意味着它是具有独自体系的学问。"②

究竟而言,"敦煌学"中的"敦煌"一词是什么意思呢？对此,学者们虽各陈己见,聚讼不已,但尚无定论。归结起来,主要有以下两种观点：

第一种观点,认为东汉应劭对"敦煌"之义的解释是唯一正解。《汉书·地理志下》云："敦煌郡,武帝后元年分酒泉置。"东汉应劭注曰："敦,大也。煌,盛也。敦音屯。"③ 唐朝元和名相、地理学家李吉甫(758年—814年)进一步阐发道："敦,大也。以其广开西域,故以盛名。"④ 针对当代学者对应劭解释的质疑,谭世宝认为,燉煌一词是汉语名词,而非胡语的音译。从字的形音义的综合研究分析来看,燉(焞、敦)煌的各种写法中,应以"燉"为正体字,"焞"为其异体字,"敦"为其俗体字。而"燉煌之取义大盛,并非实指其时郡治之城市规模的大盛,而是用以象征汉朝的文明道德犹如日月之光辉一样大盛。"⑤

第二种观点,认为"敦煌"这个汉文名词在敦煌设郡以前就已出现,故应劭等人的解释显然是望文生义的附会之说。⑥ 由此,有论者认为"敦煌"是胡语(少数民族语言)的汉语音译,而究竟是哪一少数民族的音译,又莫衷一是,主要分为两种：(1)敦煌为"吐火罗"的音译。王宗维认为,

---

① 参见郝春文主编：《敦煌学概论》,高等教育出版社2010年版,第2—4页。
② 〔日〕池田温：《敦煌文书的世界》,张铭心、郝轶君译,中华书局2007年版,第7页。
③ 〔汉〕班固：《汉书》,中华书局2012年版,第1445—1446页。
④ 〔唐〕李吉甫：《元和郡县图志》,中华书局1983年版,第1026页。
⑤ 谭世宝："燉煌的词源再探讨",《敦煌研究》2014年第1期。
⑥ 参见郝春文主编：《敦煌学概论》,高等教育出版社2010年版,第33页。

敦煌是族名，因我国西北有地从族名的习惯，"吐火罗"就在《山海经》中译为"敦薨"，而在《史记》中译作"敦煌"。因此，敦煌是吐火罗的简译。①对此，刘进宝认为，从目前国际学术界对吐火罗的研究看，此说根据不充分。②（2）敦煌为羌语"朵航"的音译。李得贤认为，"敦煌之为羌语译音，盖与庄浪、张掖、删丹等相同。……最终由索南杰同志提出'朵航'的对音来，这在现代的藏语中是'颂经地'或'诵经处'的含义。"③对这一观点，谭世宝认为，如此胡乱，找来比"张掖"后出一千多年的"庄浪"，以及比"敦煌"后出两千多年的"朵航"作为"张掖"与"敦煌"的辞源，实在令人匪夷所思。④因此不足为信。

由于《史记》之前没有记载"敦煌"一地一词的文献，因此，该词的由来和命名的本义，已遥不可考。将《山海经》中的"敦薨"转接为"敦煌"，理据不足。事实上，应劭将"敦煌"二字分别解释为"大"、"盛"，已是对该字的引申和阐发，非其本义。而李吉甫的"广开西域"说，应当是对应劭解释的再次阐发。至于谭世宝所言的"象征汉朝的文明道德大盛"之说，则已非它本然的命意。因为"敦煌"一名并非汉代的命名，何以汉代之前所起之名，就能预示后来汉代"文明道德的大盛"？

另外，"敦煌"乃胡语音译诸论，以现有的考证与分析，亦难定论而信其说。

简析而言，无论《史记》中的"敦煌"，还是《汉书》中的"焞煌"，以及《元和郡县图志》所载唐时的"燉煌"，不同字体的本义是什么呢？"燉"字的本义为"火旺盛"。⑤东汉许慎的《说文解字》释"焞"："明也。

---

① 王宗维："'敦煌'释名——兼论中国吐火罗人"，《新疆社会科学》1987年第1期。
② 参见刘进宝：《敦煌学通论》（增订本），甘肃教育出版社2019年版，第27—28页。
③ 李得贤："敦煌与莫高窟释名及其它"，《青海社会科学》1988年第5期。
④ 谭世宝："燉煌的词源再探讨"，《敦煌研究》2014年第1期。
⑤ 《古代汉语词典》编写组：《古代汉语词典》，商务印书馆1998年版，第1582页。

《春秋传》曰:'焞燿天地。'"释"煌"曰:"煌,辉也。"再释"辉"曰:"光也。"① 至于"敦"(多音字,其中一音读"tún")之义,《说文解字》曰:"怒也,诋也,一曰:谁何也。"② 其义是怒呵重责。若从此义,则"敦"与"煌"组词而其义费解。因此,将"敦"与"焞"、"燉"的读音对接起来,一如应劭所注,应读"tún",在古代字义为"驻扎、屯聚"。比如,《汉书·礼乐志》:"神之斿,过天门,车千乘,敦昆仑。"师古注曰:"敦读曰屯。屯,聚也。"③ 再如,《后汉书·马融传》:"山敦云移,群鸣胶胶。"④

由此,"焞煌"之义为"明光"之地,而"燉煌"之义为"火(旺)光"之域,那么,"敦煌"之义则为"聚光"之境。如此理解,这三义是相通的,其中之"光",无他,乃阳光也。统而言之,这一命名表达了"这是一片充满阳光的土地"。事实上,这样的命意与敦煌的地貌和气候特征是契洽的,⑤ 也符合命名的一般原理和做法。

二、敦煌藏经洞的发现与敦煌文献的流布

(一)敦煌藏经洞的发现

清光绪二十六年五月二十六日(1900年6月22日),时值夏至,天启机缘,道士王圆箓(1849年—1931年)同工人杨某在清理敦煌莫高窟第17窟的积沙时,发现了驰名中外的"藏经洞"。这里涉及两个重要的问题:一是藏经洞发现的日期,二是藏经洞发现的经过。

---

① [汉]许慎:《说文解字》,江苏古籍出版社2001年版,第209页。
② 同上书,第68页。
③ [汉]班固:《汉书》,中华书局2012年版,第982页。
④ [南朝宋]范晔:《后汉书》,中华书局1965年版,第1959页。
⑤ 沙漠、戈壁围拢的敦煌,在常年充足的日照下,就是一方阳光彻照,火热明亮之域。

藏经洞发现的具体日期有两说：一说为清光绪二十六年五月二十六日，此说为学界通说，主要理据是：（1）晚清金石学家，于1902年至1906年任甘肃学政的叶昌炽（1849年—1917年）在其《缘督庐日记》中记载："莫高窟开于光绪二十六年，仅一丸泥，奏然扃鐍自启，岂非显晦有时哉。"① 因这一记载在1904年，离藏经洞发现的1900年只过去了四年，相隔时间最短，可信度高。（2）这一日期与立于光绪三十二年（1906年）的《重修千佛洞三层楼功德碑记》所载相契："庚子孟夏，新开洞壁偏北，复掘得复洞，内藏释典充宇。"（3）王圆箓的《催募经款草丹》亦云："至贰拾陆年五月贰拾陆日清晨，忽有天炮响震，忽然山裂一缝，贫道同工人用锄挖之，欣出闪佛洞壹所。"② （4）著名画家谢稚柳（1910年—1997年）在其《敦煌石室记》中记载的藏经洞发现的日期，也是1900年6月22日。③ （5）伯希和、斯坦因等人，都说藏经洞发现于1900年，他们二人必亲闻于王道士。④

另一说为王圆箓墓志碑上记载的日期："此光绪廿五年五月廿五日事也"。而该墓志碑为民国二十年（1931年）赵玉明、方至福为其师、师爷王圆箓去世百日而立，离藏经洞发现已有30余年，而且碑文多有谀词，可信度很低。

藏经洞发现的经过，也不尽一致。据王圆箓的墓志碑上记载，他率人"以流水疏通三层洞沙，沙出壁裂一孔，仿佛有光。破壁，则有小洞，豁然开朗，内藏唐经万卷，古物多名，见者惊为奇观，闻者传为神物。"⑤ 根据谢稚柳《敦煌石室记》的描述，1900年6月22日，王道士居住的

---

① 叶昌炽：《缘督庐日记》（影印本第七册），江苏古籍出版社2002年版，第4604页。
② 参见刘进宝：《敦煌学通论》（增订本），甘肃教育出版社2019年版，第201—205页。
③ 参见荣新江：《敦煌学新论》，甘肃教育出版社2002年版，第2页。
④ 参见刘进宝：《敦煌学通论》增订本，甘肃教育出版社2019年版，第205页。
⑤ 参见《太清宫大方丈道会司王师法真墓志》，同上书。

下寺对面的大窟(现编为第 17 窟)洞口甬道堆满的沙土已经渐次清理完毕,一位姓杨的伙计发现甬道北壁的壁画后面可能有洞。于是,"王道士夜半与杨某击破壁,则内有一门,高不足容一人,泥块封塞。更发泥丸,则为一小洞,约丈余大,有白布包等无数,充塞其中,装置极整齐,每一白布包裹经 10 卷。复有佛帧绣像等则平铺与白布包之下。"① 此外,还有一说,即王道士雇佣杨某写经,杨某抄经之暇,吸旱烟,以芨芨草燃火,常以燃余之草插壁间裂缝中,一日发现墙壁是空的,遂告王道士。后二人击破其壁,发现藏经洞。②

藏经洞发现后,在长达七年的时间里,道士王圆箓曾先后找到时任敦煌县县令的严泽、汪宗翰,及安肃兵备道台廷栋、甘肃学政、金石学家叶昌炽,但均未引起足够的重视。③ 与此不同,英国的斯坦因、法国的伯希和、俄国的奥登堡和日本的橘瑞超、吉川小一郎等先后来到敦煌,他们通过不同手段,使大量珍贵的敦煌文献遗散海外。

(二)斯坦因与英藏敦煌文献

1907 年 3 月,英籍匈牙利人奥莱尔·斯坦因(Sir Aurel Stein,1862 年—1943 年)结束了对汉代长城和烽燧遗址的考察后,第一次来到敦煌莫高窟。同年 5 月 21 日,第二次来莫高窟的斯坦因见到了道士王圆箓,并给斯坦因留下了这样的印象:"他看来是一个很奇怪的人,极其狡猾机警。他不知道他所保管的是什么,他对于有关神同人的事充满了畏惧,因此一见面就知道这个人不易于捉摸。"④ 正因如此,斯坦因说:"我用我那很有限的中国话向道士述说我自己之崇奉玄奘,以及我如何

---

① 转引自荣新江:《敦煌学新论》,甘肃教育出版社 2002 年版,第 2 页。
② 参见姜亮夫:《敦煌学概论》,北京出版社 2004 年版,第 153 页。
③ 这一过程,学界多有记述。参见荣新江:《敦煌学新论》,甘肃教育出版社 2002 年版,第 69—71 页。
④ 〔英〕斯坦因:《西域考古记》,向达译,商务印书馆 2013 年版,第 198 页。

循着他的足迹,从印度横越峻岭荒漠,以至于此的经过,他显然是为我所感动了。"① 在这一背景下,王道士同意让斯坦因去看藏经洞。斯坦因说:"在这种半神性的指示的影响之下,道士勇气为之大增,那天早晨将通至藏有瑰宝的石室一扇门打开。从道士所掌微暗的油灯光中,我的眼前忽然为之开朗。卷子紧紧地一层一层地乱堆在地上,高达十英尺左右,据后来的测度,将近有五百方英尺。小室约有九英尺见方,两人站了进去,便无多少余地了。"②

此后,斯坦因挑选经卷,由蒋师爷从藏经洞运出来。斯坦因回忆到:"此后单由蒋师爷一人运送,又搬了七夜,所得的东西愈来愈重,后来不能不用车辆运载了。"③ 由此可见,斯坦因掠走了多少经卷,而"对价"仅是"我们立约,用施给庙宇作为修缮之需的形式,捐一笔款给道士作为酬劳。"对此,斯坦因认为,这"足以见出我们之公平交易了"。④ 此后,斯坦因再次来到敦煌,他写到:"四个月后我回到敦煌附近,他还慨允蒋师爷代我所请,送给我很多的中文同西藏文写本,以供泰西学术上之需。十六个月以后,所有满装写本的二十四口箱子,另外还有五口内里很仔细地装满了画绣品以及其他同样美术上的遗物,平安地安置于伦敦不列颠博物院,我到那时才真正地如释重负。"⑤

1914 年,斯坦因率队最后一次来到敦煌。此前,清廷已下达了将敦煌藏经洞剩余的所有藏经全部运送北京的命令。而在运送北京的过程中,又有很多经卷散落民间。斯坦因说:"曾有人拿来向我兜售过。我到甘州去的途中以及在新疆沿途便收到不少从石室散出的卷子。所以

---

① 〔英〕斯坦因:《西域考古记》,向达译,商务印书馆 2013 年版,第 198—199 页。
② 同上书,第 200 页。
③ 同上书,第 204—205 页。
④ 同上书,第 205 页。
⑤ 同上书,第 206—207 页。

运到北京的究竟有多少,这是不能不令人生疑问的。"[①]

斯坦因掠走的各类敦煌文献,现藏于英国国家图书馆,而绢画和丝织品现藏于英国国家博物馆。这些文书编号用"斯坦因"开头字母"S"予以标识,如 S.5706 号(放良书样式),又如 S.4489 号(慈惠乡百姓张再通牒)等。我国辑录的敦煌写本的编号,则标识为"斯 5706 号""斯 4489 号"等。[②]

(三)伯希和、奥登堡、橘瑞超与法、俄、日藏敦煌文献

继斯坦因之后,1908 年 2 月 12 日,法国汉学家伯希和(M.Paul Pelliot,1878 年—1945 年)一行来到莫高窟。他利用会讲一口流利中文的优势和王道士进行谈判后,到藏经洞"日阅千卷",在三周内挑选出敦煌文献中最菁华的部分近 7000 件,其中许多是孤本,[③]其代价是 500 两银子。伯希和掠走的敦煌文献中,最具研究价值的敦煌"世俗文书"(与敦煌文献中 90% 的"佛教遗书"对称)数量最多,所占比重最大。据统计,巴黎所藏的 3900 卷敦煌汉文卷子内,佛经仅占 65% 上下,约为 2500 卷。而英国、俄国所藏的佛经卷子约为 85%,北京图书馆所藏的佛经卷子为 95% 以上。[④]

同年,伯希和在《法兰西远东学院学报》发表了《甘肃发现的一个中世纪书库》(中译本题为《敦煌石室访书记》),介绍了其发现敦煌文献的经过。

伯希和掠走的各类写本现藏于法国国家图书馆。这些文书编号用

---

① 〔英〕斯坦因:《西域考古记》,向达译,商务印书馆 2013 年版,第 207 页。

② 需要说明的是,本书援引的唐耕耦、陆宏基辑录的《敦煌社会经济文献真迹释录》中的契约文书,凡斯坦因所藏均编号为"斯"字加数字号,为对接学界惯例和统一体例,本书一律改为"S."加数字号。

③ 除了敦煌文献外,伯希和还掠走了 220 余幅唐代绘画与幡幢,21 尊木雕、丝绸和织物、木制活字印刷字模和其他法器。

④ 参见周丕显:"敦煌佛经略考",《敦煌学辑刊》1987 年第 2 期。

"伯希和"开头字母"P"予以标识,如 P.3257 号(河西归义军左马步押衙王文通及有关文书),又如 P.3649 号(吴盈顺卖地契)等。我国辑录的敦煌写本的编号,则标识为"伯 3257 号""伯 3649 号"等。①

1909 年,伯希和第二次到北京,经田中庆太郎(东京文求堂店主)介绍,罗振玉(1866 年—1940 年)等人于中秋节访伯希和于苏州胡同的寓所。伯希和出示所带敦煌文献《老子化胡经》《尚书》残卷等 10 余种,并送给罗振玉一些敦煌文献的照片,② 罗振玉大为惊叹。伯希和给罗振玉说,敦煌石室中尚有卷轴 8000 余卷,其中以佛经为多,可早日购归,以免再为人夺去。罗振玉得知这一消息后,立即请学部发电报给陕甘总督毛实君(庆蕃),托其将劫余敦煌卷子购送学部。③1909 年 10 月 5 日(宣统元年八月二十二日)学部致电甘肃:"敦煌县东南三十里三危山下千佛洞石室储藏唐人写本书籍甚多,……即希遴派妥员迅往查明现共存有若干,无论完全残破,统行检齐解部,幸勿遗失散落,所需运费由部认还。……"电报发出一月后,甘肃省复电,说已购妥,共 8000 卷,3000 元。④

实际上,这批劫余的敦煌文献在起运前,王圆箓又私自匿藏了很多经卷。其余经卷、文物在运往北京的途中,又遭官僚世宦的窃取,⑤ 最后

---

① 需要说明的是,本书援引的唐耕耦、陆宏基辑录的《敦煌社会经济文献真迹释录》中的契约文书,凡伯希和所藏均编号为"伯"字加数字号,为对接学界惯例和统一体例,本书一律改为"P."加数字号。
② 参见刘进宝:《敦煌学通论》(增订本),甘肃教育出版社 2019 年版,第 338 页。
③ 同上书,第 339—340 页。
④ 同上书,第 340 页。
⑤ 押解敦煌经卷任务的是新疆巡抚何秋辇(彦昇),押解差官是江西人傅某。当载经大车到北京打磨巷时,何彦昇之子何震彝先将大车接至其家,约同其岳父李盛铎及刘廷琛、方尔谦等,在其家挑选,将残卷中之精华者悉行窃取。而后又把卷子中较长者,破坏截割为二、三段,甚至五、六段,以充 8000 之数[参见刘进宝:《敦煌学通论》(增订本),甘肃教育出版社 2019 年版,第 341 页]。而这些被窃取的敦煌卷子,一部分在当时就到了市场出售,或散落民间,或卖给了日本人。

交到京师图书馆时,只剩下 8000 卷,其中不少是残卷,现藏于中国国家图书馆、台湾故宫博物院等。

早在 1905 年 10 月,俄国奥勃鲁切夫用 50 根蜡烛换走敦煌经卷、文书两包。1914 年 8 月 20 日,奥登堡(Oldenburg,1863 年—1934 年)带领的俄国考察队到达千佛洞,原本计划考察一年,但因第一次世界大战爆发后有关中国参战的消息,令他们恐慌不安,考察队只得匆匆结束考察,于 1915 年 1 月 26 日启程回返。"他们在敦煌期间,描绘了 443 个洞窟的正面图,拍摄了 2000 多帧照片,劫走了多种壁画(片段)、布画、绢画、纸画、丝织品和写本。"① 其中,他不仅搜集到 19000 余件敦煌经卷文书,还得到大约 350 件绢、纸绘画品。②

俄罗斯藏编号用"弗卢格"俄文开头字母 Ф,及圣彼德堡东方学研究所"敦煌"俄文开头字母 ДХ。如,Ф —6(佛教经卷残卷),又如,ДХ—2157a(王严、吴大娘和任秀英借李让边衣物契)等。③ 敦煌文物部分现藏于圣彼得堡爱米塔什博物馆,敦煌写本现藏于圣彼得堡的俄罗斯科学院东方学研究所圣彼得堡分所。

就在英、法、俄在敦煌攫宝后,日本人也组织了大谷光瑞考察队来到敦煌。1912 年 1 月 26 日,橘瑞超与先前到达的吉川小一郎在敦煌相会后,先后从敦煌当地村民,尤其是从王圆箓私藏的宝藏中用超低市价买走了 600 多件敦煌汉藏文写经和 2 尊佛像。这些被橘瑞超、吉川小一郎掠走的文献,大多收藏在京都的龙谷大学,学界将之习惯称为"大谷文书"。

敦煌藏经洞发现的无价之宝,就这样被英国的斯坦因,法国的伯希

---

① 参见刘进宝:《敦煌学通论》(增订本),甘肃教育出版社 2019 年版,第 310 页。
② 参见郝春文主编:《敦煌学概论》,高等教育出版社 2010 年版,第 215 页。
③ 〔俄〕孟列夫(Л.Н. 缅希科夫)主编:《俄藏敦煌汉文写卷叙录》(上、下册),袁席箴、陈华平译,上海古籍出版社 1999 年版,第 48、501 页。

和,俄国的奥登堡,以及日本的橘瑞超、吉川小一郎们通过各种手段掠走而遗散海外,成了近百年来国人挥之不去的一块心病。我们感慨积贫积弱的国度连自己的瑰宝都无力、无暇保护好,乃至其时有"敦煌者,吾国学术之伤心史也"的时论。面对这一无法重写的历史事实,一方面,应当成为我们倾心研究敦煌文献的不竭动力,另一方面,或许有种思考,当我们痛定思痛后作冷静的深思,不难发现,敦煌瑰宝遗失海外保存下来,在国际上得以传播并促成敦煌学的诞生。

因此,当我们着眼通过相应的渠道让瑰宝回归故土的同时,我们更应面对敦煌文献已成世界性文化遗产这一客观事实,倾力开掘好敦煌文献,作出无愧于敦煌遗珍的研究成果,也许是更好的一种珍视,一种更深沉、更理性的对待国宝的方式。

三、敦煌法律文献的研究概况

从藏经洞发现到构建起"百科全书式"的敦煌学,已有百余年的历程。而构建敦煌学始基最重要的敦煌文献,又称敦煌遗书、敦煌卷子、敦煌写本、敦煌文书、敦煌文献、敦煌册子等,它是对敦煌藏经洞所出公元四世纪至公元十一世纪所有文献的总称。[①] 在敦煌文献具体的起止年代上,敦煌学界有不同的看法。有认为年代最早的敦煌文献是后凉王相高在麟嘉五年(393年)所写的《维摩诘经》,这件文书现在收藏于上海博物馆。年代最晚的敦煌文献写于宋咸平五年(1002年),是敦煌王曹宗寿编造帙子写经题记,这件文书现保存在俄国。[②] 而刘进宝认为,

---

[①] 荣新江认为,"敦煌藏经洞保存了从公元五世纪初叶到十一世纪初叶共600年间所写的文献"。参见荣新江:《敦煌学新论》,甘肃教育出版社2002年版,第7页。

[②] 郝春文主编:《敦煌学概论》,高等教育出版社2010年版,第204页。

敦煌写本"最早的是抄写于东晋升平十二年(368年)的《法句经》(甘博1号),最晚的是俄藏 Φ.32号《大宋咸平五年壬寅岁(1002年)七月十五日敦煌王曹宗寿、夫人氾氏添写报恩寺藏经录》"①。也就是说,敦煌文献的起止时间,前后跨度长达600多年。

敦煌文献总数约60000多卷,其中的佛经约占90%,而与佛经对称的则是"世俗文书",亦即"敦煌所出的社会经济文书",约占10%。就后者而言,斯坦因就其所见写本梳理后发现,最早的卷子,是一份记录敦煌人口统计数据的卷子,年代是在公元416年,时为东晋末年。而伯希和就其所见敦煌写本发现,汉文经卷中最晚的年号为北宋"太平兴国"(976年—983年)和北宋"至道"(995年—997年)两个年号。

敦煌文献的文本形态,绝大部分是写本,也有一小部分是雕版印刷文本和拓本。而所用的语种,除大部分用汉语外,还有用藏文、梵文、回鹘文、于阗文、吐火罗文、突厥文、粟特文等抄写的经卷。即使只占10%的敦煌所出的社会经济文书,却广涉道家经典、经、史、子、集、诗、词、曲、赋、通俗文学、域外古语言、古宗教、图经、方志、医药、历书、法律文书与契约文书等等,可谓一应俱全,应有尽有。对敦煌文献的价值,池田温指出:"现代史学,一直致力于分析、解读与大事件或是著名人物没有直接关系的庶民的生活构成,对于这样的研究,敦煌文献提供了意想不到的珍贵资料。"②因为"这些非常微观的有关敦煌地域日常生活和事务的各种文献资料,不但对研究敦煌,就是针对敦煌以外的其他所有地域进行研究时,也具有类推或进行比较研究的基础性文献价值。"③

---

① 刘进宝:《敦煌学通论》(增订本),甘肃教育出版社2019年版,第4页。
② 〔日〕池田温:《敦煌文书的世界》,张铭心、郝轶君译,中华书局2007年版,第9页。
③ 〔日〕池田温:《敦煌文书的世界》,张铭心、郝轶君译,中华书局2007年版,第10页。

敦煌法律文献是敦煌所出的社会经济文书中的一部分，涉及范围甚广，具体可分为两大类，一类是敦煌法律文书，包括唐代法典写本及残卷（律、令、格、式）、唐代判集及判集残卷，以及关于奴婢、地宅、遗产、债务、税役纠纷、退田、租田、请地、徭役、砲课等状牒、公验和种类庞杂的籍历等；一类是敦煌契约文书，又可分为敦煌契约和敦煌文书，前者主要包括敦煌借贷契、买卖契、租佃契、雇工契和养男立嗣契，后者主要包括敦煌放良文书、放妻文书，分家析产文书（分书）、析产遗嘱文书（遗书），因此，敦煌契约文书又可称为"敦煌五契四书"。

百余年来，中外敦煌学者对敦煌法律文献的研究，可分为以下三个阶段：[①]

（一）兴起阶段（20世纪初至20世纪60年代末）

从发现藏经洞到对敦煌文献进行整理、刊布和初步研究，大约经历了八九年时间，学界一般将1909年作为敦煌学研究的起始年份。

在国内，以罗振玉、陈垣、王国维、王仁俊、王重民、刘复、姜亮夫、董康、许国霖等第一代敦煌学者为代表，开始对我国的敦煌文献进行收集、整理、刊布、介绍和进行初步研究，是我国敦煌学研究的开拓者与先导者。其中，罗振玉（1866年—1940年）是我国敦煌学的奠基人。1909年，他得知藏经洞宝藏尚有劫余的消息后，力促学部电令陕甘总督将劫余的敦煌文献悉数解送京师，使我国得以保留部分敦煌文献，他还

---

① 刘进宝在2002年出版的《敦煌学通论》中，将我国敦煌学的发展划分为两个时期：从1909年起，直到"文化大革命"前，是敦煌学的产生、创业及其初步发展阶段；80年代后则是蓬勃发展、繁荣昌盛的黄金时代。2019年出版的《敦煌学通论》增订本沿用了这一划分，未做修订[参见刘进宝：《敦煌学通论》（增订本），甘肃教育出版社2019年版，第493页]。而陈永胜将敦煌法制文书研究的百年历程分为三个阶段：20世纪初至40年代末的兴起阶段，20世纪40年代末至80年代初期是徘徊阶段，20世纪80年代初至20世纪末为蓬勃发展阶段（参见陈永胜：《敦煌吐鲁番法制文书研究》，甘肃人民出版社2000年版，第6—14页）。

在《鸣沙石室佚书》中首次对 P.2507 号以《水部式》为题做了介绍和研究。① 1924 年，史学家陈垣（1880 年—1971 年）依据北平图书馆所藏敦煌文献 8000 余卷编成《敦煌劫余录》，是我国学者大规模编撰的第一部敦煌文献的目录书，1930 年，国学大师陈寅恪（1890 年—1969 年）为其作序。② 王国维最早对由 P.4634、S.1880、S.3375、S.11446 缀合的《永徽东宫诸府职员令》作了介绍和研究。王仁俊编撰了全世界最早的敦煌文献资料集《敦煌石室真迹录》，其中对《开元律疏卷第二名例残卷》首次进行了研究。王重民于 1934 年起，刻意搜求流散国外的敦煌文献，著有《敦煌古籍叙录》，其中对《唐律疏议》中名例、职制、户婚、杂律及水部式等法律文献进行了简要介绍与考释。1925 年，刘复出版了他在旅法期间选录的《敦煌掇琐》，内收 10 余件敦煌契约。董康在其《书舶庸谭》中记录了他前后四次东游日本访书的经历，其中对唐代律疏残卷以及 P.3078、S.4673 号拼合的《神龙散颁刑部格残卷》进行了初步研究，后于 1938 年发表了《残本龙朔（神龙）散颁格与唐律之对照》一文，对二者进行了比较分析。1936 年，许国霖编录并出版《敦煌石室写经题记与敦煌杂录》（上、下），内收敦煌契约，并对《开元职方格断片》进行了初步研究。

　　由于众所周知的原因，其后的这一阶段中，国内对敦煌法律文献的研究处于徘徊阶段。值得一提的是，1961 年，中国科学院历史研究所出版了《敦煌资料》第一辑，辑录了敦煌契约原文 130 余件，对推动我

---

　　① 罗振玉编纂有《鸣沙石室佚书》《鸣沙石室佚书续编》《鸣沙石室古籍丛残》《敦煌石室遗书三种》《贞松堂西陲秘籍丛残》《敦煌石室碎金》《敦煌零拾》《沙州文录补》《敦煌石室遗书》《佚籍丛残初编》《石室秘宝》等书。

　　② 陈寅恪的《陈垣敦煌劫余录》序一文，发表在 1930 年出版的《中央研究院历史语言研究所集刊》第一本上，收入 1980 年上海古籍出版社出版的《陈寅恪文集》之三《金明馆丛稿二编》中。

国敦煌文献的研究起到了重要作用。这一阶段的后期,邓广铭、韩国磐、胡如雷、唐长孺等学者对敦煌文献中所见的均田制、租佃关系、徭役制度等,尝试在马克思主义历史观指导下进行了研究。

在国外,日本学者内藤虎次郎于1909年在《朝日新闻》连载长文,介绍了有关唐律的史料。1925年,石滨纯太郎在《敦煌石室的遗书(怀德堂夏期讲演)》首次使用了"敦煌学"一词。[①]1933年,仁井田陞以严谨的治学态度,从上百种汉典与日文史籍中整理出唐令715条,并以日本《养老令》为参照系,辑成《唐令拾遗》。[②]此书是一部中国古代各种典章制度的汇编,涵盖唐代社会的各个方面,具有极高的参考与工具价值。1937年,仁井田陞出版了《唐宋法律文书の研究》,对买卖、交换、施入、消费借贷、使用借贷文书、雇佣文书、请负文书、赔偿文书,以及养子文书、分书、遗嘱文书等进行了全面、分类研究。1962年,仁井田陞出版了《中国法制史研究》,该书部分章节利用敦煌文献,在前两部著作的基础上,对土地法、交易法等进行了研究。[③]此外,日本学者大谷胜真、那波利贞、玉井是博等分别对大赦制残卷、敦煌水部式残卷和敦煌契约文书进行了分类研究。

1956年,法国当代著名汉学家谢和耐(Jacques Gernet,1921年—2018年)发表了他的博士论文和成名之作《中国五至十世纪的寺院经济》。书中对五至十世纪中国社会中佛教的经济形态,通过佛图户、寺户、僧祇户、常住百姓、碾户、梁户、长生库、社邑、斋供、三阶教无尽

[①] 关于"敦煌学"一词,究竟是陈寅恪还是石滨纯太郎首创,曾是一段公案。从时间上讲,是石滨纯太郎首创,但"从实际效果来说,寅恪先生是'敦煌学'的首创人"。参见荣新江:"陈寅恪先生'陈垣敦煌劫余录序'读后",《中西学术名篇精读:陈寅恪卷》,蔡鸿生、荣新江、孟宪实读解,中西书局2014年版,第41—42页。
[②] 〔日〕仁井田陞:《唐令拾遗》,栗劲、霍存福等译,长春出版社1998年版。
[③] 〔日〕仁井田陞:《中国法制史》,牟发松译,上海古籍出版社2011年版。

藏均做了深入探讨。1957年，他又发表了长文《敦煌卖契与专卖制度》，将唐律与敦煌契约文书结合起来，对中国九至十世纪的专卖制度进行了研究。

（二）发展阶段（20世纪70年代至20世纪末）

随着敦煌法律文献资料的整理、刊布和初步研究的完成，敦煌法律文献的研究进入到一个平稳的发展阶段。这一阶段，一方面分类、系统辑录了敦煌法律文献，另一方面，分类、专题研究开始成为这一阶段的趋势。

在国内，代表性的成果主要有：在敦煌文献整理、辑录方面，唐耕耦、陆宏基分类整理、汇编了《敦煌社会经济文献真迹释录》(1—5辑)，[①] 重"辑录"，少"注"解。沙知辑校和分类汇集了《敦煌契约文书辑校》，[②] 也是以"辑校"为主的资料性工具书，这两部辑录性的工具书，是研究敦煌法律文献的基础文献。在敦煌法律文献考释方面，刘俊文的《敦煌吐鲁番唐代法制文献考释》，[③] 对50件敦煌、吐鲁番法制文献进行了考证、校补、笺释。刘俊文还以五件敦煌唐格残卷为据，论述了唐格的渊源、编纂、构成及作用（1990年）。

在敦煌契约文书研究方面，在文书定名与年代考据上，史苇湘的《河西节度使覆灭的前夕——敦煌文献伯2942号残卷的研究》，认为这件判集是一件誊清存档的文件，应定名为《河西观察使判集》（1983年）。陈国灿考证了39件借贷契约的年代（1984年）。在高利贷问题上，唐耕耦的《唐五代时期的高利贷——敦煌吐鲁番出土借贷文书初探》，对敦煌

[①] 唐耕耦、陆宏基编：《敦煌社会经济文献真迹释录》（第一辑），由书目文献出版社于1986年出版；第二至第五辑，则由全国图书馆文献微缩复制中心于1990年出版。
[②] 沙知：《敦煌契约文书辑校》，江苏古籍出版社1998年版。
[③] 刘俊文：《敦煌吐鲁番唐代法制文献考释》，中华书局1989年版。

吐鲁番的借贷主体、借贷原因、借贷利率及高利贷类型作了探讨(1985年)。余欣则对敦煌借贷契约中利率与唐代物价的联动关系进行了论证(1997年)。在分类研究上,姜伯勤的《唐五代敦煌寺户制度》对敦煌寺户的性质进行了分析(1987年)。杨际平对唐末宋初敦煌土地制度(1988年)、敦煌吐鲁番出土的雇工契(1997年)、唐代的奴婢、部曲与僮仆、家人、净人(1996年),及唐宋时期的奴婢制度(2002年)进行了深入研究。高潮、刘斌对买卖契约,及借贷契、请贷牒、偿还契进行了简要的分类研究(1991年)。唐耕耦的《敦煌写本便物历初探》,对便物历的类型、结构以及借贷主体等契约要素进行了细致研究(1990年)。张晋藩总主编、陈鹏生主编的《中国法制通史》隋唐卷,① 援引敦煌法律文献,对唐朝的奴婢、买卖、借贷契约等民事法律制度进行了梳理与分类研究(1999年)。在违约责任方面,余欣对敦煌出土契约中的违约责任条款进行了研究(1997年),杨际平则对余欣所论的敦煌出土契约中的违约责任条款的观点进行了商榷(1999年)。在敦煌放妻书研究方面,杨际平的《敦煌出土的放妻书琐议》,以敦煌放妻书研究了唐代的离异制度,认为作为和离的"放妻书",主要用于户籍除附和再婚(1999年)。张艳云的《从敦煌〈放妻书〉看唐代婚姻中的和离制度》,则以敦煌放妻书分析了唐代婚姻中的和离制度(1999年)。此外,杨际平、郭锋、张和平合著的《五至十世纪敦煌的家庭与家族关系》,对敦煌的家庭与家族关系进行了研究(1997年)。霍存福对敦煌买卖契约作了法律与经济分析(1999年)。

在争讼判词方面,薄小莹、马小红的《唐开元二十四年岐州郿县县尉牒判集研究:兼论唐代勾征制》,不仅对 P.2979 号判集进行了研究,还对唐代的"勾征"制度作了探讨,认为唐代的勾征制度虽有加重对农民剥削的一面,但其重要功用在于稽查官吏贪污,保障了封建国家的经

---

① 张晋藩总主编:《中国法制通史》(隋唐卷),法律出版社 1999 年版。

济活动(1982年)。安家瑶的《唐永泰元年(765年)—大历元年(766年)河西巡抚使判集研究》,对P.2942号文书的年代、作者的身份及文书所反映的当时河西有关历史作了探讨(1982年)。胡如雷通过两件敦煌出土的判牒文书研究了当时的社会经济状况(1987年)。齐陈骏的《读伯3813号〈唐判集〉札记》,对敦煌《文明判集残卷》等进行了初步分析(1996年)。汪世荣的《中国古代判例研究》中的"隋唐判例",①对《敦煌文明判集残卷》进行了研究(1997年)。

在敦煌回鹘文契约与语言研究方面,郑炳林、杨富学还对敦煌西域出土回鹘文文献所载qunbu与汉文文献所见官布进行了研究(1997年),邓浩、杨富学还出版了专著《西域敦煌回鹘文献语言研究》,这是我国出版的第一部系统研究回鹘文文献语言的学术专著(1999年)。刘戈发表了《回鹘文买卖文书纪年月日研究》,认为回鹘文契约文书的格式和套语与发现于新疆南部地区的佉卢文、发现于吐鲁番及乌兹别克斯坦穆格山的粟特文、发现于敦煌等地的吐蕃文、发现于吐鲁番及内地的汉文契约文书,在格式上有相似的地方,在套语上有相互吸收的地方(1998年)。

在国际敦煌学界,日本泷川政次郎的《唐判集中关于紧急避难事件的判决》,研究了唐判集中的紧急避难(1978年)。山本达郎、池田温合编的《敦煌吐鲁番社会经济资料集》第三卷《契约文书》(1986年—1987年)出版,该书搜罗宏富,释录精审,是日本敦煌学界研究敦煌学的重要资料。池田温的《中国古代租佃契》,对敦煌出土的租佃契约进行了细致研究(1973年),而池田温的《中国古代籍账研究》,②不仅收录了大量的敦煌籍账原文,还对中国古代籍账的源流、制度变迁、完成与崩溃做了细致的分析(1979年)。

---

① 汪世荣:《中国古代判例研究》,中国政法大学出版社1997年版。
② 〔日〕池田温:《中国古代籍账研究》,龚泽铣译,中华书局2007年版。

1994年,法国学者童丕(Éric Trombert)的《敦煌的借贷:中国中古时代的物质生活与社会》在《通报》发表,① 以经济史的视角,对敦煌借贷契约中的粮食借贷与织物借贷,通过借贷的时间、原因、借贷成本、担保等契约要素进行了专题、分类研究,还附有借贷契约分析图表等。同年,童丕还发表了长文《10世纪敦煌的借贷人》,对敦煌所出的"便物历"进行了专门研究。

(三)精细化阶段(21世纪初至今)

从21世纪开始,敦煌法律文献的研究在国内呈现出精细化的态势,成果颇丰。

在系统研究方面,陈永胜在《敦煌吐鲁番法制文书研究》中,② 分七章对敦煌、吐鲁番文献中的正籍典章、契约文书、经济法律制度、商业法律制度、婚姻家庭继承制度,以及诉讼法律制度等方面做了概括的分类研究(2000年)。我国台湾学者罗彤华的专著《唐代民间借贷之研究》,③ 主要以敦煌借贷契约和便物历为研究对象,从史学的视角,分别从借贷类型、借贷原因、借贷期限与数量、债务不履行和借贷的意义等方面进行了精细化研究(2005年),是这一阶段以史学的方法进行研究的力作。乜小红的《俄藏敦煌契约文书研究》,综合运用多学科的知识,对104件俄藏敦煌文献中的契约文书的来源及其价值、买卖券、收养制度、社约文书及放妻书等进行了研究,还对俄藏敦煌契约文书进行了注释(2009年)。④

在国家法律与民间习惯法的关系方面,岳纯之的《论隋唐五代借贷契约及其法律控制》(2004年),孟宪实的《国法与乡法——以吐鲁番、

---

① 该书已有中译本。参见〔法〕童丕:《敦煌的借贷:中国中古时代的物质生活与社会》,余欣、陈建伟译,中华书局2003年版。
② 陈永胜:《敦煌吐鲁番法制文书研究》,甘肃人民出版社2000年版。
③ 罗彤华:《唐代民间借贷之研究》,北京大学出版社2009年版。
④ 乜小红:《俄藏敦煌契约文书研究》,上海古籍出版社2009年版。

敦煌文书为中心》(2006年),霍存福的《敦煌吐鲁番借贷契约的抵赦条款与国家对民间债务的赦免——唐宋时期民间高利贷与国家控制的博弈》(2007年),分析了国法与民间习惯的关系,认为双方的关系随着时代变迁而发生变动,借贷契约中的抵赦条款是民间社会对抗国家赦免私债的表现,反映了民间高利贷与国家控制的长时间博弈。

在借贷关系与借贷利息方面,梁凤荣甄别了敦煌计息借契和不计息借契(2005年),李洪涛研究了唐代借贷利率与借贷履行的国家干预(2017年),乜小红以敦煌便物历专题研究了佛寺中的借贷关系(2011年)。

在敦煌契约精神与契约语言研究方面,霍存福的《中国古代契约精神的内涵及其现代价值——敬畏契约、尊重契约与对契约的制度性安排之理解》,认为中国古代的契约精神是对契约的敬畏,中国人对契约的理解是将其作为一种制度性安排。中国人的契约精神,既是一种法律精神,也是一种文化精神(2008年)。霍存福、刘晓林的《契约本性与古代中国的契约自由、平等——中国古代契约语言与社会史的考察》,认为中国古代契约充斥着大量反映契约自由和平等的套语,古代中国政治、社会与家族内部等级上的差异,并未消灭经济生活中契约的自由与平等(2010年)。敏春芳的《敦煌吐鲁番文书中衣物量词例释》,对"腰立"等衣物量词进行了解读(2005年)。黑维强的《敦煌社会经济文献词语考释》(2004年),以及《敦煌社会经济文献释词六则》,分别考释了辞书所刊载的契约文书中的一些常见词语的含义(2009年)。陈烁、陈晓强的《敦煌契约文书词语考释四则》(2011年),何亮的《敦煌契约文书词语考释》(2011年),分别对敦煌契约文书所见的词语进行了考释。陈晓强的《敦煌契约文书语言研究》①(2012年),张小艳的《敦煌社会经济文

---

① 陈晓强:《敦煌契约文书语言研究》,人民出版社2012年版。

献词语论考》①(2013年),这两部专著分别对敦煌契约文书的词语和用法加以解读和考释,有利于相关研究者准确把握敦煌契约本身的含义。

在担保制度方面,郑显文的《唐代债权保障制度研究》,以敦煌契约为例对唐代债权保障措施中支付违约金、掣夺债务人财物、保人代偿三种方式进行了研究(2003年)。陈永胜的《敦煌写本〈寅年令狐宠宠卖牛契〉中的瑕疵担保》,以一件卖牛契为例,研究了以生命物为标的的所有权转移及瑕疵担保规则(2003年)。梁凤荣援引敦煌借贷契论证债权保障与担保制度(2005年)。韩伟的《唐宋时期买卖契约中的瑕疵担保——以敦煌契约文书为中心的考察》,将物的瑕疵担保、权利瑕疵担保与古代罗马法进行了比较研究(2010年)。

在土地制度、租佃与纠纷解决机制方面,赵云旗的《从敦煌吐鲁番文书看唐代土地买卖管理机制》,对敦煌吐鲁番部分的土地买卖程序(申请、下牒、立契、公验)进行了研究(1998年),赵云旗的《唐代敦煌吐鲁番地区土地买卖研究》,对唐代敦煌吐鲁番地区土地买卖的产生、原因与范围、形式进行了研究(2000年)。刘进宝通过敦煌吐鲁番文书研究了唐代地方官文书的处理程式(2004年)。霍存福、武航宇的《敦煌租佃契约与古罗马租契的比较研究》,对敦煌租佃契约与古罗马葡萄园租契以契约要素的异同及其文化背景进行了比较研究(2005年)。宋坤的《敦煌吐鲁番文书所见唐代起诉文书的程式及演变》,归纳了唐代民众起诉文书体式由辞、牒到状的三个变化阶段,认为这些变化正是中国传统社会前后期诉讼文书体式转变过程的重要节点(2018年)。②

在雇佣契约研究方面,徐秀玲的《晚唐五代初宋敦煌雇佣契约样

---

① 张小艳:《敦煌社会经济文献词语论考》,上海人民出版社2013年版。
② 参见顾成瑞:"敦煌吐鲁番法制文献与唐代律令秩序国际学术研讨会综述",《中国史研究动态》2018年第5期。

文研究》，分析、比较了雇工契约和雇牲畜契约的同异（2010年），乜小红的《对敦煌农业雇工契中雇佣关系的研究》，则通过分析敦煌所出的农业雇工契约，认为当地的农业雇佣关系是一种先进的互助互惠关系（2009年）。

在放妻书研究方面，杨际平的《敦煌出土的放妻书琐议》，对敦煌写本放妻书中的字词含义，以及放妻书的主要用途进行了研究（1999年）。张艳云以敦煌放妻书分析了唐代婚姻中的和离制度（1999年），刘文锁对敦煌放妻书的基本格式、时代与内容等方面进行了分析与比较研究（2005年）。乜小红的《对俄藏敦煌放妻书的研究》，对俄藏放妻书的样文与英、法藏放妻书做了比较，进而分析了唐代民间婚姻观念的变化（2008年）。王阳则对放妻书中的字词进行了考辨（2016年）。

从传统家庭与妇女、子女的角度，熊铁基的《以敦煌资料证传统家庭》，通过敦煌户籍、分书、雇工契等考察了敦煌地区家庭的成员结构、遗产分割习俗及同居共财现象（1993年）。燕海雄以敦煌吐鲁番汉文借贷契约文书，研究了当时妇女的经济地位（2005年）。陈丽萍的《唐宋时期敦煌地区非正式婚姻子女现象略》，研究了非正式婚姻子女在家庭中的地位和在家产继承中的权利与义务（2006年）。

在保人、见人研究方面，杨惠玲的《敦煌契约文书中的保人、见人、口承人、同便人、同取人》，认为契约中的保人、口承人、同取人、同便人均为履约的担保人，年龄在八至六十岁，身份复杂，反映了当时浓厚的家族观念、宗法思想（2002年）。敏春芳的《敦煌契约文书中的"证人""保人"流变考释》，对有关保人和证人在不同时期的不同称呼进行考察（2004年）。张可辉的《从敦煌吐鲁番文书看中人与地权交易契约关系》，认为中人在契约中本质上起着平衡协调的作用，他们更关注自己声誉的提高，因此就形成了中人秩序权益与责任的内在一致（2011年）。

在敦煌契约文书的签名与画押方面，姜洪源的《敦煌契约文书的签押手续》,从参与签押主体、用语、记号等方面分析了敦煌契约文书签押手续的特点(1994年)。吕德廷的《唐至宋初敦煌地区的签名与画押》,整体上介绍了敦煌各类文书中有关签押的方式(2010年)。

需要指出的是,对敦煌契约文书进行研究,也是研究生学位论文的热点选题。熊海燕的《敦煌吐鲁番借贷契约比较研究》,比较细致的分析了敦煌吐鲁番借贷契约的形式与内容,而且做了纵向比较研究(2006年)。付钟瑶的《中国古代雇佣契约制度研究》,利用敦煌雇佣契约,研究了雇佣的主体、双方的权利义务以及契约中的悔约条款和担保制度(2006年)。刘志伟的《从敦煌契约文书看唐朝契约制度》,从契约观念到履行、违约救济和实效运作为逻辑顺序,研究了敦煌契约文书中反映的唐代契约制度(2007年)。刘清玄的《敦煌吐鲁番文书与奴婢研究》,利用敦煌吐鲁番文书对奴婢进行了研究(2008年)。李畅的《敦煌吐鲁番出土遗嘱探析》,对遗嘱类契约文书的格式、内容及其年代演变特征做了详尽的考察(2009年)。朱江红的《从敦煌文书看唐五代宋初敦煌地区的物权观念》,以敦煌文书研究了敦煌地区的物权观念(2009年)。贺雪梅的《敦煌契约文书词语考释》(2010年)、蒋玲玲的《敦煌寺院会计文书词语考释》(2010年),以及黑维强的《敦煌、吐鲁番社会经济文献词语研究》(博士论文,2011年),均对敦煌所出的契约文书中的词语进行了考释。此外,敖特根的《敦煌莫高窟北区出土蒙古文文献研究》(博士论文,2007年),其中对一件回鹘式蒙古文的卖身契残片的性质、年代、背景,分原文、转写、汉译文、词汇表和注释五项进行了研究。

在对敦煌非汉文契约文书研究方面,卓玛才让的《敦煌吐蕃文书P.T.1095号写卷解读》,首次对一件未公布的古藏文购牛契约作了解读与分析(2007年)。李并成、侯文昌的《敦煌写本吐蕃文雇工契 P.T. 12974探析》,侯文昌的《敦煌出土吐蕃古藏文购马契约探析》《敦煌出土吐蕃古藏文借马契探析》《敦煌出土吐蕃古藏文便麦契探析》等系列论文,将吐蕃古藏文契约和敦煌出土的同类契约加以比较,分析了两者的异同和其中的文化成因(2011年)。侯文昌的专著《敦煌吐蕃文契约文书研究》,对敦煌吐蕃文契约文书中的雇佣契约、租佃契约、买卖契约和借贷契约及其程式进行了研究(2015年)。①

在对回鹘文契约的研究中,刘戈继上世纪末发表论文后,又发表了系列研究论文,分别是《回鹘文买卖文书中的 bir gsüksüz 与汉文同类文书中的"一无悬欠"考》(2001年)、《回鹘文契约中的"bil"与汉文契约中的"知"现象考》(2002年)、《回鹘文契约证人套语研究》(2004年)、《释回鹘文契约中的 paon、tanuq、krŭpoluryui》(2005年)、《回鹘文契约文书中的"元契"考》(2005年),这些系列论文从内容、结构、语法等角度对比了回鹘文契约与敦煌等地出土的汉文契约套语的相似度,以及汉文契约套语的演变和对少数民族产生的影响。此外,杨富学对回鹘文文献与高昌回鹘经济史的建构进行了分析等(2007年)。

在国外,日本学者池田温出版了《敦煌文书的世界》,②对敦煌遗文、敦煌学与日本人、敦煌的历史背景、流通经济、契书,以及敦煌写本真伪判别的论述,尤其是对上世纪末日本学界研究敦煌吐鲁番的现状做了赅简的梳理(2001年)。山本孝子的《书仪蕴含的礼法思想试探》,③认为书仪的制作过程是在遵守律令制度的前提下,可根据使用者具体需求给出表述方式,且随社会环境变化、社会道德的更新而不断修改(2017年)。

(四)已有研究成果的特点与研究趋向

百余年来,经过一代复一代中外敦煌学者薪火相传的持续研究,敦

---

① 侯文昌:《敦煌吐蕃文契约文书研究》,法律出版社2015年版。
② 〔日〕池田温:《敦煌文书的世界》,张铭心、郝轶君译,中华书局2007年版。
③ 参见顾成瑞:"敦煌吐鲁番法制文献与唐代律令秩序国际学术研讨会综述",《中国史研究动态》2018年第5期。

煌学及敦煌法律文献的研究取得了丰硕的成果,归结起来,主要有以下特点:

1. 就敦煌学研究的总体而言,中外第一代敦煌学者从敦煌文献发现后,以史学界的学者为主,不畏繁难,潜心对敦煌文献及其残卷进行分类辑录、刊布、校补、还原、考证与笺释,为不同视角与不同专业开展敦煌文献的研究奠定了坚实基础,可谓筚路蓝缕,首开先河之功;第二代敦煌学者则承上启下,继往开来,在前辈研究的基础上,将敦煌学各科、各类研究多以分类、专题研究的方式持续推向深入;第三代敦煌学者则依据各自不同的专业背景,对敦煌文献进行多视角、全方位乃至遍地开花式的研究,有力地促进了敦煌学研究的持续繁荣。

2. 对敦煌法律文献的研究,一如敦煌学的研究进程一样,也可分为三代敦煌学者,历经了兴起、发展与精细化研究三个阶段,而每个阶段各有其主要特征。总体说来,兴起阶段,以敦煌文献包括敦煌法律文献的收集、整理、刊布、笺释和初步研究为主要特征;发展阶段,以分类、系统辑录敦煌法律文献,并进行分类、专题研究为主要特征;精细化研究阶段,则以专题、多元视角趋向精细化研究为主要特征。

3. 对敦煌法律文献的研究,呈现出如火如荼的态势,而类型化的专题研究,以及对每一个专题做"深耕细作"的精细化研究,则是在不可能再生"新材料"之后的必然趋势,也是提升研究广度、高度和深度的必然选择,这一理念与方法的转向,是敦煌法律文献研究向高水准成果作整体跃迁的不二法门。

4. 已有对敦煌法律文献研究的代表作,在敦煌法律文书研究方面,当属刘俊文的《敦煌吐鲁番唐代法制文献考释》。在敦煌契约文书研究方面,在国际上,应当是法国学者童丕的《敦煌的借贷:中国中古时代的物质生活与社会》;在国内,则是我国台湾学者罗彤华的专著《唐代民间借贷之研究》。而这些力作,均是以史学或者经济史的视角进行的研究，也就是说，鲜见以法学的视角对敦煌法律文献进行研究的力作。

5. 已有的以法学的视角进行研究的成果，要么对敦煌法律文献作了框架性的整体介绍和局部研究，要么仅仅援引敦煌法律文献用以佐证某一观点，要么只论及敦煌法律文献的某一方面，而且侧重阐释文献本身的含义、内容，或者仅对敦煌法律文献的某一方面进行分析和研究，总体上比较零散。因此，还缺乏以法学的视角对敦煌法律文献进行系统与精细化研究的重要成果。

6. 池田温讲："敦煌契约为本世纪中国中古法制、社会经济史的研究带来了巨大贡献。"[①] 但事实上，在对"敦煌五契四书"的研究中，除了对敦煌借贷契约、买卖契约、放妻书的研究成果相对较多以外，对其余的"三契"（雇工契、租佃契、养男立嗣契）和敦煌所出"三书"（敦煌放良文书、分家析产文书和析产遗嘱文书）的专题、精细化研究的成果不多、不足，甚至在敦煌养男立嗣契、放良文书、分家析产文书（分书）和析产遗嘱文书（遗书）这四种契约文书的专题研究方面近于空白，亟需补缺。

7. 已有对敦煌法律文献的研究成果，在笺释、考证与还原的基础上，通过价值评说，进而以文化阐释或法文化开掘的研究成果鲜见。也就是说，应当对敦煌法律文献潜含的思想、制度与规则本身作原始察终、辨源析流的文化分析与文化追问，以对接文化根源，把握文化根脉，贯通规则表里，突破就文献论文献的局限，抽绎出敦煌法律文献内含的共有规则，以实现传统资源的现代转化。

8. 已有对敦煌法律文献的研究成果，同样缺乏以丝路文化的视域对敦煌法律文献做纵横比较研究的成果。也就是说，对敦煌法律文献的研究，应当拓宽研究的视域，对敦煌法律文献与丝路沿线古代国家的法律

---

① 〔日〕池田温：《敦煌文书的世界》，张铭心、郝轶君译，中华书局2007年版，第161页。

文献进行比较研究,叩同问异,揭示隐含在不同国度法律文献背后不同的文化根源,在凸显共性与差异中,从根基上把握、阐释不同国家的法律、契约规则何以如此的法理,突破敦煌法律文献作为地方性知识的局限,以实现区域经验的普适性转变。

9. 已有对敦煌契约文书研究的成果,大多只做静态分析,未做动态研究,且对敦煌契约文书研究的视角与分类单一,整体上显得比较单薄。因此,一方面应对敦煌契约文书实际运行及其解纷机制进行深入研究,另一方面应运用多学科知识对敦煌契约文书进行交叉研究。实质上,从更广的视域看,契约是我们观察和分析社会发展史的最佳切口之一,梅因(Henry Sumner Maine,1822年—1888年)就以契约将社会演进的一般规律归结成著名论断:"所有进步社会的运动,到此为止,是一个'从身份到契约'的运动。"[①] 事实上,"'契约'这个概念在近代的学术理论中,已经超出了纯粹的法学与经济学的范畴。研究社会发展史和社会学的学者们将人类冲破血缘与家族纽带,建立一种平等的权利义务关系的社会演进称为社会发展史上的一大转折点。联系这种新型社会人与人之间关系的纽带便是契约。"[②] 由此可见,"'契约'已不仅仅是一个民法上的概念,而且成为一种社会观念,一种衡量社会进步的尺度。今天,'从身份到契约'已成为经典口号,将'from Status to Contract'译为'从身份到契约'也被共认为确当的经典译例而具有广泛的影响,如同将卢梭的'Du Contrat Social'译为'社会契约论'一样。"[③] 换言之,对敦煌契约文书的研究,既可从史学、法学、经济学的角度进行研究,也可从社会学、语言学、文学的角度进行研究,还可从宗教学、民族学、伦理学、契约经济学乃至思想史、制度史等角度进行研究,更可融会这些学科进

---

① 〔英〕梅因:《古代法》,沈景一译,商务印书馆2011年版,第112页。
② 贺卫方:"'契约'与'合同'的辨析",《法学研究》1992年第2期。
③ 同上。

行交叉研究。

以上九个方面，可归纳为两种不同的研究趋向：

一种是仅涉及某一敦煌契约文书，或综诸敦煌契约文书而论及其中的某一方面。

一种是虽然比较全面，但仅对敦煌契约文书作了框架性的分析，或者仅对文本的意涵作了语义阐释与静态研究，进而得出了某一观点。

前者的优势在于比较精细，而问题在于未能对敦煌契约文书有一个系统的把握；后者比较全面，但问题又在于研究的精细化程度不够，尤其是对这些契约文书的实际履行状况，以及一旦发生纠纷以后如何处理，则鲜有涉及。

更重要的是，已有研究成果共有的问题还在于就契约文书论契约书，大多没有将敦煌契约文书置放于民族、宗教、文化与法律交错的广阔视野中加以深入分析。换言之，既没有追本溯源，对隐含其后的文化根源进行分析，也没有由此总结出基于文化土壤的适宜与对接而得出的可资借鉴的现代价值，更没有在纵横比较的视域下阐释敦煌契约文书中"变"与"不变"的内在法理，析分出哪些是"地方性知识"，哪些是可通约性的共有通则等。这些问题，都为远无止境的敦煌契约文书研究预留了很大的空间，这也正是本书着力研究的方面。

四、本书研究的内容、特色与展望

（一）研究内容

本书是对敦煌契约文书，包括对敦煌买卖契、租佃契、雇工契，养男立嗣契，以及敦煌放良文书、分家析产文书（分书）和析产遗嘱文书（遗书）进行的专门、系统研究。其中，对敦煌买卖契的研究中，因其量大面广、种类繁多,首先研究了唐五代买卖的法律规定,分析了敦煌一般买卖契约,在此基础上,对土地交易的背景"均田制"进行了检视,同时梳理了唐代土地交易的实体法律规范及其程序,然后以敦煌土地交易契研究了敦煌土地交易契约的民间规则,这部分内容对应第一章至第五章。其后,在第六章对敦煌租佃契进行研究的基础上,尝试将静态分析转变为动态研究,因此在第七章对敦煌土地返还疑难纠纷解决机制进行了解构。然后对敦煌雇工契、养男立嗣契,敦煌放良文书、分家析产文书(分书)、析产遗嘱文书(遗书)在第八章至十二章进行了专题研究。

1. 敦煌买卖契约

敦煌买卖契约的标的物所涉甚广,除不动产买卖契外,尚有动产契,包括卖牛易牛契、卖身契和卖买日用品契约三类。① 对其进行深入研究,首先要对唐五代有关买卖的法律规定进行深入研究,包括市制、买卖主体、标的物及伪劣产品责任以及市场监管职责、度量衡,以及通过公验以立"市券"的国家程序控制等进行研究,然后对敦煌买卖契约的契约规则及其背后的深层原因进行深入研究,抽绎出买卖契约的一般结构与社会功能,进而对中国古代与古罗马在买卖纠纷的解纷方式上作优劣比较,就不难明了中国传统文化长期熏陶的国人自有一套将情、理、法纳入视域,衡量公平正义的整体观念,从而以删繁就简的姿态,追求实质公正。

2. 敦煌土地交易契约

敦煌土地交易契约不仅以均田制为背景,还深嵌在唐宋时期的赋役

---

① 现代称为的"买卖",在我国古代称之为"卖买",这不只是一个语序问题,实质上关涉以何方主动建立买卖关系的问题。对这一容易被忽视的问题,田涛作了准确的甄别:在我国古代社会,是不能叫作买卖的,而通常说成卖买,卖要放前头,买要放后头。因为古代的契约首先由卖方建立,买方在这里是次要和被动的;而现代的买卖合同,是买方来主动提出的,要约的一方是买方,而承诺的一方是卖方(参见田涛:《千年契约》,法律出版社2012年版,第38页)。是故,无论在我国古代的立法中,还是在民间契约中,均称为"卖买"。在本书中,除了援引的律令、契文为"卖买"外,为了适应现代称谓的习惯,还是称为"买卖"。

制度之中，并受当时国家刑事、民事和行政法律制度的调控，而且关涉土地私有、重农主义、土地兼并以及官吏纠察等若干重大问题，是我们研究唐代土地交易的规则与过程是否公正，国家法律与程序如何控制土地交易习惯，民间土地交易契约规则如何与国法实现对接等重要问题不可多得珍贵史料。在此基础上，通过对敦煌土地交易契约中立契年代、文书编号、交易主体及身份、交易原因、交易性质、标的物及其数量、价款、交付日期、违约责任以及风险担保等契约要素进行条理化分析，解构契约内在的文化密码，进而对敦煌土地交易契约作出整体阐释，以反观土地兼并等重大问题。

3. 敦煌租佃契约

静态研究敦煌土地租佃契约，要厘清租佃、租佃制的意涵，梳理租佃的源流，尤其要在分析立契年代、地主身份、租地人、租地原因、地亩数和租期、租地价金和交纳期限、与土地关联的税役承担，以及违约责任、风险承担、契尾签署的基础上，对敦煌租佃契作整体解读。而以一宗归义军时期的土地返还纠纷案动态研究敦煌租佃契，不难发现，租佃契不仅是签约后实际履行的依据，还是发生租佃纠纷后的最佳证据。由一种土地纠纷解析其中颇为复杂的法律关系，研究古代追求实质正义的解纷机制，对我国当下过于繁琐的诉讼程序，无疑具有极大的反思价值。

4. 敦煌雇工契约

敦煌所出31件雇工契，介于卖身契与典身契之间，客观、真实地反映了身份、贫穷与劳力之间的关系。从契约双方为百姓看，雇工契是没有人身附属关系的平等主体；从雇佣原因看，雇工契大多因为缺乏劳力而立契；从劳作内容看，受雇者大多从事农业耕作；从雇期看，大多在农历正月至九月农忙时节，这与农耕文明的特质相洽；从雇值看，劳力在当时价值不菲；从违约责任与附随义务看，则深刻体现了中国传统契约的诚信精神，这又与以诚为本的民族文化传统一脉相承。

5. 敦煌养男立嗣契约

基于宗族承续，在身份等级森严的中国古代，有爵等的王公侯伯子男，承嫡者传袭。而在民间，对无子养男者，国家律令规定必须"听养同宗于昭穆相当者"，因而禁养异姓男。这一规定有其深刻的宗法背景及其思想渊源，而敦煌所出的八件养男立嗣契表明，在侍奉养老、传宗接代和继承家产这三类收养类型中，突出了"孝养"而有意忽略了"继嗣"，这在规避律令的同时，使收养异姓男得以现实化。而在养父养子的权利与义务之间，也有养子义务型、权义均衡型和权义失衡型三种。此外，将敦煌养男立嗣契中的收养与罗马法收养制度进行比较，可以凸显不同民族间特有与普适的收养规则，富有意义。

6. 敦煌放良文书

敦煌所出放良文书，从类别上可分为放良书、从良书和放家僮书。从结构上可分为理论依据、适用对象、放良理由、祝福用语等。七件敦煌放良文书虽然各有不同，但在总体的趋向上，是在具备一定条件后，把"律比畜产"的奴婢从贱民中解放出来，并经申牒、除附程序而成为良人。通观放良文书，内中传达的是对奴婢自纵自由、高营世业的美好祝福，是对契约以山河为誓、日月证盟的由衷尊崇。而佛教的三世二重因果论，在融会中国传统命理及报应论后，已成为一种民间的俗世信仰，甚至成为敦煌契约正当性的理论根据。

7. 敦煌分家析产文书

敦煌所出的六件分家析产文书（在敦煌契约文书中自称为"分书"），是我们观察传统中国社会中家庭亲情与义利不可多得的珍贵史料，有别于敦煌析产遗嘱文书。在敦煌分书中，世代同堂还是分家异居，既是一个法律问题，也是一个文化问题，还是一个现实的生活问题。而研析唐代律令关于"别籍异财"与"析户"的规定，是我们研究敦煌分书的背景与前提。在敦煌分书中，虽然财产均分是析产的通则，但也不乏兄弟义让的儒风。事实上,敦煌分书呈现的分家这一民间细故的样态,细致到每一张镰铧,这不仅是"亲兄弟,明算账"的中国式表达,也是人间世艰辛生活的真实写照,因恒常而久远。

8. 敦煌析产遗嘱文书

对弥足珍贵的敦煌析产遗嘱文书(在敦煌契约文书中自称为"遗书")研究,以专题的方式叠加以文化的解释,并从民族的视角进行深层追问,不但能使我们鉴别析产遗嘱与分家的不同,通过富含的文化因子再现中古时代广阔的社会生活画卷,佐证中国古代具有私法意义上的遗嘱继承,而且通过新视角的深层追问,一窥隐于私契文书背后的民族特质、文化结构、混融的民间信仰与基于民族普遍性的共通原理。

(二)核心观点

在唐、宋之间长期实际运用的敦煌契约文书内含的规则与法理,它不因时移世易而过时,必有其"长时段"存在的理据与文化根基。我们依然深入研究它的价值,是因为这些富含智慧的民间契约及其规则,承载、潜含着传统文化的根脉。契约本身蕴含的自治、平等、诚信的契约精神,以及本民族伦理正义下自有、自洽、自足,且自成体系的规则安排,内含了适合本民族特质的文化积淀,并且经由实践的有效验证,已内化为一种稳定的民族文化心理结构。所以,通过民族交融地区的契约比较、文化分析追寻到的"文化对接",不惟对内克服移植西方制度造成的"水土不服"具有治本之效,而且对外通过理性的契约对话,在为世界贡献中国智慧的同时,为我们实现传统资源的现代转化,提供一种富有文化根基的适切方案。

因此,我们进一步认为:

其一,文化根性的内心化,既是契约获得权威的内在机理,也是民间规则的活力之源。

其二，受传统文化长期浸润的国人，自有他们的公正观：他们习惯将情、理、法作为衡量公正的标准，并以删繁就简的方式追求实质公正。

其三，文化的对接和"土壤"的适宜，这种力量的强大，无可匹敌，深藏于久远的敦煌法律实践中。

(三)研究特色

本书在研究方法、研究内容和研究结果上，均有一定的特色。

1. 在研究方法上，一是对敦煌契约文书以法学的视角和以专题的方式进行了系统研究；二是以文化解释的方法进行研究，突破了传统法律史研究中的"事实描述型"和"功能价值评说型"这两种路径，向更高层级的"文化分析型"研究做了有益的尝试；三是对敦煌各类契约文书的契约要素进行解构，同时，对敦煌契约中关涉的契约事实，比如是质押还是抵押、是违约责任还是风险担保等进行定性研究；而对很多契约的占比则进行定量分析，比如，根据《旧唐书》记载的人口，定量分析不课户与课户的比例，得出大约15%的人承担了100%的赋役，从而看出赋役之重，重不堪负。再如，对田宅交易的"先悔罚则"，在16件敦煌土地交易契约中，有11件约定了这种罚则，占68.75%，也可以直观地得出这一罚则是一项比较普遍的通用原则，就很有说服力。

2. 在研究内容上，对敦煌八类契约文书侧重以法学和文化的视角进行研究，一方面具有丰富契约史、传统民事制度和解纷机制的理论意义，另一方面具有对接文化传统、观察和分析国人的契约观念、契约精神，进一步检视国法与民间契约规则，[①] 这两者如何实现有机衔接，具有实现

---

① 也有将民间契约规则称为"乡法"的，如孟宪实的"国法与乡法——以吐鲁番、敦煌文书为中心"一文[载《新疆师范大学学报》(哲学社会科学版)2006年第1期]，就将"国法"与"乡法"对举而论；也有将民间契约规则、民间习惯等统称为"民间法"的，如谢晖等主编的连续出版物就命名为《民间法》。谢晖认为，自文明时代以来，人类秩序，既因国家正式法而成，亦借民间非正式法而成就。而人类秩序之达成，非唯国家法一端之功劳。国家仅借以强

文书本身、法律制度与现代价值三位一体融合,从而揭示蕴含在敦煌契约文书中的法文化及其现代价值的重要意义。分而言之,一方面,将学界尚未深入研究的敦煌契约文书,比如土地交易契约、养男立嗣契约、雇工契约,以及放良文书、析产遗嘱文书等进行了专题研究,拓宽了契约文书研究的范围。另一方面,在对有所涉及的契约文书,比如对敦煌买卖契约进行了分类研究,将研究趋向精细化。

3. 在研究结果上,一方面通过纵横比较,将敦煌契约文书的独特性与普适性凸显了出来。另一方面,把敦煌契约要素和契约结构详细分解,再在契约要素、法律意涵和文化意蕴上逐一作精细化研究,不仅具有了专题研究的深度,揭示了敦煌契约的普遍特质,尤其从契约个案中抽绎出契约的一般精神、契约范式、文化底蕴、民族特质,从而使敦煌契约具有了普遍适用的意义。同时,本书研究成果能让我们感知契约文书的表象与本质、精神与理路、渊源与流变、积淀与更新、本根与土壤,以及传统社会的镜像给予现代的诸多启示,独具特色。

(四)局限与展望

我国先秦大哲庄子(约前368年—前288年)曾感喟道:"吾生也有涯,而知也无涯。以有涯随无涯,殆已。已而为知者,殆而已矣。"[①]"知"无际涯,不仅是庄子的一种自觉,也是苏格拉底"知无知"[②]式的自明。

制力量维持其秩序,其过分行使,必致生民往还,惶惶如也。而自生于民间之规则,更妥帖地维系人们日常交往之秩序。参见谢晖等主编:《民间法》"年刊总序",厦门大学出版社2015年版,第1页。

① 《庄子·养生主》。

② 苏格拉底为了验证一条"世上再没有人比苏格拉底更有智慧"这条神谕是错误的,游历了很多地方,遍访了各个领域的名人,他发现那些人其实和他一样,并没有什么智慧,但是却自以为有智慧,在这一点上,苏格拉底至少知道自己是无知的,而那些人却连这一点也不知道。由此他明白了神谕是说,像苏格拉底这样知道自己是无知的,这就是智慧了。参见赵林:《西方哲学史讲演录》,高等教育出版社2009年版,第98页。

在此意义上，任何一项学术研究，以一己智力，终究是一门遗憾的事业，而对于究本根而开新域以待来者的敦煌法学研究，愈发如此。因此，本书的不足与局限，也是毋庸讳言的。事实上，就敦煌契约文书的研究而言，运用的研究方法可以更加多样，而研究视角可以更加宽广，对问题的解释与开掘可以更加细微，而结论，也可以更加明晰和公允。

就敦煌契约文书的研究而言，尚需深入研究的问题，还有很多。比如，对敦煌土地交易契约的研究，可以分析农耕文明的思维方式、价值取向等文化基因，从而揭示土地秩序在传统中国的深层次问题；又如，从身份到契约，可通过敦煌典儿、典身、雇工契看我国传统社会的人身权，这一研究尤其可与罗马法相互比勘，从文化传统与制度背景上分析和检视人身权的同异，以及从身份到契约的根荄与变迁；再如，还可以通过对敦煌养男立嗣契的研究，揭示和阐释小宗宗法、孝养与家族的深层结构，通过与罗马法比较，深入分析人格权、身份权与收养制度的诸多关联。

同样，将敦煌契约文书与本土其他地域的契约文书，诸如徽州契约文书、吉昌契约文书、吐鲁番契约文书、文斗寨苗族契约文书、清水江契约文书、浙东契约文书等进行比较研究，在揭示不同时代、不同地域中国的社会生活和物质文化、契约规则的同时，凸显其中的特色，抽绎其中的共性，分析其中的差异等，这些问题的拓辟与抉发，均须在进一步的研究中展开。

在未来对包括但不限于敦煌契约文书的敦煌法律文献进行研究，可在以下五个方面展开：

其一，针对敦煌契约文书，本书虽然作了八类专题研究，已在已有的同类成果中趋于细化，但是，真正意义上的精细化研究，应当"尽精微"而"致广大"，亦即达到每个专题都可以单独出版一部专著的研究水准，使弥足珍贵的敦煌契约文书在新时代得到更深入的开掘。

其二，在研究框架上，可以在对敦煌契约文书的结构、契约要素进行解构与分析后，专列敦煌契约文书的"板块"进行深入研究：包括敦煌契约文化的内涵与根基，敦煌契约文书的法理与规则，敦煌契约文书与本土不同时代、不同地域的契约文书的比较，敦煌契约文书的共性与差异，我国古代契约文书的智慧及其现代价值等。

其三，一改侧重对敦煌契约文书进行静态分析的研究路径，着重对因契约文书在后续履行过程中发生的纠纷进行动态研究，以反观契约文书是否存在漏洞，反观契约文书的违约责任、风险担保等约定的实际履行情况，进而观察、分析传统中国的解纷机制，分析国人追求实质公正的文化根基，以及删繁就简的治理模式，同时与现代繁琐的程序作优劣比较。

其四，在敦煌学研究的学科组成中，与其它学科拥有的学者甚众、研究的成果比较丰硕的状况而言，敦煌法学依然弱小。因此，不仅需要继续深入开掘和研究敦煌契约文书，而且有必要拓展研究敦煌法律文献中很多尚未开垦的处女地，如对数量庞大的便物历的研究，尤其是对奴婢、地宅、遗产、债务、税役纠纷等牒状及公验、判集的研究，不仅具有动态的研究价值，而且具有开拓新域而兼具填补空白之功。

其五，在国际敦煌学界，通过对敦煌契约文书与包括但不限于丝绸之路沿线国家的契约文书进行比较研究，从文化根基上阐释其中的共性与差异，实现跨文化的契约文明对话，实现不同国度与地域契约文明的交流与互鉴，更是敦煌法学学者的一项超越国界的文化使命。

第一章 唐代买卖的法律规定与国家监控

由于敦煌所出的买卖契约大多发生在唐代，因此对敦煌买卖契约的研究，离不开对唐代国家法律规定的分析。事实上，这一时期，国家为了维护正常的买卖秩序，保障交易安全，颁行了不少相关的律令，以加强国家对市场交易秩序的监控。

一、买卖关系的产生与唐代买卖法律关系

我们知道，买卖是在人类有了社会分工之后而逐渐产生的商品交换关系，研究买卖的法律关系，需要简要追溯人类买卖关系产生的远源。

（一）社会分工与买卖关系的产生

从根本上讲，人类社会得以不断进步的动因之一就是社会劳动的分工。社会学三大奠基人之一的涂尔干（Émile Durkheim，又译为"迪尔凯姆"，1858年—1917年）在其《社会分工论》中开篇讲："尽管劳动分工并不是晚近的事实，但直到上个世纪末社会才开始认识到它的规律，在此之前，它几乎还只是默默无闻地存在着。不可否认，自古以来就有一些思想家看到了分工的重要性。亚当·斯密就是分工理论最早的阐发者。"[①] 对于涂尔干此论中的"自古以来就有一些思想家看到了分

---

① 〔法〕埃米尔·涂尔干：《社会分工论》，渠东译，生活·读书·新知三联书店2013年版，第1页。

工的重要性"一语，渠东在译者注中，将这一思想家导向了亚里士多德（Aristotle，前384年—前322年）的《尼各马可伦理学》中的一段论说。其实，亚里士多德主要论说了"回报这种德性确是共同交往的维系，它是按照比例原则，而不是按照均等原则"，因此要以德报德，如此，交换才能出现。而"正是通过交换，人们才有共同来往"。由于以德报德是互惠，而"这种互惠是由交易关系构成的"。亚里士多德通过设定营养师为A，制鞋匠为B之间的交易来说明交易"在比例上首先相等"，交换才能存在。也就是说，亚里士多德其实并没有明确论说社会分工，而只是通过举例暗含了分工而已。[1]

与此不同，我国战国末期的大儒荀子（前340年—前245年），[2] 不仅从人与自然的宏大视角论说了要"明于天人之分"，以"尽己立，修人事"，而且认为人之所以"最为天下贵"就在于"人能群"。荀子自问自答道："人何以能群？曰：分。"[3] 而此处的"分"，不仅指"农农、士士、工工、商商"的社会分工，还有"君君、臣臣、父父、子子、兄兄、弟弟"的等级名分之"分"。[4] 也就是说，荀子应当是明确论说社会分工（乃至社会公共伦等秩序之分）的第一人。当然，荀子的分工论仅及其名，并未形成体系化的理论。

社会分工之所以如此重要，不仅在于"分工的作用在于维持社会平衡"，而且"分工为我们提供的资源更丰富，更优质"。更重要的是，"正是对幸福的需要才驱使个人日益走上专业化的道路。"[5] 恩格斯（Engels，

---

[1] 〔古希腊〕亚里士多德：《亚里士多德全集》（第八卷），苗力田译，中国人民大学出版社1992年版，第104页。
[2] 关于荀子的生卒年，梁启超、张岱年、冯友兰和钱穆的推定各不相同，此处采用钱穆的《先秦诸子系年》的推定。参见王斐弘：《儒宗正源》，厦门大学出版社2011年版，第153页。
[3] 《荀子·王制》。
[4] 参见王斐弘：《儒宗正源》，厦门大学出版社2011年版，第188—189页。
[5] 〔法〕埃米尔·涂尔干：《社会分工论》，渠东译，生活·读书·新知三联书店2013年版，第189—190页。

1820年—1895年)更是将社会分工与交换,视为开启文明时代的重要标志:"文明时代是社会发展的一个阶段,在这个阶段上,分工,由分工而产生的个人之间的交换,以及把这两个过程结合起来的商品生产,得到了充分发展,完全改变了先前的整个社会。"① 事实上,人类社会的若干个体、团体,只有各司其职,各尽其责,通力合作,才能趋向专业,才能维系和发展。可见,人类社会必须有分工。因为有分工,交换就成了必然。要交换,就有买卖。质言之,除了赠与获得数量极少的交换外,只有买卖才是联结不同主体的恒定法则。

进一步讲,社会分工的前设,或者说社会分工的内核,乃至其后衍生的交换、买卖,都基于人类生存或生活的"需要"。用亚里士多德的话说,"一切事物都应用同一种东西来度量,这种东西真正说来就是使用,它把一切联结了起来,如若人们什么也不需要,或者没有同一的需要,也就没有交换或同一的交换。"② 因此,人们的"需要"愈多,交换愈密,买卖也就愈加频繁。但是,人类的"需要"受制于生产力发展的水平,它与社会经济发展程度成正比。

在中国古代社会,一方面,由于生产力比较低下,生产的物质并不丰富,交换、买卖的物质也就非常有限;另一方面,由于农耕文明自给自足的特质,加上当时交通运输能力低下,交换、买卖之物绝大部分限于自产之物,范围有限。敦煌所出的买卖契约,客观、真实地记录并证实了这一点。

虽然唐代的"市"制与敦煌买卖契约及其规则的确立并没有直接的关联,但它是唐代买卖的法律规定以及国家对市场监控的背景性设置,二者有密切的关联。因此,有必要首先分析一下唐代的"市"制。

---

① 《马克思恩格斯选集》(第四卷),人民出版社1972年版,第170页。
② 〔古希腊〕亚里士多德:《亚里士多德全集》(第八卷),苗力田译,中国人民大学出版社1992年版,第105页。

(二)唐代的"市"制

在我国,"古代的市场是封闭的,必须由官府加以设置和加以严格的管理。现存史料中,这种封闭式的市制最为典型的就是唐朝的制度。"① 根据《唐会要》卷八十六"市"载,景龙元年(707年)十一月敕:"诸非州县之所,不得置市。其市,当以午时击鼓二百下,而众大会;日入前七刻,击钲三百下,散。"② 而《唐六典·太府寺》的载述略有不同:"凡市以日午,击鼓三百声而众以会,日入前七刻,击钲三百声而众以散。"③ 从这一规定看:

州县以下不得置市。换言之,只有州县以上方可置市。《唐会要》卷八十六"市"中,记载了当时置市的一些情况:"显庆二年十二月十九日,洛阳置北市";再如,"天授三年四月十六日,神都置西市,寻废。至长安四年十一月二十二日又置,至开元十三年六月二十三日又废,其口马,移入北市。"又如,"长安元年十一月二十八日,废京中市。至天宝八载十月五日,西京威远营置南市,华清宫置北市。"④ 这些记载,充分说明了当时置市是多么审慎的大事,乃至西市置了又废,废了复置,⑤ 还慎重其事地载入史典,其重要性由此可见一斑。

开市与闭市。午时开市,此乃古例。《易经》就有:"日中为市,致天下之民,聚天下之货,交易而退,各得其所,尽取诸噬嗑"之论。需要甄别的是,《唐会要》记载的是击鼓200下,众会开市,而《唐六典》记载的则是击鼓300下,略有不同。日入前七刻击钲300下闭市。如果说

---

① 张晋藩总主编:《中国法制通史》(隋唐卷),法律出版社1999年版,第463—464页。
② [宋]王溥:《唐会要》,上海古籍出版社2006年版,第1874页。
③ [唐]李林甫等撰:《唐六典》,陈仲夫点校,中华书局1992年版,第543—544页。
④ [宋]王溥:《唐会要》,上海古籍出版社2006年版,第1873—1874页。
⑤ 比如,长安四年,西市复置,过了21年,即到了开元十三年,又废。

击鼓开市,大抵取进发之义,而击钲闭市,似是鸣金收兵的借代。

关于"市",需要补充的是唐贞元以来设立的"宫市",为害甚深。《唐会要》卷八十六"市"载:"贞元以后,京都多中官市物于廛肆,谓之宫市。不持文牒,口含敕命,皆以监估不中衣服、绢帛、杂红紫之物,倍高其估,尺寸裂以酬价。"① 这让我们自然想起了白居易(772年—846年)的《卖炭翁》:"卖炭翁,伐薪烧炭南山中。满面尘灰烟火色,两鬓苍苍十指黑。卖炭得钱何所营?身上衣裳口中食。可怜身上衣正单,心忧炭贱愿天寒。夜来城外一尺雪,晓驾炭车辗冰辙。……翩翩两骑来是谁?黄衣使者白衫儿。手把文书口称敕,回车叱牛牵向北。一车炭,千余斤,宫使驱将惜不得。半匹红绡一丈绫,系向牛头充炭直。"我们知道,《卖炭翁》是白居易《新乐府》组诗中的第32首,自注云:"苦宫市也。"这首诗印证了他倡导的"文章合为时而著,歌诗合为事而作"的创作原则。事实上,他的诗歌不仅"惟歌生民病",篇篇无空文,而且切中时弊,历历如绘。白居易写作这组诗是在元和初年(806年—807年),距《唐会要》所说的唐德宗李适贞元元年(785年),已过去20余年,然宫市之害,愈演愈烈,为害愈深。对此,陈寅恪以诗证史,以史证诗,曾在分析《卖炭翁》时指出:"此篇径直铺叙,与史文所载者不殊。"② 由此亦见白居易的这首名诗,不仅具有极高的文学价值,也有极高的史学价值,让我们对唐代买卖和"宫市"的另一面,有了切肤之感。

(三)买卖主体与出卖标的物的关联

唐五代时期,国家律令对买卖主体和买卖参与人也作了相应的规定,这些法律主要反映在唐律之中。

---

① [宋]王溥:《唐会要》,上海古籍出版社2006年版,第1874页。
② 陈寅恪:《元白诗笺证稿》,生活·读书·新知三联书店2001年版,第258页。

1. 卖物

唐开元《杂令》:"诸家长在('在'谓三百里内,非隔关者),而子孙弟侄等,不得辄以奴婢、六畜、田宅及余财物私自质举及卖田宅(无质而举者,亦准此)。其有质举、卖者,皆得本司文牒,然后听之。若不相本问,违而与及买者,物即还主,钱没不追。"①

这一规定,内容有三:一是子孙弟侄等,如果质举、举、出卖"奴婢、六畜、田宅及余财物",如果"家长在",须有家长的授权,否则,子孙弟侄等作为质押借贷、借贷和出卖一方契约的主体是不合法的;二是其有质押借贷、出卖的行为,"皆得本司文牒";三是违者应受的惩罚:"物即还主,钱没不追"。

2. 卖人

《唐律疏议·贼盗律》"略人略卖人"条规定:"诸略人、略卖人不和为略。十岁以下,虽和,亦同略法。为奴婢者,绞;为部曲者,流三千里;为妻妾子孙者,徒三年。因而杀伤人者,同强盗法。"

[疏]议曰:"略人者,谓设方略而取之。略卖人者,或为经略而卖之。注云'不和为略。十岁以下,虽和,亦同略法',为奴婢者,不共和同,即是被略;十岁以下,未有所知,易为迋诱,虽共安和,亦同略法。略人、略卖人为奴婢者,并绞。略人为部曲者,或有状验可凭,勘诘知实不以为奴者,流三千里。为妻妾子孙者,徒三年,为弟侄之类亦同。"而"和诱者,各减一等。若和同相卖为奴婢者,皆流二千里;卖未售者,减一等。即略、和诱及和同相卖他人部曲者,各减良人一等。"

[疏]议曰:"'和诱',谓和同相诱,减略一等:为奴婢者,流三千里;为部曲者,徒三年;为妻妾子孙者,徒二年半。'若和同相卖',谓元

---

① 〔日〕仁井田陞:《唐令拾遗》,栗劲、霍存福等编译,长春出版社1998年版,第788—789页。

谋两和，相卖为奴婢者，卖人及被卖人，罪无首从，皆流二千里。其数人共卖他人，自依首从之法。①

这一规定，对劫掠良人出卖为奴婢、部曲、为妻妾子孙的犯罪者，实质上否定了他们作为人口买卖契约主体的合法性。依此，对和诱者、和同相卖他人者，均不得作为买卖人口契约的合法主体。

《唐律疏议·贼盗律》"略卖期亲以下卑幼"条规定："诸略卖期亲以下卑幼为奴婢者，并同斗殴杀法；无服之卑幼亦同。即和卖者，各减一等。其卖余亲者，各从凡人和略法。"②

这一规定，对劫掠期亲以下卑幼作为奴婢者，不仅不能作为买卖人口契约的合法主体，而且要按照斗殴杀人罪处罚。所谓期亲以下之小辈及年幼者，"指弟弟、妹妹、儿子、孙子及兄弟的子孙、外孙、子孙媳妇及堂弟妹。"③当然，这里的前提是"略卖"，即劫掠出卖。

3. 官人禁止从商

《全唐文》卷三十一唐玄宗"禁丧葬违礼及士人干利诏"云："凡士庶人，不兼二业，或有衣冠之内，寡于廉隅，专以货殖为心，商贾为利，须革其弊，以清品流。"《白氏六帖事类集》卷十一"稽古代定制"引唐杂令云："诸王公主及宫人，不得遣官属亲事奴客部曲等在市肆兴贩，及于邸店沽卖出举。"

从这一规定可见，严禁衣冠士人、王公及宫人遣官属从事买卖等商业活动，禁止这些人成为有关契约的主体。

4. 禁止年幼者买卖

《五代会要》卷二十六"市"云："如是卑幼不问家长，便将物业典卖倚当，或虽是骨肉物业，自己不合有分，辄敢典卖倚当者，所犯人重

---

① ［唐］长孙无忌等：《唐律疏议》，刘俊文点校，法律出版社1998年版，第399—400页。
② 同上书，第403页。
③ 钱大群：《唐律疏议新注》，南京师范大学出版社2007年版，第642页。

行科断。其牙人钱主，并当深罪。所有物业，诸准格律指挥。"①

这一规定与上述唐律规定相同者，乃是卑幼不问家长而典当出卖的，不能作为合法的契约主体，还要科罪从重处罚。不同的是，对自己"不合有分"之物业"辄敢典卖倚当者"，主体非法，从重处罚。同时，还要对促成非法交易的牙人和买方，也要一并科罪从重处罚。

（四）买卖标的物

唐五代对买卖中的标的物也作了很多规定，情形比较复杂。

1. 关于不动产的买卖

包括土地、园宅、房舍的买卖。具体情形是：

其一，公田，包括职分田、公廨田、屯田、营田、驿田、军田等，一律不准买卖。

其二，对于私田（口分田、永业田）②的买卖，具体情形是：

根据唐代律令规定，禁卖口分田，违者追究相应的刑事责任。但同时规定了准许出卖"口分田"的法定情形，有两种例外：一是"自狭乡而徙宽乡者"或"狭乡乐迁就宽乡者"；二是"卖充住宅、邸店、碾硙者"。

根据唐代律令规定，禁卖永业田。准许出卖"永业田"的法定情形有三：一是"家贫卖供葬"；二是"徙乡"；三是"流移者"。

根据唐代律令规定，官人永业田、赐田允许买卖。

其三，按唐代律令，允许出卖园宅地，允许出卖房舍。

2. 关于动产的买卖

动产的买卖所涉甚广，因此，宜列禁卖之物，余皆可卖。

---

① ［宋］王溥：《五代会要》，上海古籍出版社1978年版，第416页。
② 在唐代实行均田令时期，民产的永业田和口分田都属于法律规定的"私田"，是为了按照田令审查民户土地的继承和转让的合法性。对此，有全部私田说、部分私田说和全部公田说之争。

（1）禁卖伪劣产品。《唐六典·太府寺》曰："其造弓矢、长刀，官为立样，仍题工人姓名，然后听鬻之；诸器物亦如之。"①

根据这一规定，不仅弓矢、长刀要由制造者在其上题刻姓名，然后才能买卖，其他器物亦复如此。这表明三点：其一，这是春秋时期就有的"物勒工名"制度的承继，是我国古代政府加强产品质量，方便管理者检验、监督产品质量的有力举措；其二，其中的"官为立样"，说明某一物品的型号、规格、样式、质量有相对确定的"官方标准"，得依此制作；其三，立样加勒名的规定，有利于防止假冒伪劣产品面市。

《唐六典·太府寺》中同时规定："以伪滥之物交易者，没官；短狭不中量者，还主。"②也就是说，禁止"伪滥之物"买卖，已交易的，要没官；对于规格尺寸不合标准之物，要退还卖主。可见，伪劣及不合格产品，是不能作为买卖标的物进行交易的。《唐律疏议·杂律》"器用绢布行滥短狭而卖"条对伪劣产品的责任，更是作了详细规定：

> 诸造器用之物及绢布之属，有行滥、短狭而卖者，各杖六十；不牢谓之行，不真谓之滥。即造横刀及箭镞用柔铁者，亦为滥。
>
> ［疏］议曰：凡造器用之物，谓供公私用，及绢、布、绫、绮之属，"行滥"，谓器用之物不牢、不真；"短狭"，谓绢足不充四十尺，布端不满五十尺，幅阔不充一尺八寸之属而卖：各杖六十。故礼云："物勒工名，以考其诚。功有不当，必行其罪。"其行滥之物没官，短狭之物还主。
>
> 得利赃重者，计利，准盗论。贩卖者，亦如之。市及州、县官司知情，各与同罪；不觉者，减二等。

---

① ［唐］李林甫等撰：《唐六典》，陈仲夫点校，中华书局1992年版，第543页。
② 同上。

[疏]议曰:"得利赃重者",谓卖行滥、短狭等物,计本之外,剩得利者,计赃重于杖六十者,"准盗论",谓准盗罪,一尺杖六十,一匹加一等,计得利一匹一尺以上,即从重科,计赃累而倍并。"贩卖者,亦如之",谓不自造作,转买而卖求利,得罪并同自造之者。市及州、县官司知行滥情,各与造、卖者同罪;检察不觉者,减二等。官司知情及不觉,物主既别,各须累而倍论。其州、县官不管市,不坐。①

　　正如钱大群所说:"此条惩治出卖伪劣及不合格产品之犯法犯罪,旨在从市场环节对产品质量作刑罚监督。"②首先,该条采用概括加例举的方式涵括了产品的范围:"诸造器用之物及绢布之属",即将产品概括为"器用之物",[疏]议再细化为"谓供公私用"之物;再列举另一类"绢布之属"。疏议也细化为"绢、布、绫、绮之属"。

　　(2)界定了何为伪劣产品。伪劣产品即"行滥"与"短狭",且要在"而卖者"即出售这些不合格的产品时才构成犯罪。那么,什么是"行滥"呢?注曰:"不牢谓之行,不真谓之滥",亦即[疏]议概括的"不牢,不真"。而"短狭",则指"绢匹不充四十尺,布端不满五十尺,幅阔不充一尺八寸之属"且出卖者,要科以"杖六十"的刑罚。如不出卖自用,当然不构成犯罪。

　　《唐文拾遗》卷十一"公私织造须合制度制"则对绢布作了明确规定:"化民成俗,须务真纯;蠧物害能,莫先浮伪。织纴杼轴之制,素有规程;裨贩贸易之徒,不许违越。久无条理,渐致浇讹,苟所鬻之或精,则酬直之必重。宜从朴厚,用革轻浮。应天下今后公私织造到绢帛、绸布、

---

① [唐]长孙无忌等:《唐律疏议》,刘俊文点校,法律出版社1998年版,第535—536页。
② 钱大群:《唐律疏议新注》,南京师范大学出版社2007年版,第873页。

绫罗、锦绮,及诸色疋段,其幅尺斤两,并须合向来制度,不得轻弱假伪,罔冒取价。如有已上物色等,限一百日内并须破货了绝。如限外敢有违犯织造货卖者,仰所在级节所由擒捉送官。"

此外,还以礼入律,来证成律文的正当性。即援引《礼记·月令》中的名言"物勒工名,以考其诚。功有不当,必行其罪,以穷其情。"[①]以此来寻求律文规定的正当性与"终极依据"。平心而论,此"礼"名言,非常经典,堪为依据。

(3)对伪劣产品的处理。"其行滥之物没官,短狭之物还主"。这一规定也很合理,不使行滥之物在社会流转,而短狭之物,则可让已承担杖六十的出卖者自用,细致而微,高明的立法技术背后,是对民间生活的体察与关照。

作为该条的第二款,还进一步规定了出卖得利,以及对市场负有监管责任的官员的罪责。需要强调的是,对"贩卖者,亦如之"的规定,实质上隐含了这样一个背景,即在以家庭小生产和农业为经济本位的农耕社会,自给自足的特质决定了出卖之物大多出于自产。因此,对如果明知是行滥之物还予以贩卖者,罪同自造者。这一规定的好处在于,不仅惩治自造行滥之物之源,而且惩治贩卖者,堵塞了销售渠道,让其无法流入市场。同时,还要惩治市及州、县官司知行滥情者,"各与造、卖者同罪",其法虽苛,但对渎职、不作为的行政管理,在很大程度上具有治本之效,做到了标本兼治。在惩罚等次上,对履行了"检察"之职而"不觉者",减二等处罚,也是比较合理的。还进一步规定,对不管理市场的州、县官吏不处罚,以甄别实情,区别对待,而不是一味严惩,这种立法虽简而赅、责任到人的制度,到现在依然具有极大的借鉴价值。

---

① [清]孙希旦:《十三经清人注疏——礼记集解》,中华书局1989年版,第489—490页。

那么,哪些是具有市场监管职责的州、县官吏呢?《唐会要》卷八十六"市"载,大中五年(851年)八月颁行的"州县职员令"规定:"大都督府市令一人,掌市内交易,禁察非为;通判市事丞一人,掌判市事;佐一人,史一人,师三人。掌分行检察。州县市各令准此。"① 由此可见,市令、通判市丞和佐、史、师共七人,分工明确,应各尽其职,各担其责。

3. 禁卖人

在人口买卖中,从上述买卖主体的相关规定中,唐律禁止买卖良人。虽然在唐代,奴婢"律比畜产",但《唐律疏议·贼盗律》"知略和诱和同相卖而卖"条规定:"诸知略、和诱、和同相卖及略、和诱部曲、奴婢而买之者,各减卖者罪一等。"② 也就是说,即使是可以买卖的奴婢,如果是劫掠、拐骗等犯罪手段而得来的部曲、奴婢(称为"赃婢")也不得买卖。对知情而买者,也要比照出卖者的罪责减一等处罚。

4. 专卖

唐朝对盐实行专卖。对此,沈家本(1840年—1913年)在"盐法考"中经过梳理后认为:"私盐之禁令罪名,实始于汉武。……《唐律》无私盐罪名,盖唐之榷盐佐军兴自第五琦始,其时在肃宗初,律文定于永徽之初,故不及也。"沈家本复引《唐书·食货志》以证此事:"乾元元年,盐铁铸钱使第五琦初变盐法,就山海井灶近利之地置盐院,游民业盐者为亭户,免杂徭,盗鬻者论以法。"③ 唐代对盐不仅实行专卖,还入罪,但事实上"亭户冒法,私鬻不绝",所以,至"贞元中,盗鬻两池盐一石者死,至元和中,减死流天德五城,镈奏论死如初。一斗已上杖脊背,没其车驴。能捕斗盐者赏千钱。"④ 沈家本指出:"唐律第五琦榷盐佐军兴而私

---

① [宋]王溥:《唐会要》,上海古籍出版社2006年版,第1876页。
② [唐]长孙无忌等:《唐律疏议》,刘俊文点校,法律出版社1998年版,第404页。
③ [清]沈家本:《历代刑法考》,中华书局1985年版,第1300页。
④ 同上书,第1301页。

盐之禁遂严，罪重有至死者，此《唐律》之所不及载也。"① 唐代，与对盐的专卖不同，对铁矿之类的矿冶业则采取放任的态度，只有对铜、铅、锡三种矿产完全由政府收购，供铸钱之用。② 而茶，官府由最初的放任，演变到贞元九年（793年）"张滂奏立税茶法"。③ 文宗太和九年（835年）十月，王涯为相，极言"榷茶④之利"。《新唐书·食货四》载："置榷茶使，徙民茶树于官场，焚其旧积者，天下大怨。"⑤ 沈家本说："古者茶未有税，有税自唐建中始。利孔既开，即不可杜矣。三百斤乃论死，视私盐为轻，而长行群旅虽少皆死，则又过重，此立法之所以难得其平也。"⑥ 而酒，按照《旧唐书·食货下》所载："建中三年，初榷酒，天下悉令官酿。"⑦

5. 售出地区限制

《唐会要》卷八十六"市"载，开元二年（714年）闰三月敕："诸锦、绫、罗、縠、绣、织成绸、绢、丝、牦牛尾、真珠、金、铁，并不得与诸蕃互市，及将入蕃。金铁之物，亦不得将度西北诸关。"⑧ 这一规定，表明锦、绫、罗等物品，既不得在蕃市买卖，也不得入蕃。而金铁之物，则不能越过西北诸关口。

6. 禁售官印文

《唐律疏议·杂律》之"伪宝印符节假人及出卖"条云："诸以伪宝、印、符、节及得亡宝、印、符、节假人，若出卖，及所假若买者封用，各以伪造、写论。"⑨ 此类物品，严禁出卖，否则以相应的犯罪论。

---

① ［清］沈家本：《历代刑法考》，中华书局1985年版，第1301页。
② 张晋藩总主编：《中国法制通史》（隋唐卷），法律出版社1999年版，第406页。
③ ［后晋］刘昫等撰：《旧唐书》，中华书局1975年版，第2119页。
④ 榷，本义为独木桥，引申为专卖之义。榷茶，意指茶叶由官方专卖，以独占其利。
⑤ ［宋］欧阳修、宋祁等：《新唐书》，中华书局1975年版，第1382页。
⑥ ［清］沈家本：《历代刑法考》，中华书局1985年版，第1311页。
⑦ ［后晋］刘昫等撰：《旧唐书》，中华书局1975年版，第2130页。
⑧ ［宋］王溥：《唐会要》，上海古籍出版社2006年版，第1874页。
⑨ ［唐］长孙无忌等：《唐律疏议》，刘俊文点校，法律出版社1998年版，第490页。

二、国家对市场的监控

唐代对市场的监控主要有三方面：一是通过市券进行程序控制；二是惩罚强迫买卖、操纵价格、扰乱正常交易的违法犯罪行为；三是对度、量、衡进行监控。

（一）市券

除了以上规定，动产的买卖，一如不动产买卖的程序控制"申牒"——取得"文牒"一样，国家也要进行程序控制：通过公验以立"市券"。而"所谓市券，就是盖有市司官印的契约。"①

唐开元七年、二十五年令："诸买卖奴婢、牛、马、驼、骡、驴等，用本司、本部公验以立券。"②《唐六典·太府寺》中，亦有相同的规定："凡买卖奴婢、牛马，用本司、本部公验以立券。"③可见，在动产买卖中，凡买卖奴婢，以及大牲畜，都要立市券。《唐律疏议·杂律》"买奴婢牛马不立券"条规定：

> 诸买奴婢、马牛驼骡驴，已过价，不立市券，过三日笞三十；卖者，减一等。立券之后，有旧病者三日内听悔，无病欺者市如法，违者笞四十。
>
> ［疏］议曰：买奴婢、马牛驼骡驴等，依令并立市券。两和市卖，已过价讫，若不立券，过三日，买者笞三十，卖者减一等。若立券之后，有旧病，而买时不知，立券后始知者，三日内听悔。三日外

---

① 张晋藩总主编：《中国法制通史》（隋唐卷），法律出版社 1999 年版，第 464 页。
② ［日］仁井田陞：《唐令拾遗》，栗劲、霍存福等编译，长春出版社 1998 年版，第 648 页。
③ ［唐］李林甫等撰：《唐六典》，陈仲夫点校，中华书局 1992 年版，第 543 页。

无疾病，故相欺罔而欲悔者，市如法，违者笞四十；若有病欺，不受悔者，亦笞四十。令无私契之文，不准私契之限。

即买卖已讫，而市司不时过券者，一日笞三十，一日加一等，罪止杖一百。

［疏］议曰：买卖奴婢及牛马之类，过价已讫，市司当时不即出券者，一日笞三十。所有官司依公坐，节级得罪；其挟私者，以首从论。一日加一等，罪止杖一百。①

对此条规定，钱大群注曰："此条惩治活口大商品买卖中不及时立契券之违法犯罪，旨在以监督买卖契券制度的执行以维护活口大商品买卖的诚信。"②从这一规定中我们看到，买卖口畜，已经付价款，如果不立买卖契券的，过了三日，要负刑事责任，即笞打三十。换言之，买卖双方就买卖奴婢及马、牛、驼、骡、驴达成一致，且买方已经付了价款的，要在三日以内"立市券"。这一程序是这样的：

（1）卖方持有欲出卖的标的物，寻找买家（以此达成的买卖契约一般可称为"卖契"）；或者买方表达意欲购买的标的物，寻找卖家（以此达成的买卖契约一般可称为"买契"）。

（2）双方反复商议价格，并就其他条款达成一致意向，然后在见人、保人的见证、保证下签署买卖契约。

（3）依照契约约定，"即日交相分付"，也就是一方交付出卖物，另一方交付价款。

（4）三日内通过本司、本部的"公验"，以立"市券"。至此，买卖交易才算合法完成。超过三日不立市券，要对"买者笞三十，卖者减一等"处罚。

---

① ［唐］长孙无忌等：《唐律疏议》，刘俊文点校，法律出版社1998年版，第538—539页。
② 钱大群：《唐律疏议新注》，南京师范大学出版社2007年版，第879页。

（5）立券以后，有一个"三日反悔期"，这个反悔是给买方预留的。不仅敦煌买卖契约中有此约定，在上述唐代律令中也有此规定。只不过，该规定适用的前提是买卖的口畜"有旧病，而买时不知，立券后始知者"。这一规定非常好，因为它一改所有敦煌契约文书中交易一经完成，不准先悔的契约通则，也就是谢和耐所说的"敦煌文书时代，专卖制度的主要特点之一，是其中包括了双方的义务：买主无权退货和索回价款，卖主不能要求以退还价款而索回出售物。这种义务，要由一种契约罚金来确认。在规定这种罚金的时候，双方都求助于习惯法。"① 实际上，从敦煌买卖契约中，比如令狐宠宠卖牛契中（S.1475 号 6V），我们就会发现，"三日反悔"的约定，与通常的"先悔罚则"可以是并行不悖的。

但是，"三日外无疾病，故相欺罔而欲悔者，市如法，违者笞四十；若有病欺，不受悔者，亦笞四十。令无私契之文，不准私契之限。"意思是三日以外无疾病，故意无端欺赖而想悔退的，认定买卖合法，不准反悔，违者笞四十。若所卖口畜有病欺瞒，不接受悔退的，也要笞四十。令上没有承认双方私订契约的规定，不依私契之办法处置。② 可见，国家法律对私契的承认，是有限度的承认。

需要指出的是，《唐律疏议》能有如此精准、入微的立法，与当时的统治者将法律视作"国之权衡，时之准绳"的高度重视，秉有的立法务要宽简、使人易知的理念，以及对当时民间生活的深刻体察是分不开的。因之，唐代能够制定出既符合当时社会经济发展状况，又贴近百姓日常生活与认知情感的法律，从而为他们提供了一套具有稳定预期的行为规范系统，因而获得了民众的极大认同，且内化于心，自觉运用到日常的民事交往之中，落实于民间契约之中，形成了官民的良性互动，十分

---

① 〔法〕谢和耐："敦煌卖契与专卖制度"，郑炳林主编：《法国敦煌学精粹》(1)，耿昇译，甘肃人民出版社 2011 年版，第 17 页。

② 钱大群：《唐律疏议新注》，南京师范大学出版社 2007 年版，第 880 页。

难得。

同时,从这一规定中,我们还看到,"市司"如果不及时给立券——"当时不即出券者"要负的法律责任:"一日笞三十"。试想,如此规定,还有敢怠慢、敢"官僚"者乎?不仅如此,还规定"所有官司依公坐,节级得罪;其挟私者,以首从论。一日加一等,罪止杖一百"!所谓"公坐,"即"公罪"。而"节级得罪",是指四级责任制中,除负主要罪责的"所由"官吏外,其他官吏一级比一级据首从罪递相减一等。[1]至于所谓"挟私者,以首从论",源自《唐律疏议·名例律》"同职犯公坐"条中的"若同职有私,连坐之官不知情者,以失论"。[疏]议曰:"同职",谓连判之官及典。"有私",故违正理。余官连判不知挟私情者,以失论。假有人犯徒一年,判官曲理断免,余官不觉,自依失出之法,有私者为首,不觉者为从。[2]

对负有市场监管职责的官吏,何以规定了如此严厉惩罚的罪责呢?这是"因为市场官吏掌管契券,而且监督买卖双方立券是其职责,故追究罪责时市场官吏之罪罚重于买卖双方。"[3]试想,如此规定,"所有官司",还敢拖延、刁难、推脱自己的职责吗?尤其是还敢"挟私"不办、延办吗?所以,在律令规范买卖当事人行为的同时,必有更严厉规范市场监管官吏的法律责任,方见效果。唐代如此规范行政官吏的行政行为,令所有办事拖沓、推诿扯皮、官僚习气严重的年代都为之汗颜,值得高度借鉴。

(二)惩罚扰乱正常交易的违法犯罪行为

买卖这一交易行为必须出于双方当事人的自愿,如果强买强卖,实

---

[1] 钱大群:《唐律疏议新注》,南京师范大学出版社2007年版,第880页。
[2] [唐]长孙无忌等:《唐律疏议》,刘俊文点校,法律出版社1998年版,第120页。
[3] 钱大群:《唐律疏议新注》,南京师范大学出版社2007年版,第879页。

质上有违产品背后的价值规律，有违契约必须平等协商的基本精神，因此，国家法律惩罚强迫买卖行为就成为必要。同时，防止操纵价格，扰乱正常的市场交易，保证买卖双方当事人基于真实意思表示而卖出买进，也应是一项国家义务。为此，《唐律疏议·杂律》"卖买不和较固"条对强迫买卖、操纵价格等行为作出了明确规定：

> 诸卖买不和，而较固取者；较，谓专略其利。固，谓障固其市。及更出开闭，共限一价；谓卖物以贱为贵，买物以贵为贱。
>
> ［疏］议曰：卖物及买物人，两不相和，"而较固取者"，谓强执其市，不许外人买，故注云："较，谓专略其利。固，谓障固其市"；"及更出开闭"，谓贩鬻之徒，共为奸计，自卖物者以贱为贵，买人物者以贵为贱，更出开闭之言，其物共限一价，望使前人迷谬，以将入己。
>
> 若参市，谓人有所卖买，在傍高下其价，以相惑乱。而规自入者：杖八十。已得赃重者，计利，准盗论。
>
> ［疏］议曰："参市"，谓负贩之徒，共相表里，参合贵贱，惑乱外人，故注云"谓人有所卖买，在傍高下其价，以相惑乱"，而规卖买之利入己者：并杖八十。已得利物，计赃重于杖八十者，"计利，准盗论"，谓得三匹一尺以上，合杖九十，是名"赃重"，其赃既准盗科，即合征还本主。①

此条规定的罪名有"买卖不和较固取；更出开闭共限一价；参市而规自入等。"② 第一个罪名中，其核心字眼为"不和"，反过来，强调了正

---

① ［唐］长孙无忌等：《唐律疏议》，刘俊文点校，法律出版社1998年版，第537—538页。
② 钱大群：《唐律疏议新注》，南京师范大学出版社2007年版，第878页。

常的买卖应当是"和",亦即双方通过协商一致来达成买卖契约,而不能"强执其市,不许外人买"(暗含了禁止欺行霸市,应当公平竞争之义)。协商一致之"和",不只是在敦煌买卖契约中约定"两共平章"(如,S.1475号6V令狐宠宠卖牛契)或"两共面对商议为定"(如,P.3573号曹留住卖人契)。其实,在所有的敦煌契约中,均用"两共平章"一语来表达契约双方基于面对面的协商而达成了一致意见,是"和"的结果。从这一视角看,与其说它是敦煌契约的习语或套语,毋宁说,它已是民间长期契约实践对于平等协商精义而呈现的"和"的一种集体共识,一种约定俗成、不可或缺,具有内在涵义的简约表达。"揆诸中国传统契约,平等原则始终贯穿于契约的整个历史进程。"[①]在这一点上,国法与民约不仅是相通的,而且是无缝对接的,是对同一问题的异曲同工之"解"。第二个罪名,核心字眼是"价",即拟买卖之物的价格,这是买卖行为的关键环节。价格公允,才能恰到好处的体现隐含在物品背后的劳动价值。但在现实中,由于信息不对称,贩卖之徒,串通设局,将"自卖物者以贱为贵,买人物者以贵为贱",还来回散布供需谣言,串通实行价格同盟,企图使对方受迷惑上当,由自己获取利润。[②]而这些行为,在唐代正是国家法律禁止和严厉打击的犯罪行为。第三个罪名,核心字眼是"参",在律文中的意思是掺和到买卖之中,"在傍高下其价,以相惑乱"。凡此种种行为,"并杖八十"。已经非法获取利润的,以窃盗赃计,刑罚重于杖八十的,"计利,准盗论",将赃物追本主。

其实,在作了上述规定之前,《唐律疏议·杂律》"市司评物价不平"条已对负有物价监管责任的"市司"作出了相应的规定:

---

① 刘云生:《中国古代契约思想史》,法律出版社2012年版,第211页。
② 钱大群:《唐律疏议新注》,南京师范大学出版社2007年版,第878页。

诸市司评物价不平者，计所贵贱，坐赃论；入己者，以盗论。其为罪人评赃不实，致罪有出入者，以出入人罪论。

[疏]议曰：谓公私市易，若官司遣评物价，或贵或贱，令价不平，计所加减之价，坐赃论。"入己者"，谓因评物价，令有贵贱，而得财物入己者，以盗论，并依真盗除、免、倍赃之法。"其为罪人评赃不实"，亦谓增减其价，致罪有出入者。假有评盗赃，应直上绢五疋，乃加作十疋，应直十疋减作五疋，是出入半年徒罪，市司还得半年徒坐，故云"以出入人罪论"。若应直五疋，评作九疋，或直九疋，评作五疋，于罪既无加减，止从贵贱不实坐赃之法。①

从这一规定看，凡市场官吏评估物价不公的，要按照造成贵贱的差价，对官吏依照"坐赃罪"论处。如果差价归于自己，更要以窃盗罪追究其刑事责任。同时规定，如果在评估罪犯赃物的价格时有出入的，要以致人罪罚有出入之罪论处。如此规定，是治国先治吏这一理念的具体体现。

（三）度、量、衡

工欲善其事，必先利其器。买卖的公正，市场监管的到位，离不开客观的、物化的器具，而古代的度（量长短用的器具）、量（测定计算容积的器皿）、衡（测量物体轻重的工具），就是买卖等交易行为的物化标准。《唐律疏议·杂律》"校斛斗秤度不平"条在两方面对"度、量、衡"作出了明确规定：

诸校斛斗秤度不平，杖七十。监校者不觉，减一等；知情，与

---

① [唐]长孙无忌等：《唐律疏议》，刘俊文点校，法律出版社1998年版，第536页。

同罪。

[疏]议曰:"校斛斗秤度",依关市令:"每年八月,诣太府寺平校,不在京者,诣所在州县平校,并印署,然后听用。"其校法,杂令:"量,以北方秬黍中者,容一千二百为龠,十龠为合,十合为升,十升为斗,三斗为大斗一斗,十斗为斛。秤权衡,以秬黍中者,百黍之重为铢,二十四铢为两,三两为大两一两,十六两为斤。度,以秬黍中者,一黍之广为分,十分为寸,十寸为尺,一尺二寸为大尺一尺,十尺为丈。"有校勘不平者,杖七十。监校官司不觉,减校者罪一等,合杖六十;知情,与同罪。①

由这一规定可见,度、量、衡器具制好之后,还要经过校验合格后方能使用。所以,如果校验斛斗、秤尺不准确、不公平的,对太府寺、州县平校斛斗、秤尺者,要处以"杖七十"的刑罚。即使监校者未发觉的,也要减一等处罚。倘若知情,与校验者同罪处罚。此外,我们看到了量具从龠、合、升、斗、斛的换算制;看到了衡具从铢、两、大两、斤的递进换算制;看到了度具从分、寸、尺、大尺、丈的递进换算制。也就从渊源上理解了"升斗小民"以及"分寸"的原初与本义。当然,也就理解了敦煌契约文书中价值换算或以斛斗计,或以几丈几尺计的方式。需要指出的是,在敦煌契约文书中,似乎"秤权衡"者鲜见,多以斛斗、丈尺来确定契约双方交易标的物的价值。

既然度、量、衡如此重要,在唐代,也就禁止私人制造度、量、衡器具,而由官府统一制作。《唐律疏议·杂律》"私作斛斗秤度"条云:

诸不平,而在市执用者,笞五十;因有增减者,计所增减,准

---

① [唐]长孙无忌等:《唐律疏议》,刘俊文点校,法律出版社1998年版,第535页。

盗论。

[疏]议曰：依令："斛斗秤度等，所司每年量校，印署充用。"其有私家自作，致有不平，而在市执用者，笞五十；因有增减赃重者，计所增减，准盗论。

即用斛斗秤度出入官物而不平，令有增减者，坐赃论；入己者，以盗论。其在市用斛斗秤度虽平，而不经官司印者，笞四十。

[疏]议曰：即用斛斗秤度出入官物，增减不平，计所增减，坐赃论。"入己者，以盗论"，因其增减，得物入己，以盗论，除、免、倍赃依上例。"其在市用斛斗秤度虽平"，谓校勘讫，而不经官司印者，笞四十。①

该条规定有二款。第一款规定，如果私自制作的斛斗秤尺不准，且在市场上使用的，要处以"笞五十"的刑罚。因此发生增多或短少的，要以增多或短少的数额依窃盗罪论处。第二款规定，如将私自制作的斛斗秤尺用于收发官物，由此造成了不公平，即"有增减者"，以"坐赃论"。如果因此将财物归己者，以窃盗罪论处。同时规定，即使私自制作的斛斗秤尺在市场使用中是准确的，但是没有经过官府检验并加盖官印的，也要笞四十。

从以上唐律禁止的三种犯罪行为可见，唐代严禁私自制作度、量、衡器具，既不能在市场中使用，也不得用于收发官物，即使这些私作的器具准确，但未经官府校验并加盖官印而擅自使用的，也要以犯罪论处。这一规定，从源头上有效切断了度、量、衡这一"公器"的私作，以及因为私作而带来的一系列弊端，可谓治本之法，值得称许。

---

① [唐]长孙无忌等：《唐律疏议》，刘俊文点校，法律出版社1998年版，第537页。

第二章　敦煌一般买卖契约

　　对唐代有关买卖的国家法律进行梳理和分析后，再研究敦煌买卖契约，不难发现，如果说国家法律是以国家的名义对现实生活本有结构和规则的一种抽象与回应，那么，民间契约则是当事人以约定的方式对遭遇到的生活难题直接给予的个案回应。无数个案的汇集与积累而形成的具有普适意义的契约规则，实质上就成了民间惯例，或者就成了约定俗成、相沿不改的"乡法"。① 从此意义上看，在敦煌买卖契约中，对买卖标的物自身品质有无瑕疵的关注，以及"三日准悔"的契约规则，就是一种基于长期生活实践而总结出来的"乡法"，它立基于对生活本身的直接回答。因此，与其说民间契约的约定是对"国法"的某种回应，毋宁说，无论是"国法"还是"乡法"，都是基于生活本身，出于诚信与交易安全考虑而给出的共同答案。所以，乡法与国法之间，不是前者对后者的"回应"，而是经由不同程式，"不约而同"给出的"同解"。

---

①　马林诺斯基提出了这样一个命题，即原始社会就已经认识到了法律规则的特性：这些规则设定了明确的具有约束力的责任。博登海默认为，这一观点不仅很有启发性，而且也很有说服力(参见〔美〕E. 博登海默：《法理学：法律哲学与法律方法》，邓正来译，中国政法大学出版社2017年版，第402页）。以此论，则敦煌契约文书中设定了诸多具有约束力的责任，已具备成为法律规则的内核，只是未通过官方程式的颁行而成为民间惯例或"乡法"。

一、敦煌买卖契约的范围与分类

（一）契约的意涵与敦煌买卖契约的研究简况

在我国，"契约"之名，或称契券、券书、书契、和同、合同，均指双方契主就某一事项达成协议以确定相互间的权利、义务关系。[①]查士丁尼认为，契约（contractus）是由于双方意思一致而产生相互间法律关系的一种约定。[②]在《牛津法律大辞典》中，契约是指两人或多人之间为在相互间设定合法义务而达成的具有法律强制力的协议。[③]

分析而言，契约不仅指一个个主体相互间自觉地基于合意而形成的一定社会关系的行为，也指过去一旦成立的客观的约定反过来调整、规范现在的现实状态的因果关联。[④]前者把契约现象看作是人为结成并得以维持的社会关系，后者则保证通过纠纷的解决机制保证过去的约定成为现实。与此不同，霍布斯（Thomas Hobbes，1588—1679年）从契约的本质切入，对什么是契约作了言简意赅的界定："权利的互相转让就是人们所谓的契约。"或者说，"所有的契约都是权利的相互转让或交换。"[⑤]而对契约的特性，费希特（Johann Gottlieb Fichte，1762年—1814年）作了进一步的甄别，在他看来，签订一个契约至少需要两个人，

[①] 刘云生：《中国古代契约思想史》，法律出版社2012年版，第29页。
[②] 〔罗马〕查士丁尼：《法学总论——法学阶梯》，张企泰译，商务印书馆1989年版，第159页。
[③] David M. Walker, *The Oxford Companion to Law*, Oxford University Press, 1980.
[④] 〔日〕寺田浩明：《权利与冤抑：寺田浩明中国法史论集》，王亚新等译，清华大学出版社2012年版，第134页。
[⑤] 〔英〕霍布斯：《利维坦》，黎思复、黎廷弼译，商务印书馆1985年版，第101、102页。

而他们应当签约的东西，必须具有能成为独有的财产的特性，同时，它是可以出让的。假如不存在前一种特性，任何契约就都是不可能的；假如不存在后一种特性，任何契约就都是不必要的。① 凯尔森认为，契约是民法的典型的私法行为。契约是由两个或两个以上的人一致的意志宣告所构成的。②

虽然敦煌的物产并不丰富，相应的交换和买卖也很有限，但这并不影响敦煌买卖契约丰富的内涵，以及作为买卖契约本身所具有的史料和研究价值。多年来，学者们对敦煌买卖契约及其相关问题进行了多方面的研究，取得了不少成果，归结起来，主要有以下四个方面：

其一，对敦煌买卖契约作了通观式的简要研究。如高潮、刘斌在《敦煌所出买卖契约研究》一文中，对敦煌所出的买卖契约作了通观式的简要介绍和分析，其中列举了买卖契约的主要内容，照录了安环清卖地契的契文以观敦煌买卖契约的一般形式，对敦煌买卖契约的签署画押，以及对买卖契约中的担保责任、违约责任和代偿责任等问题进行了简要分析。③ 再如，霍存福等对买卖契约的总体情况、责任形式、对赦的效力的抵抗、市券和支付手段等问题做了通观式的研究。④

其二，将不同特质、不用种类的买卖契约放在一起以列举的方式加以分析。如法国汉学家谢和耐在《敦煌卖契与专卖制度》一文中，对与买卖有关的刑法条款，物品与价款的交换，双方的不平等关系，文契的作用，以及他自编号的第1、2、3号（耕牛买卖契）、第4号（出卖车小

---

① 〔德〕费希特：《自然法权基础》，谢地坤、程志民译，商务印书馆2004年版，第193页。
② 〔奥〕凯尔森：《法与国家的一般理论》，沈宗灵译，商务印书馆2013年版，第215页。
③ 高潮、刘斌："敦煌所出买卖契约研究"，《中国法学》1991年第3期。
④ 霍存福、李声炜、罗海山："唐五代敦煌、吐鲁番买卖契约的法律与经济分析"，《法制与社会发展》1999年第6期。

头钏契)、第 5 号(出卖妮子契)、第 6 号(吴盈顺出卖土地契)、第 7 号(宋欺忠出卖屋舍契)、第 8 号(郑丑挞卖舍契)、第 9 号(王保定还舍价契)、第 10 号(张月光博地契)不同类别的文书进行了解读。题为"专卖制度",但与真正的"专卖"相关的内容,所涉不多。① 再如,陈永胜在《敦煌买卖契约法律制度探析》一文中,对敦煌买卖契约的形式、内容,及动产、不动产契约,以及敦煌买卖契约文书反映的契约制度进行了研究。②

其三,研究了敦煌买卖契约中的某一制度。如陈永胜在《敦煌写本"寅年令狐宠宠卖牛契"中的瑕疵担保制度》一文中,对敦煌所出令狐宠宠卖牛契中的瑕疵担保进行了研究。③ 再如,韩伟在《唐宋时期买卖契约中的瑕疵担保——以敦煌契约文书为中心的考察》一文中,以敦煌契约为例,集中研究了唐宋时期买卖契约中的瑕疵担保。④

其四,研究了敦煌买卖契约中内含的某一法律责任。如余欣的《敦煌出土契约中的违约条款初探》一文,将敦煌卖牛契等契约文书中违约责任条款的缺失,归结为"有理由的缺省"等三类,然后在对其成因进行分析的基础上,对违约责任的承担方式——罚金的性质和作用作了分析。⑤ 对此,杨际平在《也谈敦煌出土契约中的违约责任条款——兼与余欣同志商榷》一文中,对余欣所论不少观点进行了纠偏,认为在敦煌

---

① 〔法〕谢和耐:"敦煌卖契与专卖制度",郑炳林主编:《法国敦煌学精粹》(1),耿昇译,甘肃人民出版社 2011 年版,第 3—68 页。

② 陈永胜:"敦煌买卖契约法律制度探析",《敦煌研究》2000 年第 4 期。

③ 陈永胜:"敦煌写本'寅年令狐宠宠卖牛契'中的瑕疵担保制度",《甘肃政法学院学报》2003 年第 3 期。

④ 韩伟:"唐宋时期买卖契约中的瑕疵担保——以敦煌契约文书为中心的考察",《兰州学刊》2010 年第 2 期。

⑤ 余欣:"敦煌出土契约中的违约条款初探",《史学月刊》1997 年第 4 期。

各类契约中订立违约条款是一种普遍现象。[①]

(二)对敦煌买卖契约所涉范围的分类

如果以敦煌买卖契约所涉标的物的不同加以分类,再对这些不同类别的买卖契约进行"类型化"研究,一方面有利于将某一类买卖契约的研究导向精细化,从而有利于归纳、总结其中同质的契约方式、方法,以及内含的契约共性、契约得失、契约文化;另一方面,也能克服不加分类,笼统研究不同类别、不同特质的敦煌买卖契约带来的大而无当,[②]同时防止过于细碎的研究而带来的整体把握的缺失。[③]

敦煌买卖契约的标的物主要有:土地、房舍、园宅、童男、婢女、家奴、斜褐、牛、驴、车小头钏、车脚等,种类有限。为"类型化"研究的需要,可以将敦煌买卖契约分为两大类:

第一类,敦煌一般买卖契约。可将牛、童男、婢女、家奴、斜褐、车小头钏、车脚、铠等买卖归入"动产类"进行研究。在这一类型中,除人身外,由于所涉标的物大多关涉民众的日常生活、生产资料,因此以敦煌一般买卖契约命名并进行研究,这也是本章研究的内容。

第二类,敦煌土地买卖契约。可将土地、房舍、园宅的买卖、博换归入"不动产类型"进行研究。虽然这一部分从大类上归属于买卖契

[①] 杨际平:"也谈敦煌出土契约中的违约责任条款——兼与余欣同志商榷",《中国社会经济史研究》1999年第4期。

[②] 如将敦煌买卖契约中的土地买卖,与奴婢买卖、耕畜买卖等不同特质的买卖契约混杂在一起研究,不仅不能揭示每一种买卖后面巨大的社会背景、制度背景,也因缺乏这些背景而使此类研究失之于空泛,即使在行文上也颇嫌混乱,缺乏层次感。

[③] 比如,仅研究某一买卖契约,见长在于细密,但极有可能"只见树木,不见森林"。换言之,也就是这一研究很难跃升层级到某一类型,进而对这一类型的相同契约有一个整体把握。

约，但由于土地、房舍、园宅的特殊性，自有其内在的规定性，比较复杂，因此单列并在本书第五章中以"敦煌土地交易契约的民间规则"进行研究。这种类型化的研究方式，也是将研究趋于精细化的一种必然路径。

为了对敦煌所出的一般买卖契约有一个整体把握，列表如下：

表1 敦煌一般买卖契约一览表

分类	立契年代文书编号	卖主身份	买主身份	买卖原因	标的物	价款	风险担保违约责任	签署
卖牛易牛契（4件）	未年（803年）S.5820号 S.5826号拼合	明相尼僧	张抱玉未写	为无粮食及有债负	黑牸牛1头3岁	麦12硕粟2硕汉斗	瑕疵担保先悔罚则	麦主1牛主3保人1见人
	寅年（822年）S.1475号6V	令狐宠宠未写	武光晖未写	为无年粮种子	紫㸸牛1头6岁	麦19硕汉斗	瑕疵担保三日准悔先悔罚则	1牛主1兄3保人
	丁巳年（897年或957年）P.4083号	杨忽律元百姓	唐清奴百姓	为缘家中欠少牛畜	耕牛1头5岁	生绢1疋长3丈7尺	绢限至戊午年十月利头填还，乡元生利	2买牛人1知见人
	寅年（822年）S.6233号背	报恩寺常住	成允恭驿户	为无牛驱使	青草驴换紫㸸牛	青草驴7岁帖布1匹	契残不详	契残不详

续表

卖身契（4件）	丙子年（916年）S.3877号5V	阿吴百姓	令狐信通百姓	为缘夫主早亡，男女碎小，无人救济供给衣食，债负深广	腹生儿庆德7岁	干湿共30石	抵赦条款	无
	贞明九年（923年）P.3573号	曹留住契残不详	段□□百姓	可能是债负深广	三奴10岁	生绢□正半	瑕疵担保先悔罚则	出卖人曹留住
	宋淳化二年（991年）S.1946号	韩愿定押衙	朱愿松妻男百姓	伏缘家中用度不换，欠阙定帛	妮子名槛胜28岁	生熟绢5匹	瑕疵担保抵赦条款先悔罚则	卖身人娘主郎主同商量人2知见
	唐天宝年代，敦煌所0298、0299号	王修智行客	张惠温	市券	多宝胡奴	大生绢21匹	无	绢主奴主多宝4保人给券史
卖生活用具契（4件）	唐大中五年（851年）P.4083号	神捷僧	光镜僧	缘阙车小头钏壹交停事	钏1枚	布100尺	先悔者，罚布壹定入不悔人	1负儩布人3见人
	癸未年（923年）P.4803号	郭法律	张幸德百姓	未写	斜褐4段	麦粟6硕	未写	买褐人口承弟
	丁酉年（937年）P.4638号	氾金刚兵马使	阴贤子百姓	伏缘家中为无车乘	车脚1具并钏	䮕耕牛1头8岁	契残不详	契残不详
	丙辰年（956年）北图14号	氾流□兵马使	吕员住百姓	契残不详	铛1口	麦粟30硕	先悔罚则	契残不详

从以上一览表中,把敦煌一般买卖契约再分为三小类:一是卖牛易牛契四件(其中,卖牛契三件,易牛契一件);二是将买卖童男、婢女、家奴契归类为卖身契四件。其中,卖儿、卖婢女契各一件,卖家奴契一件,还有一件是卖胡奴市券公验;三是买卖生活用具契四件。其中,卖褐契一件,卖车钏、车脚契各一件,卖铛契一件。

二、敦煌所出卖牛契、易牛契

如前已述,人类的进步离不开"人能群",离不开"社会分工"。有分工就会有交换,有交换,买卖随之产生。虽然人类的原始买卖是通过"以物易物"这一交换方式来实现的,但这并不影响物物交换背后隐含的交换之物价值的相对均衡。

追本溯源,"中国古代买卖契约的渊源可以上溯到原始社会末期,作为有文字的买卖契约,至迟可以在周代追寻到。《周礼·地官·质人》曰:'凡卖价者,质剂焉,大市以质,小市以剂。'……汉以后,有把买卖契约书于简牍者,也有书于石质和铅、铁等材料者。纸契的使用,在魏晋之后日广,但是流传下来的极少。另一方面,史籍虽然载有一些契约,但载有完整的契约录文则主要是宋朝以后的事。因而,作为实物,敦煌石室所出的买卖契约,其价值之重要就不言而喻了。"[①] 因此,我们有必要对敦煌所出的买卖契约本身进行解析,研析民间契约中内含的乡法有着怎样的规则,它与国法之间究竟呈现一种什么样态,而一般买卖契约所及,我们又能看到怎样的生活画卷?凡此等等,用涂尔干的话说,"我们有责任把解释建立在真凭实据的基础上。"[②]

[①] 高潮、刘斌:"敦煌所出买卖契约研究",《中国法学》1991 年第 3 期。
[②] 〔法〕埃米尔·涂尔干:《社会分工论》,渠东译,生活·读书·新知三联书店 2013 年版,第 11 页。

在敦煌买卖契约中,卖牛契有三件,易牛契一件,共四件。也就是说,在唐代法律规定的买卖马、牛、驼、骡、驴等大牲畜中,敦煌买卖契约仅见卖牛契,还有一件青草驴换牛契,未见卖马、驼、骡、驴的契约。这大抵与小农经济最需耕畜有直接关联。我们看到,在四件卖牛契、易牛契中,有一件直接写明买卖的是"耕牛"。另外三件,即使未明写"耕牛",肯定也是耕田用的耕牛无疑。要知道,虽然铁犁牛耕在汉代已逐步普及,但这只是表明铁犁牛耕在农业耕作中成为正常的事情,并不是说在广大的穷乡僻壤,牛耕已取代了人力耕作。应该说,在汉代,牛耕对于一般的自耕小农,还是可望不可及的事情。[①]事实上,即使到唐代,耕牛依然是备受法律保护的大牲畜,依然是小农家庭最贵重的生产资料。下面逐一对四件卖牛契、易牛契进行解析。

(一)寅年(822年)令狐宠宠卖牛契

S.1475号6V

1 紫犍牛一头,陆岁,并无印记。
2 寅年正月廿日,令狐宠宠为无年粮种子,今将
3 前件牛出买(卖)与同部落武光晖。断作麦汉
4 斗壹拾玖硕。其牛及麦,当日交相分付了,
5 并无玄欠,如后牛若有人识认,称是寒盗,
6 一仰主保知当,不忓卖(买)人之事。如立契后,在三
7 日内,牛有宿疹,不食水草,一任却还本主。三日已
8 外,依契为定,不许休悔。如先悔者,罚麦伍硕,
9 入不悔人。恐人无信,故立此契。两共平章,

---

① 李振宏:《居延汉简与汉代社会》,中华书局2003年版,第266页。

10　　　　画指为记。其壹拾玖硕麦,内粟叁硕。和

11　　　　牛主令狐宠宠年廿九(指节纹)

12　　　　兄和和年卅四

13　　　　保人宗广年五十二(指节纹)

14　　　　保人赵　日进年卅五

15　　　　保人令狐小郎年卅九(指节纹)①

首先,需要解释这件卖牛契中的四个关键词。

犍牛:是指阉割(指骟去公牛的睾丸)的公牛。公牛一经阉割,就比较驯顺,骨骼健壮,易于驾驭,适于农耕。柳宗元曾作《牛赋》,其中句谓:"抵触隆曦,日耕百亩。往来修直,植乃禾黍。"②

寒盗:意为"盗取"。蒋礼鸿主编的《敦煌文献语言词典》,即援引此件契约中的"寒盗"为例进行解释:"寒盗"的"寒"假借作"攓",亦作"搴"。《小尔雅·广诂》:"寒,取也。"宋翔凤训纂:"寒,通作攓。《说文》:'攓,拔取也。南楚语。'"③寒与盗合起来,意思是"盗取"。

宿疹:即唐律里规定的"旧病"。非常有意味的是,"宿疹"④这一很书雅之词,竟在敦煌民间契约文书中使用,而唐律却用了易懂的"旧病"一词。两相对照,表明敦煌民间书契人使用书雅之词,减村野之气而得庄严感;而律法使用通俗易懂之词,旨在面向受众而易于流布。这大抵应孔子之言:"质胜于文则野,文胜于质则史。"⑤在维特根斯坦看来,

---

①　唐耕耦、陆宏基编:《敦煌社会经济文献真迹释录》(第二辑),全国图书馆文献微缩复制中心1990年版,第34页。

②　[唐]柳宗元:《柳宗元集》,中华书局1979年版,第50页。

③　蒋礼鸿主编:《敦煌文献语言词典》,杭州大学出版社1994年版,第26页。

④　曾巩在"福州谢到任表"中曰:"惟皓首之慈闱,抱累年之宿疹,牵衣辞诀,泣涕分驰。"参见[宋]曾巩:《曾巩集》,陈杏珍、晁继周点校,中华书局1984年版,第414页。

⑤　《论语·雍也篇》。

"我们称之为语言的首先是我们的日常语言这一工具,我们的语词语言这一工具"。①

知当:谢和耐认为"可以用两种方式作解:或者是卖主向买主交付相当于所遭受损失的赔偿,或者是他提供一头同样岁口和健壮的牲畜。"② 此处应当是第二种情形。

其次,以这件卖牛契为例,可将买卖契约的结构,抽绎如下:

首部。直列标的物的品类、岁口、有无印记。

正文。包括:立契年月,牛主姓名、卖牛原因,买牛人;牛价,标的物与价款即日交付约定;瑕疵担保、三日准悔、先悔罚则;立契目的,协商立契,画指及价款补充说明。另,特意标出一"和"字。

尾部。包括:牛主、家兄和保人签署。签署均要表明契约的主体身份 + 姓名 + 年龄,如牛主 + 姓名 + 年龄(如该契中的"牛主令狐宠宠年廿九"),重要的契约当事人和参与人还要画指节。"画指节"就是把当事人的一个手指(一般是中指)从指甲到指根之间的关节摹画到纸上,③具有自我认同和个体判别的作用。

从这件卖牛契中,我们看到,首部开门见山,首列卖契中最重要的标的物,特征、品类及牛的岁口等,这与借贷契约、租佃契约首列立契时间的次序是不同的。因其属于买卖契约的一种,因此与买卖土地契是一脉相通的。只不过,在卖地契中,在列标的物时必须列明四至,这是由卖地契的内在特性决定的,以防止四至不明而产生的不必要的纠纷。

最后,对这件卖牛契的契文进行分析与比较。在这件卖牛契中,由

---

① 〔奥〕维特根斯坦:《哲学研究》,商务印书馆1996年版,第208页。
② 〔法〕谢和耐:"敦煌卖契与专卖制度",郑炳林主编:《法国敦煌学精粹》(1),耿昇译,甘肃人民出版社2011年版,第17页。
③ 田涛:《千年契约》,法律出版社2012年版,第23页。

于牛主令狐宠宠"为无年粮种子"这一客观原因或实际困难,在寅年正月二十日立契,决定将自有的一头六岁的紫犍牛出卖给同部落的买牛人武光晖。由于是牛主主动出卖,所以此类契约以出卖方为主线进行叙写,不同于后面唐清奴的买牛契。对此,谢和耐指出:"文契是以一种私人请求的形式出现的,它与借贷请求(出借一方的文契也具有这种形式),并非绝无相似之处。某人由于迫于需要某物,要求购入;某人需要有支付手段,就要求出售。……如果不把某一方明确指定为提出要求的一方,就无法形成义务。"①此外,如果对敦煌借贷契约有深入的观察和研究,我们就会进一步发现,"为无年粮种子"这一普遍的困难,不仅是卖牛契的立契原因,同样也是粮食借贷契的立契原因。可见,面对实际的生活困难,先民们已想尽了各种办法,或通过借贷缓解急困,或通过卖牛换取所需。

在这件卖牛契中,这头正有使用价值的犍牛经过协商一致,价款为麦十九硕,其中内含粟三硕。该契约定:"其牛及麦,当日交相分付了,并无玄欠"。表明此件卖牛契属于立契当日"即时清结"的买卖契,即紫犍牛由牛主交付给买主,牛价麦十六硕、粟三硕由买牛人交付给牛主,当即两清,分毫不欠。在这一点上,敦煌契约与英美古典契约一样,也呈现出即时性和现时性,②两者是相同的。就价金的给付而言,"在'私法自治'的前提及界限内,买受人负给付约定的买卖价金之义务,因为他在一个'买卖契约'的法律行动中,使自己承担此项义务。"③

需要指出的是,在所有的敦煌买卖契约中,没有一件是以货币充当一般等价物来支付价款的。其主要原因有二:一是这与唐代实行的"钱

---

① 〔法〕谢和耐:"敦煌卖契与专卖制度",郑炳林主编:《法国敦煌学精粹》(1),耿昇译,甘肃人民出版社2011年版,第18页。
② 刘承韪:《英美契约法的变迁与发展》,北京大学出版社2014年版,第135页。
③ 〔德〕卡尔·拉伦茨:《法学方法论》,陈爱娥译,商务印书馆2003年版,第178页。

帛兼行"的货币制度有关。据《全唐文》卷二十五记载,唐开元二十年（732年）,唐玄宗颁布"令钱货兼用制敕"云:"绫罗绢布杂货等,交易皆合通用。如闻市肆心须见钱,深非道理。自今以后,与钱货兼用,违者准法罪之。"此后,《全唐文》卷三十五记载,开元二十二年（734年）十月,玄宗再颁"命钱物兼用敕"云:"货币兼通,将以利用,而布帛为本,钱刀是末。贱本贵末,为弊则深,法教之间,宜有变革。自今以后,所有庄宅口马交易,并先用绢布绫罗丝绵等,其余市买至一千以上,亦令钱物兼用,违者科罪。"二是唐代全国的铸钱量本身不大,加上河西五州既非产铜地,也未设铸钱监,因而无法供应钱币,加上"钱帛兼行"的货币制度,所以,在当时敦煌地区的流通领域充当等价物的是丝绢而不是钱币。① 实际上,从此件卖牛契来看,不只是丝绢充当一般等价物,粮食也可以充当等价物,这应属上引"令钱货兼用制敕"中的"杂货",所以,"交易皆合通用"。

　　事实上,以标的物为中心的买卖契约,必然会重点关注标的物的品质与权利,也就生成了契约中标的物的权利瑕疵担保,以及契约中标的物自身品质的瑕疵担保,前者重在防止标的物因为所有权的瑕疵而使买方承受不必要的损失,从而保证交易安全。后者重在防止因为标的物自身的品质瑕疵导致买方承受不必要的财产损失。在对买卖标的物权利瑕疵风险防范方面,我们看到,在这件卖牛契中,牛及价款（麦、粟）两相交付之后,如果有人说紫𤛇牛是牛主盗取的,则"一仰主保知当"。也就是说,假如有这种情况出现的话,证明此牛并非牛主的合法所有物,因而在所有权的权利上存在瑕疵。因此,这种情况一旦发生,理应由牛主承担相应的责任。按照敦煌契约的惯例,由牛主再提供一头相同品质的六岁的紫𤛇牛交给买牛人。这一权利瑕疵担保看似是单向的,实质是

---

①　高潮、刘斌:"敦煌所出借贷契约研究",《法学研究》1991年第1期。

有道理的，因为作为牛价的粮食在交付以后，可能作为食物已被吃掉，或者作为种子已经播种。相比之下，作为要长期耕田的耕牛，一旦被他人主张权利，因属于赃物而被追回，就应当由牛主和保人承担相应的担保责任。

在包括卖牛契在内的口畜买卖契约中，针对标的物自身品质瑕疵的约定，则为"三日准悔"的无欺诈担保条款。与其它敦煌契约相比，这是"绝无仅有"的，是所有敦煌契约禁止毁约的唯一例外。当然，这一约定的前提是出卖之物有严重的品质瑕疵，亦即"旧病"。这一约定，与上述唐律中"有旧病者三日内听悔"的规定是完全一致的，是国家法律和民间智慧的"无缝对接"，是对同一实际问题如何妥善解决而经由人同此心、心同此理的"同解"。① 其机理是由于买卖的是活口，口畜有无旧病，三日是一个相对合理的观察期，如果有旧病，反映出来的特质就是"不食水草"。正如这件十分经典和规范的契约约定："如立契后，在三日内，牛有宿疹，不食水草，一任却还本主。"也就是说，一旦发现牛有旧病，在三日内直接将牛退还牛主。

需要甄别的是，买卖标的物自身品质的瑕疵担保与权利瑕疵担保的后果是不同的：后者通过"主保"另供同等品次的牛来充替，而前者"三日准悔"的后果是退还买来的牛给牛主，并无充替的后续约定。那么，与此相应，牛主就要如数退还已收的牛价款即麦十六硕，粟三硕。

作为契约的对等义务，对牛是否有"旧病"有要求，而对充当买牛价款的麦粟的质量是没有具体要求的。个中原因，与其说是古代契约的简约造成的，毋宁说它是无需约定的，是有理由的"缺省"，或者是特定的地域生产的粮食，自有其特定的质量标准，因此不需要特别约定。当

---

① 当然，还有一种容易被忽略的真正情形，就是此契订立后，为了能够与国法相洽而通过公验，得到"市券"，因此在立契时自觉与国法对接，形成二者相一致的格局。

然,退还充当牛价的麦粟,其质量也是无需约定的,因在三日内,期限短,退还的麦粟应当是原物。

该契同时约定,"三日已外,依契为定,不许休悔。"其中包含了非常重要的两点:一是三日准悔的期限一旦届满,买卖的风险,实际上由卖方转移到了买方;二是超过三日,契约效力超越"待定"效力,对买卖双方产生"依契为定,不许休悔"的拘束力。这一约定,也与《唐律疏议·杂律》"买奴婢牛马不立券"条中"三日外无疾病,故相欺罔而欲悔者,市如法,违者笞四十"[①]的规定是完全对接的。当然,真正生效,还需通过公验,取得"市券"。既然不许反悔,那么,该契接着顺理成章地约定:"如先悔者,罚麦伍硕,入不悔人。"即同时约定了敦煌其它契约中也有的"先悔罚则"。这表明,活口买卖契中特有的"三日准悔"与普适的"先悔罚则"可以并行不悖,相辅相成地存立于一份契约中,亦奇亦正,并不矛盾。

需要强调的是,在民间契约中,三日以外,不准休悔。悔者不仅要承担"先悔罚则"的民事违约责任,而且根据唐律规定,还要承担"违者笞四十"的刑罚。同时规定,对"若有病欺,不受悔者,亦笞四十"。由此看来,买卖契约的效力,受到民间约定的民事责任和国家规定的刑事责任的双重保障。契约之重、之慎,由此可见一斑。

该契的最后是基于当事人意思自治,以及"和"的精神而立的习语:"恐人无信,故立此契。两共平章,画指为记"。正如梅因所说,"用以逐步代替源自'家族'各种权利义务上那种相互关系形式的"是契约,而契约中"所有这些关系都是因'个人'的自由合意而产生的。"[②]在最后的签署中,牛主与其兄和和共同署名,可能是由于尚未析产别居、家财共

---

① [唐]长孙无忌等:《唐律疏议》,刘俊文点校,法律出版社1998年版,第539页。
② 〔英〕梅因:《古代法》,沈景一译,商务印书馆2011年版,第111页。

有所致。在署名书写上，采用契约的主体身份＋姓名＋年龄的方式，显得格外慎重，并且牛主和两位保人还画了指节防伪，可谓慎之又慎。之所以如此，推想在中古时代，一头牛，除了土地，大抵就是一个家庭最值钱的生产资料和固定资产了，无论对于买卖双方都是如此，所以国家法律和民间契约双重护佑和保障，可谓不遗余力，令人感慨。

比较而言，敦煌一般买卖契约在标的物所有权转移的约定上，由于在契约成立之时交付标的物，因此，很难说这种方式类似于罗马法中的债权人风险主义，还是英美法系的交付主义。我们知道，"在罗马法中，买卖标的的所有权或占有权自契约成立之时转移，因此，罗马法采用了债权人风险主义（periculum emptoris），法国法承袭了罗马法的做法，而德国、意大利、中国等大陆法系国家的民法以及英美法则采用交付主义（res perit domino），即买卖标的的所有权自标的物交付之时起转移。"① 由此可见，敦煌买卖契约约定的立契之日转移交付，兼有债权人风险主义与交付主义，是二者的混融，这也是中国古代债法不同于西方法的地方。

在形式要件上，在罗马法中，是否有清晰的签字关系到契约的效力。比如罗马优士丁尼皇帝致大区长官梅纳说："我们规定，在订立买卖、交换、不必履行特定法律手续的赠与、给付定金或其它任一原因的书面契约以及书面达成的和解协议时，必须书写清晰，具有双方当事人准确无误的签字，否则无效。要是由公证人书写，则先由公证人完成，再由双方当事人签字。如果未履行上述手续，则无论是依据书面草稿（可以是当事人一方或双方的信件），还是依据那个书写清晰但尚未完成或尚未签字的文书主张某项权利均不能获得准许。"② 这是因为，是否有清晰的

---

① 丁玫：《罗马法契约责任》，中国政法大学出版社2004年版，第298页。
② 〔意〕桑德罗·斯契巴尼选编：《契约之债与准契约之债》，丁玫译，中国政法大学出版社1998年版，第17页。

签字关系到当事人真实意思的表达，因此至关重要。而敦煌契约中的"两共平章"等套语，系指契主双方亲自会面、并就交易事项自愿、平等地达成协议。① 由此看来，不论是唐代的敦煌契约还是罗马法，对同一问题有着相同或相近的解决方案，这也是"同理心"而得出的"同解"。

（二）未年（803年）尼僧明相卖牛契

S.5820号、S.5826号拼合

1　黑牸牛一头，三岁，并无印记。
2　未年润（闰）十月廿五日，尼明相为无粮食及
3　有债负，今将前件牛出卖与张抱玉。准
4　作汉斗麦壹拾贰（贰）硕，粟贰硕。其牛及麦，
5　即日交相分付了。如后有人称是寒道
6　认识者，一仰本主卖（买）上好牛充替。立契后
7　有人先悔者，罚麦三石入不悔人。恐人无
8　信，故立此契为记。
9　　　麦主
10　　牛主尼僧明相年五十五（指节纹）
11　　保人尼僧净情年十八（指节纹）
12　　保人僧寅照
13　　保人王忠敬年廿六（指节纹）
14　　见人尼明兼？②

---

① 刘云生：《中国古代契约思想史》，法律出版社2012年版，第31页。
② 唐耕耦、陆宏基编：《敦煌社会经济文献真迹释录》（第二辑），全国图书馆文献微缩复制中心1990年版，第33页。

此件卖牛契，按先后顺序，包含了标的物及其品类、岁口、立契的具体时间、买卖主体、价金、履行方式、标的物所有权的转移、权利瑕疵担保、违约责任、契约效力、合意及契尾等项内容，基本上涵括了现代契约的主要条款，虽简而赅。

此件卖牛契与上件令狐宠宠卖牛契相比，总体结构基本相同，最大的不同是相对比较简单一些，还多了一个"见人"，还缺省了"三日准悔"的约定，之所以缺省，可能是因为对此有法律规定，尚需公验，取得市券，也就属于"不言自明"的法定情形，所以未写。不同的具体表现有：此件标的物为黑色的母牛，应当也是耕畜。岁口更小一些，三岁。牛价为"麦壹拾贰硕，粟贰硕"，同上件一样，由于均是在吐蕃统治敦煌时期，所以表明的是"汉斗"。因为此件的黑牸牛比上件的紫犍牛的岁口小三岁，牛价相应少了伍硕，比较合理。看来，牛价是相对稳定的，有一个为当时人们衡量的综合标准。此件的"其牛及麦"，也是立契当日互相交付。

对权利瑕疵担保，上件仅约定由"主保知当"，而此件则明确写明"知当"的方式："一仰本主买上好牛充替"。在"先悔罚则"上，上件对先悔人"罚麦伍硕"，此件"罚麦三石"，均为"入不悔人"。由此看来，先悔罚的数额，可能与标的物的价款之间有一定比例。契约的其它约定，基本相同。在最后的签署上，同上件一样，也是牛主和两位保人要画指节，不同的是，此件列了"麦主"字样，但没有买主张抱玉的署名，这也是卖契的惯例，属于一方署名的单契，是卖主（牛主）交给买主（麦主）收执备用的权利凭证。

我们还看到，卖主是时年已经五十五岁的尼僧明相，出卖的原因是"无粮食及有债负"。从这一点可见，虽然僧人也拥有财产，但并不富裕，甚至可以说是很贫穷，不但无粮，还有债负，因此不得不出卖母牛来接济生活和偿还债务。在契尾，多了一个"见人"，这符合我国"婚姻凭媒，买卖凭中"的习惯。田涛指出,我国区别于西方契约的,就是中人的参与。第三方参加,形成了中国古代民事契约中的一个独特的特征,这也是中国古代民事契约的一种基本精神。①

(三)丁巳年(897年或957年)唐清奴买牛契

P.4083号

1 丁巳年正月十一日,通颊百姓唐清奴,为缘家中欠
2 少牛畜,遂于同乡百姓杨忽律元面上,买伍
3 岁耕牛一头。断作价直(值)生绢一疋,长叁丈
4 柒尺。其牛及价,当日交相分付讫为定,用
5 为后凭。┌──其绢限至戊午年十月利头填还。若于时
   限不还者,看乡元生利
6 　　　　　买牛人唐清奴(押)
7 　　　　　买牛人男定山(押)
8 　　　　　知见人宋竹子(押)②

这件买牛契,在叙述方式上,是以买牛人的视角切入叙写的,因此与前两件卖牛契有很大不同。在结构上,回到了敦煌契约通常采用的结构,即先写立契日期,再写买受人的乡属(通颊乡)、身份(百姓)和姓名(唐清奴),然后是买牛的原因"为缘家中欠少牛畜",说明购买此牛的目的是用于农耕,接上是出卖人的乡属(同乡)、身份(百姓)、姓名(杨忽

---

① 田涛:《千年契约》,法律出版社2012年版,第140页。
② 唐耕耦、陆宏基编:《敦煌社会经济文献真迹释录》(第二辑),全国图书馆文献微缩复制中心1990年版,第37页。

律元),① 而后面的契文是"买伍岁耕牛一头"。此处不像前面的卖牛契,还要标明牛的颜色和雌雄,如在卖牛契中,标明紫犍牛、黑牸牛。

而牛价,则是充当货币职能的"生绢一疋,长叁丈柒尺",幅阔未约定。这里有两个问题需要对比和说明:其一,前两件卖牛契中的牛,一个是三岁,一个是六岁,而这件是五岁,在二者之间,则牛价应当比较接近。因此,其价为生绢一疋,二者比价,大致一疋生绢相当于麦粟十五至十六硕上下。其二,此绢充当牛价,非直接出卖,应当不受《唐律疏议》中关于"短狭"的限制:"谓绢疋不充四十尺,布端不满五十尺,幅阔不充一尺八寸之属而卖"。事实上,在敦煌所出的21件民间织物借贷契中,也只有康员进贷生绢契、就弘子贷生绢契这两件契约中的生绢的长度达到了四十尺,其余在三十六尺到三十九尺;而幅阔,均在一尺八寸以上。

该契约定:"其牛及价,当日交相分付讫为定,用为后凭"。这一约定是很有意味的:一是不同于卖牛契的"其牛及麦",也就是说,麦,仅仅是充抵牛价之物,非带有货币功能之"价"也。而此处的绢,则明确为"价"。二是立契之日,交相分付,属于即时清结与即时履行。三是两相交付完毕,是以后的凭据,这也与通常的其他契约中将整个契约"用为后凭"是不同的。

敦煌契约中常见的契约用语"用为后凭",表明"作为物化符号的契约,不单是要求对方履约的凭证,在更多的场合,它是缔约双方互为权利和义务的凭证。"② 更有意思的是,在"用为后凭"后画一笔近似于"7"字状的直角号,这在敦煌借贷契中表示已偿还部分本息,但在此处,应当是"契文终了"的收结号,也就是谢和耐说的"其目的似乎是为了防

---

① 谢和耐据此认为"卖主是一名汉化的胡人,他有一个汉姓和一个非汉族的名字"。参见谢和耐:"敦煌卖契与专卖制度",郑炳林主编:《法国敦煌学精粹》(1),耿昇译,甘肃人民出版社 2011 年版,第 34 页。

② 刘云生:《中国古代契约思想史》,法律出版社 2012 年版,第 57 页。

止任何增补。"① 但是，恰在收结号后，还添加了容易使人误解的内容："其绢限至戊午年十月利头填还。若于时限不还者，看乡元生利。"谢和耐从这一增补条文中得出的结论是："价款本身仍是全欠。事实上，如果价款全部付讫，那么迫使买方对已付讫的价款纳息的条款，就没有任何意义了。"因此，谢和耐将此件定性为"赊卖"。② 这一结论值得商榷。因为即时清结是敦煌买卖契约的惯例，况且契文中明确写到"其牛及价，当日交相分付讫"，不存在"价款全欠"的根据。另外，从情理、事理上来讲，买牛人唐清奴因为没有耕牛，是在牛主杨忽律元的"面上"买的牛，怎么可能在"价款全欠"的情况下，在将近两年的时间里（丁巳年正月立契，到戊午年十月，相距一年零九个多月）无偿使用耕牛？其实，从增补的内容本身来看，仅仅是说牛无雇价，但"绢有利头"，因此才有契文中"其绢限至戊午年十月利头填还"的约定，其原因很可能是一疋绢相对于牛价本身高了一些，但又不好分割，所以双方约定让牛主承担绢的"利头"，填还利头的时间比较宽松，到第二年的十月以前即可。如果超过十月份，还要"看乡原生利"，即按照民间惯例付息。此论可用韩愿定卖妮子契（S.1946 号）加以佐证，该契明确约定："断价女人价生熟绢伍疋，当日现还生绢叁疋，熟绢两疋限至来年五月尽填还。"也就是说，该契出卖的妮子槛胜，其价为生熟绢伍疋，当日交付叁疋生绢，而两疋熟绢则是赊欠的，要在第二年五月底前填还。

我们还看到，在此件买牛契中没有保人，谢和耐认为有一个共同购买人，他是主要立约人的儿子，其义务与买主相同，因此没有必要立保。③ 此论甚是，因为买牛人不只是唐清奴，还有其子唐定山，后者实质上承

---

① 〔法〕谢和耐："敦煌卖契与专卖制度"，郑炳林主编：《法国敦煌学精粹》（1），耿昇译，甘肃人民出版社 2011 年版，第 35 页。

② 同上书，第 36 页。

③ 同上。

担了潜在的担保作用。此外，与前两件卖牛契不同的是，在署名的方式上，并没有写年龄，也不是画指节，而是押字。"所谓押字，系指契约当事人于自己名下以行草体签名。"①

（四）寅年（822年）报恩寺寺主僧某某易牛契

S.6233号背

1　紫䅫牛壹头，捌岁，无印记
2　寅年正月十八日，报恩常住为无牛驱使，寺主僧
3　□如今将青草驴头壹头柒岁，帖细布壹疋，博
4　换玉关乡驿户成允恭紫䅫牛，其牛及驴布等②

（后缺）

在这件易牛残契中，我们看到，其结构颇似前两件卖牛契，也是开门见山、直列契约的标的物紫䅫牛，岁口为八岁，也"无印记"，然后就是立契日期"寅年正月十八日"。接着是立契原因"为无牛驱使"，于是，寺主僧□将青草驴头壹头七岁，再加细布壹疋，来换玉关乡驿户成允恭的紫䅫牛，属于以物易物的买卖。八岁䅫牛还比较壮健，正是耕作的好时候，因此一头七岁青草驴的价值不够直接交换，还加帖了细布壹疋，作为对价，才换得八岁紫䅫牛一头。这表明，"在任何既定的社会里，任何交换对象在任何时候都有一个固定的价值，我们称之为社会价值。社会价值就是对象所包含的有效工作量。"③ 这实质上是劳动价值，即一

---

① 刘云生：《中国古代契约思想史》，法律出版社2012年版，第113页。
② 沙知：《敦煌契约文书辑校》，江苏古籍出版社1998年版，第57页。
③ 〔法〕埃米尔·涂尔干：《社会分工论》，渠东译，生活·读书·新知三联书店2013年版，第341页。

种凝结在交换对象中的无差别的人类劳动。所以,"要想人们完全赞同契约,双方的服务交换就必须具有同等的社会价值。只有具备了这些条件,每个人才会得其所需,并做以偿还——这两种东西都是有价值的。"①而从契文"其牛及驴布等"中可以推测,也是立契当日交相分付。其后的相关担保、违约条款及签署因契残不详。

三、敦煌所出卖身契及其比较

敦煌所出的卖身契,实即人口买卖契约,共有四件,其中三件为卖儿、卖女和卖奴契,一件为卖胡奴市券公验。

(一)丙子年(916年)阿吴卖儿契

S.3877号5V

1 赤心乡百姓王再盈妻阿吴,为缘夫主早亡,男女
2 碎小,无人求(救)济供急(给)衣食,债负深圹(广)。今将福(腹)生
3 儿庆德柒岁,时丙子年正月二十五日,立契出卖与
4 洪润乡百姓令狐信通。断作时价干湿共叁拾石,
5 当日交相分付讫,一无玄欠。其儿庆德自出卖与
6 后,永世一任令狐进通家□□□□□(世代为主),不许别人论
7 理。其物所买而斛斗,亦□□。或有恩敕流
8 行,亦不在论理之限。官有政法,人从私契。恐

---

① 〔法〕埃米尔·涂尔干:《社会分工论》,渠东译,生活·读书·新知三联书店2013年版,第341页。

9 后无凭,故立此契,用为后验。①

这是一件让人不忍卒读,不忍将之与卖牛契并列一起分析的契约。虽然唐代律文早已明白无误地告诉我们,奴婢"律比畜产",可以买卖,也熟悉恩格斯在《家庭、私有制和国家的起源》中的著名论断,亦即古典商品经济揭示了"一个伟大的'真理':人也可以成为商品,如果把人变为奴隶,人力也是可以交换和消费的。"② 但是,此件被出卖的标的物,竟是阿吴年仅七岁的亲生儿子庆德。我们看到,出卖的原因是:"夫主早亡,男女碎小,③ 无人救济供给衣食,债负深广"。也就是说,由于阿吴丈夫王再盈早亡,而子女幼小,孤儿寡母,缺衣短食,债负深广,为了活命,不得不出卖亲生儿子庆德为奴。我们看到,在敦煌的契约中,立契的主因贫穷是如影随形的。生活困难无法度日的人们,在青黄不接时,最通常的办法就是借贷,这也是敦煌借贷契约非常发达的内因。由于种种原因借不到粮食或者绢布时,再出卖自己赖以耕作的耕牛,再下一步,就是出卖田地。实际上,农户一旦无耕牛、无田地时,要么佃种,要么典身,用自己的劳力养活自己和家人。换言之,一般民户,如果没有穷尽其它可能,非到万不得已的境地,是不会出卖自己的亲生骨肉的。事实上,我们看到,阿吴已是"债负深广",也就是说,她已经负债累累,无力偿还,因此大概再也借不到粮食、布帛了,才不得不出卖亲生儿子。唐德宗时的宰相陆贽(754年—805年)在上疏中说透了其中的残酷真相:"人小

---

① 唐耕耦、陆宏基编:《敦煌社会经济文献真迹释录》(第二辑),全国图书馆文献微缩复制中心1990年版,第47页。注:此件前为戊戌年正月二十五日令狐安定雇工契,后为天复九年十月七日安力子卖地契,故丙子年定为916年。其抄写年代可能为宋代太平兴国年间。令狐信通、令狐进通见于同号乾宁四年张义全买宅舍地基契。

② 《马克思恩格斯选集》(第四卷),人民出版社1972年版,第172页。

③ 碎,在甘肃方言里是"小"或"最小"的意思,到现在还在使用这一字,如"碎爸",就是"小叔"之义。

乏则求取息利,人大乏则卖鬻田庐。幸逢有年,才偿逋债,敛获始毕,糇粮已空。执契担囊,行复贷假,重重计息,食每不充。倘遇荐饥,遂至颠沛,室家相弃,骨肉分离,乞为奴仆,犹莫之售,或行丐廛里,或缢死道途。"①可见,"在我国中古时期社会经济、阶级关系的研究中,奴婢问题是一个重要的问题。搞清楚这个问题,对于认识我国中古社会的性质,认识奴婢在当时社会生产、生活中的地位作用,对于认识我国封建社会转折时期阶级关系的一些特点,都具有十分重要的意义。"②

在这里,需要作一个解释,那就是在以自耕农为主的古代敦煌地区,繁重的农耕劳作,一般妇女的体能是无法承担的,这不仅是阿吴在丈夫去世后陷入贫困的原因,也是很多农村家庭在传宗接代的观念之外,必须要生一个男孩的原因。

在叙写方式上,这件卖子契是以卖主阿吴的视角切入叙述的。在结构上,先写卖主的乡属、身份、丈夫姓名和妻子的身份以及姓名,在写出卖原因时,这件卖子契不惜笔墨,在敦煌契约中也是比较少见的。之所以如此,一是据事实录,二是大概为了引起买受人的同情而谋高价。出卖原因之后,是出卖标的物——"腹生儿庆德柒岁",然后将立契时间与买受人结合起来叙写"时丙子年正月二十五日,立契出卖与洪润乡百姓令狐信通"。再就是"时价干湿共叁拾石"。作一个似乎不应该作的比较:一个七岁的男孩,其身价仅仅是上述大约两头牛的价格。在履行和交付上,也是立契当日"交相分付讫",且"一无玄欠"。

接着约定:"其儿庆德自出卖与后,永世一任令狐进通家世代为主,不许别人论理。"日本学者沟口雄三(1932年—2010年)对中国特有的"理观念"曾有深刻地分析:"以宇宙法则为内涵的这一理观念,从隋唐

---

① [唐]陆贽:《陆贽集》(下),中华书局2006年版,第764—765页。
② 李天石:"敦煌吐鲁番文书中的奴婢资料及其价值",《敦煌学辑刊》1990年第1期。

时期开始获得原理性,宋代以后进一步增强了人所必依的道德自然法或叫做规范的内涵。从那以后,理作为必须遵循的宇宙原理和道德规范在中国人中扎下了根。"①由此,这一宣示性的契约语言所要表达的是,自卖以后,庆德"永世"为令狐进通家的家奴,这一事实不容许他人论"理"。同时我们看到,在这件契约中,前为令狐信通,后为令狐进通,二者不一。参照唐乾宁四年(897年)张义全卖舍契,张义全将祖父舍兼屋木"出卖与洪润乡百姓令狐信通兄弟"可知,他们当为没有分家而共居的兄弟。令狐信通兄弟买舍在公元897年,而这件买奴契在公元916年,相距九年。这次买七岁的王庆德,估计作家僮之用。

关于中古时期奴婢的来源,从敦煌吐鲁番文书以及其它史料可知,主要有四个方面:一是如这件契约所示,卖主无以度日,被迫卖子女为奴婢。二是掠买少数民族人口为奴婢,如下面将要分析的敦煌文书"唐天宝年代敦煌郡行客王修智卖胡奴市券公验"即是。三是战俘。由于敦煌地处东西地理的要道,战事频仍,战俘充为奴婢当无疑问。事实上,将战俘充作奴婢的史料颇丰,如"武德五年,安州刺史李大亮以破辅公祏功,赐奴婢百人";再如"永昌元年九月,越王贞破,诸家僮胜衣甲者千余人,于是制王公以下奴婢有数。"②实际上,在罗马法中,mancipia也是可买卖之物。四是罪犯家属。③《唐会要》卷八十六"奴婢"中记载:"旧制,凡反逆相坐,没其家为官奴婢。"④从世界范围看,"奴隶的来源

---

① 〔日〕沟口雄三:《中国的公与私·公私》,郑静译,生活·读书·新知三联书店2011年版,第268页。
② 〔宋〕王溥:《唐会要》,上海古籍出版社2006年版,第1859页。
③ 戴建国认为奴婢来源分为四种:一为战俘;二为良人因犯罪而籍没为官奴婢(其中一部分转为私人奴婢);三是良人迫于生计自卖为奴婢,或被雇佣为奴婢;四是良人被掠卖为奴婢。参见戴建国:《唐宋变革时期的法律与社会》,上海古籍出版社2010年版,第293页。两相比较,在奴婢来源上,除了被雇佣为奴婢一说值得商榷外,其他来源比较接近。
④ 〔宋〕王溥:《唐会要》,上海古籍出版社2006年版,第1859页。

包括战俘、以剥夺自由作为惩罚的罪犯以及被出售抵债的个人。"①

　　契约的最后，是抵赦条款，即"或有恩敕流行，亦不在论理之限"。由此可见，敦煌契约文书中的抵赦条款，用途甚广。它不仅仅在借贷契约中广泛使用，在土地交易契约、租佃契约和买卖契约中也在使用。所以，抵赦条款的一再使用，与其说是对"官有政法，人从私契"的最好注解，毋宁说，它隐显的恰恰是民间对皇权挥之不去的巨大恐惧，一种潜意识的防御和抵抗。可问题是，如果官府放免，即"一免为番户，再免为杂户，三免为良人。"② 则又如何？估计难能抵挡。

（二）宋淳化二年（991年）韩愿定卖妮子契

S.1946号

1　淳化二年辛卯岁十一月十二日立契，押衙韩愿定，伏缘家中
2　用度不换，③ 欠阙足帛，今有家妮子名槛胜，年可贰拾
3　捌岁，出卖与常住百姓朱愿松妻男等。断价女人价生
4　熟绢伍足，当日现还生绢叁足，熟绢两足限至来年五
5　月尽填还。其人及价互相分付。自卖已后，任永朱家男
6　女世代为主。中间有亲情眷表识认此人来者，一仰韩愿定
7　及妻七娘子面上觅好人充替。或遇恩敕流行，亦不在再来
8　论理之限。两共面对商议为定，准格不许翻悔。如若先悔者，
9　罚楼绫壹足，仍罚大羖羊两口，充入不悔人。恐人无信，故

---

①　〔加〕布鲁斯·G.崔格尔：《理解早期文明：比较研究》，徐坚译，北京大学出版社2014年版，第116页。
②　〔宋〕王溥：《唐会要》，上海古籍出版社2006年版，第1859页。
③　用度不换，即家用不宽之意。

10　　勒此契，用为后凭。┌──其人在患，比至十日之后不用休悔者（押）

11　　　　　　　卖身女人槛胜（押）
12　　　　　　　出卖女人娘主七娘子（押）
13　　　　　　　出卖女人郎主韩愿定（押）
14　　　　　　　同商量人袁富深（押）
15　　　　　　　知见报恩寺僧丑挞（押）
16　　　　　　　知见龙兴寺乐善安法律（押）
17　　内熟绢壹疋，断出褐陆段，白褐陆段，计拾贰段，各丈（长）一丈，比至五月
18　　尽还也（押）①

这件卖妮子契非常完整，是我们研究此类契约不可多得的文本。在总体结构上，也与最常见的敦煌其他契约无异：立契时间，出卖人，出卖原因，出卖标的物，价款，履行方式，权利宣示，瑕疵担保，抵赦条款，先悔罚则，以及签署等。在谢和耐看来，中国古代的契约具有"普遍的相似性，一方面会促使大家承认中国的专卖一直忠于传统的模式；另一方面使人也承认，我们面对的是所有汉族居住区的共有制度，尽管也有一些地区性差异。契约法的这种相对的统一性，与一个文明集团的特征，是相符合的。其原因肯定是，由于在中国历史上经常出现居民的混杂。"②实际上，除了谢和耐已指出的观点外，敦煌契约所具有的普遍性，一方面缘于契约所要达成的事项或目的内含的共性，另一方面，在契约

---

① 唐耕耦、陆宏基编：《敦煌社会经济文献真迹释录》（第二辑），全国图书馆文献微缩复制中心 1990 年版，第 49 页。

② 〔法〕谢和耐："敦煌卖契与专卖制度"，郑炳林主编：《法国敦煌学精粹》（1），耿昇译，甘肃人民出版社 2011 年版，第 4 页。

形式、结构,乃至语言上的相近甚至相同,确与敦煌是多民族杂居乃至是多种文化交汇的地理区位密切相关。更重要的是,谢和耐"通过对敦煌专卖文契的研究",看到了"某些唯有在中国社会中才非常普遍流行的、与众不同的态度和观念。"而这正是研究这些文契的"主要意义"。①

对比上件卖妮子契,我们不难发现,这件契约不像上件完全是从卖主的视角切入叙写的,而是采取了"中立"的叙事立场,尤其是在结构上也与上件卖子契有很大的不同,表明"卖契无定法,因事而有异"。同是卖身契,但在出卖原因上两件契约也有质的不同:上件是为生计所逼,寡妇阿吴迫不得已出卖自己的亲生儿子;而这件卖妮子契,则是因为押衙韩愿定"家用不宽,欠阙疋帛",也就是说,仅仅因为手头不宽裕而出卖,况且出卖的是家中的婢女,而非亲生女儿。在性别上,前件为七岁的儿童,而这件为二十八岁的女婢。

此外,此件的买受人为"常住百姓朱愿松妻男等",这里的"妻男"表明,买受人为朱愿松之妻与其子,"等"字则表明,共居的还有其他子女。在其他文明形态中,虽然"婚姻多为一夫一妻制。只有极少数富裕的男人有庶妻或奴婢。这些妇女常常作为不能生育的正妻的补充。"②那么,契文中强调"朱愿松妻男",有没有可能买槛胜后放婢为良,得留为妾?虽然唐律禁止良贱通婚,但《唐律疏议》云:"据《户令》:'自赎免贱,本主不留为部曲者,任其所乐。'况放客女及婢,本主留为妾者,依律无罪,准'自赎免贱'者例,得留为妾。"③如果说,上引之论是富裕的男人有庶妻或奴婢,但朱愿松之男得留槛胜为妾,则应为贫穷。当然,这仅

---

① 〔法〕谢和耐:"敦煌卖契与专卖制度",郑炳林主编:《法国敦煌学精粹》(1),耿昇译,甘肃人民出版社2011年版,第4页。
② 〔加〕布鲁斯·G.崔格尔:《理解早期文明:比较研究》,徐坚译,北京大学出版社2014年版,第127页。
③ 〔唐〕长孙无忌等:《唐律疏议》,刘俊文点校,法律出版社1998年版,第261页。

仅是推测之论,并无直接证据佐证证实。

再从价款上看,此件议定"断价女人价生熟绢伍疋",也就是名为槛胜的"女人价"为生熟绢伍疋。其中,生绢叁疋在立契日当即交付给韩愿定,熟绢两疋限至第二年的五月底前填还。也就是说,这是一件"分期付款"的契约,而其中的这一"女人价",按照亚里士多德的说法,就是"一切所需的物品都有一个定价,因而交换将是永远的,相通也是永远的。货币作为一种尺度,可将一切事物公约,并加以等价化。倘使不存在交换,也就不存在相通,倘使不存在等价,也就没有交换,倘使不能公约,也就没有等价。"① 实际上,这里的生熟绢伍疋,就是可公约交换的价值尺度,一种与钱币并行的准货币。

在契约的最后,又对两疋熟绢作了特别补充,即其中的一疋熟绢,由各长一丈的褐陆段、白褐陆段,共计十二段褐来替换,期限不变。其中内因,大抵褐相对易得而熟绢难求,因此通过协商作了进一步的补充。就价款的高低而言,显而易见,上件的男孩价为"叁拾石",折算后大约只有二疋生绢价,远低于这件生绢叁疋、熟绢两疋的价格。原因似乎比较明显,那就是槛胜二十八岁,正是年富力强,最好役使的阶段,而七岁男孩,一开始只能做做家僮之故。我们知道,"在大多数情况下,奴婢,特别是那些中小地主的奴婢往往是既从事家内使役又要从事生产。"② 如《新唐书·武攸绪传》载,武攸绪"市田颍阳,使家奴杂作,自混于民"。③ 事实上,这也是世界通例。加拿大学者在比较了人类早期的七大文明,在奴隶的使用上基本相同:"奴隶常常无偿地担任仆从、家内仆役、工匠、

---

① 〔古希腊〕亚里士多德:《亚里士多德全集》(第八卷),苗力田译,中国人民大学出版社 1992 年版,第 105—106 页。
② 李天石:"敦煌吐鲁番文书中的奴婢资料及其价值",《敦煌学辑刊》1990 年第 1 期。
③ 〔宋〕欧阳修、宋祁等:《新唐书》,中华书局 1975 年版,第 5602 页。

矿工、建筑工人及农业劳力。"① 当然,有些家僮甚至可以作士兵出征,这是个例,不具有普遍性。如万岁通天元年九月敕:"士庶家僮仆有骁勇者,官酬主直,并令讨击契丹。"②

在卖身契中,买受人对于标的物权利的"宣示",似乎是必须的,两件均有。和其它买卖契约一样,如果标的物存在权利瑕疵,要由"韩愿定及妻七娘子面上觅好人充替"。契文接着就是常见的抵赦条款。再与上件不同的是,这件约定了极重的"先悔罚则":"如若先悔者,罚楼绫壹疋,仍罚大羯羊两口,充入不悔人"。这在其它类型的契约中,这么重的先悔罚金也是少见的,由此亦见对此契订立的审慎,以重罚防止毁约,且在先悔罚则前还约定,契约一经订立,"准格不许翻悔"。所谓"准格",也就是前述的"三日外无疾病,故相欺罔而欲悔者,市如法,违者笞四十"。

契文在"7"字状的直角号后,添加了特别约定:"其人在患,比至十日之后不用休悔者(押)"意思是,如槛胜有病,十天内允许买主悔约。这一约定很有意思,因为它与唐律规定的"诸买奴婢、马牛驼骡驴,……立券之后,有旧病者三日内听悔"的规定不一致。如此约定,又如何通过公验而立市券?虽然此契订立在宋淳化二年(991年),但敦煌仍在归义军统治时期,有可能真正实现了"官有政法,人从私契"的界分,这并不是没有可能。因为我国古代统治者将一般民众的经济、民事交易视为"民间细故",因此采取了"任依私契,官不为理"的态度,这就为民间经过长期积累建立契约规则预留了相应的空间。事实上,统治者的这一态度,有其更深、更根本的原因,这就是梁漱溟揭示的原因:"历代相传,

---

① 〔加〕布鲁斯·G. 崔格尔:《理解早期文明:比较研究》,徐坚译,北京大学出版社2014年版,第116页。

② 〔宋〕王溥:《唐会要》,上海古籍出版社2006年版,第1860页。

'不扰民'是其最大信条,'政简刑清'是其最高理想。"① 也就是说,对民间"细故"的"任依私契,官不为理",就是统治理念中"不扰民"的具体落实。

事实上,马、牛、驼、骡、驴这些牲畜三日听悔是比较合理的,但作为买卖标的物的人,出于种种原因,不排除伪装的可能,因此约定十日的反悔期来进行仔细观察,应当说更合理一些。比较而言,《汉谟拉比法典》第278条则规定了一个月的日期,而且对病患有明确的规定:"倘自由民购买奴婢,未满月而该奴即患癫痫,则购买者得将其退还卖者而收回其所付之银。"② 这一"月悔互退"规则,与敦煌契约中"三日准悔"的原理是相通的,更与此件"十日准悔"规则相近。

签押是契约成立的标志。该契的最后是签押,非常珍贵。因为在敦煌卖身契中,这是唯一一件有完整签署的契约。从这件签署中我们看到,不仅第十行"7"字状的直角号后的添加部分,以及第十七至十八行的特别补充,都因为是添加而有画押,而且卖身女人槛胜本人、出卖女人娘主七娘子、出卖女人郎主韩愿定、同商量人袁富深、知见报恩寺僧丑挞、知见龙兴寺乐善安法律全部画押,亦见对卖身契的高度重视和极度慎审。与卖牛契不同,此件只有同商量人和两位知见人,并无保人。大抵耕牛可由保人另觅充替,奴婢虽"律比畜产",但毕竟责任重大,保人很难承担另觅好人充替的担保责任,所以约定直接由卖主承担,也就无需保人担保了。

(三)贞明九年(923年)曹留住卖人契

P.3573号

---

① 梁漱溟:《中国文化要义》,上海人民出版社2011年版,第152页。
② 《世界著名法典汉译丛书》编委会:《汉穆拉比法典》,法律出版社2000年版,第117页。

1　贞明九年癸未闰四月十☐☐☐☐☐☐☐广☐☐

2　一人年拾岁字三奴出☐☐（卖与慈惠）乡百姓段☐☐断价☐☐☐☐生绢☐

3　疋半，疋长叁丈八尺，幅宽壹尺九寸，堪署大练贰齿羊一口☐

4　准折绢半疋。其人及价当日交相分付，并无玄欠。中间☐

5　☐饰（识）认称为主记者，仰留住觅拾年岁人充替☐

6　买了，世世代代永为段家奴仆。两共面对平章，立☐（契后，准）

7　法不悔。如若先悔者，罚麦拾驮，充入不悔人。恐☐（后无凭）

8　故勒此契，用为后凭。☐

9　　　　　　　　　出卖人曹留住[①]

此件卖人契，是出卖人曹留住可能因债负深广，将拾岁的三奴卖给慈惠乡百姓段☐☐，断价生绢☐☐疋半，其中用大练贰齿羊一口准折绢半疋。人与价款立契当日交付，两不相欠。如有权利瑕疵，由曹留住另觅拾年岁人充替。自卖以后，三奴"世世代代永为段家奴仆"，不准先悔，先悔者罚麦拾驮，充入不悔人。将此件与前两件比较，并无特别之处。与韩愿定卖妮子契相比，两件都是以绢计价，而这件则约定了绢长叁丈八尺，幅宽壹尺九寸，与敦煌织物借贷契相比，也是常见的尺度。再就是明确约定出卖三奴给段家是做"奴仆"。至于价金高低，因为契

---

① 唐耕耦、陆宏基编：《敦煌社会经济文献真迹释录》（第二辑），全国图书馆文献微缩复制中心1990年版，第48页。

残不详，无法比较。还有，可用它物折抵绢价，也与前契韩愿定卖妮子契相同。

（四）唐天宝年代敦煌郡行客王修智卖胡奴市券公验

敦煌文物研究所 0298、0299 号

（前缺）

1 ▢▢▢▢行客王修智牒称，今将胡奴多宝载拾叁▢▢▢▢

2 ▢▢▢张惠温得大生绢贰拾壹疋，请给买人市券者，依

3 ▢▢▢▢安神庆等欵保；前件人奴是贱不虚，又问奴多宝甘心▢

4 ▢▢▢修智其价领足者，行客王修智出卖胡奴多宝与▢▢

5 ▢▢▢绢贰拾壹疋，戡（勘）责状问，据保给券，仍请郡印，▢▢▢

6 ▢▢▢罪。

7 　　　　绢主

8 ▢▢郡印　　　奴主行客王修智载陆拾壹

9 　　　　胡奴多宝载壹拾叁

....

10 保人▢▢▢百姓安神庆载伍拾玖

11 保人行客张恩禄载肆拾捌

12 保人敦煌郡百姓左怀节载伍拾陆

13 保人健儿王奉祥载叁拾陆

14 市令秀昂给券　　　史①

---

① 唐耕耦、陆宏基编：《敦煌社会经济文献真迹释录》（第二辑），全国图书馆文献微缩复制中心 1990 年版，第 279 页。

(后缺)

本件文书说的是行客王修智欲卖十三岁的胡奴多宝,因而给市令递呈了状牒,市令秀昂通过公验,加盖郡印而形成的准予买卖的"市券"。我们知道,唐代律令规定买卖奴婢须立"市券",但市券究竟如何获得,是什么样貌,内容是什么,有无用印等,均不明了,而这件文书不仅对这些问题可以释疑,而且让我们直观地看到了买卖奴婢怎样公验,以及保人的作用等,因之极其珍贵,具有极高的研究价值。

按照《唐大诏令集》卷五"帝王改元下"中唐末天复元年敕文:"旧格,买卖奴婢,皆须两市署出公券,仍经本县长吏,引检正身,谓之'过贱'及问父母见在处分,明立文券,并关牒。"① 则买卖奴婢,不仅要"两市署出公券",还须本县"过贱",更要问父母的处分意见,才能立券。从这件文书中我们看到,市券的获得须通过以下程序,并满足以下条件方可:

(1)出卖人需要通过牒状申请。从第一行"行客王修智牒称"即可证实这是获得市券的第一步。

(2)市令收到申请的牒状后,要进行核实,也就是"公验"。据《唐大诏令集》卷五"改元天复敕"复云:

兵戈以来,条法废坏,良家血属,流落佗门。既远家乡,或遭典卖,州府会不寻勘,豪猾得恣欺凌。自此准京兆府并依往例处分,两市立正印委所司追纳毁弃,改给朱记行用。其传典卖奴婢,如勘问本非贱人,见有骨肉,证验不虚,其卖主并牙人等,节级科决。其被抑压之人,便还于本家。②

---

① [宋]宋敏求:《唐大诏令集》,商务印书馆1959年版,第33页。
② 同上。

结合本件文书,可推断出买卖的奴婢的"公验",主要核实四项内容,通过一个程序:

其一,有无"压良为贱"的情形。

其二,是否属于犯罪者的赃物而"不合交关"的情形。

其三,是否有足够的保人作保。从本件文书中"依□□□安神庆等欻保"的契文表述,还有"据保给券"的习语,以及签署的四个保人,即可证得。

其四,询问奴婢本人的意愿。如本件文书中就有"又问奴多宝甘心□□□□"的表述,也可证得。

其五,经过一个"过贱"程序。"在奴婢买卖过程中,还有一个重要的手续,即必须先经'过贱'之后,方能立券。'过贱'手续是除了有保人在场外,卖主还必须出示旧有契券,以证明其合法占有而非掳掠拐骗而来,此后,才可在市上出卖。"[①] 从本件文书看,契文中有"人奴是贱不虚"的表述,而证得"是贱不虚"者,从上下文的表述关系上分析,应当是保人的保证,所以,此处的保人又不同于借贷契约中保人代为偿还债务的责任,也不同于土地交易契中保人承担权利瑕疵的担保责任,而要承担卖身契中所卖奴婢属于"是贱不虚"这一事实真实性的相关责任。

经过以上步骤和环节后,在这件确立市券的文书上加盖郡印,市券即发生法律效力。

(3)同时,从该件"市券"中,我们也可以得到以下买卖奴婢的信息:

其一,六十一岁的卖主王修智,将十三岁的胡奴多宝卖给张惠温,卖价为大生绢贰拾壹疋,此件价格与前件契约相比,高得惊人,是二十八岁槛胜卖价的四倍多。

---

① 冻国栋:"唐代的'市券'与私契——敦煌、吐鲁番文书札记之一",《喀什师范学院学报》1988 年第 4 期。

其二，市令秀昂公验的重点是有无足够的保人证明"人奴是贱不虚"，其职责和义务是"勘责状问，据保给券"，而对交易价格等契约的实质性要素，则遵循了"官有政法，人从私契"的原则，任由双方协商议定，不加干涉。

其三，市券发生法律效力的最关键环节，还是加盖郡印。

其四，署名为"奴主"而不是如韩愿定卖妮子契、曹留住卖人契那样署"出卖人"，这也是卖身契与公验市券文书的区别。同时，在年龄的写法上，比较特别，要在年龄前统统加一"载"字，以示其载有据。而保人，则要四位。最后，还要书写"市令秀昂给券史"字样，至此，一份完整、合法的市券才告完成。

需要补充的是，被称为贱口的奴婢在当时的人口中所占的比例，也是比较大的。①

为了对敦煌卖身契作跨时空的比较观察，下面照录一件清代浙东的卖身契文：

（五）清咸丰十年（1860年）三月浙东"女子卖身契"

1　立永远尽卖使女契：方氏今因缺乏正用，情愿将早年幼买王李氏之女，乳

2　名毛姐，年十五岁，生于三月十六日辰时。今凭媒中说合，情愿出转永卖与

3　应姓为使女。三面议定计永卖身价钱贰佰捌拾千文，其钱当收归用。

---

①　李天石根据唐西州的三件户口帐统计分析，贱口约占当时总人口的百分之十强。再据敦煌所出《河西支度营田使户田给谷簿》记载的29户人家165人中间，有四户拥有奴婢12人，奴婢占总人口的7%。参见李天石："敦煌吐鲁番文书中的奴婢资料及其价值"，《敦煌学辑刊》1990年第1期。

4　自卖之后，任凭更名呼唤使用或自作妾或押卖，他姓不致阻执。其女并

5　无亲戚人等往来探望，如有① 违碍等情，俱系得钱人自行理直，不

6　涉出钱者之事。此系两愿，各无异言。今欲有凭，立此永远尽卖使女身契

7　为照行。计开　随上首王李氏卖契一纸并照行。契内点"往"字一个又照行。

8　咸丰拾年三月　　日立永远尽卖使女身契　方氏（画押）

9　　　　　媒中　　　徐方恒（画押）

10　　　　　　　　　　方张氏（画押）

11　　　　　代字　　　陈士东（画押）

契大吉 行②

从时间上看，此件卖身契的立契时间是清咸丰十年（1860 年），这是令国人刻骨铭心的一年：此年十月，英法联军第一次火烧圆明园，它距宋淳化二年（991 年）韩愿定卖妮子契这件最晚的敦煌卖身契相差了整整 869 年，从宋初到清后期，历经宋、元、明、清四朝。从地域上看，此件为浙东卖身契约，敦煌与浙东，两地相距 3000 多公里，可谓风土殊异。

---

① "有"后原有一"往"字，上面划了一斜横，被删去了。由此可见，此契在成稿或誊写过程中不慎误写了一"往"字，代书人直接在这件卖身契上将该字划掉了。为了不致影响该契约的效力，在其后第七行，特别加注了"契内点'往'字一个又照行"一语，以示强调和申述。这一微小的动作，透露了用毛笔书写一遍不易的信息，也许还有吝惜纸张的可能。事实上，不少的敦煌写本是撰写在佛经或其他经书背面的。应当说，该卖身契不仅有珍贵的史料价值，仅从原件筋骨精到、秀逸清朗的字迹而言，亦不失为一件难得的书法作品。

② 张介人编：《清代浙东契约文书辑选》，浙江大学出版社 2011 年版，第 71 页。需要说明的是，"契大吉行"四字为草书，其中"契大吉"三字为草书连体，这一写法不仅是清代浙东民间契约的一种防伪标识，也是一种时用的契尾吉语和套语。

但是，如果将敦煌卖身契与这件在时间、地域上均相差甚远的浙东卖身契相比较，就不难发现，两者无论在结构、契约主要内容，还是瑕疵担保、双方协商议定等方面，均十分相近甚至相同，只不过在用语上，此件卖身契更通俗一些而已。还有，此契标明为"永卖"，这与敦煌阿吴卖儿契中"自出卖与后，永世一经令狐进通家世代为主"的内涵是一致的。

敦煌卖身契与浙东卖身契真正不同的地方不多：一是此件卖身价贰佰捌拾千文用货币来支付；二是立契时间也由敦煌契约的开头放到了契文的最后；三是"媒中"（敦煌卖身契公验中的"牙人"）在卖身契中签署画押；四是浙东卖身契契尾有"契大吉行"四字，敦煌卖身契中没有。这些不同，均非实质性的不同，这有力地说明了敦煌契约已臻于成熟，也在一定程度上反映了中国古代契约在民间的成熟，它已不受地域和时间的影响，具有很强的普适性，因此值得我们深入研究。

四、敦煌所出其它买卖契约

敦煌一般买卖契约，除了上述卖牛、易牛契，卖身契外，还有四件日常生活用具、用品的买卖契约，它真实地反映了当时社会经济生活的一个侧面，是我们解读和认识当时敦煌地区百姓日常生活以及契约样式难得的珍贵资料。

（一）唐大中五年（851年）僧光镜赊买车小头钏契

P.4083 号

1　大中五年二月十三日，当寺僧光镜，缘阙车小头钏壹交停事，
2　遂于僧神捷边买钏壹枚，断作价直布壹佰尺。其
3　布限于十月已后于僦司填纳。如过十月已后，至十二月

勿填。
    4　更加贰拾尺。立契后，不许休悔，如先诲（悔），罚布壹足入
    5　不诲（悔）人。恐后无凭，答项印为验。㊞
    6　　　　负儭布人僧光镜㊞
    7　　　　见人僧龙心
    8　　　　见人僧智旵㊞
    9　　　　见人僧智恒达字①

　　这是四件敦煌所出的日常生活用具、用品买卖契约中最完整的一件契约。这件契约虽短，但结构完整，契约要素齐全。其结构是：立契日期（大中五年二月十三日），买受人（僧人光镜），购买原因（阙车小头钏），标的物（车小头钏），数量（一枚），卖主（神捷），价款（直布壹佰尺），付款期限（十月已后），付款人（儭司），违约责任（超过十二月，加布贰拾尺），先悔罚则（先悔者，罚布壹足入不悔人），签署（负儭布人僧光镜和三位见人）。从这一结构看，与大多数敦煌契约的结构基本相同。

　　在这件契约中，"儭司"，是指负责管理寺院中作为布施、遗赠而收到的衣物与织物的僧侣。"儭"是梵文 daksina 的音译，指"酬金"、"用右手奉献的礼物"等。这些供品要在同一僧伽地区的所有出家人大会上唱卖。②这件契约的真正独特之处有四点：

　　其一，一枚车小头钏，竟然要签订买卖契约。这从侧面间接反映了当时手工业制作的水准不高，以及经济比较落后的客观现状，同时也表明，标的物虽小，但由于不是即时清结的买卖，立契有利于债务的追偿。

---

①　唐耕耦、陆宏基编：《敦煌社会经济文献真迹释录》（第二辑），全国图书馆文献微缩复制中心 1990 年版，第 43 页。编者注：第五行至第六行、第八行行末之㊞为印。

②　〔法〕谢和耐："敦煌卖契与专卖制度"，郑炳林主编：《法国敦煌学精粹》(1)，耿昇译，甘肃人民出版社 2011 年版，第 39 页。

在谢和耐看来,"这份文书具有双重意义。因为它揭示了文契在经商活动中扮演的特殊角色(虽然这类传统,似乎至少已成为文契成立的必不可缺因素),同时又证明僦司这一具有重大意义的机构,从九世纪起才出现。"[①] 田涛分析了很多民间"细故"往往也采用书面契约形式的原因,"一方面,因为财产的匮乏,由于生产力的低下,传统社会中以家庭为单元的财产十分有限,因此,在今天看来是一些价值不高的'细故',在当时可能是他们日常生活中不可或缺的重要资产。另一方面,大量的古代文献频繁记录了民间的诉讼,所谓'息讼'不过是旧时文人的理想,为了保障财产不受侵害,同时也为了在可能的诉讼中处于有利地位,民间看重书面契约,成为必然趋势。"[②]

其二,当寺僧光镜购买另一僧人神捷的一枚车小头钏,竟由僦司代为偿付钏价直布一百尺。当然,在最后签署的"负僦布人僧光镜"的中表述可见,买受人当寺僧人光镜与僦司之间,构成了债权债务关系。

其三,二月立契,十月才交付车小头钏的价款直布一百尺,超过十月,实际上还有一个月的缓冲期,即限至十二月前必须偿付直布一百尺,否则就要承担再加二十尺的违约金。当然,这个违约金应先由僦司承担,然后记在光镜的名下,再行追偿。

其四,此件契约在契约套语"恐后无凭"后,不是一般的画押,而是用"印",包括其中的一位见人,十分珍罕。

(二)癸未年(923年)张幸德赊买斜褐契

P.4803号

[①] 〔法〕谢和耐:"敦煌卖契与专卖制度",郑炳林主编:《法国敦煌学精粹》(1),耿昇译,甘肃人民出版社2011年版,第41页。

[②] 田涛:《千年契约》,法律出版社2012年版,第141页。

1　癸未年正月二十二日张幸德于郭法律家卖(买)
2　出斜褐肆段，至秋断麦粟陆硕为定。┌──
3　　　　　卖(买)褐人兄张幸德
4　　　　　口承弟僧文会①
　(后残)

斜褐，斜纹粗毛织物的统称。在敦煌借贷契中，就有一件梁保德取斜褐契(S.4884号)。这件购买斜褐契近似于便物历，但便物历是出便粮者自留的底账，而此件则是具有买卖性质的赊买契，二者有质的不同。

这件买卖斜褐契，简练到无一个废字。叙写也是从购买者的视角切入进行叙述，即癸未年正月二十日，张幸德立契购买郭法律家的斜褐肆段，八月末付清价款麦粟陆硕，然后是买褐人张幸德签字，其弟文会(僧字表明文会很可能出家为僧了)作为口承人担保。这样一件精简至极的买卖契，作为原始文书，对延期付款的、因买卖契约所生之债起到了最佳证据的作用。而就履行来说，"仅靠公共权威确保人们恪守契约是不够的。至少在一般情况下，人们还得自然而然地去履行契约。"②也就是说，这件似乎没有任何违约责任的契约，在没有遭受天灾人祸的通常情况下，之所以能够得到自觉履行，并具有内在的强制力，源于人们基于"熟人社会"的信任，③以及传统伦理本身具有的诚信评价，及对民间约定俗成规则的内心认可与遵从。反过来，则暗含了如不履约就会受到

---

①　唐耕耦、陆宏基编：《敦煌社会经济文献真迹释录》(第二辑)，全国图书馆文献微缩复制中心1990年版，第44页。
②　〔法〕埃米尔·涂尔干：《社会分工论》，渠东译，生活·读书·新知三联书店2013年版，第340页。
③　郑也夫认为，信任的产生与互惠和习俗有着千丝万缕的联系，因此由互惠与习俗造就的社会秩序将是一个包含信任，即社会成员间保持丰富信任关系的秩序。参见郑也夫：《信任论》，中国广播电视出版社2001年版，第117页。

熟人社会的鄙视与人格贬损,以及此后再遇困难无人愿意帮助的潜在惩罚。这是"因为中国传统契约生存的社会环境,绝大多数是相对封闭的'熟人社会',因此违约现象的发生率较低,因为在熟人社会里,当事人违约可能会付出的代价,远远超过了契约中约定的直接成本。"[1] 也就是说,即使非常精简的一件契约,也不是孤立存在的,它的背后,是一张生活与文化织就的无形大网,让它得以通行无碍。广而言之,"中国的社会是由许多的格子紧密地堆叠成全国的大纲。在巨大的网路中,每个人都有一定的义务和权利,个人无法在这网外生存"。[2]

(三)丁酉年(937年)阴贤子买车具契

P.4638号

1　丁酉年正月十九日漠(莫)高乡百姓阴贤子伏缘
2　家中为无车乘,今遂于兵马使氾金刚面上·(买)车
3　脚壹具并钏,见过捌岁䵣耕牛壹头,准绢[3]

（后缺）

此件买卖契也很简练。契文记载和确认了莫高乡百姓阴贤子因家中没有车乘,以八岁䵣耕牛壹头作为价款,购买兵马使氾金刚的车脚壹具并钏这一契约事实。此件中的"钏",应与僧光镜赊买的车小头钏中的"钏"是同类物品。

如同大多数敦煌契约文书一样,此件契约文书中也有"伏缘"一词,

---

[1]　田涛:《千年契约》,法律出版社2012年版,第55页。
[2]　〔美〕许倬云:《中国古代文化的特质》,北京大学出版社2013年版,第44页。
[3]　唐耕耦、陆宏基编:《敦煌社会经济文献真迹释录》(第二辑),全国图书馆文献微缩复制中心1990年版,第45页。

有论者认为这是"大都为表示因果关系的句式",进而认为,"'伏缘'也不词。'伏'为敬辞,古时臣对君奏言多用之。……'伏'可以表敬。……'缘'仍然表示'因为'之义。……'伏缘'此处就是'因为'之意,'伏'表示尊敬语气。"① 应当指出的是,此论将"伏缘"认为是"不词"的说法,是不能成立的,因为"伏缘"一词在中古时代是一个常用的书面词语。比如,《旧唐书·穆宗》中凡12见,如"伏缘人数至多,不沾恩泽,乞降特恩,更放二百人出身。"② 再如,《旧唐书·礼仪四》云:"伏缘行事在明日鸡初鸣时,成命已行,臣不敢滞。"③ 又如,《旧唐书·令狐楚传》曰:"伏缘已逼礼部试期,便令就试。"④ 即使在《宋史·宾礼一》中,也是常用语,如,"伏缘每日追辰以朝,以故后时方入。"⑤

在敦煌契约文书中,"伏缘"更是常见的契约用语,表敬的成分大大降低,⑥ 而仅仅用于说明和表述某事发生的缘起,成了一种程式化的用语。"伏"字意为拜倒、低下去,以示谦卑,与敦煌契约中常见的"仰"字可谓相辅相成。谢和耐也说:"'伏'字经常用在借贷契约中,但同样也出现在卖契中,表示一种谦卑的态度。正是这个字引出了借贷、租赁或出售的要求。'仰'字的本义为'怀着敬仰或崇拜的情绪而抬起头来',也用于在特殊意义(即行政语言和契约语言)中指'上令下之辞'。"⑦ 而"缘"字,含有"因某种原因而引发的交易机缘"之意,因此,将两字合

---

① 聂志军:"'吐鲁番出土文书词语例释'辨正",《敦煌研究》2012年第4期。
② [后晋]刘昫等撰:《旧唐书》,中华书局1975年版,第486页。
③ 同上书,第930页。
④ 同上书,第4468页。
⑤ [元]脱脱等:《宋史》,中华书局1977年版,第2756页。
⑥ 聂志军认为,敦煌文献中的"伏缘","大都是出自契约、释录,虽然不是臣对君的口吻,但是表敬的语气还是很明显的。"参见聂志军:"'吐鲁番出土文书词语例释'辨正",《敦煌研究》2012年第4期。
⑦ [法]谢和耐:"敦煌卖契与专卖制度",郑炳林主编:《法国敦煌学精粹》(1),耿昇译,甘肃人民出版社2011年版,第18页。

起来,是以谦卑的态度引出契约签署的原因,含有恭顺、导引之意。

(四)丙辰年(956年?)十二月十八日氾流□卖铛契

北图图字 14 号

1　丙辰年十二月十八日,神沙乡百姓兵马使氾流□
2　斗伍升铛壹口,出卖与赤心乡百姓吕员□
3　作铛价麦粟叁拾硕。其铛沽鲁客□
4　□□铛价偿还叁岁牸牛壹头。其牸□
5　□□□□□□□□□员住麦两硕。两共对□
6　□□□□□□□□先悔者罚□□□①

(后缺)

再分析最后一件买卖契,此件是氾流□出卖铛一口给吕员住的买卖契。从"铛价麦粟叁拾硕"看,铛价不菲,竟相当于前件阿吴卖儿契中七岁男孩庆德的价钱,这说明当时手工业品的稀缺,因而价格昂贵,虽然稼穑艰难,靠天吃饭,但农产品并不值钱。我们看到,可能买受人吕员住也拿不出这么多麦粟,因此拿自己壹头叁岁的牸牛抵充了麦粟。其后契残不好妄断,分析而言:

前提是:(氾流□)壹铛 =(吕员住)叁拾硕麦粟

只有:(吕员住)壹牛 > 叁拾硕麦粟

才会有:(氾流□)退还吕员住麦两硕(的可能)

如此,则表明这头牸牛价值超过了叁拾硕麦粟价,因而让氾流□退

---

① 唐耕耦、陆宏基编:《敦煌社会经济文献真迹释录》(第二辑),全国图书馆文献微缩复制中心 1990 年版,第 46 页。

吕"员住麦两硕"？但是，比照令狐宠宠卖牛契中六岁紫犍牛一头才拾玖硕麦粟，更有可比性的是尼僧明相卖牛契，也是三岁的一头黑牸牛，牛价才拾肆硕（麦拾贰硕、粟两硕）。因此，也可能是其他约定。此外，虽然契残，但可看出的是，该契也有两共对面平章等套语，也有先悔罚则等。

五、敦煌买卖契约与罗马法关于买卖解纷的比较

将敦煌买卖契约规则与罗马法关于买卖的规定进行跨文化、跨时空的比较，富有意味。因为这样的比较不仅能让我们看到规则本身的差异，尤其可以看到规则背后思维方式及其文化的差异，因此，这样的比较不在于得出孰优孰劣，而在于我们如何认识和正视本土资源。

（一）规则与规定：敦煌契约与罗马法关于买卖的解纷方式

罗马法，顾名思义，就是指罗马奴隶制国家施行的法律。但是，它并不是某一个立法文献的名称，而是罗马奴隶制国家整个历史时期的法律总称。[①] 具体"是指公元前六世纪塞尔维乌斯·图利乌斯改革到公元七世纪中叶为止这整个历史时期罗马奴隶制国家所实施的全部法律制度。"而传统的研究罗马法的学者，都把公元前450年《十二铜表法》颁布时起，到公元565年优帝一世去世为止这1016年间罗马国家所施行的"私法"作为研究对象，并以《国法大全》作为研究的基础。[②]

我国台湾学者丘汉平（1903年—1990年）曾论及研究罗马法的理

---

① 周枏：《罗马法原论》上册，商务印书馆1994年版，第2页。
② 同上书，第4—5页。

由时说:"吾人研究罗马法之目的,非欲以稽古自炫。物有本末,事有终始,研究罗马法者,所以溯其本而究其始也。良以吾国新民法泰半因袭大陆,而大陆诸国之法源,几尽觞罗马法。即此一端,已足示吾人研究罗马法之重要。"① 丘汉平此论中所言我国民法因袭大陆法系,而大陆法系传统又源于罗马法,实指中华民国的法律移植。就敦煌契约所涉法律传统而言,则是自成一体的中华法系传统。

就买卖而言,从唐五代时期的相关法律规定看,引致纠纷的原因多种多样。如《五代会要》卷二十六"市"云:"更有卑幼骨肉,不问家长,衷私典卖,及将倚当取债,或是骨肉物业,自己不合有分,倚强凌弱,公行典卖。牙人、钱主,通同蒙昧,致有争讼。"② 再如,《五代会要》卷二十六"市"载,后周时的规定:"应有诸色牙人、店主引致买卖,并须钱物交相分付。或还钱未足,祗仰牙行人、店主明立期限,勒定文字,递相委保。如数内有人前却及违限,别无抵挡,便仰连署契人同力填还。如诸色牙行人,内有贫穷无信行者,恐已后惧累,即却众状集出,如是客旅自与人商量交易,其店主、牙行人,并不得邀难遮占;称须依行店事例引致,如有此色人,亦加深罪。"③

从敦煌买卖契约规则来看,如果遇到出卖的标的物有瑕疵时,解决的途径首先不是通过诉讼,而是直接在契约中明确约定解决方式:(1)对于权利瑕疵,解决方式:由出卖人出面处理,不关买受人之事。也就是说,一旦出现标的物有权利瑕疵,既不影响契约的效力,也不用买受人退出标的物,买卖继续有效,处理方式是由卖主另外提供同等品质、同等数量的标的物替换。(2)对于标的物的品质瑕疵,解决方式:比如

---

① 丘汉平:《罗马法》,中国方正出版社 2004 年版,第 4—5 页。
② [宋]王溥:《五代会要》,上海古籍出版社 1978 年版,第 415 页。
③ 同上书,第 415—416 页。

牛有"旧病",则直接设定了一个"三日准悔"期限,直接退还口畜。(3)上述两种方式无法解决时,最后诉诸官府,由官府通过调查询问后作出裁决。有意味的是,敦煌买卖契约的这一规则,与盎格鲁-撒克逊的《伊尼法典》的规定原理相通。根据该法典,购得家畜、并在 30 日内发现这是患病家畜的买主,他可以将它归还给卖主,或者后者可以发誓自己出卖家畜时没有任何的欺骗。①

与此不同,在罗马法中,一方面,明确规定了出卖的标的物应当没有欺瞒,如马尔西安(Marcian,396 年—457 年)讲:"如果有人错将翻新的衣服当作新衣服购买,特雷巴蒂认为,要是买方在不明知的情况下购买了翻新的衣服,那么,卖方要补偿买方的损失。……尤里安认为,即使卖方亦不明知,仍要向买方承担补偿损失的责任。要是卖方是明知的,则还要对衣服售出后给买方造成的损失承担赔偿责任。"② 另一方面,明确规定了"隐瑕疵责任"。乌尔比安(Ulpianus,约 170 年—228 年)在"论市政官告示"中讲:"市政官告示规定:出售奴隶之人应当让买方了解每个被出售奴隶的情况。比如:该奴隶有病、或有哪些缺点、在逃、或是游手好闲、或是尚未偿清私犯之债。上述情况应当在出售奴隶时明确、清楚地加以说明。如果违反上述规定,未讲清被售奴隶的实际情况,或是卖方所宣称的与实际情况不符,那么,我们将以卖方本应讲明奴隶的情况而未讲明为由,赋予买方以及其他将拥有该奴隶之人以诉权,以便将该奴隶退还卖方。"③

也就是说,如果在买卖契约中标的物存在"隐瑕疵",则赋予买方诉权,亦即买方提起诉讼,通过诉讼程序,再将奴隶退回的权利。此外,

---

① 李秀清:《日耳曼法研究》,商务印书馆 2005 年版,第 273 页。
② 〔意〕桑德罗·斯契巴尼选编:《契约之债与准契约之债》,丁玫译,中国政法大学出版社 1998 年版,第 31 页。
③ 同上书,第 471 页。

买方还享有追索权：乌尔比安在《论萨宾》中认为："如果一件出售物全部或部分被追夺，那么，买方对卖方享有追索权。但是在部分被追夺的情况下，买方只对该部分享有追索权。"①

两相比较后，问题就来了，标的物有瑕疵时，是敦煌契约约定的直接替换、退回好，还是罗马法规定的通过诉讼程序后，再退回好呢？

（二）反观与继承：作为本土法治资源的传统取向

我们看到，在敦煌契约中，"在发生纠纷时可不通过诉讼而直接获得解决，从而达到预防交易风险，降低交易成本，保证交易安全，规范交易秩序的目的，更好的维护契约双方当事人的利益。"②而按照罗马法的规定，要退回有瑕疵的标的物，是通过赋予买方诉权，即由买方提起买卖之诉并经过审理后来实现的。从情理上分析，一般情况下，买方对交易标的物在所有权移转之前，对标的物的品质了解是十分有限的，而一旦等到所有权移转后发现标的物存在隐瑕疵，再通过诉讼加以解决，无疑会大大增加人力、财力、物力、以及时间的成本，但这样做的长处，是对双方均有程序保障。

多年来，在移植西方法律制度和继承本土法制资源之间，争论从未消歇。就实际情形而论，当下我国在移植、借鉴西方法律制度方面，远大于继承、利用中国的本土资源。对此，苏力提出，中国的法治之路必须注重利用中国本土的资源，注重中国法律文化的传统和实际。③其具体方案是，寻求本土资源，注重本国的传统，往往容易被理解为从历史中去寻找，特别是从历史典籍规章中去寻找。这种资源固然是重要的，

---

① 〔意〕桑德罗·斯契巴尼选编：《契约之债与准契约之债》，丁玫译，中国政法大学出版社1998年版，第473页。
② 陈永胜："敦煌写本'寅年令狐宠宠卖牛契'中的瑕疵担保制度"，《甘肃政法学院学报》2003年第3期。
③ 苏力：《法治及其本土资源》，北京大学出版社1996年版，第6页。

但更重要的是要从社会生活中的各种非正式法律制度中去寻找。如果此论成立,则生发于民间的如敦煌契约及其契约规则,无疑是最好的本土资源之一。因为它们"是活生生地流动着的、在亿万中国人的生活中实际影响他们行为的一些观念"及其"行为中体现出来的模式"。① 武树臣也认为,中国法律文化作为人类法律文化的一支,是世界法律文化宝库中独树一帜不可多得的瑰宝。"它留给我们的既有千斤重负,又有万两黄金。对于历史包袱,我们应当予以科学地清算,以便轻装上阵;对于宝贵的实践经验,应当借鉴、吸取和发扬,以促进当今中国的法律文化建设。"② 毋庸讳言,在当下我国的司法实践中,我们常常看到的现象是,一方面,移植的西方法律制度很难在民众中落地生根;另一方面,一旦发生纠纷,大多数情况下,一如罗马法通过诉讼维护权利,程序繁琐,费用高昂,效果也不尽人意。

其实,经过中国传统文化长期浸染的国人,自有一套将情、理、法纳入视域,衡量公平正义的整体观念,删繁就简,不拘一格,追求和信奉实质公正。法国伟大的启蒙思想家孟德斯鸠(Montesquieu,1689 年—1755 年)讲:"为某一国人民而制定的法律,应该是非常适合于该国的人民的;所以如果一个国家的法律竟能适合于另外一个国家的话,那只是非常凑巧的事。"③ 因此,借鉴和移植西方法律制度时,如果忽略了中国固有的法律传统及其文化根基,其效力始终如油难溶于水,"水土不服"和很难被民众深度认可则是必然的结果。因此,中国的法律如何现代化,其始基终究是中国社会及其无法剔剥的文化传统。丘汉平就很清醒的看待罗马法中"法律诉讼程序之缺陷":"一曰趋重严格形式,忽略实在。盖权利人之请求权利,若稍一与法定方式不符,则遭败诉之苦痛,

---

① 苏力:《法治及其本土资源》,北京大学出版社 1996 年版,第 14 页。
② 武树臣:《中国法律文化大写意》,北京大学出版社 2011 年版,第 14 页。
③ 〔法〕孟德斯鸠:《论法的精神》(上卷),张雁深译,商务印书馆 1961 年版,第 6 页。

危险之甚,莫逾于此。二曰程序反复,不符实用。……三曰适用事例有限,不能适应新环境。"①周枏也认为:"因诉讼的胜负,在于双方攻击和防御的方法",②这就渐离了原本直接明了的契约事实,而陷入一场诉讼攻防战,成本高昂,使人身心俱疲。这,大致也是国人一直"厌讼"的根由之一。总体而言,"中国伦理道德文化结构的逻辑元点是从培育人的'善'性开始,即通过开发启迪人性的善,使之服从并推进家族社会的发展,维护国家的稳定;而契约则以抑制人的'恶'性为逻辑元点,是为了满足共同的私利综合平衡而成的一种互惠状态,从而使一人得利不致过多,使另一人不致因前者得利而受损太重。"③

六、基本结论

(一)买卖标的物有限

由于敦煌社会是以家庭小生产和农业为经济本位的农耕社会,自给自足的特质决定了生产和通过买卖进行的交换是十分有限的。事实上,我们看到,用于买卖、博换的标的物,除了土地交易契中的土地、房舍、园宅外,还有卖牛、易牛契中的牛,卖身契中的童男、婢女、家奴,以及日常生活用具、用品,包括斜褐、车小头钏、车脚、铛等,种类有限。

细究影响买卖广泛性的原因,除了自给自足的主因外,其它因素,也在不同程度上消解了买卖的动因。比如,最常遇到的无粮、无种子的困难,敦煌百姓主要通过借贷获得,等到秋收后再还。事实上,一旦连年粮、种子都没有的情况下,实际上已经无力通过正常的购买而获得。

---

① 丘汉平:《罗马法》,中国方正出版社2004年版,第426页。
② 周枏:《罗马法原论》(下册),商务印书馆1994年版,第976页。
③ 刘云生:《中国古代契约思想史》,法律出版社2012年版,第6页。

即使购买，或通过卖舍而换取，或通过卖牛而获得，甚至通过卖儿而救济，不一而足。试想，连居住的房舍都没有了（人得以生存的基本条件），把用于耕作的最常用的耕牛都出卖了（是农耕社会生产力的重要组成部分），以致到卖儿鬻女的境地（最后不得不为的底线），哪里还有正常的买卖？

（二）国家法的控制与契约规则的弥合与对接

一方面，国家对事关民众日常生活和再生产的买卖活动在"市"的设立，买卖主体及买卖参与人，标的物的许卖与禁止，用于交易的产品质量，度、量、衡的校准，尤其是对管理市场官吏的严格管理，以及通过"市券"的程序控制，惩罚强迫买卖、操纵价格、扰乱正常交易等违法犯罪行为，规范和保障正常的买卖行为；另一方面，我们也看到，由于买卖行为在当时的统治者看来大多属于所谓的"民间细故"，因此，国家在对买卖这一民事行为进行掌控和规范的同时，也为民间契约中的习俗与惯例预留了必要的空间，如前述的宋淳化二年韩愿定卖妮子契中，就有出卖的女婢槛胜有病，十天内允许买主悔约的约定，这与当时国家法律的"三日准悔"是不一致的。事实上，在中国古代，法典对于合同和财产问题规定得极为有限，绝大部分留待私人协商或者按照地方习惯来处理。[①] 这种"官有政法，民从私契"的中国传统，恰到好处地解决了国家控制与民间自治两者之间的关系，恰到好处地解决了国家法律与民间习惯之间的必要让渡与有机衔接，从而恰到好处地弥合、解决了国家的宏观布控与民间私契规则之间可能存在的罅隙，共同为规范民间社会的交易行为构建了必要的秩序体系。这是试图将纷繁复杂的万千事务巨细

---

① 参见 Jamieson, *Chinese Family and Commercial Law;* Jing, "Legislation Related to the Civil Economy in the Qing Dynasty". 转引自〔英〕马若斐：《传统中国法的精神》，陈煜译，中国政法大学出版社 2013 年版，第 19 页。

靡遗地由国家全部掌控起来,结果却出力不讨好的现代社会特别应予借鉴与警醒的大问题。

如要追问国家权力对民间契约规则潜藏的权利何以要给予适当的让渡,可借用费孝通(1910年—2005年)的一段通透、精辟的名论来阐释:

> 为了皇权自身的维持,在历史的经验中,找到了"无为"的生存价值,确立了无为政治的理想。横暴权力有着这个经济的拘束,于是在天高皇帝远的距离下,把乡土社会中人民切身的公事给了同意权力去活动了。可是同意权力却有着一套经济条件的限制。依我在上面所说的,同意权力是分工体系的产物。分工体系发达,这种权力才能跟着扩大。乡土社会是个小农经济,在经济上每个农家,除了盐铁之外,必要时很可关门自给。于是我们很可以想象同意权力的范围也可以小到"关门"的程度。在这里我们可以看到的是乡土社会里的权力结构,虽则名义上可以说是"专制"、"独裁",但是除了自己不想持续的末代皇帝之外,在人民实际生活上看,是松弛和微弱的,是挂名的,是无为的。①

也就是说,当时自给自足的小农经济决定了在国家权力之外,民间自治以及民间契约有其必然的生长空间。马克斯·韦伯认为:"皇权的官方行政只施行于都市地区和次级都市地区",一旦"出了城墙之外,行政权威的有效性便大大地受到限制。因为除了势力强大的氏族本身之外,行政还遭遇到村落有组织的自治体之对抗。"② 对此,梁治平分析道,

---

① 费孝通:《乡土中国 生育制度》,北京大学出版社1998年版,第62—63页。
② 〔德〕马克斯·韦伯:《中国的宗教:宗教与世界》,康乐、简惠美译,广西师范大学出版社2004年版,第146页。

帝国派出官吏只到县一级，城市以外的广大村镇不在其直接统治之下，而这意味着存在一个极广阔的空间，民间的法律能够在其中生成、发展和流行。①

与此关联的问题是，如果以此审视我国当下，不难发现，"我们的社会结构竟然发生了如此深刻的变化。……与这种社会类型相适应的道德逐渐丧失了自己的影响力，而新的道德还没有迅速成长起来，我们的意识最终留下了一片空白，我们的信仰也陷入了混乱状态。传统失势了。"②但奠基传统的文化基因并没有因此消逝，它还流淌在国人的血脉中，潜隐在民间的秩序中，至今影响着国人的正义观感、日常行为、价值取向、道德评说，我们又怎能无视一个民族自有的文化传统而一味由国家"包办"，且在包办过程中一味西化。作为旁观者清的黄宗智直言道："仅从法律文本和理论来看，当今的中国法律似乎完全拒绝、抛弃了传统法律以及革命法律，走上了'全盘西化'的道路。"③而"全盘西化"导致很多法律及其规则时现"水土不服"的综合症候。

（三）买卖契约成立的条件具体明确

抽绎国法与潜藏在民间契约中的习惯规则可见，唐五代时期买卖契约的成立，离不开以下条件：

（1）合意。周枏讲："从本质上说，契约是双方当事人的合意。双方当事人以发生、变更、担保或消灭某种法律关系为目的的协议，就叫契约。"④按此，则所有的敦煌民间契约的达成，必须是在双方真实意愿的

---

① 梁治平：《清代习惯法：社会与国家》，中国政法大学出版社1996年版，第36页。
② 〔法〕埃米尔·涂尔干：《社会分工论》，渠东译，生活·读书·新知三联书店2013年版，第366页。
③ 〔美〕黄宗智：《清代以来民事法律的表达与实践：历史、理论与现实》卷一，《清代的法律、社会与文化：民法的表达与实践》，法律出版社2014年版，"总序"第1页。
④ 周枏：《罗马法原论》（下册），商务印书馆1994年版，第705页。

基础上，自愿经过反复协商一致而自愿订立的，这也是买卖契约得以成立的前提和基础。对此，古罗马法学家乌尔比安有言简意赅的名论："基于误解不产生合意"。① 所以，在敦煌契约中通常用"两共平章"或"两共对面平章"等用语来表达，内中强调的是一个"和"字，乃至在令狐宠宠卖牛契中的契尾专书一"和"字，以强调和申说双方交易契约是经过合意而达成的，因为在买卖契约中，"不和为略"，不仅是国家法律所禁止的，也是民间契约所唾弃的。德国著名民法学家拉伦茨（Karl Larenz，1903年—1993年）指出："'意愿'必须始终包含在某个行动之中，并且只能在行动中完成。对法律效果的意愿，如果能这样说的话，只能在表示中实现，法秩序为该表示配置了与其相适应的法律后果。"② 事实上，在罗马法中，没有形成合意的买卖契约被视作无效："在买卖契约中应当形成合意。要是就买卖本身，或就价格以及其它事宜发生分歧，那么，买卖未完成。……由于未就标的达成合意，买卖契约亦无效。"③

（2）合法。既符合国家法律，也符合契约规则。如上已述，具体包括：契约主体合法，契约标的物合法。

（3）担保。又包括保人担保和买卖一方的瑕疵担保。

（4）见证。必要的知见人。包括国家法律中的牙人，民间契约中的知见人或见人。如《五代会要》卷二十六"市"载："如有典卖庄宅，准例，房亲邻人合得承当。若是亲邻不要，及著价不及，方得别处商量，不得虚抬价例，蒙昧公私。如有发觉，一任亲邻论理。勘责不虚，业主、牙保人并行重断，仍改正物业。或亲邻人不收买，妄有遮恡阻滞交易者，

---

① 〔意〕桑德罗·斯契巴尼选编：《契约之债与准契约之债》，丁玫译，中国政法大学出版社1998年版，第27页。
② 〔德〕卡尔·拉伦茨：《法律行为解释之方法——兼论意思表示理论》，范雪飞、吴训祥译，法律出版社2018年版，第48页。
③ 〔意〕桑德罗·斯契巴尼选编：《契约之债与准契约之债》，丁玫译，中国政法大学出版社1998年版，第29页。

亦当深罪。"①再如,《宋刑统·户婚律》"典当指当论竞物业"条引唐元和六年(811年)敕文:"应典卖、倚当物业,先问房亲,房亲不要,次问四邻,四邻不要,他人并得交易。亲邻着价不尽,亦任就得价高处交易。如业主、牙人等欺罔邻亲,契帖内虚抬价钱,及邻亲妄有遮悋者,并据所欺钱数与情状轻重,酌量科断。"②这一规定,一方面表明亲属及四邻享有"先买权",同时表明业主、牙人等不得欺罔邻亲,契帖内虚抬价钱。

(5)书契。即书面契约的订立。无论是否属于即时清结,买卖契约在买卖大牲畜和买卖奴婢,甚至是一些日常的买卖,如上述敦煌买卖契约中的斜褐、车钏和铛等,都要订立书面契约,以备公验。

(6)"市券"。即通过公验获得加盖官印的"市券",买卖契约才合法有效。

综上,敦煌买卖契约,始终秉持的是六个字:自愿、合法、诚信。这六个字,也是现代合同法的基本准则,由此可见,契约要义,古今一贯。其中的诚信原则,③不仅是从古到今,从中到外民事交往乃至纠纷解决的帝王条款,而且"是所有契约、盟誓、协议、合同的基石。"④事实上,在我国古代,诚信原则的推行或持守有两种渠道:一是法律的强行规制,二是民间道德的遥相呼应,一正一反,一张一弛,构建了传统中国社会独特的契约文明。⑤

---

① [宋]王溥:《五代会要》,上海古籍出版社1978年版,第416页。
② [宋]窦仪 等:《宋刑统校证》,岳纯之校证,北京大学出版社2015年版,第175—176页。
③ 在我国,述圣子思的《中庸》在扼要阐述了治理天下国家的"九经"后,认为关键在"诚":"诚者,天之道也。诚之者,人之道也。"这就将"诚"提高到"天道"和"人道"法则的极致位阶(参见王斐弘:《儒宗正源》,厦门大学出版社2011年版,第89—90页)。而诚信的概念源自罗马法,其用语是拉丁文 bona 和 fides 的组合。Bona 意思为"好、善",相当于英文的 good;fides 意思为"信、信义",两者结合,直接的字面意思即为"善信或良信"(参见陈永强:《私法的自然法方法》,北京大学出版社2016年版,第159页)。
④ 乜小红:《中国古代契约发展简史》,中华书局2017年版,第391页。
⑤ 刘云生:《中国古代契约思想史》,法律出版社2012年版,第204页。

（四）契约的社会功能显著

在中国古代，如果没有遍布民间的契约传统与通过契约而型塑的社会结构，这个古老的国度绵延两千多年而能够得到无中断的发展，是不可想象的。也就是说，"维系中国传统社会的最重要的纽带是伦理和契约，伦理构成契约的内在理据，契约则是伦理的外部显现形态，二者共同构成了中国传统社会的本质特征，也是其赖以存在和发展的手段。"① 但我们习惯了以宏大的视域论说古代中国何以具有超稳定结构，大多将之归结为君主专制的中央集权统治，以及传统思想的影响等等。比如，金观涛等认为，"从结构上来说，中国封建社会是宗法一体化结构，它具有发达的地主经济，大一统的官僚政治，意识形态结构是儒家正统学说。从行为方式上来说，第一，中国封建社会的宗法一体化结构及其维系的内部子系统，在两千余年中保持了巨大的稳定性；第二，这种结构的巨大稳定性直接和周期性改朝换代的振荡机制相关。"进而认为，如将经济结构、政治结构、意识形态结构三者割裂开来，它们之中没有一个能成为终极原因。中国封建社会的超稳定机制，表现在三者的相互作用之中。② 就意识形态结构进一步而论，"儒、法两家治道思想的对立与紧张，形成了奇特而恒稳的张力，而这一张力也许是与中国古代文人心理结构——儒治世，道修身，释养心——并行的另一维，它更多地在统治者和化民成俗、著久为常的习染中，成了官民共默的秩序世界，成了中国社会超稳定结构得以形成的内在基因。"③ 而将这一基因普化于日常广

---

① 刘云生：《中国古代契约思想史》，法律出版社2012年版，第1页。
② 金观涛、刘青峰：《兴盛与危机：论中国社会超稳定结构》，香港中文大学出版社1992年版，第196、198页。
③ 王斐弘：《治法与治道》，厦门大学出版社2014年版，"自序"第2页。

大的民间"细故"之中,且深入骨髓的乃是"民间契约"。事实上,在敦煌所出的各类民间契约之中,儒、释、道的思想无处不在,在敦煌所出放妻书和析产遗嘱文书中尤为明显。而在前述规范买卖行为的国家法律中,那种近乎严苛的规定,其思想渊源和做法,实出于先秦法家。而契约之所以具有如此巨大的社会功能,乃因"契约把自由选择与信守承诺结合在一起,适应了重建社会结构的需要。契约一方面在日常事务中起到非常实际的作用,另一方面作为一项制度实际上又把一切具体的规范留待未来决定,是非常精巧的操作装置。"①

我们发现,契约在其长期发展过程中之所以能日臻成熟,不仅仅是一个技术积累的问题,更多的,它表达的是"社会成员平均具有的信仰和感情的总和",因而"构成了他们自身明确的生活体系,我们可以称之为集体意识或共同意识。"②所以,由生活内生而成的契约及其契约文明、契约规则和契约传统,经由时间凝聚的集体意识,反过来影响和调整着民众的生活体系,内中自有乡土生活的逻辑。"但是我们最好要记住,契约所具有的维系力量,倒是社会交给它的。假如社会并没有认同契约所规定的义务,那么它就会变成只具有道德权威的纯粹许诺。所以一切契约都假定,社会存在于当事人双方的背后,社会不仅时时刻刻准备着介入这一事务,而且能够为契约本身赢得尊重。"③

可见,民间契约之所以具有恒稳民间社会秩序的特殊功能,一方面因为它是经过长期生活实践凝结的无数民众的"普遍共意"和价值取向,另一方面,还因为民间契约内含的契约规则,经由长期生活实践的不断

---

① 季卫东:《法治秩序的建构》增补版,商务印书馆2014年版,第38页。
② 〔法〕埃米尔·涂尔干:《社会分工论》,渠东译,生活·读书·新知三联书店2013年版,第42页。
③ 同上书,第76页。

完善,其规则体系是趋于完备的,①并且通过实践的反复检验也是行之有效的,尤其还是公正的,所以才会被长期尊奉。涂尔干说:"要想对契约进行全面的约束,仅凭它成为一种能够体现共同意见的对象是不行的。它必须还得是公平的,当然,口头上的认同还不足以使它公平。只言片语并不会产生能够使它们同舟共济的力量。共意状态要想拥有这种力量,必须把自己建立在某种客观基础之上。"②

---

① 即使按照贝勒斯所列的20项"契约法"原则检视敦煌契约规则体系,前者除了因现代性添加的一些原则如公共利益原则以外,后者几乎涵括了这20项契约原则的绝大部分。事实上,后者还有前者所没有的特有的规则,如先悔罚则、抵赦条款等等,其成熟、稳定和完备可见一斑。参见〔美〕迈克尔·D.贝勒斯:《法律的原则——一个规范的分析》,张文显、宋金娜等译,中国大百科全书出版社1996年版,第430—432页。

② 〔法〕埃米尔·涂尔干:《社会分工论》,渠东译,生活·读书·新知三联书店2013年版,第342页。

第三章 "均田制"及其思想渊源

敦煌所见土地交易契约,并非单一的一份民间买卖土地的私契,它是错综复杂的国家治理与百姓日常生活交互而呈现出来的一种社会关系,也就是说,它关涉深广。在时间跨度上,纵贯唐朝,历经五代,直到宋初;在制度层面上,不仅深受"均田制"这一背景的影响,还深嵌在唐、宋的赋役制度——从"租、庸、调"到"两税法"之中,尤其直接受到封建国家民事、刑事、行政法律制度对土地的调控,关联国法与民间惯例的对接与弥合,旁及人口、户籍、户等、籍账、手实、计帐、田簿,差科簿,以及重农主义、土地私有、土地兼并、官吏纠察等若干方面。以此观察,现有的相关研究成果,大多只对敦煌土地交易契约的某一方面进行研究,或仅把敦煌卖地契作为例证加以援引。

一项交易规则是否公平、公正,不仅要考察规则本身是否合乎理性,是否具有内在善的品质,是不是对长期生活经验的规律的总结,而且要考察这一规则在适用过程中程序是否公正,尤其要考察这项规则的起始原则是否公平、公正。作为国法与民间惯例共同作用而带有规则性的敦煌土地交易契约,对它的考察与研究,亦复如此。那么,就让我们先考察敦煌土地交易契约的起始是否公平,这不仅是研究一项规则的方法使然,更重要的是,考察作为交易起始的土地来源,能让我们在看清它深广背景的同时,深刻把握它在纵横交错的制度层面自身的位阶,以及隐含的意义和趋向。

一、"均田制"的意涵与内容

（一）"均田制"的意涵

无疑，敦煌土地交易的背景是"均田制"及其余绪，而均田制本身是研究中国中古社会性质和土地制度的大课题。所谓"均田制"，绝非"均分田地的制度"。虽然均田制始自北魏孝文帝于太和九年（485年）颁布的均田令，但是，"均田"一词，早已见诸《汉书》："诏书罢菀，而以赐贤二千余顷，均田之制从此堕坏。"①孟康注曰："自公卿以下至于吏民名曰均田，皆有顷数，于品制中令均等。今赐贤二千余顷，则坏其等制也。"②可见，"均田"的初始含义是"在同一品级中均等"，这也就暗含了不同品级，授田是不均等的。《唐律疏议·户婚律》在解释"占田过限"时，更将这一初始含义作了明确阐发："王者制法，农田百亩，其官人永业准品，及老、小、寡妻受田各有等级，非宽闲之乡不得限外更占。"③可见，"各有等级"才是均田的实质。换言之，不能望文生义地认为均田制是均分土地的制度。"均田制"的本始含义是按等级高低不同，占田多少有差；同一等级者，占田数额相等。④

均田制的缘起，是因为北魏初年，北方长期战乱，导致百姓流离失所，户口迁徙，田地大量荒芜，国家的赋税受到严重影响。为保证国家赋税来源，北魏政府把土地分配给农民，农民向政府交纳租税，并承担一定的徭役和兵役。由此可见，均田制天然与赋税连接在一起。

---

① ［汉］班固：《汉书》，中华书局2012年版，第3009页。
② 同上书，第3010页。
③ ［唐］长孙无忌等：《唐律疏议》，刘俊文点校，法律出版社1998年版，第266页。
④ 邓文宽："敦煌吐鲁番文书与唐代均田制研究"，《中国文化》1990年第2期。

究竟而言，唐初之所以延续北魏以来的均田制，一方面因为疆土广阔，新王朝握有大片的沃土；另一方面，人口很少，有实施均田的必要条件。据《通典·食货七》中"历代盛衰户口"载："炀帝大业五年，户八百九十万七千五百三十六，口四千六百一万九千九百五十六，此隋之极盛也。"① 隋末战乱，伤亡甚巨，人口锐减，据《新唐书·食货一》载："贞观初，户不及三百万"。② 因此，"唐初重农的核心是放在劝农、省徭和增丁上，以期将有限的劳力投之于农业生产，从而减少对农业生产力的浪费和耗损"，③ 以此来保证和增加国家的赋税收入，正如《新唐书·食货一》所载："唐之始时，授人以口分、世业田，而取之以租、庸、调之法，其用之也有节。"④ 可见，一般情况下，国家授田，被授田者就要承担国家赋役。⑤ 但到后来，其变迁可用《新唐书·食货一》中的话概括："盖口分、世业之田坏而为兼并，租、庸、调之法坏而为两税。"⑥

所以，唐代均田制的实质，与国家赋役制是一枚硬币的两面。而其本质，首先是为了保证国家的赋役。当然，正如有论者所言，也有在保证贵族品官在占有土地方面特权的同时，力图保证普通民户能够占有小块土地，以维持正常的社会生产和生活的作用。⑦

---

① ［唐］杜佑：《通典》，王文锦等点校，中华书局1988年版，第147页。
② ［宋］欧阳修、宋祁等：《新唐书》，中华书局1975年版，第1344页。
③ 张晋藩总主编：《中国法制史》（隋唐卷），法律出版社1999年版，第331页。
④ ［宋］欧阳修、宋祁等：《新唐书》，中华书局1975年版，第1341页。
⑤ 事实上，授田不是承担赋役的必要条件，即使不授田，也要承担赋役。但是，授田以丁，承担租庸调以丁，二者具有内在的关联则是不争的事实。《新唐书·食货二》载陆贽上疏有谓："有田则有租，有身则有庸，有户则有调。"说明了田土与租税的直接关联。而《通典·赋税上》在论及何以有赋税时也说："其所以制赋税者，谓公田什之一及工商衡虞之入。税以供郊庙社稷、天子奉养、百官禄食也，赋以给车马甲兵士徒赐予也。"参见［唐］杜佑：《通典》，王文锦等点校，中华书局1988年版，第69页。
⑥ ［宋］欧阳修、宋祁等：《新唐书》，中华书局1975年版，第1342页。
⑦ 邓文宽："敦煌吐鲁番文书与唐代均田制研究"，《中国文化》1990年第2期。

(二)均田制的主要内容

唐代的均田制可公、私两分:公田有职分田、公廨田、屯田、营田、驿田、军田;私田有官人永业田、庶人永业田、口分田、园宅地、赐田、墓田。此外,还有寺观僧尼道士占田、商人占田等。就土地交易契约而言,主要涉及私田,即官人永业田、庶人永业田、口分田,以及赐田、园宅地等。公田不许买卖。

1. 均田的时间、执行者与步骤

(1)时间与执行者。按照唐令,所谓均田,即"土地还授",也就是每年对应退、应受田地进行清理、登记、退还与给授的活动。具体时间为每年十月至十二月。唐令规定:"诸应收授之田,每年起十月一日,里正预校勘簿,历十一月,县令总集应退应受之人,对共给授,十二月内毕。"[①] 由此亦见,具体执行者为里正和县令。

《唐六典·尚书户部》载:"百户为里,五里为乡。两京及州县之郭内分为坊,郊外为村。里及村、坊皆有正,以司督察。里正兼课植农桑,催驱赋役。……每一岁一造计帐,三年一造户籍。县以籍成于州,州成于省,户部总而领焉。诸造籍起正月,毕三月。所须纸笔、装潢、轴帙皆出当户内,口别一钱。计帐所须,户别一钱。"[②] 同时,《唐律疏议·户婚律》规定:"里正之任,掌案比户口,收手实,造籍书。"[③] 在具体程序上,《新唐书·食货一》载:"凡里有手实,岁终具民之年与地之阔狭,为乡帐。乡成于州,州成于户部。又有计帐,具来岁课役以报度支。"[④]

(2)具体步骤。由以上规定可见,先由民户在基层官吏监督下自报

---

① 〔日〕仁井田陞:《唐令拾遗》,栗劲、霍存福等编译,长春出版社 1998 年版,第 566 页。
② 〔唐〕李林甫等撰:《唐六典》,陈仲夫点校,中华书局 1992 年版,第 73—74 页。
③ 〔唐〕长孙无忌等:《唐律疏议》,刘俊文点校,法律出版社 1998 年版,第 254 页。
④ 〔宋〕欧阳修、宋祁等:《新唐书》,中华书局 1975 年版,第 1343 页。

户内人口、田亩以及本户赋役承担情况的登记表册，此即手实。然后由里正"收手实,造籍书"，里集于乡，为乡帐，乡呈县，县呈州，州呈户部，形成"计帐"。所谓"计帐"，是中国古代官府计划来年的赋役征发和财政收支而制作的一种核算簿帐。

(3) 手实与户籍。需要补充的是，手实，是唐宋时期制定计帐与户籍的主要依据，每年填报一次。因其是依照一定格式由户主亲手据实填报的表册，故称"手实"。手实的格式包括户主姓名、年龄，丁中课后，户内家口名、年，丁中老少（每人各一行），合受田总数及已受、未受亩数。已受田则分段记载其亩数，所在方位，所属渠名，及各段田地的四至，并区分口分、永业、园宅地。然后要写上"牒被责当户手实，具注如前，更无加减，若后虚妄，求受重罪，谨牒。"字样，最后是年月日和户主某某牒。

户籍的格式与手实近似，删去了保证并无虚妄的牒文。如果是勋官、职事官等，户籍上往往要注明何时所授等。①从敦煌吐鲁番出土的户籍实样看，还添加了承担租、庸、调的数字。

(4) 法律责任。为了防止具体执行者"里正"的失职、舞弊，《唐律疏议·户婚律》中"诸里正授田课农桑违法"条规定："诸里正，依令：'授人田，课农桑。'若应受而不授，应还而不收，应课而不课，如此事类违法者，失一事，笞四十。一事，谓失一事于一人。若于一人失数事及一事失之于数人，皆累为坐。"且"州随所管县多少，通计为罪。州、县各以长官为首，佐职为从。"同时还规定："诸应受复除而不给，不应受而给者，徒二年。"[疏]议曰："其妄给复除及应给不给，准赃重于徒二年者，依上条'妄脱漏增减以出入课役'，一口徒一年，二口加一等，赃重入己者，以枉法论，至死者加役流；入官者，坐赃论。其不应受复除人而求请主司，妄得复除者，依名例'若共监主为犯，虽造意，仍以监主为

---

① 郑学檬主编：《中国赋役制度史》，上海人民出版社2000年版，第178—179页。

首',即是所司为首,得复者为从。若他人为请求,妄得复者,自从'嘱请'法。"① 由此可见,唐律用严厉的刑事责任惩罚直接责任者,以此来保障土地的收授得以依法公正进行。

2. 授田的原则

(1)授田的总体原则。按《唐六典·尚书户部》载:"凡授田先课后不课,先贫后富,先无后少。"② 唐田令作了相同的规定:"诸授田,先课役后不课役,先无后少,先贫后富。"同时以便利、经济为原则,还规定:"其退田户内,有合进受者,虽不课役,先听自取,有余收授。"③

(2)狭乡、宽乡授田原则。这一原则是:"狭乡授田,减宽乡之半。"④ 何谓狭乡、宽乡?按照《唐六典·尚书户部》的界定:"凡州县界内所部受田悉足者为宽乡,不足者为狭乡。"⑤ 而按照《新唐书·食货一》中的说法,则是"田多可以足其人者为宽乡,少者为狭乡。"⑥

(3)相邻地界的受田原则。一方面规定:"诸田,乡有余以给比乡,县有余以给比县,州有余以给比州。"⑦ 同时规定:"诸狭乡田不足者,听于宽乡遥受。"⑧

(4)口分田"就近授田"原则。据《唐六典·尚书户部》:"凡给口分田皆从便近;居城之人本县无田者,则隔县给授"。⑨《唐令拾遗》:"诸给口分田,务从便近,不得隔越。若因州县改易,隶地入他境及犬牙相

---

① [唐]长孙无忌等:《唐律疏议》,刘俊文点校,法律出版社1998年版,第271—274页。
② [唐]李林甫等撰:《唐六典》,陈仲夫点校,中华书局1992年版,第75页。
③ 〔日〕仁井田陞:《唐令拾遗》,栗劲、霍存福等编译,长春出版社1998年版,第567页。
④ [宋]欧阳修、宋祁等:《新唐书》,中华书局1975年版,第1342页。又,《唐令拾遗》中也有相同的记载。参见〔日〕仁井田陞:《唐令拾遗》,栗劲、霍存福等编译,长春出版社1998年版,第540页。
⑤ [唐]李林甫等撰:《唐六典》,陈仲夫点校,中华书局1992年版,第75页。
⑥ [宋]欧阳修、宋祁等:《新唐书》,中华书局1975年版,第1342页。
⑦ 〔日〕仁井田陞:《唐令拾遗》,栗劲、霍存福等编译,长春出版社1998年版,第557页。
⑧ 同上。
⑨ [唐]李林甫等撰:《唐六典》,陈仲夫点校,中华书局1992年版,第73页。

接者，听依旧授。其城居之人，本县无田者，听隔县受。"①

（5）倍授与否原则。按唐令规定："其地有薄厚，岁一易者，倍授之。宽乡三易者，不倍授。"②

3. 均田的对象及数量

（1）庶民的田地、园宅。其主要来源，依照律令给授的"百亩之田"。按《唐六典·尚书户部》中的规定："凡男、女始生为'黄'，四岁为'小'，十六为'中'，二十有一为'丁'，六十为'老'。"③沈家本在他的《历代刑法考》中，有"丁年考"的专论。他在梳理古代文献后认为："古者二十而冠，凡未冠者为未成年人，则曰幼，曰童，不得谓丁也。《说文》：'丁'，夏时万物皆丁壮成实。《释名》：'丁，壮也，物体皆丁壮也。'《白虎通》：'丁者，强也。'……丁者强壮之称，故男可曰丁男，女亦可曰丁女，若童幼异于强壮，不得称丁也。"④而"丁之名盖起于晋矣。其成丁之年，历代不同，自十六以上至二十五"。⑤而丁男之制，始终与课田和口税连接在一起。在"唐武德后以二十一为丁，而析户之令又以十八为断，岂犹沿十八课役之制，至此时即应以户论欤？"⑥由此可见，给授的百亩之田，自晋以后入律，始终与赋役连接在一起，成为历代绕不开的治国常务。

《唐六典·尚书户部》中，对以丁男为基本对象，以及道士、僧尼等诸色人等的授田数量如下：

凡天下之田，五尺为步，二百有四十步为亩，亩百为顷。度其肥瘠宽狭，以居其人。凡给田之制有差：

---

① 〔日〕仁井田陞：《唐令拾遗》，栗劲、霍存福等编译，长春出版社1998年版，第565页。
② 同上书，第540页。
③ 〔唐〕李林甫等撰：《唐六典》，陈仲夫点校，中华书局1992年版，第73—74页。《旧唐书·食货上》有相同的记载。
④ 〔清〕沈家本：《历代刑法考》，中华书局1985年版，第1332页。
⑤ 同上。
⑥ 同上书，第1335页。

丁男、中男以一顷；

中男年十八已上者，亦依丁男给；

老男、笃疾、废疾以四十亩；

寡妻妾三十亩，若为户者减丁之半。

凡田分为二等：一曰永业，一曰口分。丁之田，二为永业，八为口分。凡道士给田三十亩，女冠二十亩，僧、尼亦如之。凡官户受田减百姓口分之半。凡天下百姓给园宅地者，良口三人已下给一亩，三口加一亩；贱口五人给一亩，五口加一亩，其口分、永业不与焉。①

此外，唐令规定："诸以工商为业者，永业、口分田各减半给之。在狭乡者并不给。"②可见，丁男和十八岁以上的中男应授"百亩之田"，其中二十亩为永业田，八十亩为口分田。还有，给授百姓园宅，良口一家三口以下给一亩，如果六口，则为两亩；贱口一家五口给一亩，十口为两亩，不授永业、口分之田。③而对工商业者减半给授，在狭乡干脆不授，则直接反映了农耕社会对商业收入者少分田，以求财产公平，同时，也可见重农抑商已不仅仅是一种价值取向，而是一种落地生根的社会规则。在传统中国，之所以重农，乃是认为农为根本。之所以"抑商"，杜佑在《通典·食货四》中直揭其要："其工商虽有技巧之作，行贩之利，是皆浮食不敦其本，盖欲抑损之义也。"④但事实一如晁错上书所言，正好相反："今法律贱商人，商人已富贵矣；尊农夫，农夫已贫贱矣。故俗之所贵，主之所贱也；吏之所卑，法之所尊也。上下相反，好恶乖迕，而

---

① ［唐］李林甫等撰：《唐六典》，陈仲夫点校，中华书局1992年版，第74—75页。此外，《通典·食货二》《唐令拾遗·田令》中，都做了相同或相近的记载。
② 〔日〕仁井田陞：《唐令拾遗》，栗劲、霍存福等编译，长春出版社1998年版，第562页。
③ "良口"指广大的平民，包括士、农、工、商及僧尼等；"贱口"，也称"贱人"，包括部曲、奴婢、官户、工乐户、杂户和太常音声人等。
④ ［唐］杜佑：《通典》，王文锦等点校，中华书局1988年版，第69页。

欲国富法立,不可得也。"①

需要补充的相关律令,据《旧唐书·食货上》:"世业之田,身死则承户者便授之;口分,则收入官,更以给人。"②又,《唐令拾遗》:"黄、小、中、丁男女及老男、笃疾、废疾、寡妻妾当户者,各给永业田二十亩,口分田二十亩。"③再者,开元七年,开元二十五年令:"诸永业田皆传子孙,不在收授之限。即子孙犯除名者,所承之地亦不追。"④

其它来源。在庶民田地园宅的来源与构成方面,除了官府授田之外,还有买卖、承袭祖业的土地、赐田、请射和请田等方式,分述如下:

首先,买卖土地。如敦煌所出"出卖口分地契残片"

P.4017号

　　　　（前缺）
1 □□将□又口分地出
2 □与□□□□□
　　　　（中缺）
3 □□□□□□□□□
4 当房兄弟及别人□□
5 扰该论来者,一仰□
6 儿并伴觅上好地充替。
7 或有恩敕流行,亦不
8 在论理之限。两共对面
9 平章为定,更不许休
10 悔。如若先悔者,罚上马壹疋。

---

① ［汉］班固:《汉书》,中华书局 2012 年版,第 1039 页。
② ［后晋］刘昫等撰:《旧唐书》,中华书局 1975 年版,第 2088 页。
③ 〔日〕仁井田陞:《唐令拾遗》,栗劲、霍存福等编译,长春出版社 1998 年版,第 542 页。
④ 同上书,第 550 页。

11 恐人无信,故立此契,□

12 为后凭。①

从这件残契中,我们看到了出卖口分地的实例,以及在民间买卖的契约的大致样式。需要指出的是,买卖固然是庶民拥有土地的方式之一,这也是我们以敦煌土地交易契约进行研究的核心问题。但是,必须指出的是,即使买卖相对公平、公正,也不能由此说明中国整个封建社会的土地买卖导致的土地兼并是正当的、合理的。

其次,承袭祖业的土地是受保护的合法私有土地。这可从一件判词中得到间接的印证:大顺四年(893年)正月,瓜州营田使武安君呈状申诉其"父租(祖)田水"妄被通颊董悉请射时,官府非常明确的判定,"系是先祖产业,董悉卑户则不许入权且丞(承)种。"②

最后,土地还可以通过请射或请田获得。请射土地的类型包括:绝户地、不办承料户土地和官荒地。"请射田土与一般的请田稍有区别。一般的请田多不指明地段。而请射则须由申请者自行寻找可授之官荒田,而后向政府提出申请授予,犹如射箭中的一样。"③请射土地的方式,可举两件敦煌牒状予以佐证。

其一,唐咸通六年(865年)正月张祇三请地状

P.2222号背

1 敦煌乡百姓张祇三等 状

2 僧词荣等北富(府)鲍壁渠上口地六十亩。

---

① 唐耕耦、陆宏基编:《敦煌社会经济文献真迹释录》(第二辑),全国图书馆文献微缩复制中心1990年版,第17页。

② 转引自杨际平:"唐末宋初敦煌土地制度初探",《敦煌学辑刊》1988年第Z1期。

③ 杨际平:"唐末宋初敦煌土地制度初探",《敦煌学辑刊》1988年第Z1期。

3　右祇三等，司空准　敕矜判入乡管，未

4　请地水。其上件地主词荣口云，其地不办承料。

5　伏望

6　将军仁明监照，矜赐上件地，乞垂处分。

7　牒件状如前，谨牒。

8　咸通六年正月　日　百姓张祇三谨状①

这件文书讲，僧词荣等在北府鲍壁渠上有口分地六十亩，张祇三未请田地，听词荣说其地"不办承料"，故呈请地状请求赐予该地。所谓"不办承料"，就是不能承担土地上附著的税役。②

其二，戊戌年（878年）令狐安定请地状

S.3877号背

1　洪润乡百姓令狐安定。

2　右安定一户，兄弟二人，总受田拾伍亩，非常田少

3　窄窘。今又同乡女户阴什伍地壹拾伍亩，

4　先共安定同渠合宅，连畔耕种，其

5　地主今缘年来不办承料，恐后别

6　人搅扰，安定今欲请射此地。伏望

7　司空照察贫下，乞公凭。伏请　处分。

8　　　戊戌年正月　日令狐安定③

---

①　唐耕耦、陆宏基编：《敦煌社会经济文献真迹释录》（第二辑），全国图书馆文献微缩复制中心1990年版，第468页。

②　张小艳："'不办承料'辨正"，《文史》2013年第2辑。

③　唐耕耦、陆宏基编：《敦煌社会经济文献真迹释录》（第二辑），全国图书馆文献微缩复制中心1990年版，第469页。

令狐安定请射土地的理由,也是原地主同乡女户阴什伍"年来不办承料"。

"请田"之法,早已有之。秦始皇时就有大将王翦伐楚前的"多请田宅为子孙业以自坚"。①汉高祖时又有萧何的"为民请苑"。②虽然两者均是借"请田"的方式防止皇帝对自己的疑忌,但也间接证明了"请田"方式在秦汉时就已存在。

杨际平认为,"请田"与授田、赐田常是一个问题的两个方面。从官、民这一方面来说,曰"请";从政府方面来说,也就是"授田"或"赐田"。③国家之所以同意庶民请射绝户地、不办承料户田土和官荒地,一方面防止土地抛荒造成资源的浪费,更重要的是不致使国家的赋税落空。

(2)各级官员、封爵者、勋官给授的永业田。《唐六典·尚书户部》载:"凡官人受永业田:亲王一百顷,职事官正一品六十顷,郡王及职事官从一品五十顷,国公若职事官正二品四十顷,郡公若职事官从二品三十五顷,县公若职事官正三品二十五顷,职事官从三品二十顷,侯若职事官正四品十四顷,伯若职事官从四品十一顷,子若职事官正五品八顷,男若职事官从五品五顷;上柱国三十顷,柱国二十五顷,上护军二十顷,护军十五顷,上轻车都尉一十顷,轻车都尉七顷,上骑都尉六顷,骑都尉四顷,骁骑尉、飞骑尉各八十亩,云骑尉、武骑尉各六十亩。其散官五品已上同职事给。"④

---

① 《史记·白起王翦列传》:"王翦曰:'夫秦王怛而不信人。今空秦国甲士而专委于我,我不多请田宅为子孙业以自坚,顾令秦王坐而疑我邪?'"参见[汉]司马迁:《史记》,中华书局2009年版,第453页。

② 《汉书·萧何曹参列传》:"后何为民请曰:'长安地狭,上林中多空地,弃,愿令民得入田,毋收藁为兽食。'上大怒曰:'相国多受贾人财物,为请吾苑!'"参见[汉]班固:《汉书》,中华书局2012年版,第1764页。

③ 杨际平:"唐末宋初敦煌土地制度初探",《敦煌学辑刊》1988年第Z1期。

④ [唐]李林甫等撰:《唐六典》,陈仲夫点校,中华书局1992年版,第74—75页。

至此，可将庶民所谓的"百亩之田"与官员、封爵者的永业田做一简单比较，结论不难得出：

第一，不要说亲王、职事官正一品、郡王及职事官从一品、国公若职事官正二品、郡公若职事官从二品、县公若职事官正三品、职事官从三品、侯若职事官正四品、伯若职事官从四品、子若职事官正五品、男若职事官从五品，从总量上讲，分别是平民的 100 倍、60 倍、50 倍、40 倍、35 倍、25 倍、20 倍、14 倍、11 倍、8 倍和 5 倍，而作为勋官的上柱国也是平民的 30 倍。亲王的 100 顷是永业田，而民户的 100 亩即使足量给授，永业田也只有 20 亩，两相对比，亲王是民户永业田的 500 倍！即使最低阶的云骑尉、武骑尉，也各授永业田 60 亩，也是平民 20 亩永业田的三倍。两相比较，相差悬殊。可见，当时的土地制度，保护的是贵族特权阶层。

第二，更重要的是，根据唐代律令的规定，一方面，官人永业田一经给授，"皆传子孙，不在收授之限"，这实际上变成了"世袭罔替"的私有土地；另一方面，唐律还规定："其五品以上若勋官，永业地亦并听卖，"① 亦即官人出卖永业田不受限制。而庶民养家糊口的口分田则不准买卖，永业田也只有到了"身死家贫无以供葬者"才"听卖永业田"，② 两相比较，已经没有可比性，根本就不在一个起点上。

由此可见，所谓均田，实质是差序、等级占田制。所谓"均"，是同一层级的"均"，而非社会全体成员一律平均的"均"。

（3）公田。除了庶人、官人给授土地外，国家还要给授公田。包括职分田、公廨田、屯田、营田、驿田、军田，这又占去了土地总量中非常大的份额。

---

① ［唐］长孙无忌等：《唐律疏议》，刘俊文点校，法律出版社 1998 年版，第 264 页。
② ［日］仁井田陞：《唐令拾遗》，栗劲、霍存福等编译，长春出版社 1998 年版，第 560 页。

在此，照录职分田、公廨田和驿田依例占有田亩数。先看职分田：《唐六典·尚书户部》载："凡诸州及都护府官人职分田：二品一十二顷，三品、四品以二顷为差，五品至八品以一顷为差，九品二顷五十亩。镇、戍、关、津、岳、渎及在外监官：五品五顷，六品三顷五十亩，七品三顷，八品二顷，九品一顷五十亩。三卫中郎将、上府折冲都尉各六顷，中府、下府以五十亩为差，郎将各五顷；上府果毅都尉四顷，中府、下府以五十亩为差；上府长史、别将各三顷，中府、下府各二顷五十亩。亲王府典军五顷五十亩，副典军四顷。千牛备身、备身左右、太子千牛备身各三顷。诸军上折冲府兵曹各二顷，中府、下府各一顷五十亩。其外军校尉一顷二十亩，旅帅一顷，队正、副各八十亩。凡给职分田，若陆田限三月三十日，稻田限四月三十日，以前上者，并入后人；以后上者，入前人。其麦田以九月三十日为限。若应给职田无地可充者，率亩给粟二斗。"[1]

再看公廨田："凡天下诸州公廨田：大都督府四十顷，中都督府三十五顷，下都督、都护、上州各三十顷，中州二十顷；宫总监、下州各十五顷，上县十顷，中县八顷，中下县六顷，上牧监、上镇各五顷，下县及中牧、下牧、司竹监、中镇、诸军折冲府各四顷，诸冶监、诸仓监、下镇、上关各三顷，互市监、诸屯监、上戍、中关及津各二顷（津隶都水则不别给）。下关一顷五十亩；中戍、下戍、岳、渎各一顷。"[2]

对于驿田，也有明确规定："诸驿封田，皆随近给。每马一疋，给地四十亩。若驿侧牧田之处，疋各减五亩。其传送马，每疋给田二十亩。"[3]

简言之，疆土再辽阔，土地总量是确定的，也是有限的。一个亲王

---

[1] ［唐］李林甫等撰：《唐六典》，陈仲夫点校，中华书局1992年版，第75—76页。
[2] 同上书，第75页。
[3] 〔日〕仁井田陞：《唐令拾遗》，栗劲、霍存福等编译，长春出版社1998年版，第581页。

就拥有 10000 亩永业田，又有诸多亲王，① 以及各级官吏，还有诸多的公田给授，在这一背景下，给庶民授田不足，就成了必然的结果。事实上，具体现实是，"从寿昌乡退载簿上'登载的寿昌乡绝户中，可知全地段的有 25 户，受田面积最大者是王守志的一顷零 21 亩，最小者是王景娘的 12 亩，简单平均为 45.4 亩，加上地段记载不完备的六户，平均为 44.92 亩。'② 当然，"所'受'田土数额只是允许占田的最高限额，并非实授。不足者可以'请授'，超过者即'占田逾制'，国家要行使权力加以干预，进行'括田'。由于敦煌、吐鲁番地处唐朝边陲，从文书中还很少能看到高品官员的大数额占田，但史籍却不乏记载。"③

4. 均田制相关的租、庸、调

对均田制的全面认识和把握，还离不开考察在均田制基础上实施的租、庸、调法。《唐六典·尚书户部》载："凡赋役之制有四：一曰租，二曰调，二曰役，四曰杂徭。开元二十三年，敕以为天下无事，百姓徭役务从减省，遂减诸司色役一十二万二百九十四。课户每丁租粟二石；其调随乡土所产绫、绢、絁各二丈，布加五分之一，输绫、绢、者绵三两，输布者麻三斤，皆书印焉。凡丁岁役二旬，有闰之年加二日。无事则收其庸，每日三尺。布加五分之一。有事而加役者，旬有五日免其调，三旬则租、调俱免。"④ 由此可见，租：每丁每年向国家输粟二石。调：纳绢二丈、绵三两（或布二丈四尺、麻三斤）。庸：服役 20 日，称正役，不役者每日纳绢三尺（或布三尺六寸）。

---

① 以唐高祖所生"龙子"为例，共有 22 子，包括隐太子李建成，太宗（秦王）等皆为亲王。而玄宗有三十子，七子夭，也有二十三子，其永业田所占面积可想而知，这正应了《诗经·小雅》中的名句："溥天之下，莫非王土"。

② 〔日〕池田温："唐代敦煌均田制考察之———以天宝后期敦煌县田簿为中心"，池田温：《唐研究论文选集》，中国社会科学出版社 1999 年版，第 329 页。

③ 邓文宽："敦煌吐鲁番文书与唐代均田制研究"，《中国文化》1990 年第 2 期。

④ ［唐］李林甫等撰：《唐六典》，陈仲夫点校，中华书局 1992 年版，第 76 页。

根据《旧唐书·玄宗上》载：开元二十年，"其年户部计户七百八十六万一千二百三十六，口四千五百四十三万一千二百六十五。"① 至天宝十三年，据《旧唐书·玄宗下》载，全国有961.9254万户，其中，388.6540万户"不课"，530.1044万户"课"；人口5288.0488万人，其中，4521.8480万人"不课"，766.2800万人"课"。② 按此，在961万多户中，不课户、课户数总和为918.7584万户，与总户数相差43.167万户，大抵属于逃户。除逃户外，其中，不课户占总户数的42.3%，接近一半；而在5288万多的人口中，不课、课的人口总和为5288.128万人，超出总和792人，不知何故？其中，不课的人口占总人口的85.5%。而按照《通典·食货七》所载，"天宝十四年，全国有891.4790万户，人口5291.9390万人。应不课户356.5510万户，应课户534.9280万户。不课口4470.0988万人，课口820.8321万人。"③ 按此，在891万多户中，应课户、不课户总和与总户数相符。其中，不课户占总户数的39.9%；而在5291万多人中，不课的人口占总人口的84.46%。通过这一组数量的对比，隐藏其中的问题就凸显出来。法国年鉴学派代表人物费尔南·布罗代尔（Fernand Braudel，1902年—1985年）指出："数量是说明物质生活的正常理由之一，或更确切地说，是物质生活的应力和常数之一。"④

5. 小结

其一，大约15%的人承担了100%的赋役，赋役之重，重不堪负。而这15%的人户，应当是广大的庶民。据《旧唐书·杨炎传》载："凡富人多丁者，率为官为僧，以色役免；贫人无所入则丁存。故课免于上，

---

① ［后晋］刘昫等撰：《旧唐书》，中华书局1975年版，第199页。
② 参见［后晋］刘昫等撰：《旧唐书》，中华书局1975年版，第229页。
③ 参见［唐］杜佑：《通典》，王文锦等点校，中华书局1988年版，第153页。
④ ［法］费尔南·布罗代尔：《15至18世纪的物质文明、经济和资本主义》第一卷，《日常生活的结构：可能和不可能》，顾良、施康强译，生活·读书·新知三联书店2002年版，第117页。

而赋增于下。是以天下残瘁,荡为浮人,乡居地著者百不四五,如是者殆三十年。"①

其二,由于赋役的不堪重负,产生大量逃户。据《通典·食货七》"历代盛衰户口"中记载,开元"八年,天下户口逃亡,色役伪滥,朝廷深以为患。"②据《新唐书·食货二》记载:"租庸调之法,以人丁为本。自开元以后,天下户籍久不更新造,丁户转死,田亩卖易,贫富升降不实。其后国家侈费无节,而大盗起,兵兴,财用益屈,而租庸调法弊坏。"③贞元七年,陆贽上疏唐德宗,有著名的六论,在其六中,直陈其弊:"百亩之地,号曰一夫,盖以一夫授田,不得过于百亩也。……今制度弛紊,疆理隳坏,恣人相吞,无复畔限。富者兼地数万亩,贫者无容足之居,依托强家,以为私属,贷其种食,赁其田庐,终年服劳,无日休息,罄输所假,常患不充。有田之家,坐食租税,贫富悬绝,乃至于斯。"④其时,时任库部员外郎的李渤(772年—831年)也上疏力陈"均摊逃户"之弊:"窃知渭南县长源乡本有四百户,今才一百余户;阌乡县本有三千户,今才有一千户。其他州县大约相似。访寻积弊,始自均摊逃户。凡十家之内,大半逃亡,亦须五家摊税。似投石井中,非到底不止。摊逃之弊,苛虐如斯,此皆聚敛之臣剥下媚上,唯思竭泽,不虑无鱼。乞降诏书,绝摊逃之弊。"⑤而均摊逃户之税,又加剧了未逃户的贫困和重负,从而形成恶性循环。中唐以后,土地兼并严重,许多逃亡的民户成为地主的佃户。

---

① [后晋]刘昫等撰:《旧唐书》,中华书局1975年版,第3421页。
② [唐]杜佑:《通典》,王文锦等点校,中华书局1988年版,第150页。可资佐证的还有《旧唐书·食货上》所载史实:"开元中,有御史宇文融献策,括籍外剩田:色役伪滥,及逃户许归首,免五年征赋。每丁量税一千五百钱,置摄御史,分路检括隐审。得户八十余万,田亦称是,得钱数百万贯。"
③ [宋]欧阳修、宋祁等:《新唐书》,中华书局1975年版,第1351页。
④ [唐]陆贽:《陆贽集》下,中华书局2006年版,第768页。
⑤ [后晋]刘昫等撰:《旧唐书》,中华书局1975年版,第4438页。

其时，唐德宗时期的贤相杨炎（727年—781年）也直言当时的实情与积弊："丁口转死，非旧名矣；田亩移换，非旧额矣；贫富升降，非旧第矣。户部徒以空文总其故书，盖得非当时之实。……天下之人苦而无告，则租庸之法弊久矣。"① 因此，他"恳言其弊，乃请作两税法。……德宗善而行之，诏谕中外"。② 租、庸、调废而行两税法，均田制由此也被废止。

其三，根据《旧唐书·食货上》记载："大历四年正月十八日，敕有司：'定天下百姓及王公已下每年税钱，分为九等：上上户四千文，上中户三千五百文，上下户三千文。中上户二千五百文，中中户二千文，中下户一千五百文。下上户一千文，下中户七百文，下下户五百文。其见官，一品准上上户，九品准下下户，余品并准依此户等税。'"③ 问题是，"唐开元、天宝年间，就全国而言，九等户（下下户）占绝大多数，八等户（下中户）也有相当比例，七等以上户比例很小。"④ 也就是说，授田很少、承担税钱的主体依然是八、九等户的贫困百姓。

二、思想渊源与均田制的本质

（一）"丁男受田百亩"的儒家理想

早在战国时期，儒家亚圣孟子（约前372年—前289年）就曾勾画了早期农耕社会的理想图景："五亩之宅，树之以桑，五十者可以衣帛矣。鸡豚狗彘之畜，无失其时，七十者可以食肉矣。百亩之田，勿夺其时，数口之家可以无饥矣。谨庠序之教，申之以孝悌之义，颁白者不负戴于

---

① ［后晋］刘昫等撰：《旧唐书》，中华书局1975年版，第3420—3421页。
② 同上书，第3421—3422页。
③ 同上书，第2091—2092页。
④ 郑学檬：《中国赋役制度史》，上海人民出版社2000年版，第182页。

道路矣。"①在孟子的三次复述中，②衣、食、教（孝悌），则是它认为可以实现仁政、天下归服的三项具体举措，而"五亩之宅"，其功用的重心似不在筑庐，即不在"住"，而在于种桑养蚕、豢养鸡豚狗彘。而更重要的是"百亩之田"，其功用十分明确："必使仰足以事父母，俯足以畜妻子，乐岁终身饱，凶年免于死亡"。孟子进而将他对"宅亩"的勾画标举为"制民之产"，从而引出"若民，则无恒产，因无恒心"③的千古名论。其实，孟子所言的"百亩之田"仅仅是实现"乐岁终饱"的基本条件，只有"易其田畴，薄其税敛"，才有望实现"民可使富也"④的理想。

更进一步，荀子将孟子的"衣、食、教"三项具体举措归结为两端："不富无以养民情，不教无以理民性"："故家五亩宅，百亩田，务其业，而勿夺其时，所以富之也。立大学，设庠序，修六礼，明七教，所以道之也。"⑤事实上，在战国时期，不只儒家孟、荀力倡这一可使"王事具矣"的思想，法家代表人物之一的李悝，在为魏文侯作尽地力之教时亦言"今一夫挟五口，治田百亩"。⑥但问题是，擘画并不等于现实，即使在疆土辽阔的国度，由于特权阶层的大量存在，授丁男"百亩之田"也还是一种很难落实的治国理想。

有意思的是，战国时期孟子擘画的理想图景，在唐令中依然作出了"树之以桑"的规定："永业之田，树之以桑、榆、枣及所宜之木。"或规定得很细，有具体数目、年限的要求："诸户内永业田，每亩课种桑五十根以上，榆、枣各十根以上，三年种毕。乡土不宜者，任以所宜树充。"⑦

---

① 《孟子·梁惠王上》。
② 孟子此论在《孟子》中出现三次，两次在《孟子·梁惠王上》中，内容基本相同，第三次是在《孟子·尽心上》中。
③ 《孟子·梁惠王上》。
④ 《孟子·尽心上》。
⑤ 《荀子·大略》。
⑥ ［汉］班固：《汉书》，中华书局2012年版，第1032页。
⑦ 〔日〕仁井田陞：《唐令拾遗》，栗劲、霍存福等编译，长春出版社1998年版，第551页。

由此看来,刻板、画一也是"古已有之"了。

因此,以儒家思想为背景的唐令规定丁男、中男应授田百亩,其思想渊源确实可追溯到孟、荀,其源可谓远矣。问题是追慕圣哲,其情可鉴,然时移世易,其法难施。中古时代的唐朝,已非战国时代可以相比,"百亩之田",实际上也就成了一种无法兑现的理想"标签"。

需要指出的是,土地是农民的命根子,在"民以食为天"的中国尤其如此。因此,人们常说中国问题的"实质"是农民问题,而农民问题的"实质"是土地问题。[①]此说不无道理。事实上,无论将土地配置作为一国长治久安的核心问题,还是将土地配置作为一种改朝换代的主张与口号,土地问题始终是中国这个以农耕文明为主导的国度的首要问题。无论是西汉政治家晁错的削藩减地,还是北宋改革家王安石的抑制豪强,一直到太平天国的"天朝田亩制度"提出的"凡天下田,天下人同耕",以及中国近代民主先驱孙中山作为旧三民主义中民生主义核心的"平均土地",或者是新三民主义的"耕者有其田",乃至中国共产党早期在苏区提出的"打土豪、分田地",都直指土地配置问题。因此,土地配置问题是一个天大的问题。

(二)均田制的本质

通过以上史料和分析,我们清晰地看到真实的均田制,这就是特权凸显、等差有序、阶层分明的等级占田制,上引陆贽的上疏,已直击问题的本质。马克思指出:"差别、分裂是个人生存的基础,这就是等级所具有的意义。个人的生活方式、个人的活动性质等等,不但不使个人成为社会的一个成员、社会的一种机能,反而使他成为社会的例外,变成了他的特权。这种区别不只是个人的,而且凝结为一种特定的共同体,即

[①] 秦晖:"土地·公平·效率",《中国土地》1998年第1期。

等级……等级不仅建立在社会的内部分裂这一当代的主导规律上,而且还使人脱离自己的普遍本质,把人变成直接受本身的规定性所摆布的动物。"① 用马克思的等级把人变成直接受特权摆布的动物这一观点来检视均田制,又何其深刻。事实上,在良、贱身份的等级中,《唐律疏议·名例律》明确规定:"奴婢贱人,律比畜产"。② 在号称强大富庶的大唐,贱人皆不称人,竟是家畜一样的动物,而这,才是真实的史实。

而一整套的儒家之"礼",其核心强调的"等差"和"别异",是等级制的产物,使等差占田制正当化,并以国家的名义颁行的法律使之合法化。由此,这种被正当化、合法化了的特权无处不在。对此,金耀基就认为:"自汉之后,帝国的制度结构与儒家思想结合,儒家的一套规范理论不仅关系到帝国的君主制的'正当性',并且渗透到国家与社会各个制度领域,……这是因为儒家成为帝国的意识形态了。"③

层层叠叠、背负在庶民身上深重的特权阶层、庞大的国家机器所需的赋税,④ 皆从地出,但从地的来源与构成来看,特权阶层对土地的占有与庶民有天壤之别。这让我们从一个侧面看到了什么叫"封建"⑤ 及其等

---

① 《马克思恩格斯全集》(第一卷),人民出版社 1956 年版,第 346 页。
② [唐]长孙无忌等:《唐律疏议》,刘俊文点校,法律出版社 1998 年版,第 143 页。
③ 金耀基:《中国文明的现代转型》,广东人民出版社 2016 年版,第 65 页。
④ 《通典·赋税上》:"税以供郊庙社稷、天子奉养、百官禄食也,赋以给车马甲兵士徒赐予也。"
⑤ "封建"一词,含义繁复,概念被泛化。冯天瑜认为,"封建"的古义是封土建国、封爵建藩。周初的"封而且建",是"封建"本义,此为狭义封建;后世的"建而不封"、"封而不建",则属广义封建。"封建泛义(土地可以买卖的地主经济、中央集权的专制君主政治)不仅与本义(土地由封赐而来,不得转让买卖,政权分散,诸侯林立)脱钩,而且与本义指示的方向相异背;封建泛义又与相对译的英语词 feudalism 西义(封土封臣、采邑领主、人身依附、超经济剥夺)大异其趣。"初唐太宗就"复封建"廷议群臣,李百药、颜师古主张"虚封",认为无定主的郡县制才能确保朝廷安泰。在冯天瑜看来,"秦至清的两千余年,政制的主位是郡县制,封建制不过是辅助性的偏师,郡县制与封建制两者均归于专制君主中央集权政治的总流之下。"参见冯天瑜:《"封建"考论》,武汉大学出版社 2006 年版,第 93、6—7、60、94 页。从均田制的实际情形看,唐代政制,应当是封建泛义和本义的杂糅。

级差别。于是,豪强的土地兼并,就成了必然。① 许倬云在研究汉代"土地成了被追逐的财富"时讲,权贵、富豪们"取得土地可以是通过购买,也可以是通过其他手段,如通过统治者的赏赐,或者通过自身的影响力为普通人提供避税保护,从而控制他们的财产。"② 其实,这种现象历代如此,往复循环而已。韩国磐说:"正由于土地买卖的现象经常出现,因而土地集中于富强者手中也周期性地循环不已。"③ 到最后,出现了董仲舒(前179年—前104年)言说秦国的"富者田连阡陌,贫者无立锥之地"④ 的强烈对比与两极分化。被逼得走投无路的农民再度揭竿而起,也成了必然。究竟而言,由于"人类世界是个分等级的不平等的世界。正是这些不平等、不公正和大大小小的矛盾推动着世界,不断改造着世界上的上层结构。"⑤ 问题是,改朝换代之后,等级与特权再度上演和再度循环。因此,需要深思的不是这种循环现象本身,而是什么东西引发了这走不出的宿命般的循环?

那么,一个起点不公平的土地交易,是否可以通过过程的公正,以及通过局部规则的公正而有所改变呢?这一富有意味的命题,正是我们继续深入研究敦煌写本所见土地交易的内在动因之一。

---

① 黄宗羲曾一语中的地指出:"封建之弊,强弱吞并,天子之政教有所不加。"参见《黄宗羲全集》(第一卷),浙江古籍出版社1985年版,第419页。
② 〔美〕许倬云:《汉代农业》,程农、张鸣译,江苏人民出版社2012年版,第42页。
③ 韩国磐:《北朝隋唐的均田制度》,上海人民出版社1984年版,"前言"第2页。
④ 〔汉〕班固:《汉书》,中华书局2012年版,第1043页。
⑤ 〔法〕费尔南·布罗代尔:《15至18世纪的物质文明、经济和资本主义》第一卷,《日常生活的结构:可能和不可能》,顾良、施康强译,生活·读书·新知三联书店2002年版,第669页。

第四章 唐代土地交易的实体规范与程序控制

中国唐代对土地交易在实体法律规范与程序方面都做了规定,这是我们考察、研究民间土地交易契约的合法性背景。如果说,实体法律规范确立了许可、禁止以及违法应受惩罚的依据和标准,那么,程序性规范则是保障交易安全、对接民间惯例、实现过程相对公平的步骤与方式。

一、唐代土地交易的实体法律规范

土地的重要性,可借用唐德宗时的名相杨炎论财赋的一句话来概括,乃"邦国之大本,生人之喉命"。① 杜佑(735年—812年)在其《通典·食货一》中认为:"夫春秋之义,诸侯不得专封,大夫不得专地。若使豪人占田过制,富等公侯,是专封也;卖买由己,是专地也。"② 因此,历代统治者都极其重视土地交易的相关制度,唐代也不例外。事实上,陈陈相因,严格清晰,被视为中华法系经典之作的《唐律疏议》及其相关律令,对土地、园宅买卖做了全面规定。

唐代的法律形式主要有四种,即律、令、格、式。《唐六典》"尚书刑部卷第六"中,对这四种形式进行了规范界定:"凡律以正刑定罪,令

---

① [后晋]刘昫等撰:《旧唐书》,中华书局1975年版,第3420页。
② [唐]杜佑:《通典》,王文锦等点校,中华书局1988年版,第3页。

以设范立制,格以禁违正邪,式以轨物程事。"① 也就是说,律是规定罪名和刑罚的,是定罪量刑的依据;令是关于官制、礼制、田制、兵制、赋役等制度和规章的条文,违令将受到"律"的制裁;格是皇帝发布的制、敕的汇编,具体内容是有关尚书省各部职掌的具体规定,用来防止奸邪;式是有关各级官府施政的各种章程细则。这四者之间,相互配合,相辅相成,组成一个严密的法律体系,共同完成维护国家统治秩序的任务。②据楼劲考证分析,《律》《令》《格》《式》的立法体系形成于唐永徽二年(651年)。这一立法体系包括《律》十二卷,《令》三十卷,《式》四十卷,以及在《贞观格》基础上调整而来的《留司格》和《散颁格》。③

此外,还有律疏,是对律的解释,和律一样具有法律效力。④ 在唐代,往往以律为主,以令为辅,共同构成了唐代土地交易的实体规范。

(一)有关土地、园宅的禁止性规定及刑罚

1. 占田过限

《唐律疏议·户婚律》"诸占田过限"条规定:"诸占田过限者,一亩笞十,十亩加一等;过杖六十,二十亩加一等,罪止徒一年。若于宽闲之处者,不坐。"[疏]议曰:"王者制法,农田百亩,其官人永业准品,及老、小、寡妻受田各有等级,非宽闲之乡不得限外更占。若占田过限者,一亩笞十,十亩加一等;过杖六十,二十亩加一等,一顷五十一亩罪

---

① [唐]李林甫等撰:《唐六典》,陈仲夫点校,中华书局1992年版,第185页。
② 曾宪义主编:《中国法制史》,中国人民大学出版社2013年版,第112页。
③ 楼劲:《魏晋南北朝隋唐立法与法律体系:敕例、法典与唐法系源流》(下),中国社会科学出版社2014年版,第415—416页。
④ 以上这些法律文书,只有唐律和律疏完整保存至今,令、格、式都在宋以后散失了,保存在《唐律疏议》《唐六典》《通典》《唐会要》等书中的令、格、式,多非原貌,而敦煌文献中保存的写本律、令、格、式残卷,为了解唐代法律文书的真实面貌提供了珍贵资料。参见郝春文主编:《敦煌学概论》,高等教育出版社2010年版,第233页。

止徒一年。又，依令：'受田悉足者为宽乡，不足者为狭乡。'若占于宽闲之处不坐，谓计口受足以外，仍有剩田，务从垦辟，庶尽地利，故所占虽多，律不与罪。仍须申牒立案，不申请而占者，从'应言上不言上'之罪。"①

虽然，唐律规定"农田百亩，其官人永业准品，及老、小、寡妻受田各有等级"，但从敦煌吐鲁番所出的手实、户籍、欠田簿、授田簿、请田牒中，实际上授田普遍不足。根据韩国磐从敦煌户籍残卷中梳理的数据，节录授田情况，②并加添、标注年代如下：

表2 唐代敦煌地区授田对照节录表

年代	户主姓名	应受田亩数	已受田亩数					未受田亩数
			总数	口分	永业	园宅	勋田、买田	
大足元年（701年）	邯寿寿	131	44	23	20	1		87
	张玄均	231	75	35	40			156
开元二年（714年）	阙名	101	36	16	20			65
开元四年（716年）	杨法子	131	15		14	1		116
	董思勖	131	28	8	20			103
	杜客生	201	40		39	1		161（原缺）
开元十年（722年）	赵玄义	52	11		11			41
	曹仁备	3182	63	22	40			3119
	女伏力	201	20		20			181
天宝三年（744年）	张奴奴	82	22		20	2		60

---

① ［唐］长孙无忌等：《唐律疏议》，刘俊文点校，法律出版社1998年版，第266页。
② 根据敦煌户籍残卷中各户授田情况，列表详细加以统计和对比，其结论是，"益见均田制中所规定的应受田数，应为受田的最高额，不到此最高额者，实为普遍现象。不过，受田不足，不等于没有实行均田制，受田不足和没有均田制是两回事，不能混为一谈。"参见韩国磐：《北朝隋唐的均田制度》，上海人民出版社1984年版，第209—212页。

续表

天宝六年（747年）	卑德意	162(原缺)	43	3亩口分，余缺	20		5（勋田，见于地段中）	119
	郑恩养	234	101	47	40	2	12（买田）	133
大历四年（769年）	索恩礼	6153	243	167	40	3	19（勋田）14（买田）	5910
	安大忠	101	38	12	20	1		68

从上表中可见：一是连地处边陲的敦煌，也有如此详实的记载，证明唐代确实实行过均田制，毫无疑义。二是均田制下，普遍授田不足。三是即使在同一年代，应受田数一样，均为应受田数131亩的杨法子、董思勋，在口分、永业和园宅的授田上，也不一样，说明具体情况千差万别。四是未受田数的缺口，都很大。五是偶见买田登入籍账，证明土地买卖的数量并不是很多，这与发现的土地交易契约数不多，能够相互印证，因此，土地买卖不像借贷契约那么普遍。六是勋田没有我们想象的那么多，而曹仁备、索恩礼，即使应受田数分别为3182亩、6153亩，也仅仅是个数字而已，实际授田仅为63亩和243亩，分别相差3119亩和5910亩，应受与实受二者相差甚巨。

由此可见，唐律规定的等级占田制，比如"农田百亩"，仅仅是一个最高限额的数字。这一数字存在的意义，与其说是一种无法完全兑现的国家承诺，毋宁说，它是为了防止超过这一最高限额从而导致"占田过制"现象发生的限制性规定，而不是必须足额给授的国家义务。可见，"农田百亩"等各有等级的规定，是一个国家允许庶民、官人最高占田数，超过这一限额，就要承担"一亩笞十，十亩加一等"等相应的刑罚，最高刑罚为"徒一年"。而例外是，如果占有了剩田，则不治罪，但是必须"申牒立案"，否则以"应言上不言上"之罪处罚。

2. 盗贸、盗卖公私田

《唐律疏议·户婚律》"妄认盗卖公私田"条规定："诸妄认公私田，若盗贸卖者，一亩以下笞五十，五亩加一等；过杖一百，十亩加一等，罪止徒二年。"[疏]议曰："妄认公私之田，称为己地，若私窃贸易，或盗卖与人者，'一亩以下笞五十，五亩加一等'，二十五亩有余，杖一百。'过杖一百，十亩加一等'，五十五亩有余，罪止徒二年。贼盗律云：'阑圈之属，须绝离常处；器物之属，须移徙其地。'虽有盗名，立法须为定例。地既不离常处，理与财物有殊，故不计赃为罪，亦无除、免、倍赃之例。妄认者，谓经理已得；若未得者，准妄认奴婢、财物之类未得法科之。盗贸易者，须易讫。盗卖者，须卖了。依令：'田无文牒，辄买卖者，财没不追，苗子及买地之财并入地主。'"①

此条涉及一种犯罪行为的两个环节，即将自己没有所有权的公私之田盗贸和盗卖的行为，它在行为上须以既遂为要件："盗贸者，须易讫。盗卖者，须卖了"。霍存福认为，前者是指"以物易物"，而后者是指"用货币支付"。②何谓盗贸、盗卖有不同的理解，钱大群认为，此处的"贸"，意为"贸易，交换"，译作"非法调换"。③对照敦煌所出田宅交易契约可见，实指博换的情形，只不过，此处"盗贸"的前提应是"妄认公私田"，而博换，如果为合法所有，则不以盗贸论。对"依令"之文，后论。

3. 在官侵夺私田

《唐律疏议·户婚律》"诸在官侵夺私田"条规定："诸在官侵夺私田者，一亩以下杖六十，三亩加一等；过杖一百，五亩加一等，罪止徒二年半。园圃，加一等。[疏]议曰："律称'在官'，即是居官挟势。侵夺

---

① [唐]长孙无忌等：《唐律疏议》，刘俊文点校，法律出版社1998年版，第267—268页。
② 霍存福："再论中国古代契约与国家法的关系——以唐代田宅、奴婢买卖契约为中心"，《法制与社会发展》2006年第6期。
③ 钱大群：《唐律疏议新注》，南京师范大学出版社2007年版，第417、416页。

百姓私田者,'一亩以下杖六十,三亩加一等',十二亩有余,杖一百。'过杖一百,五亩加一等',三十二亩有余,罪止徒二年半。'园圃',谓莳果实、种菜蔬之所而有篱院者,以其沃墝不类,故加一等。若侵夺地及园圃,罪名不等,亦准并满之法。或将职分官田贸易私家之地,科断之法,一准上条'贸易'为罪,若得私家陪贴财物,自依'监主诈欺'。其官人两相侵者,同百姓例。即在官时侵夺、贸易等,去官事发,科罪并准初犯之时。"①

该条规定甚好,字不多,容量大,可一窥唐代的立法水准。一是好在以入罪入刑的方式防止"在官"(居官挟势)侵夺百姓私田。二是立法用语精准,如对"在官"、"园圃"的解释言简意赅而无歧义。三是侵夺私田即园圃,不论肥瘠,从严从重处断。四是若将职分官田贸易私家之地,按照"盗贸"之罪科断,若同时获得私家陪贴财物,还要按"监主诈欺"量科。五是如果两个官人相侵,按照侵夺百姓私田一样处断。六是在官时侵夺、盗贸未被发现,离任后案发的,定罪量刑按照刚发现的犯罪一样对待。

4. 出卖口分田

《唐律疏议·户婚律》"诸卖口分田条"明确规定:"诸卖口分田者,一亩笞十,二十亩加一等,罪止杖一百。地还本主,财没不追。即应合卖者,不用此律。"[疏]议曰:"'口分田',谓计口受之,非永业及居住园宅。辄卖者,礼云'田里不鬻',谓受之于公,不得私自鬻卖,违者一亩笞十,二十亩加一等,罪止杖一百。卖一顷八十一亩即为罪止。地还本主,财没不追。"②

这一规定,实际上还有后半部分"即应合卖者,不用此律",即可以

---

① [唐]长孙无忌等:《唐律疏议》,刘俊文点校,法律出版社1998年版,第268—269页。
② 同上书,第263—264页。

出卖口分田的例外规定,后论。在这一规定中,疏议界分了何谓"口分"以及"辄卖",并以礼为准进行了解释。而在禁卖口分田的刑罚中,最高刑罚为"杖一百"。同时,附加"地还本主,财没不追"。就该罪的最高刑罚而论,与前三个罪名相比是最轻的:"在官侵夺私田"最重,最高徒二年半。侵夺他人园圃者,还要加一等,即徒三年。次者,盗贸、盗卖公私田者,徒二年,而"占田过限"者徒一年。由此可见,侵夺、盗卖刑重,而占田过限与出卖口分田较轻。其中的道理,固然与事理本身有关,即在官侵夺,以及盗贸、盗卖起码表面上看起来似乎要比占田过限、出卖口分田性质更为恶劣,但是,深层考量,后两者不经意间为土地兼并打开了方便之门,其后果实际上要比前两者为害尤烈,不仅动摇、终致毁坏了均田制的根基,而且加剧了一个王朝走向衰亡。但立法如此,当是立法者有意为之。或者说,是皇权与士族、绅士集团的相互妥协的结果。对此,著名史学家吴晗(1909年—1969年)曾说:"士族都是大地主,大庄园的占有者。大量土地的取得手段是兼并,官僚资本转变为土地资本。更重要的方式是无条件的占领,非私人的产业如山林湖沼,豪强的绅士径自强占,据为己有,这情形到处都是,皇权被损害了,严立法禁,不许绅士强占,可是绅士集团不理会,政府没办法,妥协了,采分赃精神,依官品立格,准许绅士有权按照官品高下封山占水。"① 这也符合立法是各阶层力量对比与相互妥协而达成的结果的一般原理。因此,金观涛讲:"土地兼并之所以不可能克服,正因为它是社会结构功能自身创造出来的。"② 而这一规定,起码从立法上,在严立法禁的姿态上,还是一副不愿妥协的样子,但在具体实施中,应当又是另一种样态,亦即吞并土地,各有手法。下面的诏书概括的史实,足以说明问题:

---

① 吴晗:"再论绅权",《皇权与绅权》,岳麓书社2012年版,第52页。
② 金观涛:《历史的巨镜》,法律出版社2015年版,第222页。

天宝十一载十一月乙丑诏曰：

"王公百官及富豪之家，比置庄田，恣行吞并，莫惧章程。借荒者皆有熟田，因之侵夺；置牧者唯指山谷，不限多少。爰及口分、永业，违法买卖，或改籍书，或云典贴，致令百姓无处安置。乃别停客户，使其佃食。既夺居人之业，实生浮惰之端。远近皆然，因循亦久。"①

在这一诏书中，我们得以一窥违法买卖土地的一些手法，如"改籍书"、"云典贴"等，而这种手法竟然"远近皆然，因循亦久"。安史之乱后，土地兼并愈烈，百姓逃散。《唐会要》卷八十五"逃户"载：宝应元年（762年）四月，先颁敕一："近日以来，百姓逃散，至于户口，十不半存。"再颁敕二："百姓田地，比者多被殷富之家、官吏吞并，所以逃散，莫不由兹。宜委县令，切加禁止。若界内自有违犯，当倍科责。"②一月连颁两敕，足见情形之急。但其时政治衰微，法令弛坏，兼并之弊由来已久，岂是皇帝的一二道敕令所能挽救？事实上，此敕语句口气也很不自信，充满颓气与无力之感。

再说"地还本主，财没不追"。有这八个字的规定，则该规定是双向规制，亦即对出卖口分田这一违法行为，既追究出卖人的刑事责任，同时也让买受人承担财产损失的民事责任，并将二者合二为一规定在同一法条中。也就是说，通过刑罚惩罚出卖人，同时让买受人遭受财产损失，以此阻断出卖口分田的违法行为。对此，霍存福认为，"这样的行为，自不管其双方当事人是否立有契约，因其行为的违法（或犯罪）性质，已不入正常契约行为范畴，法律是将其作为违法的契约对待的，因而可以

---

① 《册府元龟·田制》。
② ［宋］王溥：《唐会要》，上海古籍出版社2006年版，第1855页。

理解为自始无效。"① 此论甚切。

但是，在这八个字的规定中，"地还本主"，自然是要把买入的土地归还原主，没有疑义。而对"财没不追"中的"没"字如何理解，学界聚讼不已。究竟是指买田价款"没官"，② 还是卖方保留购田价款、买方丧失田款追索权"？③ 如果属于前者，为何不直接规定"财没官府"？但是，如果属于后者，在非常注重情、理、法三者融为一体的古代中国，于情、于理、于法不合。于法而言，因双方的交易违法而归于无效，应将土地归还本主，是有法理基础的。但是，将买受人的购田价款留给涉嫌犯罪之人，这是在鼓励、奖赏犯罪，于法不通。于理而言，一个违反国家法律、应承担刑事责任的犯罪者，他出卖口分田最严重的后果是"杖一百"，由此，他既没有失去土地，还"赚"了一笔土地的价款，天下哪有这个道理？于情而言，在重农、重田土的古代，在"田里不鬻"的观念下，大多出卖土地者，不是贫困到了非卖不可的地步是不会卖地的。换句话说，若作此解，那么，挣扎在生死线上的庶民就会铤而走险，明智犯罪而为之，两害相权取其轻，这明显与承担杖刑的犯罪后果是相悖的。更重要的是，买田者明知土地交易行为违法，不仅得不到土地，还要损失一笔购田价款，但他还要去签约交易，也不合一般常情。一言以蔽之，此解不通。

因此，就二者所论而言，我们倾向于"没官"。理据有二，一是持此说的学者已有的论证；二是与情、理、法三者相洽；三是被人忽略的史料佐证，如《新唐书·食货一》载："永徽中禁买卖世业、口分田。其后

---

① 霍存福："再论中国古代契约与国家法的关系——以唐代田宅、奴婢买卖契约为中心"，《法制与社会发展》2006 年第 6 期。
② 如，钱大群将"财没不追"译为"买田之资财没官，不再返还"。参见钱大群：《唐律疏议新注》，南京师范大学出版社 2007 年版，第 411 页。
③ 赵晶在"唐代律令用语的规范内涵——以'财没不追,地还本主'为考察对象"（载《政法论坛》2011 年第 6 期）一文中梳理了诸家观点：曹漫之、童丕、渡边信一郎、钱大群、韩森、戴炎辉等学者在其相关论著中持"没官"说；而滋贺秀三、刘俊文、霍存福等持"留给卖主"说。

豪富兼并,贫者失业,于是诏买者还地而罚之。"① 这里的"诏买者还地而罚之",显然是指将地归还本主,旨在让贫者不失业,同时保证税赋;而"罚之",则应是将买者的购田价款罚而"没官"。

(二)许可土地、园宅买卖的规定

1. 庶人永业田、口分田、赐田许卖

(1)如上已述,《唐律疏议·户婚律》"诸卖口分田条",在作了禁止规定后,接着规定了"即应合卖者,不用此律"。[疏]议曰:"谓永业田家贫卖供葬,及口分田卖充宅及碾硙、邸店之类,狭乡乐迁就宽乡者,准令并许卖之。其赐田欲卖者,亦不在禁限。……故云'不用此律'。"②

(2)武德七年(624年)《田令》:"诸庶人徙乡及贫无以葬者,得卖世业田。自狭乡而徙宽乡者,得并卖口分田。"③《新唐书·食货一》载述的是武德七年的《田令》:"凡庶人徙乡及贫无以葬者,得卖世业田。自狭乡而徙宽乡者,得并卖口分田。已卖者,不复授。死者收之,以授无田者。凡收授皆以岁十月。"④

(3)开元二十五年(737年)《田令》:"诸庶人有身死家贫无以供葬者,听卖永业田,即流移者亦如之。乐迁就宽乡者,并听卖口分(卖充住宅、邸店、碾硙者,虽非乐迁,亦听私卖)。"⑤ 此条与《通典·食货二》所载完全内容相同。

(4)开元二十五年(737年)《田令》:"诸买地者,不得过本制。虽居狭乡,亦听依宽制。其卖者不得更请。"⑥ 此条与《通典·食货二》所载

---

① [宋]欧阳修、宋祁等:《新唐书》,中华书局1975年版,第1345页。
② [唐]长孙无忌等:《唐律疏议》,刘俊文点校,法律出版社1998年版,第263—264页。
③ 〔日〕仁井田陞:《唐令拾遗》,栗劲、霍存福等编译,长春出版社1998年版,第560页。
④ [宋]欧阳修、宋祁等:《新唐书》,中华书局1975年版,第1342页。
⑤ 〔日〕仁井田陞:《唐令拾遗》,栗劲、霍存福等编译,长春出版社1998年版,第560页。
⑥ 同上书,第561页。

内容完全相同。

综上,唐代律令准许出卖"永业田"的法定情形可归纳为三:一是"家贫卖供葬";二是"徙乡";三是"流移者"。

就准许出卖"永业田"的法定情形而言,先有规定,并且一直不改的规定是"家贫卖供葬",而"徙乡"是武德令新增的,此即开元令中的"流移者",霍存福将之释义为"因犯罪而被流放及移乡之人",[①]则是新增的情形,应包括了"徙乡"的情形。在一件河西归义军左马步押衙王文通及有关文书(P.3257号)中,寡妇阿龙之子索义成因犯罪被流放瓜州,应属"流移者",阿龙因此出卖了10亩口分田,注意,并不是田令中准许买卖的永业田。她还在后来的索义成土地返还纠纷案中,如实向归义军府衙陈说此事,但并没有看到依律追究阿龙和买受人索流住相应的法律责任。

唐代律令准许出卖"口分田"的法定情形有二:一是"自狭乡而徙宽乡者",或者"狭乡乐迁就宽乡者";二是"卖充住宅、邸店、碾硙者"。

将永业田和口分田两相对照,准卖口分田中的"自狭乡而徙宽乡者",与准卖永业田中的"徙乡"相近,但不相同。"徙乡",只要是离开原住地而迁徙他乡者即是,而"自狭乡而徙宽乡者",则所徙之乡,必须是从狭乡迁往宽乡。还有,准卖口分田中的第一项,仔细斟酌也是不一样的:"自狭乡而徙宽乡者",不包含是否"乐迁",而"狭乡乐迁就宽乡者"的核心则是"乐迁"。这从第二项中"卖充住宅、邸店、碾硙者"中规定"虽非乐迁,亦听私卖"亦见,"乐迁"是必要条件。

还有两点:一是口分田一经合法出卖,既"不复授",也"不得更请";二是"诸买地者,不得过本制"。"这个'本制',就是《田令》中的有关

---

① 霍存福:"再论中国古代契约与国家法的关系——以唐代田宅、奴婢买卖契约为中心",《法制与社会发展》2006年第6期。

均平土地的一夫百亩的授田法。即庶人受田不得超过一夫一顷地(八十亩口分、二十亩永业)的配额;疾病者、寡居妇女授田减量,狭乡授田减半给,工商为业者也减半给。同时,在理论上,官人也受这一'本制'的约束。如永业田,亲王百顷、职事官正一品六十顷等,如果不足,也可以依此买足。"①

此外,对庶民获得的"赐田"买卖,不受限制。

2. 官人永业田、赐田允许买卖

(1)《唐律疏议·户婚律》"诸卖口分田条"中规定"应合卖者,不用此律"。此处的"应合卖者",其意思是"永业田家贫卖供葬,及口分田卖充宅及碾硙、邸店之类,狭乡乐迁就宽(乡)者,准令并许卖之"。除了上述对庶人永业田、口分田许卖的法定情形作了规定外,对于官人,[疏]议曰:"其五品以上若勋官,永业地亦并听卖。"②

(2)开元二十五年(737年)《田令》:"诸田不得贴赁及质,违者财没不追,地还本主。若从远役、外任,无人守业者,听贴赁及质。其官人永业田及赐田,欲卖及贴赁者,皆不在禁限。"③此条与《通典·食货二》④所载内容完全相同。

虽然给官人的永业田在唐开元七年(719年)、开元二十五年(737年)的《田令》有明确规定:"诸所给五品以上永业田,皆不得于狭乡受,任于宽乡隔越射无主荒地充(即买荫赐田充者,虽狭乡亦听)。其六品以下永业田,即听本乡取还公田充。愿于宽乡取者亦听。"⑤也就是说,五

---

① 霍存福:"再论中国古代契约与国家法的关系——以唐代田宅、奴婢买卖契约为中心",《法制与社会发展》2006年第6期。
② [唐]长孙无忌等:《唐律疏议》,刘俊文点校,法律出版社1998年版,第263—264页。
③ [日]仁井田陞:《唐令拾遗》,栗劲、霍存福等编译,长春出版社1998年版,第564页。
④ [唐]杜佑:《通典》,王文锦等点校,中华书局1988年版,第32页。
⑤ [日]仁井田陞:《唐令拾遗》,栗劲、霍存福等编译,长春出版社1998年版,第553页。

品以上官人的永业田虽然受自宽乡,但是,如前所述,亲王以下,五品以上的官员的永业田的数目是相当惊人的,五品就有800亩田土,从五品也有500亩。听任这些永业田出卖,不要说没有任何限制,与实际授田数量少得可怜的庶民出卖田地,受到的种种限制相比,压根儿不在一个起点上。更为重要的是,储量庞大、又有官势威压的这些官人的永业田的存在,必然压低地价,事实上为土地兼并留下了制度上的空隙甚至便利。

而开元二十五年的《田令》,对庶民,不论永业田还是口分田,均"不得贴赁及质,违者财没不追,地还本主。"只有在成为"远役、外任,无人守业者"时,才"听贴赁及质"。但是,"官人永业田及赐田,欲卖及贴赁者,皆不在禁限。"官人与庶人两相对照,有云泥之判。对官人的永业田、赐田,如果想出卖。或者贴赁的,没有任何限制。

3. 许可园宅地买卖

在唐代,园宅地虽然也属于土地的一种类型,但唐律并没有作独立规定。在授田上,唐开元《田令》规定:"诸应给园宅地者,良口三口以下给一亩,每三口加一亩。贱口五口给一亩,每五口加一亩,并不入永业、口分之限。其京城及州县郭下园宅,不在此例。"① 可见,"在广袤的农村地区,这是一种既不属于永业田、也不计入口分田系列的单独授给的土地。按照前述唐律,卖口分田才予以处罚,而'永业及居住园、宅'不在口分之列,即不在处罚范围。所以,按唐代立法惯例,卖'居住园、宅'是允许的。"②

此外,房舍的买卖,参照土地买卖的规定进行交易。因此,统归在土地交易之中。

---

① 〔日〕仁井田陞:《唐令拾遗》,栗劲、霍存福等编译,长春出版社1998年版,第558页。
② 霍存福:"再论中国古代契约与国家法的关系——以唐代田宅、奴婢买卖契约为中心",《法制与社会发展》2006年第6期。

二、唐代有关土地交易的程序控制

(一)律、令的规定

1.《唐律疏议·户婚律》"妄认盗卖公私田"条:"依《令》:'田无文牒,辄买卖者,财没不追。苗、子及买地之财,并入地主。'"①

2. 开元二十五年(737年)《田令》:"诸买卖田,皆须经所部官司申牒,年终彼此除附。若无文牒辄买卖,财没不追,地还本主。"②

3. 唐开元《杂令》:"诸家长在('在'谓三百里内,非隔关者),而子孙弟侄等,不得辄以奴婢、六畜、田宅及余财物私自质举及卖田宅(无质而举者,亦准此)。其有质举、卖者,皆得本司文牒,然后听之。若不相本问,违而与及买者,物即还主,钱没不追。"③

如前所述,田地的买卖,首先要符合实体法准许买卖土地、园宅地的范围,在这一前提下,合法的土地交易,还须向官府"申牒",即经官府登记、审查、核实后,得到官府许可买卖的"文牒"后才能交易。这是国家对土地交易的程序控制,很有必要。因为"作为买卖土地的一环程序,申牒不但具有控制个人拥有土地数量'不过本制',便于'年终彼此除附'的功能,还可防止因土地所有权瑕疵而发生的盗卖、因不符合法定条件而发生的非法出卖口分田及对土地的贴赁、质,以及卑幼未经家长同意的擅自出卖等行为。"④可见,申牒的实质,一方面是为了阻断违

---

① [唐]长孙无忌等:《唐律疏议》,刘俊文点校,法律出版社1998年版,第268页。
② 〔日〕仁井田陞:《唐令拾遗》,栗劲、霍存福等编译,长春出版社1998年版,第561页。
③ 同上书,第788—789页。
④ 赵晶:"唐代律令用语的规范内涵——以'财没不追,地还本主'为考察对象",《政法论坛》2011年第6期。

法交易的发生,另一方面,则"是为了使田地易主之后,地内所著的各种赋役不致落空"①。或详细讲:"买卖田'皆须经所部官司申牒',在唐代是土地易主的一个必经程序。国家法定的目的,是为了在年终时'彼此除附',即从卖主的土地登记中除去相应的土地数,从买主的土地登记中附加买入的土地数,控制土地的流动,以保证国家地租额不致损失。"②

需要补充的是,这种申请文牒的程序控制,一直沿用到宋、元,直到明代才不再有这一限制。而宋、元土地买卖有立账取问亲邻的制度,虽然保留了下来,但以不必用账文取得法律依据,而是依照各地的习惯,只在约文上声明即可。质言之,明代土地买卖的发展,使申牒问账制度成为过时。③

(二)申牒买卖田宅的具体程序

在唐代土地交易的程序方面,有四个主要阶段和环节:(1)申请。即向官府呈递申请文牒。(2)审批。官府审核相关事项,下发准卖文牒。(3)签约。买卖双方签订土地交易契约。(4)履行。依契履行各自的交付义务。这一程序,符合事理、情理与法理逻辑,具有合法、高效的特质。因为,如果先订立契约,再申牒的话,有可能因审核不合法而使立契行为归于无效。④所以,先申牒,获批后再立契比较合乎理性,以减少不必要的无效行为。现逐一分析如下:

1. 申牒程序

(1)关于申牒,律令依据如上文。也就是说,"百姓如果要出卖土

---

① 杨际平:"唐末宋初敦煌土地制度初探",《敦煌学辑刊》1988年第Z1期。
② 霍存福:"再论中国古代契约与国家法的关系——以唐代田宅、奴婢买卖契约为中心",《法制与社会发展》2006年第6期。
③ 杨国桢:《明清土地契约文书研究》,中国人民大学出版社2009年版,第19页。
④ 张传玺对乔进臣买的地砖牒的注解是:"买卖土地的私契必须写入词状,送呈官府,申请文牒,才算合法。"按此,则交易程序成了先立契,再将私契写入申牒的词状向官府申请文牒。参见张传玺主编:《中国历代契约粹编》(上册),北京大学出版社2014年版,第236页。

地,必须向官府申请文牒,请求批准。"① 所谓申牒,指的是申请官府准许买卖田地的文牒。从律令的表述分析,申请牒状应由买方向有司提出。可资证明的文书有二,一是乔进臣买德地砖牒,虽然不经,但申牒者为买德地人乔进臣,也可一窥申牒的内容,包括日期、买受人买地一段、四至、价款、保证,以及保人、见人签署,最后是"乔进臣牒";② 二是吐鲁番出土的一件"公验",也证明了申牒由买受人提出,兹录该文书如下:

唐总章元年(668年)西州高昌县左憧憙辞为租佃葡萄园事

1　总章元年七月　日高昌县左憧憙辞
2　张渠蒲桃一所(旧主赵回□)
3　县司:憧憙先租佃上□桃,今□□□□□
4　恐屯桃人并比邻不委,谨以辞陈,□□□□
5　公验,谨辞。③

从这件吐鲁番出土的残契看,左憧憙欲买原租佃的赵回□的葡萄园而向县司申请公验,也是以买受人提出的。更难得的是,这件文书中,还涉及"比邻不委",说明在申牒时,还要先问房亲、四邻。

(2)家长同意后,房亲、四邻的先买权。征求家长同意,是指子孙弟侄等作为出卖主体时,要取得家长的授权。而先问房亲、四邻,这一环节也有律令依据,实质是指房亲、四邻具有先买权。《宋刑统·户婚》"典当指当论竞物业"条,引唐元和六年(811年)敕文:"应典卖、倚当物业,先问房亲,房亲不要,次问四邻,四邻不要,他人并得交易。亲邻

---

① 张晋藩总主编:《中国法制通史》(隋唐卷),法律出版社1999年版,第469页。
② 张传玺主编:《中国历代契约粹编》(上册),北京大学出版社2014年版,第235页。
③ 国家文物局古文献研究室、新疆维吾尔自治区博物馆、武汉大学历史系编:《吐鲁番出土文书》(第六册),文物出版社1985年版,第426页。

着价不尽,亦任就得价高处交易。如业主、牙人等欺罔邻亲,契帖内虚抬价钱,及邻亲妄有遮怪者,并据所欺钱数与情状轻重,酌量科断。"① 这一规定,一方面表明亲属及四邻享有欲出卖土地的"先买权",同时表明业主、牙人等不得欺罔邻亲,契帖内虚抬价钱。

关于庄宅买卖的程序也是如此。比如,后周广顺二年(952年)敕云:"如有典、卖庄宅,准例房亲、邻人合得承当,若是亲邻不要,及著价不及,方得别处商量,和合交易。"② 这一环节还有实例。如敦煌出卖口分地契残片(P.4017号)第四至第五行就有"当房兄弟及别人□□扰该论来者"的字样。亲邻之所以具有优先购买权,是"由于血缘上的亲近和地缘上的相接,与一般人相比,亲邻之间相互承担了更多的责任和义务,比如互相扶助、互相监督、互相保证甚至分摊赋税等等,唐后期五代这种情况尤显突出,这样,买卖不动产时赋予亲邻一定特权也应是合情合理。"③ 同时,还因为在我国古代,"物业典卖亲邻优先权是中国宗族制度的必然产物,也是维系家庭、社会经济稳定的一种行之有效的制度。"④

2. 官府审核、下发准卖文牒

(1)审查。官府接到申请买卖田宅的牒状后,应当对以下事项进行审查:一是买卖双方的主体,侧重审查买受人是否超过"本制"。二是对标的物进行审查。重点应当审查出卖人出卖的田宅是否属于国家法律准卖的范围,以及有没有国家律令禁止买卖的情形等。三是买卖双方是否"年终彼此除附",以确保国家赋役不致落空。

---

① [宋]窦仪 等:《宋刑统校证》,岳纯之校证,北京大学出版社2015年版,第175—176页。
② 《册府元龟》卷六一三《刑法部·定律令》。
③ 岳纯之:《论隋唐五代不动产买卖及其法律控制》,《中国经济史研究》2007年第4期。
④ 刘云生:《中国古代契约思想史》,法律出版社2012年版,第162页。

(2)下发准卖文牒。在进行以上审查后,如果逐项均符合国家律令,就要制作批准文牒。从"左憧憙辞为租佃葡萄园事"看,准卖文牒应当是单独制作的,似不是直接在申牒上批签的。需要补充的是,"唐末五代时又出现了土地买卖契书必须经过官府加盖官印,并缴纳税契钱的程序。"[①] 比如,后周广顺二年(952年)规定:"印税之时,于税务内纳契白一本,务司点检,须有官牙人、邻人押署处,及委不是重叠倚当钱物,方得与印。"[②] 这大抵就是后来契税(印花税)制的滥觞。

3. 签约与履行

取得官府准卖文牒后,买卖双方就可以签订一份土地交易契约,同时在签约之日履行契约。比如,敦煌写本安环清卖地契,即是例证。

未年(827年)安环清卖地契

S.1475号5V

1 宜秋十里西支地壹段,共柒畦拾亩。东道,西渠,南索晟,北武再

2 未年十月三日,上部落百姓安环清,为

3 突田债负,不办输纳,今将前件地

4 出卖与同部落人武国子。其地亩别

5 断作斛斗汉斗壹硕陆斗,都计麦壹拾

6 伍硕、粟壹硕,并汉斗。一卖已后,一任武

7 国子修营佃种。如后有人忓恡识认,

8 一仰安环清割上地佃种与国子。其地

9 及麦当日交相分付,一无悬欠。一卖后,

---

① 张晋藩总主编:《中国法制通史》(隋唐卷),法律出版社1999年版,第472页。
② [宋]王溥:《五代会要》,上海古籍出版社1978年版,第416页。

10 如若先翻悔，罚麦伍硕，入不悔人，

11 已后若 恩敕，安（环）清罚金伍两纳入

12 官。官有政法，人从私契。两共平章，书指为记。

13 　　　　　　地主安环清年廿一

14 母安年五十二　见人张良友　师叔正灯（押）①

15 姊夫安恒子②

在这件土地交易契约中，我们看到，契约首先写明出卖土地的地理位置——宜秋，即宜秋渠，在沙州都督府图经残卷（P.2005号）第五十一至五十四行有记载："宜秋渠，长廿里。右源在州西南廿五里，引甘泉水，两岸修堰十里，高一丈，下阔一丈五尺，其渠下地宜晚禾，因号为宜秋渠。"③然后写明交易的土地数量：拾亩，再注明这块位于宜秋十里西支的土地的四至，再写签订契约的时间，出卖人所属部落和姓名，接着写明出卖土地的原因为"突田债负，不办输纳"，其意"即经营口分突田，无力交纳'突税'，故而卖地"。④其中的"突税"，凸显吐蕃统治的印记。然后写明买受人为同部落人武国子。在写明地价时，不仅写明了每亩的价款斛斗汉斗壹硕陆斗（特意标明汉斗，间接反映了吐蕃统治，仍用汉斗计量），还写明了总价汉斗麦壹拾伍硕、粟壹硕，属于以实物粮食折成地价的方式来支付价款。

由此，可将以上部分划分为具有实质契约内容的前半部分，而将后

---

①　注："母安年五十二　见人张良友"均由下往上倒写，且在五十二、张良友以及母安年五十二的下方均有三个指节纹，"师叔正灯"在十四行至第十五行中间。

②　唐耕耦、陆宏基编：《敦煌社会经济文献真迹释录》（第二辑），全国图书馆文献微缩复制中心1990年版，第1页。需要说明的是，安恒子处亦有三个指节纹。

③　唐耕耦、陆宏基编：《敦煌社会经济文献真迹释录》（第一辑），书目文献出版社1986年版，第4页。

④　霍存福："再论中国古代契约与国家法的关系——以唐代田宅、奴婢买卖契约为中心"，《法制与社会发展》2006年第6期。

面划分为没有实质契约内容的后半部分。先写一卖之后，地由买受人经营耕种，①如有人阻难，②或指认此地不是出卖人的，则由出卖人安环清另交同样质量、数量的土地给买受人耕种，这一约定属于瑕疵担保。③在契约中同时写明"其地及麦当日交相分付，一无悬欠"。也就是说，签约之日即是履行之日，两相交付，卖主交地（因是不动产，这种交付实际上是权利的交付），买受人交付价款。而"先悔者罚"的约定，保证了整个契约不被任何一方率先毁弃。

相较而言，比较独特的是对恩赦的约定，它本身不是"抵赦条款"，而是对出卖人安环清"罚金伍两纳入官"。这一约定在敦煌所有的契约中，都显得十分特别，是唯一一件对"抵赦条款"作出独特处理的契约。"这就是说，卖主尽管在遇有恩赦的情况下可以免除所要履行的担保责任，但仍要处以罚金。"④其后的契文，是著名的"官有政法，人从私契"的套语，内中表达的是"私法上的关系并不由国家法律加以规定调整，而听任民间自由地形成这种关系。"⑤换一视角，"这似乎表示着，在传统中国社会中的'法源'至少有两者，即'律例'与'契约'，并分别运作在官方与民间，各自形成自己特殊的运作空间。"⑥契约的最后，是契尾的签署方法。

---

① 文书中的"佃种"，即"耕种"之义。参见张小艳：《敦煌社会经济文献词语论考》，上海人民出版社2013年版，第498—499页。
② 文书中的"忓忴"，即"干犯、阻难"之义。参见陈晓强：《敦煌契约文书语言研究》，人民出版社2012年版，第84页。
③ 该契约这一约定，与我国《民法典》第六百一十二条规定标的物权利瑕疵担保的实质之义非常接近："出卖人就交付的标的物，负有保证第三人对该标的物不享有任何权利的义务，但法律另有规定的除外。"
④ 高潮、刘斌："敦煌所出买卖契约研究"，《中国法学》1991年第3期。
⑤ 〔日〕岸本美绪："明清契约文书"，王亚新、梁治平编：《明清时期的民事审判与民间契约》，法律出版社1998年版，第307页。
⑥ 周伯峰：《民国初年"契约自由"概念的诞生——以大理院的言说实践为中心》，北京大学出版社2006年版，第133页。

三、结语

　　有唐一代为了实施均田制,为了保证国家的赋役而力推租庸调,为此,无论是唐律,还是统治者根据社会经济现实而颁行的敕、令,都在极力维护这一预设的目的。由此,我们不仅看到了规范土地交易的实体法律规范,而且看到了程序法律的国家控制,应当说,诸多律令,简而不陋,具体精准,富有可操作性,显示了封建国家为防止赋役落空、土地兼并、民不聊生而做的诸种制度安排。老子(约前571—约前480年)曰:"治大国,若烹小鲜"。① 在律令条文的字里行间,我们也能感受到统治者的小心翼翼,乃至防微杜渐,这些都应得到起码的肯定。一个处于中古时期的泱泱大唐,能够存立289年,且是世界公认的中国最强盛的时代之一,自有它内在的根由。

　　但是,如上所述,起点的极度不公,专制制度下层层林立的等级特权,以及律令在社会经济实践中的差强人意,凡此种种,是一个表面看上去还很健康的机体已存有了生发腐烂的内核,它会随着时间的推移而扩大溃烂,终致无药可救。因此,我们可以说,一个不具备自身免疫力的机体,即使规定的交易过程看上去多么公正,就整体而言,其实是没有实质公正的。因为"权力捉弄财产"的封建经济既不可能讲"过程的公正",② 也不会有结果的公正。一直到明、清两代,"土地的买卖自由仍然受着国家的和乡族的、公开的或隐蔽的制约,赤裸裸的暴力掠夺并没有退出土地分配领域,契约形式平等的背后是社会经济关系的不平等。"③

---

① 《老子》第六十章。
② 秦晖:"中国经济史上的怪圈:'抑兼并'与'不抑兼并'",《战略与管理》1997年第4期。
③ 杨国桢:《明清土地契约文书研究》,中国人民大学出版社2009年版,第10页。

由此看来，政制关乎一国的命数，关于生民的祸福，关乎制度安排的实效。"如果一县地有十万顷，则生员要占去五至九万顷之多。唐以后的'土地买卖'时代尚且如此，唐以前的等级占田制时代更不用说。这样的'兼并'就其主流而言，与其说是富民兼并贫民，'大私有'兼并'小私有'，不如说是有权者兼并无权者（包括无权的富民）、权贵兼并贫民、统治者兼并所有者。"① 这就造成了"'抑兼并'则朝廷禁网遍地，民无所措其手足；'不抑兼并'则贪官污吏横行，民无所逃其核削。不言而喻，真正自由竞争的民间经济在这两种情况下都难有出头之日，而这两种政策走到后来都有可能加剧由治而乱的王朝危机。"因此，"无论是'抑兼并'旗号下的国家对民设禁，还是'不抑兼并'旗号下的权贵谋私，都属于马克思说的'权力统治财产'、'统治——服从关系基础上的分配'。"②

---

① 秦晖："中国经济史上的怪圈：'抑兼并'与'不抑兼并'"，《战略与管理》1997年第4期。
② 同上。

第五章 敦煌土地交易契约的民间规则

以土地买卖为主的土地交易，由来已久。有论者以卫盉、卫鼎（甲）和卫鼎（乙）三件铭文，将我国古代土地买卖的远源追溯到西周中叶恭王执政期间。① 无论如何，已有明确表述的民间土地交易，应当在我国战国时代的秦国就已经开始了。《汉书》载董仲舒上疏，概言秦"用商鞅之法，改帝王之制，除井田，民得买卖。"② 自此始，民间的土地买卖一直到明、清两代，相沿不改。应当说，长期的生活实践与积累，使土地买卖的契式在唐五代时期已趋于稳定与成熟。我们所说的敦煌土地交易契约，包括但不限于土地买卖契约，还有卖宅舍地基契约，以及博换田舍契约三大类。

一、土地交易契的契约要素

（一）契约要素与敦煌土地交易契的类别及要素

所谓契约要素，是指我国古代各类契约中必不可少的、主要的契约条款，它因构成某一类契约必备的要素而称为"契约要素"。契约要素是经过长期的民间实践而形成的，近似于现代合同中的主要条款。之所以称为契约要素而不称为主要条款，这是因为在中国古代，由于各类契

---

① 赵云旗："中国土地买卖起源问题再探讨"，《学术月刊》1999年第1期。
② ［汉］班固：《汉书》，中华书局2012年版，第1043页。

约商定的事项相对单一和比较集中，因而契约文本本身就十分简约，不可能像现代合同那样复杂而必须分立若干条款，只是在各类契约中把关涉契约成立、契约履行和防范违约等诸多要素加以赅简的规定，因此称为契约要素更加妥帖。

归结而言，以敦煌契约为例，从各类契约中，可抽绎出来的契约要素，主要有：文书名称、签约主体、立约原因、标的物性质与数量、价款、期限、违约责任、风险担保或先悔罚则等。在敦煌各类不同的契约中，因其内在的特质不同，这些契约要素可能会有增减。

为了对敦煌土地交易契约有一个整体把握，有必要对敦煌所见土地交易契约分类，并以立契年代、文书编号、交易主体及身份、交易原因、标的物性质、标的物及其数量、价款、交付日期、违约责任以及风险担保等契约要素，列表如下：①

表3 敦煌土地交易契约一览表

类别	立契年代文书编号	出卖人身份	买受人身份	交易原因	标的物性质	标的物数量	价款	交付日期	先悔罚则	风险担保
卖地契（7件）	丁未年（827年）S.1475号5V	安环清百姓	武国子百姓	卖主：突田债负、不办输纳	土地买卖	土地7畦10亩	麦15硕粟1硕	立契当日	罚麦伍硕，人不悔人	若恩敕，罚卖主金五两入官
	唐乾符二年（875年）P.2595	陈都衙百姓	安平子百姓	为不稳便	空地出卖	一院	契残不详	契残不详	契残不详	契残不详
	唐天复九年己巳（909年）S.3877号5—6V	安力子百姓	令狐进通百姓	为缘缺少用度	父祖口分地	土地2畦5亩	生绢1疋长4丈	立契当日	罚上耕牛1头，入不悔人	保人担保抵赦条款

---

① 所录文书，以唐耕耦、陆宏基编：《敦煌社会经济文献真迹释录》（第二辑）中所载"买卖、博换土地宅舍契"类契约为主，其中添加了沙知书中的"北乃76号安员进卖舍契"，参见沙知：《敦煌契约文书辑校》，江苏古籍出版社1998年版，第24—25页。需要说明的是，唐耕耦、陆宏基编的《敦煌社会经济文献真迹释录》（第二辑）与沙知编的《敦煌契约文书辑校》中辑录的这部分契约文书，基本相同。

续表

卖地契（7件）	后周显德四年（957年）P.3649号	吴盈顺百姓	琛义深百姓	伏缘上件地水，佃种往来，施功不便	未写	土地7畦30亩	生绢伍疋、麦粟52硕	立契当日	罚上马壹疋，入不悔人	瑕疵担保抵赦款条
	宋太平兴国七年（982年）S.1398号	吕住盈阿鸾百姓	令狐崇清都头	家内欠少，债负深广，无物填还	契残不详	土地1畦4亩	每亩12硕	立契当日	罚绫壹疋入不悔人	不许他人收赎抵赦款条
	契残年代不详 S.2385号	阴国政	契残不详	契残不详	契残不详	契残不详	契残不详	契残不详	罚麦玖硕，人不悔人	瑕疵担保
	契残年代不详 P.4017号	契残不详	契残不详	契残不详	口分地	契残不详	契残不详	契残不详	先悔者，罚上马壹疋	瑕疵担保抵赦款条
卖宅舍地基契（8件）	丙辰岁（852年）P.3331号	宋欺忠兵马使	张骨子兵马使	买主：为无屋住	宅舍买卖	契残不详	68.4硕麦粟各半	立契当日	罚黄金叁两入官	瑕疵担保抵赦款条
	唐乾宁四年丁巳（896年或956年）S.3877号2V	张义全百姓	令狐信通百姓	缺少粮用	宅舍兼屋木买卖	房子一口、屋木	50硕干湿各半	立契当日	罚麦30驮，入不悔人	瑕疵担保抵赦款条
	后唐清泰三年（936年）S.1285号	杨忽律哺百姓	薛安子薛富子身份？	为手头缺乏	父祖口分舍	宅舍壹所	33.7硕	立契当日	罚青麦15驮入不悔人	瑕疵担保抵赦款条
	契残年代不详 S.5700号	契残不详	姚文清百姓	契残不详	契残不详	宅舍	16硕	立契当日	未约定	瑕疵担保抵赦款
	甲辰年（944年）北乃76号	安员进安紧子百姓	杜义全庄客	伏缘家中贫乏，债负深广，无物填还	口分舍	壹口并屋木	39.93硕	立契当日	罚青麦10硕，充入不悔人	抵赦款条
	宋开宝八年（975年）北图25号	郑丑挞百姓	沈都和百姓	伏缘家内贫乏，债乏深计，无许方求	口分地舍	壹院子	29.5695硕干湿谷米	立契当日	罚楼机绫壹疋，充入不悔人	瑕疵担保抵赦款条

续表

（续）	宋太平兴国七年（982年）S.1398号	吕住盈阿鸾百姓	令狐崇清都头	契残不详	契残不详	舍壹院	麦粟契残不详	立契当日	黄麻玖驮，充入不悔人	保人担保
	宋太平兴国九年（984年）S.3835号背	马保定百姓	武恒员百姓	为缘家中欠缺，债负繁多，促索之间，填还无计	祖父口分舍	舍壹院	契残不详	契残不详	契残不详	契残不详
博换田舍契（3件）	唐大中六年壬申（852年）P.3394号	张月光子父僧	吕智通僧	各取稳便附随之物，一并买卖	土地廻博附加：买卖	主契：25亩田换11亩；附契：出卖树木等	地：互易其它：2.1硕布3.3丈	立契当日	罚麦20驮入军粮；仍决杖30	瑕疵担保保人担保
	唐天复二年壬戌（902年）S.3877号3V	曹大行百姓	令狐进通百姓	未写	舍地回换屋舍	舍地换屋舍两口	伍硕准折肆硕	立契当日	罚麦2驮入不悔人	瑕疵担保抵赦条款
	残契不详P.2161号	契残不详	契残不详	契残不详	换舍	其舍两口	博换	契残不详	罚？充纳入官	契残不详

（二）说明与补充

需要说明的是，唐耕耦、陆宏基编的《敦煌社会经济文献真迹释录》第二辑所载的"买卖、博换土地宅舍契"这一类契约中，还有宝□飒卖田契残片（P.3649号背）、卖舍契残片（P.2161号）、残契（P.2161号）以及舍主兵马使岳安的残契（P.2161号）等四件残片或残契，因残缺过多，基本上没有研究价值，故在上表中未录。

需要补充的是，上虞罗氏藏见沙州文录补的乙丑年四月二十八日都头王保定还舍价契，无法在表格中归类，兹录如下：

  1　乙丑年四月二十八日，於都头王保定边舍地贾（价），升合不欠，并总

  2　干湿填还足，屋木贾（价）未取，看好若取替，若两家折当不得者，其

  3　居（屋）木延朝（期）本取。恐人无信，故勒私契，用为后凭。

  4　　　　还舍贾（价）人都头王保定

  5　　　　知见人王再定①

  上件都头王保定还舍价契，引自罗振玉旧藏。从这件极其珍贵的文书看，它是以债权人的视角和口吻记叙的，意思是在乙丑年四月二十八日，（债权人）从都头王保定那里已经取到了偿还的舍地价，分文不欠，约定的干湿货值也已还足，②但屋木价未付，也没有相应的等价物代替，或者由于等价物折抵不当，因此要立这件部分偿还、部分尚欠的分期偿还契。这件分期偿还契表明，对于相关联的两件民事之债，可以分期清偿。更重要的是，这件分期偿还契的存在，以效力极高的契约而非收据和欠条的形式，为已经履行的债权债务关系和尚未清偿的债务关系增添了立字为据、用为后凭的最佳书证，一契二用，很是实用。另外，从后面的署名看，这应当是一件交由债权人收执的单契，为了增强证明效力，一如其他借贷契一样，附添了"知见人"。还有，根据国人起名惯例，这个与还舍价人王保定一字之差的王再定，近似同族的堂兄弟一类的人

---

①　唐耕耦、陆宏基编：《敦煌社会经济文献真迹释录》（第二辑），全国图书馆文献微缩复制中心1990年版，第22页。又见沙知：《敦煌契约文书辑校》，江苏古籍出版社1998年版，第404页。

②　原契中的"升合"，本意是一升一合，比喻数量很小，而"升合不欠"，则意指"分文不欠"。原契中的"并总干湿填还足"一语，"填还"就是"偿还"之义，在敦煌契约文书中常见。而"并总"，意思是"共计"，"干湿"，在敦煌契约文书中，"干货"指布帛之类的纺织物，"湿物"指麦粟等粮食作物。参见黑维强："敦煌社会经济文献词语选释"，《敦煌学季刊》2010年第2期。

物。如此,会不会因为有利害关系而影响作为原始证据的效力呢?大抵这个担心是多余的,因为古人民风朴诚,尤其是作为分期偿还契,知见人不仅要为未付的屋木价见证,也要为已还的舍地价见证,加上有原始的契约文书本身作为凭证,在以父系血缘为基础的乡族社会,王再定如果是王保定的堂弟一类,由他作为知见人不但不会减弱契约的证据效力,反而会因乡族声誉的潜在保障而增加见证的效力。

下面按照上列敦煌土地交易契约一览表,对土地交易契约中的卖地契、卖舍契和换地、换舍契进行分类研究。

二、土地交易契的契约结构

(一)敦煌所出卖地契的契约结构

为直观观察卖地契的契约结构,先照录一件卖地契如下:
唐天复九年(909年)安力子卖地契

S.3877号5—6V

1 阶和渠地壹段两畦共五亩,东至唐荣德,西至道、氾温子,
2 南至唐荣德及道,北至子渠兼及道。又地壹段两畦共贰
3 亩,东至吴通通,西至安力子,南至子渠及道,北至吴通通。
4 已上计地四畦共柒亩。天复玖年己巳岁十月七日,洪润乡
5 百姓安力子及男擖擖等,为缘缺少用度,遂将父祖口
6 分地出卖与同乡百姓令狐进通。断作价直生绢一疋,长肆仗。
7 其地及价当日交相分付讫,一无玄欠。自卖已后,其地永任进通
8 男子孙息侄,世世为主记。中间或有回换户状之次,任进通
9 抽入户内。地内所著差税河作,随地祇当。中间若亲姻兄弟

10 及别人争论上件地者,一仰口承人男擒擒兄弟祗当,不干
11 买人之事。或有恩敕流行,亦不在论理之限。两共
12 对面平章,准法不许休悔。如先休悔者,罚上耕牛一头
13 充入不悔人。恐人无信,故立私契,用为后验。

地主安力子^①

先澄清一下此契标注的年号与实际年号不符的问题。唐耕耦、陆宏基虽在契文后注:"天复无九年,实为梁开平三年",但依旧在标题中将该契命名为"唐天复九年(909年)安力子卖地契"。这可能是因为该契文第四行有"天复九年己巳岁"字样的缘故。除此契外,在董加盈兄弟三人分书(S.2174号)中,第一行也有"天复九年己巳岁"的字样,但实际上,天祐四年(907年)唐哀帝让位于朱温,唐朝就覆亡了,没有天复九年。唐亡后为五代(907年—960年)十国(902年—979年)时期。因此,这些契约中的"天复九年己巳岁"实际是后梁开平三年,但在敦煌地区,则是张氏归义军时期。这一严重误写年号的事实表明,这些契约在签约时,连朝代更迭这样重大的历史事件,在敦煌立契人那里都未能及时知晓,以致有此误写。②

下面以这件相对比较完整的卖地契为例,再综合其它卖地契,按照契约的一般结构,抽绎出卖地契中的首部、正文和尾部的契约要素。

1. 首部

包括以下契约要素:

(1)地块的地理位置、段数、数量、四至,如另有地块分开复写,总计亩数;

---

① 唐耕耦、陆宏基编:《敦煌社会经济文献真迹释录》(第二辑),全国图书馆文献微缩复制中心1990年版,第8页。

② 为尊重唐耕耦、陆宏基辑录的文本,尤其是为了保持原契契文,凡涉及天复九年字样的标题和契文,仍保持原样而不作更改。

(2)立契时间(年、月、日);

(3)出卖人的身份事项(乡属、身份、姓名);

(4)出卖土地的原因;

(5)土地来源、土地性质;

(6)买受人的身份事项(乡属、身份、姓名)。

2. 正文

包括以下契约要素:

(1)土地价款(如果是实物折抵,注明数量和计量单位);

(2)交付约定(一般是签约之日,即各自履行交付义务);

(3)交付标的物后的宣示;

(4)回换等情形的约定;

(5)地内所着差税河作等,随地转移的约定;

(6)出卖人权利瑕疵担保;

(7)抵赦担保;

(8)发生效力的约定;

(9)先悔罚则;

(10)立契作用的套语。

3. 尾部

包括以下契约要素:

(1)地主签名(或画指);

(2)见人,或邻见人(画押或指节);

(3)保人(极个别有保人,画指节)等。

需要说明的是,一是在其它真实的卖地契约中,上面这一抽绎出来的结构,有个别契约要素可能会有增减,但总体来说,通常是上面所列的结构方式。二是地契与敦煌所出借贷契约的结构相比,差异较大。三是从契约中有"自卖已后,其地永任进通男子孙息侄,世世为主记"一语,说明"敦煌卖契,其性质都是绝卖契。一次卖断,财产所有权随即永久转移,因而契约中常有自卖以后,一任买主世代为主之类。"① 不仅是土地、宅舍买卖,在耕畜、奴婢和其它什物买卖中,基本都是绝卖契。

(二)敦煌所出卖宅舍契的契约结构

我们先以一件卖宅舍契为例,再综合同类型的卖宅舍契,抽绎出一般结构。

甲辰年(944年)洪池乡百姓安员进卖舍契

北乃76号

1 渌水坊北城下有堂壹口并屋木东☐☐☐☐
　　　　　　　　　　南☐☐☐☐
2 时甲辰年十一月十二日立契　洪池乡百姓安员进父安紧子,伏
3 缘家中贫乏,责(债)负深广,无物填还,有将前件口分舍
4 出卖与庄客杜义全,断作贾(价)值每壹尺壹硕,壹尺玖斗,
5 堂内屋木每尺肆斗,干湿众(中)亭。合过物叁拾玖硕玖斗
6 叁升。其舍及屋,当日交相分付讫。自与后,一任义全子孙
7 男女永世为主,或有恩 敕流行,不在论说诸限。两共
8 面对平章,准法不悔。如有悔者,罚青麦拾硕,充入
9 不悔人。恐人无信,故此契,用为后凭。
　　　　　　出买(卖)舍人 安员进年五十二(左手中指节)
　　　　　　出买(卖)舍人父 安紧子(押)②

---

① 高潮、刘斌:"敦煌所出买卖契约研究",《中国法学》1991年第3期。
② 沙知:《敦煌契约文书辑校》,江苏古籍出版社1998年版,第24—25页。

由于该契前残,再录一件买卖宅舍契补缺。

宋太平兴国九年(984年)马保定卖舍契

S.3835号背

1　政教坊巷东壁上舍壹院,内西房壹口,东西并基贰仗(丈)伍尺,南北并基壹仗(丈)

2　贰尺三寸。东至安信住,西至安针子,南至杨定住,北至王保富。于时太平

3　兴国九年甲申岁四月二日,立契人莫高乡百姓马保定,为缘家中欠

4　阙,债负繁多,促索之间,填还无计,今将前件祖父口分舍,遂出卖

5　与平康乡百姓武恒员,断作舍价每尺贰斗□□□□□□①

（后空）

综合上面两件契文,也可将宅舍买卖契约的结构分为首部、正文和尾部三部分。

1. 首部

包括以下契约要素:

(1)宅舍的地理位置、具体方位、数量、宅舍"四基"(东西、南北)尺幅、四至;

(2)立契时间(年、月、日);

---

① 唐耕耦、陆宏基编:《敦煌社会经济文献真迹释录》(第二辑),全国图书馆文献微缩复制中心1990年版,第15页。

(3)出卖人的身份事项（乡属、身份、姓名）；

(4)出卖宅舍的原因；

(5)宅舍的来源、性质；

(6)买受人的身份事项（乡属、身份、姓名）。

2. 正文

包括以下契约要素：

(1)宅舍价款（先写单价，屋木另计，合计的总价）；

(2)交付约定（签约当日，各自履行交付义务）；

(3)交付标的物后的宣示；

(4)出卖人权利瑕疵担保（安员进卖舍契中没有约定）；

(5)抵赦担保；

(6)不得反悔的约定；

(7)先悔罚则；

(8)立契作用的套语。

3. 尾部

包括以下契约要素：

(1)出卖人舍主签名（或画押、画指）；

(2)见人（画押）；

(3)同院人、邻见人（画押）。

两相比较，显然土地买卖契约要比宅舍买卖契约详细一些、复杂一些。可能由于立契当日已经各自交付完毕的原因，大多数卖地契和卖宅舍契的契尾由出卖人签名画押，或画指节，也可能有见人，或者有同院人、邻见人等画押，但较少有保人。当然也有例外，如僧张月光易地契就有不止一个保人。

由于博换土地、宅舍的契约与上述两种类型的土地交易契约相近，不再单独抽绎这一类型的契约结构。

三、土地交易契契约要素分析

为了对敦煌所出的土地交易契进行深入研究，需要分解契约要素，并对之进行详细分析。

（一）田宅交易契约的年代

从18件"敦煌土地交易契约一览表"中所列的、可资研究的卖地契、卖舍契以及博换土地、宅舍的契约中，除四件契残导致年代不详的契约外，另外的14件土地交易契约，按其对应的历史年代，八件为晚唐时期的契约，二件为五代时期后唐清泰三年（936年）、后周显德四年（957年）的契约，四件为北宋时期的契约。但实质上，这14件契约，可作另外一种划分，即，只有一件（安环清卖地契）为吐蕃统治敦煌时期的契约，其余13件均为归义军统治敦煌时期的契约。

我们看到，最早的一件契约为公元827年（唐太和元年，吐蕃彝泰十三年）安环清的卖地契，最晚一件契约已是公元984年（北宋雍熙元年）马保定的卖舍契，前后时间跨度长达157年，整整一个半世纪有余。而朝代，已从晚唐、中经五代、到了北宋早年，可谓改朝换代、天翻地覆，沧海桑田，而敦煌地区，尚在归义军统治之下。即使如此，我们也要由衷感叹在政权更迭的时代巨变中，这18件格式、体例、结构，乃至用语都几乎"不变"的民间契约，具有何等恒稳的内质。正是在这一意义上，它甚至比国家颁行的不少律令还要久长，而其中的奥秘，就在它根植于日常生活的恒稳，以及基于长期生活实践而累积起来的完备与成熟。

我们知道，在西部之西，在吐蕃治下的敦煌，在安环清因无力交纳吐蕃税赋而签订卖地契的这一年，在唐代的纪年中，为太和元年，是"有帝王之道，而无帝王之才"的唐文宗李昂登基的第一年，史评他"虽旰食焦忧，不能弭患"。① 也就是说，无论他如何恭俭儒雅，勤于理政，但由于"制御无术"，晚唐的钟声已经敲响，一己之力终究无法改变唐朝社会走向没落的历史命运。如前所述，天宝十三年（754年），全国有9619254户，而在唐文宗33岁去世的前一年，即开成四年（839年），《旧唐书·文宗下》载："户部计见管户四百九十九万六千七百五十二"，② 户数下降了4622502户，几乎接近一半，由此可见人口锐减、逃户众多、国力衰微到了何等程度。事实上，"土地归官的情况下不仅官府圈地驱农会促使农民外流，就是官府想以'均田制'拴住农民，因役繁赋重、人稠地寡、天灾人祸，或者因比较利益、追求机会而形成的农民外流仍然是大问题。……因此农民外流与轻徭薄赋、社会保障负相关，与迁徙自由、改业机会正相关，而与土地归农极少相关。"③ 我们看到，最晚一件的契约，也就是马保定签订卖舍契的那年，虽然敦煌尚在归义军治下，但这一年在史册上，已是宋太宗赵匡义雍熙元年（984年）。这期间的157年间，有多少鸡飞狗跳的战争，有多少权谋倾轧的刀光剑影，都随着时间的淘洗成为历史的一袖风烟，渐行渐远，未能改易的，是为日常生活所需，深嵌于民间的契约及其规则。这些契约迄今已越千年，但它依然高悬于我们仰望的高处，让我们感知先民生生不息的坚韧，以及生存的艰辛与不易。

（二）田宅买卖双方的身份

敦煌所出的18件土地交易契约中，除四件契残不详外，一件（P.3394号）易地契的买卖双方张月光、吕智通均为僧人；一件（P.3331号）卖舍契的买卖双方宋欺忠、张骨子均为兵马使；两件（S.1398号）吕住盈、阿

---

① ［后晋］刘昫等撰：《旧唐书》，中华书局1975年版，第580页。
② 同上书，第579页。
③ 秦晖："农民土地六论"，《社会科学论坛》2007年第5期。

鸾卖地契，吕住盈、阿鸾卖舍契的买受人系同一人，即都头令狐崇清。其余买卖、博换田宅的双方均为百姓。需要特别注意的是，在安紧子、安员进父子出卖的舍契中，买受人为"庄客"，一般为土豪大族收纳的逃户。由此可见，时年已52岁的安员进和其父安紧子（其年龄不详，推测至少在70岁上下了）已贫困到了不如庄客的地步。这表明：

在土地兼并已经非常严重的唐代后期，官僚阶层基于其等级优势形成的土地兼并，起码在地处偏远的敦煌地区，没有明显的证据表明官家的横行无忌。这说明，"在商品经济比较发达，土地肥沃、容易榨取农民剩余劳动的地区，土地一般向土地所有者中的地主集中，土地买卖比较盛行；与之相反的地区，土地买卖频率不高，土地一般只在土地所有者中的自耕农之间流动。"① 敦煌地区的土地买卖，恰恰就是后一种情形。

老百姓十分贫穷是当时普遍的社会现实，这不仅表现在不得不卖地、卖舍而填还债负、税赋，或者接济生活，事实上，这种极度贫穷更多地表现在量大面广的借贷契约中。换言之，在一般的借贷已不足以维持生计的情况下，才不得不卖地、卖舍，由此形成了"富者田连阡陌，贫者无立锥之地"的社会现实。

（三）交易原因

在敦煌所出的18件土地交易契约中，一件未写原因，四件契残不详。明确记载交易原因的契约，可作以下归结：

1. 卖地缴纳"突税"。只有一件，即安环清卖地，其原因是"为突田债负，不办输纳"。对此，霍存福认为："'突'为吐蕃统治敦煌时期所使用的土地计量单位，一突相当于唐代十亩，据地所交纳的税收称为'突税'，也叫'纳突'。所谓'突田债负，不办输纳'，即经营口分突田，无

---

① 杨国桢：《明清土地契约文书研究》，中国人民大学出版社2009年版，第7页。

力交纳'突税',故而卖地。此正与白居易《杜陵叟》诗所言'卖地纳官租'相同。"①税赋之重,由此可见一斑。

2. 为无屋住。只有一件,为丙辰岁(896年或956年)宋欺忠卖宅舍契,且是唯一从买主张骨子的角度写明交易原因的契约。

3. 为了"稳便"。②共有三件。一件是陈都衙将空地出卖契,一件是僧人张月光易地契,还附加买卖了树、草驴等,也是"各取稳便",也就是各取方便之意。还有一件是敦煌乡百姓吴盈顺的卖地契,也是"伏缘上件地水,佃种往来,施功不便"而出卖。推测而言,可能是隔乡所授之田,终因耕种不方便而出卖给神沙乡百姓琛义深。

4. 缺少用度,手头拮据。共有三件。一件是安力子的卖地契,卖地原因是"为缘缺少用度";一件是百姓杨忽律哺卖宅舍地基契,出卖原因是"为手头缺乏";一件是百姓张义全卖宅舍地基契,是因为"缺少粮用"。实际上,这里的"缺少粮用",实际上就是经济困难。因为在敦煌地区,不仅生绢充当一般等价物,粮食也在买卖中折抵为一般等价物,这绝非敦煌地域的特例。事实上,"在广大地区通行物物交换,但每当需要时,总有所谓原始货币来补充实务贸易的不足。这些'不完善的货币',如贝壳和别的物品,代表最初的进步。"其情形往往是,"一种需要量较大或比较充裕的商品便扮演货币的角色,或力图成为交换的计量单位。"③

5. 还债。一般表述为家中贫乏,债负深广,无物填还,即用来"还

---

① 霍存福:《再论中国古代契约与国家法的关系——以唐代田宅、奴婢买卖契约为中心》,《法制与社会发展》2006年第6期。与此相关的《杜陵叟》前半首诗曰:"杜陵叟,杜陵居,岁种薄田一顷余。三月无雨旱风起,麦苗不秀多黄死。九月降霜秋早寒,禾穗未熟皆青干。长吏明知不申破,急敛暴征求考课。典桑卖地纳官租,明年衣食将何如?"

② 稳便,就是稳当方便之意。

③ 〔法〕费尔南·布罗代尔:《15至18世纪的物质文明、经济和资本主义》第一卷,《日常生活的结构:可能和不可能》,顾良、施康强译,生活·读书·新知三联书店2002年版,第519、522页。

债",共有四件,分别是吕住盈、阿鸾兄弟的卖地契,安员进父子、郑丑挞和马保定的卖舍契。卖舍的原因中,叙写字数最多的是马保定的卖舍契:"为缘家中欠缺,债负繁多,促索之间,填还无计"。债负繁多,证明负债不是一笔二笔,而是债台高筑。而"促索之间,填还无计",把债主催逼、仓皇无措、填还无计的窘况和盘托出,入木三分。

实际上,上述五种交易原因,除第三种原因外,其它原因,均可归结为层层重负下的极度贫穷,迫不得已卖地、卖舍,也就是费孝通讲的"人们有时急需用钱,经济紧张迫使人们把土地当做商品对待"。[①]而土地一旦出卖,当时的国法规定不再新授,那么,这些无地农民只有一条出路,就是沦为佃农或者雇农,在他人所有的土地上耕作,以劳作养活自己及家人。

(四)田宅交易标的物的性质

从敦煌所出的18件土地交易契约中,我们看到明确标明"口分地"(P.4017号残契)、"父祖口分地"(S.3877号5—6V)、"口分舍"(北乃76号)、"父祖口分舍"(S.1285号)、"祖父口分舍"(S.3835号背)、和"口分地舍"(北图25号)共六件,其它如陈都衙卖地契,只是写明"空地出卖",或者什么也没有写,或契残不详,无法判明田宅交易标的物的性质。这表明:

唐代的均田制及其国家相关律令,禁卖与许卖的界限在晚唐以后日渐模糊,而与国法对应的,并被长期的民间实践校验过的,带有很大程式性的交易契约,发挥了规范、引导民间交易的乡法作用,尤其在朝代更迭、国法变易的大背景下,在边陲地域,其功能更加凸显。凯尔森认为,法是人的行为的一种秩序(order)。而一种"秩序"是许多规则的一

---

① 费孝通:《江村经济》,戴可景译,北京大学出版社2012年版,第164页。

个体系(system)。^①那么,敦煌契约文书就以其许多契约规则在确立了一个契约体系的同时,还确立了一种调节、规范民间日常经济交往的社会秩序,是乡法的有机组成部分。

尽管如此,从敦煌所出的 18 件土地交易契约中,依然或明、或隐地看到官府对民间交易契约的控制与影响。不明显者,即在契约中申说交易土地来源的正当性,如父祖或祖父的口分地这一表述即是;而在契约中强调"口分地"或"口分舍"的,则间接证明交易土地、宅舍的合法性,隐约透漏出申牒、官府实体审查、程序控制的消息。十分明显者,如僧张月光易地契中,前有"官有处分,许回博田地",清楚地表明在签订易地契前,已经申牒,且获得官府许可。该契后有"壹博已后,各自收地,入官措案为定",也清楚无疑地表明官府的控制,即双方在换地之后,一方面要"各自收地",同时还要"入官措案",即按照所换之地到官府相关册页变更登记,以承担各自的赋税。由此可见,官府的控制贯穿了易地契的前后过程,既审查交易的合法性,也掌控交易后的赋税落实。此契签订的唐大中年间,之所以如此详细,是否与唐宣宗李忱的勤政有直接关联,已不得而知。史载,这位"器识深远,久历艰难,备知人间疾苦"的晚唐皇帝,"洎大中临驭,一之日权豪敛迹,二之日奸臣畏法,三之日阍寺詟气。由是刑政不滥,贤能效用,百揆四岳,穆若清风,十余年间,颂声载路",^②但史实是,无论他虚襟听纳还是励精图治,均已无力挽回晚唐不可逆转的颓势。

这也印证了这样的一个观点,那就是在中国古代,导致土地集中的主因都是不受制约的专制权力,而不是"小私有者自由买卖"。^③也就是说,敦煌数量微不足道的土地交易,即使没有国家律令的限制,允许

---

① 〔奥〕凯尔森:《法与国家的一般理论》,沈宗灵译,商务印书馆 2013 年版,第 29 页。
② 〔后晋〕刘昫等撰:《旧唐书》,中华书局 1975 年版,第 645 页。
③ 秦晖:"农民土地六论",《社会科学论坛》2007 年第 5 期。

自由买卖,也不是导致土地集中的主因。如前已述,起点的巨大不公,等级特权加上专制权力,才是导致土地集中的祸根。用不通常的话说,"其真正根源也不在经济,不在'自由买卖',而在专制政治下的'地主权贵二位一体'。"① 因此,敦煌土地交易契约的民间规则与局部的国法限制,都只能延缓而不会阻滞土地兼并的大势,以及这一大势形成的两极分化,乃至一个朝代的最终覆亡。

(五)田宅交易的数量与价款

之所以说民间土地的自由交易并不是导致土地兼并的主因,而是其背后的社会背景制度不公以及专制特权造成的,还可以从敦煌所出的田宅交易数量得到印证。也就是说,在敦煌所出的18件有关土地交易的契约中,除了博换土地,即僧张月光将自己的25亩地换了另一位僧人吕智通的11亩地,以及一件曹大行舍地换屋舍和一件残契互换屋舍契约(P.2161号)外,在七件真正的卖地契中,有两件契残不详,其余的五件,按从大到小的顺序,分别是吴盈顺卖地30亩(P.3649号)、安环清卖地10亩(S.1475号5V)、安力子卖地五亩(S.3877号5—6V)、吕住盈、阿鸾卖地四亩(S.1398号),以及陈都衙出卖的"一院空地"(P.2595号),整个加起来,也就50余亩,也就是一丁应受"百亩之田"的一半。这表明:

在处于边陲的敦煌地区,以现有的交易地契,我们看不到土地兼并的直接证据。看到的,只是极度的贫困。而宅舍的买卖数量更小,每契也就是"舍壹院"或者"屋两口"而已,也不具有代表性。

此外,在价款上看,在七件卖地契中,三件契残不详,两件的土地价款以麦粟折算,一件的土地价款以生绢折算,一件既有麦粟、也有生

---

① 秦晖:"关于传统租佃制若干问题的商榷",《学术月刊》2006年第9期。

绢折算的，数额都不是很大。而从卖舍契看，相比地价而言，价值更高一些：安环清的 10 亩地，折价麦粟 16 硕，而兵马使宋欺忠的宅舍价值 68.4 硕，相当于安环清地价的 4.275 倍，等于安环清土地 42 亩多的价值。张义全的舍价 50 硕，是安环清地价的三倍多一点，杨忽律哺舍价 33.7 硕，也是安环清地价的两倍多一点等。由此可见，地价很低。质言之，地处西北干旱、高寒的土地，并不值钱。

（六）田宅交易的交付日期与履行

无论是卖地契、卖宅舍契还是博换土地、博换宅舍契，在交付日期上，无一例外的约定："当日交相分付（讫），并无（升合）玄欠"。在具体表述上，字数或有增减，但基本意思表述得很清楚，就是在立契当日，由出卖方收验折价的麦粟，所以才有"并无升合玄欠"的表述，而由买受方收地、收舍，博换的，一如僧张月光易地契中表述的"壹博已后，各自收地，入官措案为定，永为主记"。实际上，收地、收舍不像收地价的麦粟或者生绢那样可以移动占有，它是一种权利转移，因之是一种带有宣示性的表达而已，从此后，才有权利对地、舍的实际占有、使用、收益和处分，所以，"土地的占有通常被看作习惯上和法律上承认的土地所有权"。[①]

立契当日，交相分付的履行，至少表明：

第一，签约前期的程序、准备工作很多，比如卖地需要申牒，获得官府的文牒后双方还要确定四至，在卖宅舍契中还要测量"四基"尺寸，以及协商价款等。但一经双方达成合意，签约也就意味着民间程序、交易保障的基本完成。签契之时，也就是履约之际，古人毫不沾泥带水，干净利落，以防止纠纷的发生，这应当是古代民间智慧的契约表达。之所以毫无例外，如此签署，可用费孝通的一段话来注解最切："在一个变

---

① 费孝通：《江村经济》，戴可景译，北京大学出版社 2012 年版，第 157 页。

动很少的社会中，从实际经验里累积得来的规范时常是社会共同生活有效的指导。规范对于社会生活的功效不但是它存在的理由，也是受到社会威权支持的理由。社会威权的另一面就是人民的悦服。悦服的原因是在从此可以获得生活上的满足。社会结构不变动，规范成了传统，以往的成效是规范取信于人的凭借。"①

第二，尽管如此，还是为了防止在签约当日，交相分付之时有一方率先反悔，因此，与这种立契之日交付相配的另一民间规则就是"先悔罚则"。如此，即担保了整个契约的效力，也有效防止了某一方突然变卦、轻率毁约的行为，从而不使前期的所有付出与成效归零，这也是值得推崇的契约智慧。

（七）田宅交易的"先悔罚则"

霍布斯指出："契约之所以有约束力，并不是由于其本质（因为最容易破坏的莫过于人们的言辞），而不过是由于畏惧毁约后所产生的某种有害后果而来的。"② 此论可谓深中鹄的。在敦煌所出的18件土地交易契约中，除了两件契残（分别是 P.2595 和 S.3835 号背）不详，一件姚文清买舍契（S.5700 号）没有约定外，其余15件土地交易契约均无一例外地约定了"先悔罚则"，以保障契约的约束力。"先悔罚则"细分有以下三种类型：

1. 罚金"入不悔人"

典型的样式，如张义全卖宅舍地基契中约定："一定已后，两不休悔。如有先悔者，罚麦叁拾驮，充入不悔人"。这一类型可称为"入不悔人罚则"，其实质就是罚金归守约方。也就是说，一个规则同时内含奖与罚：

---

① 费孝通："论'知识阶层'"，《皇权与绅权》，岳麓书社2012年版，第14页。
② 〔英〕霍布斯：《利维坦》，黎思复、黎廷弼译，商务印书馆1985年版，第100页。

奖守约者，罚先悔约者。在有"先悔罚则"的 15 件敦煌土地交易契约中，明确约定"入不悔人罚则"的有 11 件，占 73.33%。由此可见，这一方式的罚则，是敦煌土地交易契约中"先悔罚则"的主导性罚则方式。

罚金"入不悔人"的具体约定，分别是：

安环清卖地契：罚麦伍硕；

安力子卖地契：罚上耕牛壹头；

吴盈顺卖地契：罚上马壹疋；

吕住盈、阿鸾卖地契：罚绫壹疋；

阴国政卖地契：罚麦玖硕；

张义全卖舍契：罚麦叁拾驮；

杨忽律哺卖舍契：罚青麦拾伍驮；

安员进父子卖舍契：罚青麦拾硕；

郑丑挞卖舍契：罚楼机绫壹疋；

吕住盈、阿鸾卖舍契：罚黄麻玖驮；

曹大行舍地回换屋舍契：罚麦两驮。

由此可见，充当罚金的不仅有麦（麦、青麦）、上品耕牛、上好的马，也有织物中上品的绢——绫、楼机绫，还有黄麻等。从罚金的数量看，应当说是很重的，大抵不重不足以起到保证契约履行与切实防止随意毁约的目的。

比较而言，我国先民在中古时代的民间契约中创制的这种"先悔罚则"，与我国颁行的《民法典》中的"定金罚则"既有相同的方面，也有质的区别。我国《民法典》第五百八十七条规定："债务人履行债务的，定金应当抵作价款或者收回。给付定金的一方不履行债务或者履行债务不符合约定，致使不能实现合同目的的，无权请求返还定金；收受定金的一方不履行债务或者履行债务不符合约定，致使不能实现合同目的,应当双倍返还定金。"[①]由此可见,两者的相同点是均有违约惩罚的目的:在先悔罚则中,对"先悔"一方的违约行为按照约定予以惩罚;在定金罚则中,由于定金可分为立约定金、成约定金、解约定金,以及违约定金,应当按照不同的定金承担不同的定金责任,但按照我国《民法典》的立法精神,我国将定金罚则归属在违约责任项下,因此,两者在对违约惩罚的目的上是相同的。

但先悔罚则与定金罚则具有质的不同:一是规范的行为不同。先悔罚则旨在防止和规范一方的"先悔"行为,而定金罚则旨在防止和规范任何一方"不履行债务或者履行债务不符合约定"的行为;二是内在的属性不同。定金罚则具有从属、预先支付和双重担保的内在属性,而"先悔罚则"不具有从属、预先支付的属性,且不是双重担保,它是对整个契约得以顺利履行的担保。也就是说,先悔罚则担保的是契约不被一方率先毁约,强调的是双方一旦达成契约,就要信守而不得"先悔"。三是承担的责任不同。在先悔罚则中,谁先悔,谁就要按照约定的数额承担被罚的先悔责任,而在定金罚则中,不履行债务或者履行债务不符合约定的一方,按照约定的数额承担被罚的法定责任,即给付定金的一方无权请求返还定金,收受定金的一方,则应当双倍返还定金。

由此可见,"先悔罚则"对契约应当无怨无悔的履约起到了特殊的保证作用,这是定金罚则所没有的功能,可惜未能被我国的《民法典》汲取。

2. 罚金入官

这一罚则的具体表述,如宋欺忠卖舍契所载:"如先悔者,罚黄金叁两,充入官家"。应当说,这样的约定本身,没有任何歧义,但为何要将

[①] 我国《民法典》中的这一规定,是对原《合同法》第一百一十五条和原《担保法》第八十九条规定的整合,以及在立法用语等方面进一步规范而形成的条款。

罚金"入官"呢？分析而言，可能有两方面的原因，一是让民间契约借此获得官方的权威，以防止轻易毁约；二是带有惩罚性质，还撇清了熟人社会中因为"罚金入不悔人"的获利似的尴尬。从敦煌土地交易契所见，罚金入官的契约共有三件，占15件有"先悔罚则"的20%，所占比例不是很高。对此，张传玺认为，由于"不可能在业主'投状申牒'与钱主'立券'成交之后不纳契税"。因此，根据这里的"先悔罚则"中入官的约定，以及"有些契约的中保人还是低级地方军政官吏"这些依据，进而认为，"在唐代缔结土地契约时也要纳税。"① 申牒也要缴纳契税，虽无史料直接证明，似乎不无可能。但问题是，根据"先悔罚则"入官的约定来推定当事人缔约也要纳税，似难成立，因为这两者之间没有必然的因果关系。事实上，"先悔罚则"中大量约定的"充入不悔人"，与契税就没有任何关联，即是明证。当然，除以因果关系解释外，我上述的分析，正如美国人类学家格尔茨（Clifford Geertz，1926年—2006年）所说，"试图通过将社会现象编织到巨大的因果网络之中来寻求解释，转变为尝试透过将社会现象安置于当地人的认知架构之中以寻求解释"。②

罚金"入官"的具体约定，分别是：

宋欺忠卖舍契：罚黄金叁两，充入官家；

张月光子父易地契：罚麦贰拾驮入军粮，仍决杖三十；

残契（P.2161号）：罚？充纳入官。

从上可见，一件罚黄金三两，很重。一件不仅要罚麦贰拾驮入军粮，还要决杖三十，是不是有相应的律令依据已不得而知，不仅罚金数量很重，还要入刑，决杖三十，如此规定，想必不会有哪一方先悔。另一件罚什么，因契残不详，但有"充纳入官"的字样。

---

① 张传玺：《契约史买地券研究》，中华书局2008年版，第24页。
② 〔美〕克利福德·格尔茨：《地方知识——阐释人类学论文集》，杨德睿译，商务印书馆2014年版，第7页。

3. 不明确

除以上两种主要、具体的"先悔罚则"外，尚有四件契约的约定不明确。两件因契残（P.2595、S.3835号背）不详；一件姚文清买舍契（S.5700号）没有约定；另一件残契（P.4017号）中约定："如若先悔者，罚上马壹匹"，究竟是"入不悔人"还是"充入官家"，也不明确。从盖然性推测，前者的可能性较高。

（八）田宅交易的风险担保

在敦煌所出的18件土地交易契约中，除三件契残不详外，其余15件无一例外地约定了风险担保责任。从敦煌所出的契约所见，在契约中约定担保责任的方式，主要有瑕疵担保、保人担保、抵赦条款、不准收赎等方式。

1. 瑕疵担保

所谓瑕疵担保，是指依据双方约定，在交易活动中当事人一方移转财产或权利给另一方时，应担保该财产或权利无瑕疵，若移转的财产或权利有瑕疵，则应向对方当事人提供与标的物价值相当的同类物的保证责任。

瑕疵担保中的瑕疵细分有二，一是标的物自身品质的瑕疵，二是标的物的权利瑕疵。就前者而言，标的物自身品质的瑕疵是指标的物在质量、数量及使用效能等方面存在的瑕疵；就后者而言，则是由于标的物虽然为一方所有，其可能存在所有权完整与否的问题，所有权有欠缺，或者根本就没有所有权，买方对标的物的占有势必会有不安之虞，甚至会受到真正有权第三者的追偿。[①] 换言之，是指出卖人就契约约定所要交付的标的物不受他人追夺的担保。在敦煌契约文书中，除买卖耕畜的

---

① 韩伟："唐宋时期买卖契约中的瑕疵担保——以敦煌契约文书为中心的考察"，《兰州学刊》2010年第2期。

契约可能均有这两种担保外，其余契约的担保大多属于权利瑕疵担保，如土地交易契约即是权利瑕疵担保。为何如此呢？因为土地品质的好坏乃天然形成，不是人力所能左右者。买方既然看上了某块土地，实质上就认可了该地的天然品质，不会因为地主的作假而使买方承受不必要的风险。但是，对这块土地的权利瑕疵，很有可能因为地主的隐瞒而导致买方风险的增加，因此，必须约定权利瑕疵担保。对此，张传玺讲："业主担保与违约罚则的协议确定，是保证契约顺利执行的必要条件。因为在物业转让关系进行交割之后，钱主对于标的（如田地、墓地等）拥有权利，就是拥有所有权，此所有权具有排他性，这要在日后的实践中进行检验；业主对于标的在一定的时间中要承担协议中规定的义务，就是对标的不确、产权不明等引致的事端要承担排除的责任。"[①] 在敦煌所出的土地交易契约中，这一担保非常普遍，已成土地交易契约的常则。其典型表述，比如，吴盈顺卖地契中的约定："有吴家兄弟及别人侵射此地来者，一仰地主面上并畔觅好地充替。"再如，僧张月光易地契中的约定："立契已后，或有人忏悷园林舍宅田地等称为主记者，一仰张月光子父知(祇)当，并畔觅上好地充替，入官措案。"从这些约定中可以看出，它的实质，就是一种权利瑕疵担保。如果卖主出卖、廻博的土地属于第三人，则要卖主承担这一瑕疵的担保责任，亦即另觅同等以上质量的土地、宅舍充替。

2. 保人担保

所谓保人担保，即保证人担保，是指卖主交付和移转的财产或权利如有瑕疵，则应由卖主提供卖主以外的人为保证人，由保证人承担保证责任的担保。比如，安力子卖地契中的约定："中间若亲姻兄弟及别人争论上件地者，一仰口承人男挶撝兄弟祇当，不干买人之事"，就是保证

---

① 原文中的"标的"，应为"标的物"。参见张传玺主编：《中国历代契约粹编》（上册），北京大学出版社 2014 年版，第 46 页。

人担保。

瑕疵担保与保人担保的区别是,前者担保责任的承担者是出卖者本人(如地主、舍主),而后者则是出卖者以外的其他人,这是保人担保独立并不同于瑕疵担保的关键点。

3. 抵赦条款

所谓抵赦条款,也称恩赦条款或恩赦担保,是指在敦煌借贷、土地交易等民间契约中约定,如果遇到国家对因契约所生之债进行赦免,也不能由此免除债务人应当承担的责任。比如,吴盈顺卖地契中的约定:"中间或有恩赦流行,亦不在论理之限。"就是比较典型的抵赦条款。它实际上是一种对国家过分干预民间契约的民间防范方式,一种由民间契约约定的、化解来自国家风险的契约担保,具有极其重要的价值与意义。

4. 不许他人收赎

所谓不许他人收赎,是指土地交易契约履行后,只允许卖主收赎,但不允许卖主的兄弟及其他人收赎的方式。比如,在吕住盈、阿鸾兄弟典卖地契的约定:"自卖余后,任□□□若住盈、阿鸾二人能辨修溃(办收赎)此地来,便容许□□□□兄弟及别人修溃(收赎)此地来者,便不容许修溃(收赎)□□□□□",就是一件不许他人收赎的约定。这样的约定,一方面凸显了"典卖"本身的特质,另一方面,切实保护了出典人与承典人双方的权利,即防止因典价过高或过低而损害出典人的回赎,以及损害承典人的使用和收益,同时防止他人收赎而从中渔利。实质上,这也是一种广义上的担保方式。

对以上四种担保方式,以敦煌所出土地交易契约为例,梳理如下:

一是"双担保"。细分又有四种不同方式:(1)瑕疵担保 + 抵赦条款;(2)瑕疵担保 + 保人担保;(3)不许收赎 + 抵赦条款;(4)保人担保 + 抵赦条款。

其中,采用第一种方式的契约有八件,占 15 件契约数(除三件契残不详外)的53.33%；采用第二种方式的契约只有一件(P.3394号张月光易地契)，占15件契约总数的6.66%；采用第三种方式的契约只有一件(S.1398号吕住盈、阿鸾卖地契)，占15件契约总数的6.66%。采用第四种方式的契约也只有一件(S.3877号5—6V安力子卖地契)，占15件契约总数的6.66%。

二是"单一担保"。主要有四种：一是瑕疵担保(S.2385号残契)；二是保人担保(S.1398号吕住盈、阿鸾卖舍契)；三是抵赦条款(北乃76号安员进卖舍契)；四是如遇恩敕，罚卖主(S.1475号5V安环清卖地契)。这四种担保方式各有一件契约，各占15件契约总数的6.66%。

由以上两种担保方式的比例可见，单一担保并不是敦煌土地交易契约的主要担保方式，而是让买受人更放心的"双担保"。这表明：

其一，担保方式越多，证明对契约不确定性的担心和隐忧越大。

其二，作为民间契约规则衍生出来的瑕疵担保，它所表达的法意类似于现代意义上的瑕疵担保。而出现在借贷契约、土地交易契约等敦煌契约文书中的抵赦条款所表达的，不仅仅是国法与乡法的对峙，更重要的是，它是民间意思自治和对契约所表达的意愿的服从。杨际平认为，至安环清立契之时，计口授田的土地已可买卖，这表明这些土地已经私有化。但在当时，这种土地私有权还不完整。从法律上讲，国家仍有可能干涉土地的转移。为此，作为一种预防措施，该卖地契加上了"已后若恩敕，安环清罚金伍两纳入官"的条款。① 此论甚好。但这里所论的抵赦条款，并不是因为国家仍有可能干涉土地的转移而采取的一种预防措施。事实上，抵赦条款的存立，一方面它是敦煌借贷契约，卖儿、卖婢契约以及土地交易契约共有的套语，另一方面，它表达的是民间契约一经订立，即使有皇帝的恩敕诏令对因契约所生之债予以赦免，也不影

---

① 杨际平："敦煌文书安环清卖地契的性质和年代——与余也非先生商榷"，《四川大学学报》(哲社版)1983年第4期。

响本契约约定的效力,内中传承的不仅是汉晋以来"民有私约如律令"①的一贯立场,以及对契约的敬畏和对乡法的尊重,而且是对来自公权力干预所带来的风险的一种积极预防,蕴含了坚卓的民间智慧。

四、敦煌土地交易契的整体阐释

为了对敦煌卖地契、卖宅舍地基契和易地契、换舍契有一个整体把握和系统认识,下面对敦煌所出土地交易契约的上述三种类型,选取其中比较完整和典型的契约进行解读与分析。

(一)卖地契

1. 后周显德四年(957年)吴盈顺卖地契

P.3649 号背

1 南沙灌进溉中界,有地柒畦,共叁拾亩,东至官园,西至吴盈住,南至沙,北

2 至大河。于时显德肆年丁巳岁正月二十五日立契、敦煌乡百姓吴盈顺,伏缘

3 上件地水,佃种往来,施功不便,出卖与神沙乡百姓琛义深。断作地价,每尺

4 两硕,干湿中亭,生绢五疋,麦粟伍拾贰硕。当日交相分付讫,并无升合

5 玄欠。自卖已后,永世琛家子孙男女称为主记为准,有吴家兄弟及

---

① 《晋太康五年杨绍买地瓦券》,钱大昕《十驾斋养新录》卷一五,原题《杨绍买地券》。

6　别人侵射此地来者，一仰地主面上并畔觅好地充替。中间或有恩赦流

7　行，亦不在论理之限。两共对面平章为定，准法不许休悔。如

8　若先悔者，罚上马壹疋，充入不悔人。恐人无信，故立斯

9　契，用为后验┌──①

在这件卖地契中，卖主敦煌乡百姓吴盈顺，将位于南沙灌进溉中界的柴畦叁拾亩土地，出卖给神沙乡百姓琛义深，地价共计生绢五疋，麦粟伍拾贰硕，签约当日各自交付完毕。自卖以后，买主及其子孙对土地永世做主，如果有卖主的吴家兄弟及别人来对这三十亩土地主张权利，亦即使买主无法占有、使用、处分和收益的，则要卖主吴盈顺另找三十亩上好的土地充替。在这过程中，如果遇到恩赦放免因契约所生之债，也不在论理的范围，本契继续有效。其后是契约套语，强调了此契是经由双方面对面的协商达成的一致意思表示，依法不许反悔。② 如果哪一方先反悔（而不履行契约），罚上马壹匹给守约方。因为担心有人言而无信，因此订立这份书面契约，以备后验。

这件卖地契发生在唐亡后的五代期间，具体是在后周显德四年，即公元957年。将这件卖地契与前面引述的发生在唐文宗大和元年（827年）安环清的卖地契相比，两件契约虽已相隔130年，但两者无论契约结构、文书用语、计量方式、契约要素、权利宣示、交付履行、先悔罚则、

---

①　唐耕耦、陆宏基编：《敦煌社会经济文献真迹释录》（第二辑），全国图书馆文献微缩复制中心1990年版，第11页。

②　休，从字义看，应理解为"莫、不要"比较妥帖。陈晓强解读为"后悔"，且注解认为在甘肃陇右方言中表示"不要"的"休"仍读为"hou"。参见陈晓强：《敦煌契约文书语言研究》，人民出版社2012年版，第174页。实际上，后悔，仅表示有悔意，而反悔，才是契约所要禁止的，且将"悔意"外化而成的行为。所以，深层意思是"不许反悔"，亦即不得毁约。

抵赦条款,乃至契约套语等等,都完全相同。这有力地证明了经由长期生活实践总结、抽绎出来的民间契约程式,及其控制风险的做法是行之有效的,因而是成熟和稳定的,不因朝代的更替,法律制度的变化而有变化,显示了民间契约强大的生命力,已形成了民间各分其类的"契约传统"。这表明,"传统是社会所累积的经验。行为规范的目的是在配合人们的行为以完成社会的任务,社会的任务是在满足社会中各分子的生活需要。"① 因此,某一"传统"一旦形成,构成这一传统内质的范式、内容,甚至经典用语就成了相对固定的代名词,不会轻易更改。因为"所谓传统是社会文化的历史发展里面传留下来的东西,它是从社会继替的过程里面发展出来"。② 为了确证这一观点,可再引比吴盈顺年代更远的北宋年间的一件敦煌所出卖地契加以比较。

2. 宋太平兴国七年(982年)吕住盈、阿鸾兄弟典卖地契

S.1398 号

1 请成北宋渠中界有地壹畦北头壹片共计四亩,东至▭

2 南至地田。于时太平兴国柒年壬午岁二月二十日立契,赤心

[乡百姓吕住盈及弟]

3 阿鸾二人,家内欠少,债负深广,无物填还,今▭

4 与都头令狐崇清,断作地价每亩壹拾贰硕,通▭

5 当日交相分付讫,无升合玄欠。自卖余后,任▭

6 若住盈、阿鸾二人能辨修渎(办收赎)此地来,便容

许▭

7 兄弟及别人修渎(收赎)此地来者,便不容许修渎(收

---

① 费孝通:《乡土中国 生育制度》,北京大学出版社1998年版,第50页。
② 胡庆钧:"论绅权",《皇权与绅权》,岳麓社2012年版,第108页。

赎）▭

  8 便入户。恩敕流行，亦不在论理。不许休悔者▭

  9 绫壹疋，充入不悔人，恐人无信，故立此契，用▭▭①

  这是唯一一件敦煌所出的"典卖"地契，因此十分珍罕。它实际上是宋代普遍实行的典卖现象的一个缩影。典卖，又称"活卖"，是中国历史上买卖不动产的一种方式。具体是指出典人将土地、房舍等不动产作价出典给承典人，承典人支付典价后，获得该地、舍的使用和收益的权利。在约定期限内，出典人可以原价赎回典物，逾期不能赎回的，即被视为"绝卖"。

  这件吕住盈、阿鸾兄弟典卖地契，与安环清卖地契相隔155年，后者是唐代契约，前者是归义军时期的契约，其时已是宋太平兴国七年。对这两件契约进行比较，除了因为这件契约为"典卖"地契而特有的允许典卖人"收赎"和不许他人收赎的内容外，其余契文完全相同。这一现象，正应了费孝通所说的"时间的悠久是从谱系上说的，从每个人可能得到的经验说，却是同一方式的反复重演。……经验无需不断累积，只需老是保存。"②由于此契为残契，无法看到是否约定了具体的"收赎"期限，但此契允许出典人收赎，构成和属于"典卖"之为典卖最核心的约定。这件典卖地契珍贵就真珍贵在同时约定了不容许出典人以外的人"修渎"（收赎），是一种有内在理据的规则创制，弥足珍贵。

  但，吴盈顺卖地契和吕住盈、阿鸾兄弟典卖地契作为解读和分析样本，存在的不足是契尾不全，无法看到相应的契约程式环节。因此，再引一件因契残而年代不详，但有完整契尾的契文进行分析。

---

 ① 唐耕耦、陆宏基编：《敦煌社会经济文献真迹释录》（第二辑），全国图书馆文献微缩复制中心1990年版，第13页。

 ② 费孝通：《乡土中国 生育制度》，北京大学出版社1998年版，第21页。

3. 阴国政卖地契

S.2385 号

1 ▭▭▭▭▭▭阴国政只是一身
2 ▭▭▭▭▭▭动不得▭▭▭▭①
3 ▭▭▭▭▭▭食之▭▭
4 ▭▭▭▭▭▭其地断作▭▭
5 ▭▭▭▭▭▭永世为业,其物及地▭
6 ▭付▭▭欠少▭▭▭▭▭百年▭
7 ▭称为主者,一仰叔祇当,并畔觅上好地替,如▭
8 ▭已后,不许别房侄男侵劫,如若无辜非理诤论,愿▭
9 ▭天倾地陷。一定已后,更不许翻悔。如有再生翻悔,罚麦玖硕,

10 充入不悔之人。恐人无信,两共对面平章,故立私契,用▭▭▭▭(为后凭)

11　　　地主叔阴国政 指节年七十二
12　　　同户侄阴再▭▭
13　　　　▭▭
14　　　见人▭▭
15　　　见人何▭
16　　　见人耆寿▭▭
17　　　节度押衙本乡▭▭
18　　　河西管内都指挥使兼御史▭▭▭②

---

① 此符号表示有整段契文残缺,下同。
② 唐耕耦、陆宏基编:《敦煌社会经济文献真迹释录》(第二辑),全国图书馆文献微缩复制中心 1990 年版,第 16 页。

这件残契作为我们解读的样本，它的功用在于契尾很全，刚好弥补了上引卖地契契尾不全的缺憾。在这件契约的正文中，我们看到，72岁的叔父阴国政可能因年老体衰，也许还有病患在身，以致行动不便，无法耕种自己的田地，因此将土地卖给了侄子阴□□，为此签订了本契。不同的是，在瑕疵担保中，限定"不许别房侄男侵劫"，且在契尾有同户侄阴再□签署，属于前述的"先问房亲、四邻"的程式明证。此外，还有三位见人，更有两位官员签署，一位是节度押衙本乡▭▭▭▭▭，① 一位是河西管内都指挥使兼御史，这表明什么呢？是不是当时须有的程式，还是因有官员的参与增强契约的权威，抑或是藉此方式实现官府对民间契约的掌控？已不得而知。从契尾签署可见的是对土地买卖的审慎，以及对程式的遵循，这是肯定与显而易见的。

（二）卖宅舍地基契

1. 丙辰岁（896 年或 956 年）宋欺忠卖宅舍契

P. 3331 号

（前缺）

1　叁年丙辰岁十一月十八日，兵马使 张骨子为

2　无屋舍，遂买兵马使宋欺忠上件准尺

3　数舍居住。断作舍价物计斛斗陆拾

4　捌硕肆斗，内麦粟各半。其上件舍价物，

5　立契日并舍，两家各还讫，并无升合欠

6　少，亦无交加。其舍一买后，任张骨子永

---

① 一般对于残契中所缺的字符，用"□"表示，而对于连续残缺或整段所缺的字符，则用"▭▭▭▭▭"来表示。

7　世便为主记居住。中间或有兄弟房

8　从及至姻亲忏悾，称为主记者，一仰舍

9　主宋欺忠及妻男邻近稳便买舍充

10　替，更不许异语东西，中间或有恩赦，亦

11　不在论限，人从私契。一买已后，更不许

12　翻悔。如先悔者，罚黄金叁两，充入官

13　家。恐后无凭，故立此契，用为验耳。

14　　　见人兵马使兼乡官李① 舍主兵马使宋②

（后缺）

在这件卖舍契中，因为买主张骨子"为无屋舍"，遂买舍主宋欺忠的屋舍，折抵舍价物陆拾捌硕肆斗，其中麦粟各半。立契当日，卖主交舍，买主交舍价物（款），买卖两清。然后是买主对屋舍宣示性的权利，卖主的瑕疵担保责任，以及抵赦条款。有意味的是这个抵赦条款后，直接对接"人从私契"，③申述、强调、凸显了"私契"的独立价值。再就是先悔罚则，不同的是，如上已述，罚黄金三两入官家，而非不悔人。比较而言，这种向官家纳罚的情形，与回鹘文买卖契约中违约惩罚的第三种情况十分接近。④可见，正是"这些小事无穷尽地反复，构成现实的系列。每件小事都代表着成千上万件小事，它们静悄悄地随着时间流逝，但又绵延

---

① 注："见人兵马使兼乡官李"由上到下倒写。另，值得一提的是，此件私契，字迹清晰、庄重、秀美，为同类文书中难得的精品。

② 唐耕耦、陆宏基编：《敦煌社会经济文献真迹释录》（第二辑），全国图书馆文献微缩复制中心1990年版，第4页。

③ 敦煌契约的著名套语是"官有政法，民从私契"，突出的是"官""民"并举，各行其道，内中申说的是官府不得干预民间契约。由于唐太宗李世民名讳"民"字，有唐一代，遂改"民"为"人"，变成了"人从私契"。这件契约订立在唐乾宁三年，为唐昭宗李晔在位的第七年，政权已摇摇欲坠，离唐覆亡只剩11年时间。

④ 刘戈：《回鹘文买卖契约译注》，中华书局2006年版，第21页。

不绝。"① 由此构成了民众的日常,而因日常延布成广大。

2. 唐乾宁四年(897年)张义全卖宅舍地基契

S.3877号2V

1　永宁坊巷东壁上舍内东房子一口并屋木,东西
2　一丈叁尺五寸基,南北贰丈贰尺五寸并基,东至张加闰,
　　西至张义全,
3　南至氾文君
　　北至吴支支　又房门外院落地并簷櫳柱东西
4　肆尺,南北一丈一尺叁寸。又门道地,南北二尺,东西三丈
5　六尺五寸。其大门道三家共合出入。从乾宁四年丁巳
6　岁正月二十九日,平康乡百姓张义全为缺少粮用,遂
7　将上件祖父舍兼屋木,出卖与洪润乡百姓令狐信通兄弟,
8　都断作价直伍拾硕,内麨斗干货(湿)各半。其上件
9　舍价,立契当日交相分付讫,一无悬欠。其舍一买(卖)
10 已后,中间若有亲姻兄弟兼及别人称为主己者,
11 一仰旧舍主张义全及男粉子、支子祗当还替,不忓[干]
12 买价人之事。或有恩敕赦书行下,亦不在论理
13 之限。② 一定已后,两不休悔。如有先悔者,罚麦叁拾
14 驮,充入不悔人。恐人无信,两共对面平章,

---

①〔法〕费尔南·布罗代尔:《15至18世纪的物质文明、经济和资本主义》第一卷,《日常生活的结构:可能和不可能》,顾良、施康强译,生活·读书·新知三联书店2002年版,第666页。

② "恩敕赦书行下,亦不在论理之限",这一契约用语比较独特,不是一般常见的"恩敕流行",而是比较具体的"恩敕赦书行下",强调了即使有针对本契约的恩敕、赦书颁行下来,也不在讨论的范围。

15 故勒此契,各各亲自押署,用后凭验。┌──①

在这件相对比较完整的卖舍契中,我们看到,它与上述卖地契的结构非常接近。先写标的物房舍的坐落位置、四至的尺寸(这是卖地契没有的)、房舍四至,以及房门外院落地并簷櫺柱的尺寸,外加门道地南北、东西的尺寸(这也是卖地契没有的)。再写明公共通道——大门道——三家共合出入。然后就是立契年月、立契原因、房屋来源、买受人,以及舍价50硕(干、湿各半)。其后是立契日各自交付履行,瑕疵担保,抵赦条款以及先悔罚则,契末套语等。最后署明"各各亲自押署",因契尾残契,未能一窥其真实样状。因上述卖舍契文后残,再选一件有契尾签署的文书进行分析。

3. 后唐清泰三年(936年)杨忽律哺卖宅舍地基契

S.1285号

1 修文坊巷西壁上舍壹所,内堂西头壹片,东西并基壹仗伍
2 寸,南北并基壹丈伍尺。东至杨万子,西至张欺忠,
  南至邓坡山,北至薛安住。又院落地壹条,东西壹
3 仗肆尺,南北并基伍尺,东至井道,西至邓坡山及万子,北至薛安
4 升及万子,又井道四家停支出入,不许隔截。时清泰叁年丙
5 申岁十一月廿三日,百姓杨忽律哺,为手头缺乏,今将父祖口分舍
6 出卖与弟薛安子弟富子二人。断作舍价,每地壹尺断物壹

---

① 唐耕耦、陆宏基编:《敦煌社会经济文献真迹释录》(第二辑),全国图书馆文献微缩复制中心1990年版,第5页。

7　硕贰斗，兼屋木并楸，都计得物叁拾叁硕柒斗。其舍及
8　物当日交相分付讫，更无玄欠。向后或有别人识认者，一仰
9　忽律哺祇当。中间如遇 恩敕大赦流行，亦不许
10 论理。两共面对平章，准法不许休悔。如先悔者，罚青麦
11 壹拾伍䭾，充入不悔人。恐人无信，立此文书，用为后凭。舍
12 主兼字 ┌──
13　　　　　　出卖舍主杨忽律哺 左头指
14　　　　　　出卖舍主母阿张　右中指
15　　　　　　同院人邓坡山（押）
16　　　　　　同院人薛安升（押）
17　　　　　　见人薛安胜（押）
18　　　　　　见人薛安住（押）
19　　　　　　见人吴再住（十字押）
20　　　　　　见人押衙邓万延（押）
21　邻见人兵马使邓兴俊（押）① 邻见人高什德
22　　　　　　邻见人张咸贤　知②

　　这件后唐清泰三年的卖宅舍地基契，实与上件唐乾宁四年的卖舍契在结构、内容上没有实质差异，珍贵的是契尾很全。我们看到，出卖舍主杨忽律哺不仅签名，还要画左头指，而杨忽律哺之母阿张作为财产共有人，也以"出卖舍主"的身份签名和画右中指，以使共同共有人对房舍的处分合法有效。而同院人两名的签署画押，则再一次证明了程式中

---

① 此处由下往上倒写，并画押。
② 唐耕耦、陆宏基编：《敦煌社会经济文献真迹释录》（第二辑），全国图书馆文献微缩复制中心1990年版，第9页。

规定的"先问房亲、四邻"的存在以及必要性。如此,一是表明卖主与邻人无相邻权的瓜葛,二是使买主即房舍新主人入住顺利,为邻人接纳。此外,还有四名见人,三名邻见人,如此阵仗,也可见老百姓对买卖房子的极度重视。

4. 残契

P.2161 号

(前缺)
1 粟拾硕□□八日上斛斗及干货都□□□□
2 拾柒硕并总还讫,一无欠少。今□□□
3 侯阴兼行巷村邻押抄示名为□□□
4 契日抄在岳家觅不得,已后抄□□□
5 □论限□   舍主兵马使岳安□□
6   母索氏(押)
7   弟安德
8   弟安庆
9   见人父阇梨信惠
10   见人张善善(押)
11   见人副队陈骨子(押)
12   都虞侯兼御史大夫阴(押)①

这件残契,似是原件找不到了,因此按照原来商定的卖舍契重写了一份备存。从有限的文字看,买主已经全部交清了舍价物。从契尾看,

---

① 唐耕耦、陆宏基编:《敦煌社会经济文献真迹释录》(第二辑),全国图书馆文献微缩复制中心 1990 年版,第 21 页。

不仅有舍主岳安□的签署，还有其母索氏的画押，更有两位弟弟岳安德、岳安庆的签名，同时还有三位见人，其中两位画押，另有一位都虞侯兼御史大夫阴画押。契尾这些签署、见证和画押手续，不仅表明对卖舍契的审慎和高度重视，而且一旦发生争议，就会起到最佳书证、证人见证的作用，从而为定纷止争、化解纠纷预设了一种"用为后凭"的证据保障。

5. 宋太平兴国七年（982年）吕住盈、阿鸾兄弟的卖宅舍地基契

S.1398 号

1　临地坊拴巷子东壁上有舍壹院，内厅舍南防（坊）壹□

2　南至宋盈盈，北至自院落。于时太平兴国柒年，岁在□

3　赤心乡百姓吕住盈及弟阿鸾二人，缘为□

4　今租与卖（卖与）都头令狐崇清，东西并基壹□

5　仗（丈）贰尺，每尺两硕，都计算著麦粟□

6　日交相分付讫，并无升合玄欠。自卖已后□

7　若中间有兄弟及别人诤论此舍来者，一仰口承□

8　二人面上并邻舍充替，或有恩赦流行，并不在论理，不许□

9　黄麻玖驮，充入不悔人。恐后无信，故立此契，用为后凭□①

同样，将这件宋太平兴国七年吕住盈、阿鸾兄弟的卖舍契，与唐乾

---

① 唐耕耦、陆宏基编：《敦煌社会经济文献真迹释录》（第二辑），全国图书馆文献微缩复制中心1990年版，第14页。唐、陆注：此件字迹潦草，涂抹之处甚多，不是正式契约，而是草稿或习书。

宁三年宋欺忠卖舍契、唐乾宁四年张义全卖舍契,以及后唐清泰三年杨忽律哺卖舍契加以比较,甚至将这件卖舍契与上述安环清卖地契进行比较,也会发现并无大的不同。因此,"社会变迁不仅要研究'变',更重要的是要研究社会变迁背后那些'不变'的东西,因为正是那些'不变'的东西制约着、甚至决定着'变'的内容和形式。"① 而对其中的变与不变的观察与分析,需要以布罗代尔界说的"长时段"② 予以分析,因为"长时段是社会科学在整个时间长河中共同从事观察和思考的最有用的河道。"③ 布罗代尔进一步指出:"在土地的表面,到处都显示出一种物质生活,这种生活是由陈规、传统和很久以来的各种成功所组成的。……因此,物质生活这一表达所指的是人们的选择:不断重复的举止;客观实在的过程;古老的经验以及从时间的漫漫长夜流传下来的各种方法。"④ 由此,再一次证明了民间契约传统的恒稳与成熟:它是生民艰难生存境况的写照,不会被战火焚毁的历史见证;它是残存的中古时代的生活画卷,不会被朝代的更替而更替的生活陈规。

(三)易地契、换舍契

1. 易地契

唐大中六年(852年)僧张月光、吕智通易地契

---

① 尹伊君:《社会变迁的法律解释》,商务印书馆2003年版,第16页。
② 布罗代尔把历史时间区分为地理时间、社会时间和个体时间,将这三种时间分别称为"长时段"、"中时段"和"短时段",并提出与这三种时段相适应的概念,分别称为"结构"、"局势"与"事件"。而所谓的"结构",是指长期不变或者变化极慢的,但在历史上起经常、深刻作用的一些因素,如地理、气候、生态环境、社会组织、思想传统等。参见张芝联:"费尔南·布罗代尔的史学方法",〔法〕费尔南·布罗代尔:《15至18世纪的物质文明、经济和资本主义》第一卷,《日常生活的结构:可能和不可能》,顾良、施康强译,生活·读书·新知三联书店2002年版,中译本代序第7页。
③ 〔法〕费尔南·布罗代尔:《资本主义论丛》,顾良、张慧君译,中央编译出版社1997年版,第202页。
④ 转引自童丕:《敦煌的借贷:中国中古时代的物质生活与社会》,余欣、陈建伟译,中华书局2003年版,译者前言第5页。

P.3394 号

1 （宜秋平）都南枝渠上界舍地壹畦壹亩，并墙及井水，门前

2 □□□张日兴两家合同共出入，至大道。东至张日兴园舍平分，西至僧张法原园及智通园道，南至

3 □□法原及□□□□ 南墙，□□张日兴园园道，智通舍东间　又园地叁畦共肆亩，东至张日兴园，西至张达子道，南至张法原园子及子渠并智通园道，法原园

4 □□墙下开四尺道，从智通舍至智通园与智通往来出入为主己，其法原园东墙□□□通舍西墙，法原不许讬悋北至何荣。又僧法原园与东无地分井水共用，园门与西车道

5 □□同出入　东至刘黑子及张和子，西至氾荣□至大道。又南枝下界地一段，叁畦共贰拾亩。庙，南至渠及周兴子北至索进晟庙。

6 已上园舍及车道井水共计并田地贰拾伍亩。大中年壬申十月

7 二十七日，官有处分，许回博田地，各取稳便。僧张月光子父，将上

8 件宜秋平都南枝渠园舍地道池井水，计贰拾伍亩，博僧吕

9 智通孟授总同渠地伍畦，共拾壹亩两段。东至阎家及子渠，西至阎咄儿及建女道，南至子渠及张文秀，北至阎家。

10 又一段 东至阎家及麻黄，西至张文秀，南至荒，北至阎家。壹博已后，各自收地，入官措案为定，永

11 为主己。又月光园内有大小树子少多，园墙壁及井水开道功直解（价）

12 出卖与僧吕智通，断作解（价）直：青草驴壹头陆岁，麦两硕

13 壹斗，布叁丈叁尺，当日郊（交）相分付，一无悬欠。立契

已后,或有人

14 忏悔园林舍宅田地等称为主记者,一仰张月光子父知（祇）当,

15 并畔觅上好地充替,入官措案。上件解（价）直斛斗驴布等,当日却

16 分付智通。一定已后,不许休悔。如先悔者,罚麦贰拾驮入军

17 粮,仍决丈（杖）三十。如身东西不在,一仰口承人知（祇）当。恐人无信,故立此契用作

18 后凭。园舍田地主僧张月光（押）

　　保人男坚坚（押）

　　保人男手坚〇①

　　保人弟张日兴（押）　法原　见人于佛奴

19 男儒奴（押）侄力力　见人僧张法原

20 见人张达子　　见人王和子　见人马宜奴

21 见人杨千荣　　见人僧善惠②

该契中的关键词"回博",同"博换"、"回换"同义,均为交换的意思。③刘进宝认为,这里的"博"乃是换取的意思,也是转卖、转买的意思。④而唐耕耦、陆宏基直接将之命名为"易地契"。

---

① 唐耕耦、陆宏基注:第十八行、第十九行张月光等名之下"〇"为手印。其实,查看原件胶片图影,"〇"应为指印,比手印更确当一些。
② 唐耕耦、陆宏基编:《敦煌社会经济文献真迹释录》（第二辑）,全国图书馆文献微缩复制中心1990年版,第2页。
③ 参见陈晓强:《敦煌契约文书语言研究》,人民出版社2012年版,第99—100页。
④ 刘进宝:"晚唐五代土地私有化的另一标志——土地兑换——以P.3394号文书为主",《中国经济史研究》2004年第3期。

这是一件在所有的敦煌契约文书中都算得上很详实的契约，近800字，这在大多数契约只有200字上下，惜墨如金的古代，比较少见，十分独特。在契约结构上，这件易地契与上述卖地契、卖舍契基本相同。在这件易地契中，先详写张月光所有的土地的地理位置，在宜秋（可能就是安环清卖地契中的"宜秋渠"）平都南枝渠上有地壹亩，还有墙及井水，门前有与张日兴两家共用的小道，然后写明四至，又有园地肆亩，再写明这肆亩的四至及其边界，还有南枝下界土地贰拾亩，它的四至，然后归总为"园舍及车道井水共计并田地贰拾伍亩"。契文至此，有一段重要的文字：

大中年壬申十月二十七日，官有处分，许回博田地，各取稳便。

上述文字，明白无误地证明了此件易地契在申牒后，于唐大中年壬申（852年）十月二十七日获得了官方的文牒，准许交换田地，以方便耕种。把这一程序事项写进契约，一方面证明了契约的合法性，为交换田地的双方当事人增添了程序保障，同时也在行文中起到了承上启下的作用。这样的表述，在敦煌的其它契约中是很少见到的。这段文字后，写明张月光子父将这贰拾伍亩田地换吕智通孟授总同渠的土地伍畦共拾壹亩二段，再分别写二段田地的四至。接上，该契约定：

壹博已后，各自收地，入官措案为定，永为主己。

这段契文再次表明官府对土地交易的程序控制，亦即在相互易地后，还要到官府登记在册，落实赋税，才能"永为主己"。这件契约的复杂性还在于它是混合契约，即在易地的主契中，附带把园子里的树木、墙壁及井水开道折价出卖给了吕智通，其价为青草驴壹头陆岁，麦两硕壹斗，布叁丈叁尺。然后是"当日交相分付，一无悬欠"，以及契约的瑕疵担保。但这个瑕疵担保很特别，对充替后的担保土地也要"入官措案"！至此，让我们一窥官府的掌控在实际的契约签署以及履行中严格到了何等程度。

该契的先悔罚则，其严苛程度也很少见，不仅要对先悔者"罚麦贰拾驮入军粮"，还要"决杖三十"。分析这一叠加的罚则，不难发现，前者罚麦入军粮，应当是一种民间约定的规则，而后者决杖三十，可能比照了《唐律疏议·杂律》"负债违契不偿"条的规定："诸负债违契不偿，一疋以上，违二十日笞二十，二十日加一等，罪止杖六十；三十疋，加二等，百疋，又加三等。各令备偿。"①而如果逃亡或身故，由口承人承担担保责任，最后是"恐人无信，故立此契用作后凭"的契约套语。

我们还看到，这件易地契的契尾签署人数众多，不仅有园舍田地主僧张月光的签名和手印，还有三个保人的指印或画押，更有多达七名的"见人"。在这些见人中，就有四至相邻的张达子、僧人张法原，以及男儒奴〇、侄力力，这不仅是"先问房亲、四邻"的程式所要求的，也是被具体践履的规则。就签署的位次而言，"保人因为承担着连带责任，而被置于重要位置，而见人是缔约时的见证人，履约的监督人，纠纷发生时的调解人，所以置于保人之后。"②推测而论，见人众多，除了上述见人本身的作用外，可能还有一个原因，就是这一易地契需要测量的工作量大，这么多见人可以分工负责其中的一部分，既中立，又可以测细测准，而在测量的基础上评估双方地价并进行换算就有了可靠依凭。此外，"参与契约的见人数量多，固然使得个体见人承担的责任与获得的权益同步减少，但有秩序有标准的排序显示了与责任、权益的相适应，从而

---

① ［唐］长孙无忌等:《唐律疏议》，刘俊文点校，法律出版社1998年版，第522页。
② 张可辉:"从敦煌吐鲁番文书看中人与土地交易契约关系"，《西域研究》2011年第2期。

在一定程度上缓解了中人之间的角色冲突。见人的明确排序意味着见人责任、利益分配的明确,避免了利益的混乱与见人的内讧,从而保证了见人的公信力,保障了民间土地交易的正常进行。"① 田涛更赅简地指出,这些见人作为"中人除了起见证作用和这种契约的程序的需要以外,还有一个作用,就是中人的参与使得契约增加了公信力。"②

2. 以地换舍契

唐天复二年壬戌岁(902年)曹大行回换舍地契(稿)

S.3877 号 3V

1 天成(复)贰年壬戌岁□月拾叁日,赤心乡百姓曹大行,

2 遂将前件舍地回换与洪润乡百姓令狐进通,取

3 同坊南壁上进通上(件)屋舍两口,内一口无屋,东

4 西叁仗(丈)伍尺,南北一仗(丈)二尺,并基。其舍准数

□□

5 斛斗玖石,内伍硕准折进通屋木价肆硕,当

6 日交相分付,一无玄(悬)欠。一定已后,其舍各自永为

7 主记。若有别人作主,一仰大行另觅上好舍(地)③

8 充替。或有天恩赦流行,④不在论理之限。两共对

9 面平章,不许休悔。如先悔者,罚麦两馱,入

---

① 张可辉:"从敦煌吐鲁番文书看中人与土地交易契约关系",《西域研究》2011 年第 2 期。
② 田涛:《千年契约》,法律出版社 2012 年版,第 43 页。
③ 此处应缺了一个"地"字,否则整个契文含义就不通了。
④ 编者注:"'天恩'原为'恩天',旁有倒勾号,此处有漏字。天恩赦,应为天敕恩赦,或'天'为衍文。"甚是,当从。

10 不悔人。官有政法，人从私契，用为后凭。①

就该契本身的内容而言，我们看到，赤心乡百姓曹大行于唐天复二年壬戌岁（902年）某月十三日，将自己的舍地换取了洪润乡百姓令狐进通的房屋两间，当日各自交付完毕，两不相欠。如果另有他人对曹大行的舍地所有权提出异议，则曹大行要用同等价值的舍地充替。该契还约定了抵赦条款与先悔罚则，以及敦煌契约中常用的著名套语"官有政法，人从私契"，②是一份相对完整的以地换舍契。

需要指出的是，契首的年号"天成"为后唐明宗年号，此处应为天复二年，离唐代覆亡只有五年的时间。这件契约的价值在于，一是让我们看到，回换舍地契的样式，与卖地契、卖舍契以及易地契等没有什么不同；二是可以以地换舍；三是唐代即将覆亡，似乎对民间交易契约没有什么影响。江山兴替，不改民间生活的继续。

五、结　语

对敦煌所出土地交易契约的解读，一方面让我们一览它的样貌，感知字里行间透出的民间生存的艰辛与不易，感知中国中古时代的物质生活与社会生活；另一方面，在中国古代农耕社会，卖地契、卖舍契以及易地契、换舍契，事关衣、食、住、行四者的三者——关衣、关食、关住。因此，在这些事关他们最基本生存需求的一纸契书上，千年之后，依然

---

① 唐耕耦、陆宏基编：《敦煌社会经济文献真迹释录》（第二辑），全国图书馆文献微缩复制中心1990年版，第7页。编者注："本契不是正式契约，而是抄件，原稿上面所打横线，可能是画的图案，或表示作废。按照换舍契形式，第一行前应有宅舍坐落四至面积。第十行后应有宅主曹大行及口承人见人等姓名画押。"

② 乜小红认为，这一套语的意思是说，官府有其政治法律的规定，而民间的经济交往则以私家订立的契约为准。参见乜小红：《中国古代契约发展简史》，中华书局2017年版，第403页。

能让我们感知到他们的挣扎、渴望与较真,以及对生活的执著。

"为什么我的眼里常含泪水?因为我对这土地爱得深沉。"① 在"理民之道,地著为本"②的古代中国,土地的极度重要性不言而喻,它不仅是生民温饱的指望,是他们在战乱频仍的年代度过无数风霜雨雪的日夜,依旧让他们心安的根据,而且是国政的第一要务,事关一个朝代的兴亡。惟其如此,民间在契约中的极度较真,官府在土地交易前后的极度掌控,也就不难理解了。

敦煌所出土地交易契约,一方面让我们看到,"传统的社会也可以称作威权的社会。在这种只要遵守现存的规范就可以解决生活上各种问题的社会里做人,他们不必去推究'为什么'的问题,只要问'应当怎么办'或是'以前人曾经怎么办的'就够了。"③因此,一旦契约行之有效,就不会轻率改易,哪怕他改朝换代。另一方面,也让我们见识了民间契约之于一个国度潜默的巨大支撑,它在民不聊生的无数年代,把生存的规则置放于广大的民间,让生民有了安顿的依据和赖以转圜的空间。因此,契约的"不变"消减了时代"剧变"带来的创痛与无望,在官、民的博弈中起到了弱化与缓冲矛盾的巨大作用。

我们也要清醒地看到,一方面,这些中古时期的农民,"始终只是在为求生存而挣扎,为铲除迫胁其生存的障碍而挣扎。"④另一方,我们也看到,"土地、世袭财产与权力已经长时期的交织在控制严密的结构中间,土地所有权带来了对于生活在土地上的农民的控制"。⑤从张月光易地契中,无处不在的官府控制,已深嵌在民间契约之中,它是一种控制严密的结构与制度安排,有力地印证了马克思"权力捉弄财产"的名论。

---

① 著名诗人艾青在《我爱这土地》一诗中的名句。
② [汉]班固:《汉书》,中华书局 2012 年版,第 1027 页。
③ 费孝通:"论'知识阶层'",《皇权与绅权》,岳麓书社 2012 年版,第 14 页。
④ 王亚南:《中国官僚政治研究》,中国社会科学出版社 1981 年版,第 109 页。
⑤ 胡庆钧:"论绅权",《皇权与绅权》,岳麓书社 2012 年版,第 108 页。

第六章 敦煌租佃契约

没有公正起点的特权等级占田制,以及国家虽有程序控制,但在具体实施过程中总有例外的特权运作方式,加上经界不正,赋税不均的实情,使本来就集中于特权官僚阶层的土地因为买卖、赋税过重而加速了兼并。而土地兼并的最终结果,大而言之,会导致一个朝代的覆亡;小而言之,则导致了一大批曾有少量土地的庶民,因为种种原因,尤其是无力承担繁重的赋税而出卖土地,转而变成"在曾经是自己的土地上"耕种的佃户。从这一视角观察,租佃契约的发生,是均田制崩坏后必然的副产品,是无地、少地佃农寻求生计的衍生品。因此,对敦煌租佃契约的分析,宜一改现有成果就事论事的研究方法,在对敦煌租佃契以契约要素进行精细分析的基础上,尚需对敦煌租佃契进行整体阐释。

一、租佃、租佃制

研究敦煌租佃契约,有必要对租佃、租佃制的意涵和源流进行简要的梳理,这是研究这一问题的前提。

(一)租佃、租佃契约、租佃制的意涵

1. 租佃、租佃契约

"租"字的第一义,《说文解字》曰:"田赋也,从禾且声。"[1] 实际

---

[1] [汉]许慎:《说文解字》,江苏古籍出版社2001年版,第146页。

上，在古汉语中，除了"田赋"这一意涵外，它还有"租赁"之义。现代汉语中的"租"字字义，多从后者生发而来，常用的含义有二，一是指"租用"，二是指"出租所收取或租用所支付的金钱或实物。"①而与之相连的"佃"字，《说文解字》曰："中也，从人田声，《春秋》传曰：'乘中佃一辕车'。"②表示人所耕治的田地。在古汉语中，"佃"有两音，读"tián"时，含义为"耕作"，古代多作"佃作"，即"治理田地"之义。而读"diàn"时，其含义为"农民向地主或官府租种土地。"③与此相应，现代汉语解释为"旧时农民向地主租种土地"。④两字合起来，"租佃"的意思是"租种他人田地而向地主交纳租金的行为"。

租佃契约，则是土地契约的一种，"指由拥有土地的地（田）主将土地出租给佃户耕种，并以一定方式和一定比例向佃耕者收取地租而形成的地主与佃户之间的权利责任和义务关系。"⑤

2. 租佃制

有学者认为，由于"奴隶社会"是奴隶劳动，封建社会是租佃制。而"古史分期"的全部工作便是寻找奴隶制为租佃制所取代的标志。⑥因此，该学者梳理、考辨了租佃制的含义，认为它有广、狭二义："广义的租佃制是指独立经营者向别人交纳剩余产品或劳务，不论这种交纳是

---

① 中国社会科学院语言研究所词典编辑室编：《现代汉语词典》，商务印书馆2012年第6版，第1737页。
② ［汉］许慎：《说文解字》，江苏古籍出版社2001年版，第166页。
③ 《古代汉语词典》编写组：《古代汉语词典》，商务印书馆1998年版，第1545页。
④ 中国社会科学院语言研究所词典编辑室编：《现代汉语词典》，商务印书馆2012年第6版，第296页。
⑤ 卞利："明清土地租佃关系与租佃契约研究"，《原生态民族文化学刊》2015年第4期。
⑥ 秦晖："古典租佃制初探——汉代与罗马租佃制比较研究"，《中国经济史研究》1992年第4期。

基于土地所有权、人身权利、政治特权还是宗教特权等等。"而"狭义的租佃制则是建立在土地所有权基础上的经济关系。其实质是土地所有权或土地资本的有息借贷,也可以理解为土地定期使用权的买卖。"① 依次得出的结论是,"奴隶制、租佃制与雇佣制、债利剥削……等等作为元素可以存在于不同的社会经济系统中。我们应该把注意力从元素的分析转移到系统整体结构及其运动规律、功能特征上来"。② 也就是说,"封建社会本非有赖于租佃制的存在而存在"。③

我们认为,传统意义上的租佃制,是指经由长期生活实践积累、总结而形成的有关官民认可的租佃规则系统。租佃制的形成,必须同时具备四个基本条件:一是佃方无地、少地而有可供使用的劳力;二是地主方有地而无力耕种,或土地太多而耕种不过来,需要他人代为耕种;三是主佃双方相对平等,没有人身依附关系;四是双方为了获取土地收益或为了生存,加上客观环境允许耕种(如战乱、天灾、弊政等)而不愿让土地抛荒。如此界说,似乎更符合传统中国租佃制的民间实践。

(二)租佃源流

租佃在我国可谓源远流长。西周前期,土地国有,租佃关系无法产生。自三代以下,田得买卖。至秦,由于土地兼并严重,易致地主与无地的农民形成租佃关系。至汉,"假民公田",即国家将公田出租给农民耕种,收取"假税"(亦即"田租")。《汉书·沟洫志》载汉武帝诏曰:"农,天下之本也。泉流灌浸,所以育五谷也。……今内史稻田租挈重,不与郡同,其议减。"师古注曰:"租挈,收田租之约令也。郡谓四方之

---

① 秦晖:"古典租佃制初探——汉代与罗马租佃制比较研究",《中国经济史研究》1992年第4期。
② 同上。
③ 秦晖:"关于传统租佃制若干问题的商榷",《学术月刊》2006年第9期。

郡也。"① 这证明国家与农民之间已形成了官方认可的租佃关系，但民间租佃关系及其契约史料鲜见。"《史记》中只有假公田的记载，到两汉书中才出现私田租佃的材料。可见租佃制也是从公田发展到私田的。"② 其后，经魏晋南北朝，以至隋朝，由于长期战乱导致"土旷人稀"，为唐初实行等级占田制为实质的"均田制"创造了条件。庶民成丁所谓的"百亩之田"，虽然普遍授田不足，但永业田的所有权和口分田的使用权，为民间租佃的展开奠定了基础。实际上，长期被忽略，也更值得高度关注的情形是，从亲王授100顷永业田，到最低一级云骑尉、武骑尉各授永业田60亩这一当时的现状看，这些层层叠加、机构庞杂、官僚庞大的封建等级特权阶层，首先把最大量的土地"瓜分"了。③ 他们不仅是土地高度集中的主体，也是数量巨大、游离于民间租佃之外的半官、半私性质的租佃之主，而耕种这些土地的人，大部分是具有人身依附关系的佃客等，也就是陆贽给唐德宗上疏所言的"夫以土地，王者之所有。耕稼，农夫之所为。而兼并之徒，居然受利。"④ 由于主佃之间是完全不平等的主体，租佃契约的签订，根本无从谈起。与此不同的是，中晚唐民间平等主体之间签订的租佃契约，在敦煌吐鲁番的契约文书中得到了有力的印证。

至宋，由于"不抑兼并"，土地买卖频繁，民间租佃关系得到进一步发展，租佃契约也进一步规范。元代租佃制依旧不减其势。至明初，"承元末大乱之后，山东、河南多是无人之地。洪武中，诏有能开垦者，

---

① ［汉］班固：《汉书》，中华书局2005年版，第1501—1502页。
② 秦晖："古典租佃制初探——汉代与罗马租佃制比较研究"，《中国经济史研究》1992年第4期。
③ 以明宣德七年为例，"一府之地土无虑皆官田，而民田不过十五分之一也。"参见顾炎武：《日知录集释》（上），黄汝成集释，栾保群、吕宗力校点，上海古籍出版社2006年版，第600页。
④ ［唐］陆贽：《陆贽集》（下），中华书局2006年版，第769页。

即为己业,永不起科。"① 实际上,这仅仅为"招徕垦民"的举措而已,"然自古无永不起科之地",且起后日之争端,复废无疑。《日知录》载述周干在洪熙年间的上疏,据事实录,道出了弊政困民,导致人民逃亡的内因,颇有代表性:

> 今按《宣庙实录》:洪熙元年闰七月,广西右布政使周干,自苏、常、嘉、湖等府巡视还,言:"苏州等处人民多有逃亡者,询之耆老,皆云由官府弊政困民所致。如吴江、昆山民田亩旧税五升,小民佃种富室田亩,出私租一石。后因没入官,依私租减二斗,是十分而取八也。拨赐公侯、驸马等项田,每亩旧输租一石,后因事故还官,又如私租例尽取之。且十分而其其八,民犹不堪,况尽取之乎?尽取则无以给私家,而必至冻馁,欲不逃亡不可得也。乞命所司,将没官之田及公侯还官田租,俱照彼处官田起科,亩税六斗,则田地无抛荒之患,而小民得以安生。"②

"苏湖熟,天下足"。上引苏、常、嘉、湖地区,恰恰就是自南宋起就有此美誉的富庶之地,也都因弊政导致人民逃亡,土地抛荒,其它贫瘠之地可想而知。这段实录,把租税、佃种、私租、没官、抛荒之间的诸种深层关系讲透了。由此可见,租佃的发生,自有其极为复杂的内因,远非土地兼并一语所能涵括得了。针对周干的奏请,通过部议后,于明宣德五年二月癸巳下诏减税,③ 但成效不大。因为"民田仅以五升起科,

---

① [清]顾炎武:《日知录集释》上,黄汝成集释,栾保群、吕宗力校点,上海古籍出版社2006年版,第591页。
② 同上,第596页。
③ 其诏曰:"各处旧额官田起科不一,租粮既重,农民弗胜。自今年为始,每田一亩,旧额纳粮自一斗至四斗者,各减十分之二。自四斗一升至一石以上者,各减十分之三,用为定例。"其后,明宣宗朱瞻基还赋诗以记其事:"官租颇繁重,在昔盖有因。而此服田者,本皆贫

而官田之一石者,奉诏减其什之三,而犹为七斗,是则民间之田一入于官,而一亩之粮化而为十四亩矣。"① 也就是说,明代的租佃情势更甚,以致形成了"吴中之民,有田者什一,为人佃作者什九"② 的格局。所以,有学者所言的"传统中国土地并不那么集中,租佃制并不那么发达"③ 的观点值得商榷。

总体来说,明清时代的土地经营方式,有租佃与雇佣之分。而"地主招佃制是明清土地经营的基本方式,租佃关系是明清土地关系中反映农业生产关系本质的最基本的关系。"在租佃方式上,"自明中叶以后,永佃权和'一田两主'开始流行于东南地区,到了清代和民国时期,则已蔓延全国"。而在契式的变化上,"从永佃契式的出现到田面租佃契约的流行,是明中叶以后租佃契约关系的新变化、新特点。它从另一侧面反映了明清地主制的没落和僵而不死。"④

二、敦煌租佃契的契约要素分析

在对敦煌租佃契以其契约要素进行分析之前,有必要对敦煌租佃契的研究对象和范围进行梳理,以使人们对此有一个总体的把握。

下民。耕作既劳勚,输纳亦苦辛。遂令衣食微,曷以赡其身? 殷念恻予怀,故迹安得循? 下诏减什三,行之四方均。先王视万姓,有若父子亲。兹惟重邦本,岂曰矜吾仁!"此诗平实形象,满含矜恤之意,令人慨叹。这与史称的宣德帝天资英畅,敬礼大臣,勤恤民隐,因而有"仁宣之治"的盛誉是相契的。

① [清]顾炎武:《日知录集释》(上),黄汝成集释,栾保群、吕宗力校点,上海古籍出版社2006年版,第600—601页。
② 同上,第606页。
③ 秦晖:"关于传统租佃制若干问题的商榷",《学术月刊》2006年第9期。
④ 杨国桢:《明清土地契约文书研究》,中国人民大学出版社2009年版,第29、70、37页。

（一）敦煌租佃契的研究对象与范围

在我国已出土的中古时代的民间租佃契约，以吐鲁番地区、唐朝初中期的夏田券（契）为多，敦煌所出的租佃契约次之。我们的研究，以唐耕耦、陆宏基编的《敦煌社会经济文献真迹释录》第二辑中辑录的10件敦煌租佃契约为主，选其中的九件进行研究。① 同时，选取沙知编的《敦煌契约文书辑校》中的三件租佃契约，总共12件租佃契约作为研究的范围与对象。为了对所要研究的租佃契约有一个整体把握，先列一览表如下：

表4 敦煌租佃契约一览表

类别	立契年代文书编号	地主身份	佃地人身份	租佃原因	地亩数租期	租地价金交纳期限	税役承担	违约责任风险担保	签署
出租契（6件）	唐咸通二年（861年）P.3643号	齐像奴百姓	福智僧	[乏]其人力	12亩未约定	各出功力？	主：1/3 佃：2/3	先悔罚□入军粮保人担保	1地主、1保人、3见人
	唐天复二年壬戌（902年）S.5927号背	刘加兴百姓	樊曹子百姓	阙乏人力，佃种不得	10亩3年	三年价：12石，麦粟5石，布1.40疋。又布3丈。布1疋，到五月末分付，其余：立契日	未约定	如休悔者，罚□□入不悔人	缺
	唐天祐元年甲子（904年）P.3155号背	令狐法性僧	价员子百姓	物色用度	8亩22年	上好生绢壹疋，捌综□壹疋	地子：价员子。逐年呈纳；地主：其余所著差税	抵款保人担保悔罚先则	1地主、5见人，另有1人不详

---

① 由于其中一件系丁酉年（937年）租用油楳水磑契（P.3391号），与我们所言的租佃关系不大，故不选取。

续表

类别	时间/编号	出租人	承租人	出租原因	亩数/租期	租金	税役负担	违约责任	保人/见人
	唐天祐四年甲子（907年）P.3214号背	高加盈百姓	愿济僧	填还不办（欠债）	5亩 2年	充抵所欠麦两硕、粟壹硕	其所布柴草等地主祇当／内著地官子	瑕疵担保	契残不详
	甲午年二月（934年）P.3257号	索义成百姓	索怀义索富子百姓	身着瓜州	32亩 义成沙州归来之日	无租金	诸子、柴大役、佃担／内烽官等税草小方承	先悔者罚牡羊壹口	1佃地人 1种地人 2见人
	年代不详 S.3095号背	奴子 不详	王粉堆百姓	缺少所须	7亩 1年	两硕五斗，内麦两分，粟壹分。立契当日	地作地科／主：内草子币差地地人	先悔者，罚□叁石，充入不悔人	缺
入租契（5件）	酉年（829年）P.2858号背	善惠僧	索海朝百姓？	契残不详	2突（20亩）未约定	每年价：麦捌汉硕。八月末前。	主：1/3 佃：2/3	掣夺家资保人担保	2位见人兼保人，4见人
	乙亥年二月（915年）S.6063号	索□护百姓	索黑奴程悦子百姓	欠阙田地	7亩 未约定	每亩壹硕二斗	未约定	先悔罚则入悔人	2租地人 1见人
	丙戌年正月（926年）P.3211号背	太傅法律曹	庆奴	欠少田地	18亩 1年	契残不详	契残不详	契残不详	缺
	乙丑年二月（965年）P.3277号	徐保全百姓	祝骨子百姓	为缘家中地数窄突	合种70亩 未约定	无租金	渠河口农作，家祇种当	翻悔者，罚上羊壹口	缺
	乙未年 S.10547号	住子	法弁法嵩	欠少[田地]？	合种半亩 未约定	无租金	契残不详	先悔罚则	契残不详
典地契（1件）	后周广顺三年（953年）S.466号	龙章祐龙祐定百姓	罗思朝押衙	家内窘阙，无物用度	2亩 中典4年	麦壹拾伍硕	未约定	若先悔者，青麦驮入不悔人	2地主质典 1人 2知见人

在上表中，我们看到，可将 12 件租佃契约按其内容分为三种类型，即六件出租契，五件入租契，还有一件典地契。

（二）敦煌租佃契的契约要素

1. 立契年代与立契时间

从"敦煌租佃契约一览表"中所列的 12 件租佃契约看，有两件立契年代因契残不详，分别是奴子与同乡百姓王粉堆租佃契（S. 3095 号背），住子与法弁等合种蓝契（S.10547 号）。其它 10 件租佃契，立契年代最早的一件 829 年的索海朝租地帖，为吐蕃统治敦煌的中后期，这一年，是唐文宗李昂在位的大和三年。该契使用的也是吐蕃的计量单位，为"两突"，[①]还标明地租年价为"汉硕"。最晚一件租佃契约的立契年代为 965 年的祝骨子合种契（P. 3277 号），这一年，已是宋太祖赵匡胤在位的乾德三年。也就是说，敦煌所出租佃契的时间跨度，是从晚唐、经五代，到北宋初年，前后相沿 136 年。其中，晚唐的租佃契有五件，五代的租佃契有四件，北宋初年的租佃契有一件。但在敦煌，除一件索海朝租地帖属于吐蕃统治敦煌时期的租佃契外，其余九件均为归义军统治敦煌时期的租佃文书。

从立契时间看，二月立契数最多，为六件，占 12 件总数的 50%；其余为正月、三月、八月、十月、十一月各一件，一件没有具体时间。这表明，青黄不接的正月、二月和三月占了绝大部分，还因为这几个月在开春前订立，便于开春安排农事。八月、十月、十一月立契租地，是否一方面意味着庄稼收割后，土地闲置，因此可以租佃；另一方面也意味着虽然土地刚有收获，但收成欠佳，各种债负、赋税清偿后已经入不敷出，

---

① 突（"dor"），为吐蕃土地计量单位，吐蕃当局注籍的土地，以"突"为计量单位，故称突地。吐蕃在敦煌实行计口授田，一人 10 亩，称为一突。"突税"也被称为"突田"、"纳突"。参见陆离："也谈敦煌文书中的唐五代'地子'、'地税'"，《历史研究》2006 年第 4 期。

或因故无力耕种,将地租出? 我们看到,在农忙,或庄稼长成的四、五、六、七这几个月,是没有租佃契约签署的。

此外,立契时间表示契约的订立日期,关系到租期的起始时间、租金的交纳期限等。还有,租佃契的纪年方式有三种,一是在吐蕃统治时期采用十二生肖纪年;二是唐朝年号再加干支纪年;三是只有干支纪年。① 这与立契时更迭的政权有关。

2. 租佃契的主体

租佃契的主体,一方为地主,另一方为佃田人。在出典土地契中,一方为地主,相对方为质典地人。从 12 件租佃契中,我们看到,明确标出主佃双方都是百姓的有五件,占总契数 12 件的 41.66%。而一方为百姓,另一方为僧人的有四件,占总契数的 33.33%,这四件中,地主身份为百姓的两件,地主身份为僧人的也是两件。实际上,僧人其实也是百姓,只不过从事的是宗教职业而已,这从令狐法性出租土地契(P.3155 号背)中的表述也可证得:"神沙乡百姓僧令狐法性"。以此看,则租佃双方均为百姓的契约有九件,占总契数 12 件的 75%。

此外,还有太傅法律(P.3211 背)、押衙(S.466 号),以及未写双方身份(S.10547 号)的租佃契各一件。这表明,官员倚势介入租佃,在地处边陲的敦煌,起码在契约文书中是看不到的,也就是说,租佃契约大多发生在平等主体的老百姓之间。以此分析某一趋向,意义不大。此外,从主佃身份的契文叙写中,也反映了亲属间的共财情形。②

3. 租佃原因

除一件契残不详外,从 11 件敦煌租佃契可见,租佃原因,可分类如下:

---

① 霍存福、武航宇:"敦煌租佃契约与古罗马租契的比较研究",《法学家》2015 年第 1 期。

② 同上。

（1）欠缺田地。此类原因的租佃契有四件，占11件的36.36%。具体表述为"欠阙田地"（S.6063号），或"欠少田地"（P.3211背），或"为缘家中地数窄突"（P.3277号），或"欠少［田地］"（S.10547号）。

（2）物色用度。此类原因的租佃契有三件，占11件的27.27%。具体表述为"物色用度"（P.3155号背），或"缺少所须"（S.3095号背），或"家内窘阙，无物用度"（S.466号）。

（3）缺乏劳力耕种。此类原因的租佃契有两件，占11件的18.18%。具体表述为"［乏］其人力"（P.3643号），或"阙乏人力，佃种不得"（S.5927号背）。

（4）特殊原因两件。一件是"罪遣瓜州"（P.3257号），一件是"填还不办"（P.3214号背）。

从以上订立租佃契的原因看，虽然敦煌干旱少雨，但土地并不贫瘠，日照时长，从一系列敦煌文献中可见，土地还有灌溉之利，加上敦煌总辖丝绸之路的咽喉要道，是"华戎所交一都会"，因此，土地不会过剩，欠缺田地也就成了情理之中的佃租原因。而生活拮据，缺乏用度，这在物质本来就比较短缺，经济很不发达，又靠天吃饭、赋税极其繁重的中古时代，这一原因在情理之中，但到了不得不出租或出典自己土地的份上，可见已困窘到的无计可施的地步。

如果说缺乏用度而出租、出典土地，是为了应付、打理当下的生计，那么，租契中的出租人高加盈是因为"填还不办"而签订出租土地，则是为了偿还旧债将自己的五亩土地出租给僧人愿济佃种两年，以充抵所欠的两硕麦和壹硕粟。这就意味着，不仅这五亩土地在这两年内不能给他和他的家人带来收益，还要如数承担五亩土地"地内所著官布地子柴草等"，可谓雪上加霜。至于索义成"身着瓜州"，亦即"罪遣瓜州"而不得不将自己的32亩（实际上为20亩）田地无偿让与"兄索怀义佃种"，结果索义成身死瓜州，再也无法归来，还在多年后引发了一场官司，其境况更加悲惨。

4. 佃田数量

12件租佃契,出租(包括出典)田地数量从高到低,依次是:

(1) 70亩(合种,P.3277号);

(2) 32亩(实为20亩,系无租金的出租,P.3257号);

(3) 20亩(两突,吐蕃计量单位,一突为10汉亩,租入,P.2858号背);

(4) 18亩(入租,P.3211号背);

(5) 12亩(出租,P.3643号);

(6) 10亩(出租,S.5927号背);

(7) 8亩(出租,P.3155号背);

(8) 7亩,有两件契约(出租,分别是S.3095号背,和S.6063号);

(9) 5亩(出租,P.3214号背);

(10) 2亩中半(出典,S.466号);

(11) 0.5亩(半亩,合种,S.10547号)。

从上述出租、出典的地亩数看,合种的70亩数量较大,再就是索义成无租金出租的20亩和索海朝出租的两突田地,还有一件是18亩的入租地,一件12亩是合种,其余均为10亩以下,半亩以上。也就是说,不超过10亩的租佃契有七件,占了12件租佃契的一半多。而18亩至20亩的租佃契为四件,占租佃契的27.27%。真正数量较大的70亩,也是合种,不是典型的租佃契。

5. 租期

12件租佃契,出租、入租,包括出典、合种田地的期限,从短到长,依次是:

(1) 租期一年,两件(一件出租,S.3095号背;一件入租,P.3211号背);

（2）租期两年（出租，P.3214号背）；

（3）租期三年（出租，S.5927号背）；

（4）出典四年（出典，S.466号）；

（5）租期二十二年（出租，P.3155号背）。

此外，下列六件租佃契，在契约中或未约定租期，或者是附条件的租期：

（1）未约定（合种，P.3277号）；

（2）索义成瓜州归来之前（出租，P.3257号），实为附条件的租期；

（3）未约定（入租，S.6063号）；

（4）未约定（出租，P.3643号）；

（5）未约定（合种，S.10547号）；

（6）未约定（租入，P.2858号背）。

从上述租期看，明确约定的有六件，占总契数的50%。从租佃契的租期看，一年的有两件，两年和三年的各一件，还有一件出典契的佃种期限为四年，这表明，租佃契常见的租期大多在一至三年之间，属于短期租佃。四年期的契约是出典土地契，不是典型的租佃契。至于以很低的租价取得八亩地22年的佃种期，应当说是敦煌租佃契的特例，属于长期租佃契无疑。在敦煌租佃契中，尚无明中叶以后才出现的永佃契的踪影。所以，租佃契的生发，总与当时的土地制度、经济社会的情势相关。

此外，一件属于附条件的租期，即索义成瓜州归来之前，亦即归来之日，租期届满。另外五件均未约定租期，几乎占总契数的一半。这些未约定，或未写明具体租佃年限的租佃契，不知何故？难道是一年一定的不言自明或习惯约定？比如索海朝租地契中，只约定了租金的"每年价"，是否意味着一年满后，如果需要，再续租？存疑待证。

6. 租地价金及交纳期限

在租佃契中，租地价金无疑是核心的契约要素。但在敦煌所出的

12件租佃契中，有一件契残（P.3211背）不详。有四件没有租地价金，也就没有交纳期限，分别是：

（1）除索义成因为犯罪被遣瓜州，因而将地让索怀义佃种，实质上属于代种，并无租地价金。

（2）另外两件，祝骨子合种契（P.3277号）、法弁等合种蓝契（S.10547号）因为是合种契约，因此也无租地价金。

（3）还有一件，齐像奴与人分种土地契（P.3643号），推测大抵也是"各出功力"的合种契，因此也没有租地价金。

由此可见，12件租佃契中，无租地价金的契约占了1/3，这表明两点：一是并非所有的租佃契都有租地价金；二是并非所有的租佃契约都在盘剥佃户的剩余价值，起码在敦煌地区，美国历史学家巴林顿·摩尔（Barrington Moore）的观点是很难成立的："中国的地主——佃户的关系只是一种政治工具，它旨在榨取农民的经济剩余，并使之转化为令人心旷神怡的文明形态。"① 实际情形，甚至也不是司马迁在《史记·货殖列传》中所言的"以末致财，用本守之"。②

（4）在其余七件有租地价金的租佃契中，租地价金和交纳期限的具体情形是：

先分析高加盈出租土地充折欠债契。兹录原契如下：

唐天复七年（907年）高加盈出租土地充折欠债契（抄）

P.3214号背

1 天复柒年丁卯岁三月十一日，洪池乡百姓高加盈先

---

① 〔美〕巴林顿·摩尔：《民主与专制的社会起源》，拓夫、张东东等译，华夏出版社1987年版，第142页。
② 〔汉〕司马迁：《史记》，中华书局2009年版，第757页。

2 负欠僧愿济麦两硕、粟壹硕,填还不办。今
3 将宋渠下界地伍亩,与僧愿济贰年佃种,充为
4 物价。其地内所著官布、地子、柴草等,仰地主
5 祇当,不忓种地人之事。中间或有识认称为地主者,
6 一仰加盈觅好地伍亩充地替。两共对 ^①

（后缺）

在这件契约中,我们看到,高加盈将五亩田地、两年耕种的收益让与债权人僧愿济,以充抵所欠的两硕麦和壹硕粟,那么,这里的两硕麦、壹硕粟,实际上就是五亩田地、两年耕种的收益的租地价金。以此看,这一租地价金甚低,是不是内含了所欠麦、粟的超限不还,依照乡原所生利息,已不得而知,但从契约中有"其地内所著官布、地子、柴草等,仰地主祇当"的约定,加上如此低的对价,其中内含了一倍违约责任的可能性极大。由于中古时期的契约都很简约,虽然未写前面欠债的原因及其相关约定,从情理上讲,欠麦两硕、粟壹硕,欠债的数额不是很大,但已到了不得不将土地让与债权人耕种的地步,且债权人分文不承担地内官布、地子、柴草等税,只有内含、冲抵了所借麦、粟一倍的违约责任以两相抵减,才比较合理。

上述观点的理据在于,这一租佃契约,实际上是前面借贷契约的延续,是对借贷契约纠纷经过协商以后加以解决的一种转化方式。因为按照粮食借贷契约的普遍惯例,偿还所借麦、粟的期限应在八月末,而这件租佃契在三月十一日,这就意味着债务人高加盈在上年度八月末没有

---

① 唐耕耦、陆宏基编:《敦煌社会经济文献真迹释录》(第二辑),全国图书馆文献微缩复制中心1990年版,第27页。沙知在《敦煌契约文书辑校》中题为"唐天复七年(九〇七)洪池乡百姓高加盈等典地契(习字)",并且注明:"天复是唐昭宗年号,天复四年闰四月改元天佑。哀帝沿用天佑年号,天佑四年即此契的天复七年。此契未写完。"参见沙知:《敦煌契约文书辑校》,江苏古籍出版社1998年版,第330—331页。

按期偿还债务，已经超限。而超限不还麦、粟，按照粮食借贷契约的一般规则，至少要承担所借麦粟一倍的违约责任，有不少还要叠加"掣夺家资"的违约责任。从这一租佃契化解粮食借契纠纷的方式看，应当是通过协商解决，实际上没有掣夺家资，但在租佃契中低价租地，当已内含、充抵了两硕麦、壹硕粟的一倍的违约责任，只是未写进租佃契而已。

其它六件，具体约定又各有不同：

其一，在刘加兴租佃契（S.5927号背）中，首先约定了10亩地共三年的总租价：干货斛斗壹拾贰石，麦粟五石，布壹疋肆拾尺，又布三丈。其中，"布壹疋，至到五月末分付"。由于该契签订日期是十一月份，这里的五月份当是来年的五月份。其余的租地价金，应当是立契日交付。

其二，在令狐法性出租土地契（P.3155号背）中，八亩地的租地价金为上好生绢壹疋，长捌综□壹疋，长贰仗伍尺。这应当是年价，不应是八亩地22年的总租价。

其三，在奴子租口分地与王粉堆契抄（S.3095号背）中，奴子将七亩地租与王粉堆耕种一年，租地价金为两硕五斗。其中，麦占两分即壹硕陆斗，粟壹分即玖斗。交付日期应为立契当日。

其四，在索海朝租地契（P.2858号背）中，僧善惠将"两突"田地租给索海朝，租地价金每年麦捌汉硕，由佃田人索海朝在八月底前交纳。

其五，在索黑奴等租地契（S.6063号）中，索黑奴、程悦子租侄男索□护七亩地种瓜，租地价金为"每亩壹硕二斗，不拣诸杂色"，则七亩共捌硕肆斗，还对租价物的质量作了要求："不拣诸杂色"。

其六，在龙章祐、祐定兄弟出典土地契（S.466号）中，由于是将土地出质四年，换得地价麦壹拾伍硕。

综上，在有土地租金的租佃契中，基本上采取的都是"额租制"。所谓"额租制，即佃田人向地主交纳一定货币或实物地租之后，其收获所得即全部归自己所有。在某种程度上，此种纳租方式可以促使农民加大对土地的投入,增加土地产量,有利于主佃双方。"① 而在租佃的形式上,"总的说来,至少直到 19 世纪初,雇佣劳力交谷物以取得租地,可以说是一种最基本的租佃形式。"②

此外,地租是以实物计值来折抵价金的。马克思指出:"不论地租有什么独特的形式,它的一切类型有一个共同点:地租的占有是土地所有权借以实现的经济形式,而地租又是以土地所有权,以某些个人对某些地块的所有权为前提。"③ 在敦煌租佃契中,我们看到,土地的所有权实际上是混融的:它既是国家的(通过授田行使其处分权,通过是否准卖、准租、申请文牒等行使控制权),也是个人的(在合法的情形下,可以买卖、出租)。对此,杨国桢分析道:"中国封建社会私人土地上的共同所有权是两重的(国家的和乡族的),它们和私人所有权的结合,便构成中国式的封建土地所有权。当然,同一块土地上并存的多种所有权,并不是对等平分的,从总体上看,个人对土地的支配权利较大。"④ 实际上,即使是个人的土地所有权,也是不完全的和家庭共有的。

7. 税役承担

综诸敦煌相关契约,如,敦煌租佃契中的高加盈出租土地充折欠债契(P.3214 号背),令狐法性出租土地契(P.3155 号背),索义成分付与兄怀义佃种凭(P.3257 号),年代不详奴子租口分地与王粉堆契抄(S.3095 号背),祝骨子合种契(P. 3277 号)等五件契约,以及敦煌土地交易契约中的安力子卖地契(S.3877 号 5—6V),唐天复四年(904 年)押前押衙兵马使子弟随身等状(P.3324 号背)等契约载述的内容看,当时的田地

---

① 霍存福、武航宇:"敦煌租佃契约与古罗马租契的比较研究",《法学家》2015 年第 1 期。
② 〔美〕巴林顿·摩尔:《民主与专制的社会起源》,拓夫、张东东等译,华夏出版社 1987 年版,第 132 页。
③ 《马克思恩格斯全集》(第 25 卷),人民出版社 1956 年版,第 714 页。
④ 杨国桢:《明清土地契约文书研究》,中国人民大学出版社 2009 年版,第 5—6 页。

上附着了很多税役,主要包括两部分内容:(1)地子、官布、柴草;①(2)杂役,如"烽子"、"渠河口作"。在安力子卖地契中,干脆用"差税河作"一语总括。因这些税役是附着于土地而生,可称为"土地税役",简称"税役"。

其中的"地子",即田亩税。②而"官布",则"是晚唐五代宋初敦煌和吐鲁番地区常见的一种棉布",在这里变成了一种税目,该税"作为地税中的户调布而随田征收,官府为之而专门造了征收官布的账簿——《官布籍》。③征纳的标准按土地面积计算,约为250亩或300亩征收官布一匹,每10亩征收官布一尺。"④柴草,就是受田百姓向官府交纳的柴与草,⑤属于一种杂税。对此,堀敏一认为:"敦煌课征官布、地子、柴草的时代,在中国内地正是两税法实施时期,故敦煌的此类课税也可视为两税法课税体系。"⑥而"烽子或称烽夫、烽兵,职在'递知更刻,观视动静',一旦发现敌寇进犯的迹象'即举烽燧';从徭役的角度考察,烽子为色役(或杂徭),役期两年,轮番上役,每番十五天。"换言之,"烽子役是基于土地的一项基本赋役内容,单身人户也不在豁免之列。"⑦

---

① 刘进宝认为,地税包括地子、官布、柴、草等,即地税是大概念,地子是小概念,但并非两种不同名目的税种。参见刘进宝:"再论晚唐五代的'地子'",《历史研究》2003年第2期。

② 参见陆离:"也谈敦煌文书中的唐五代'地子'、'地税'",《历史研究》2006年第4期。

③ 唐耕耦、陆宏基编:《敦煌社会经济文献真迹释录》(第二辑)第452—455页载有3份"官布籍",很详实。

④ 此外,官布被普遍用于晚唐五代宋初敦煌的商业贸易中,同其他棉布一样,用于支付物价、借贷利头等。还有,官布也用于归义军政权对外关系中,作为贡赐的主要礼品之一。参见郑炳林、杨富学:"敦煌西域出土回鹘文文献所载 qunbu 与汉文文献所见官布研究",《敦煌学辑刊》1997年第2期。

⑤ 敦煌所出的 S.5073 号写本为未纳柴草的文书,而 P.3418V 号写本为未纳柴户主名簿等。

⑥ 〔日〕堀敏一:"中唐以后敦煌地区的税制",张宇译,《敦煌研究》2000年第3期。

⑦ 刘进宝、郁晓刚:"归义军时期的烽子与镇兵",《南京师范大学学报》(社科版)2010年第2期。

在 12 件敦煌租佃契中，约定双方当事人承担土地税役的具体情况如下：

（1）契残不详的有两件契约。分别是庆奴借地凭（P.3211 背）、法弁等合种蓝契（S.10547 号）。

（2）未约定的有三件契约。分别是刘加兴租佃契（S.5927 号背）、索黑奴等租地契（S.6063 号）和龙章祐、祐定兄弟出典土地契（S.466 号），最后一件推定应由地主龙章祐、祐定兄弟自担。

（3）其它七件有约定的具体情况是：

第一，在齐像奴与人分种土地契（P.3643 号）中，根据契文分析，应当是地主承担税役的 1/3，佃田人承担 2/3。因契残，推测"渠河口作"，双方各承担一半。

第二，在令狐法性出租土地契（P.3155 号背）中，对诸如地子、官布、柴草、烽子等义务作了详细约定："其地内，除地子一色，余有所著差税，一仰地主祗当，地子逐年于官员子逞纳。渠河口作，两家各半支。"按照这一约定，每年的"地子"由佃田人价员子承担，其余差税，由地主承担。而"渠河口作"，则由地主令狐法性和佃田人价员子各承担一半。

第三，在高加盈出租土地充折欠债契（P.3214 号背）中，双方明确约定了"其地内所著官布、地子、柴草等，仰地主祗当，不忏种地人之事"。

第四，在索义成分付与兄怀义佃种凭（P.3257 号）中，约定土地"所着官司诸杂烽子、官柴草等大小税役，并总兄怀义应料"，而"渠河口作税役，不忏自兄之事。"即"渠河口作税役"由阿龙承担，其余土地税役由索怀义承担。

第五，在祝骨子合种契（P.3277 号）中有"渠河口作，农种家祗当"，说明"渠河口作"这一杂役劳作应由祝骨子承担，而其它诸如地子、官布、柴草、烽子等没有约定，可能由地主徐保子承担。

第六，在奴子租口分地与王粉堆契抄（S.3095 号背）中，在诸如地子、官布、柴草、烽子等的承担上，约定"其地内所□□□□作草币、地子、差科□物，一仰本地主□□，不忓王粉堆之事"，也就是全部由地主承担。

第七，在索海朝租地契（P.2858号背）中，在诸如地子、官布、柴草、烽子等的承担上，只约定"其每年地子，三分内二分亦同分付"，即地主善惠承担1/3，佃田人索海朝承担2/3。而在交纳方式上，先由佃田人交给地主，再由地主交纳给官府。

8. 违约责任与风险担保

12件租佃契，除庆奴借地凭（P.3211背）契残不详外，其它11件均对违约责任与风险担保作了明确约定。依其约定，可分类如下：

（1）先悔罚则。没有其它违约责任，仅单一约定了这一罚则的租佃契有七件，占总契数的58.33%。就责任确立的角度看，不偏不倚，责任均布，谁先悔，就罚谁。它们分别是：

刘加兴租地契（S.5927号背）。该契约定："一定与后，不许休悔，如休悔者，罚□□入不悔人。"

索义成分付与兄怀义佃种凭（P.3257号）。该契约定："两共对面平章，更不许休悔（者）。如先悔者，罚牡羊壹口。"

奴子租口分地与王粉堆契抄（S.3095号背）。该契约定："一定已后，不许休□□□□，罚□叁石，充入不□之人。"

索黑奴等租地契（S.6063号）。该契约约定："立契已后，更不许休悔。如若先悔者，罚麦两驮，充入不悔人"。

祝骨子合种契（P.3277号）。该契约定："不喜（许）翻悔者，罚上羊壹口。"

法弁等合种蓝契（S.10547）。该契约定："不许悔休□□□□□□。"

龙章祐、祐定兄弟出典土地契（S.466号）。该契约定："如若先悔者，罚青麦拾驮，充入不悔人。"

我们看到，在上述七件"先悔罚则"中，除两件未写明罚金（以物代金)归谁,其余无一例外的约定,罚金(物)充入不悔人,在惩罚毁约者的同时,奖励守约人,一举两得,颇具智慧。

(2)瑕疵担保。仅作了"瑕疵担保"的租佃契只有一件:高加盈租地契(P.3214号背)。该契约定:"中间或有识认称为地主者,一仰加盈觅好地伍亩充地替。"这一瑕疵担保,旨在保护佃田人的契约权利。因为一旦有人指认佃种的田地非地主所有,而此时土地尚未耕种,也就没有收益,进而意味着地主高加盈所欠的麦、粟无法得到清偿,两头落空,因而要确保土地一旦有权利瑕疵,就要让高加盈再觅好地伍亩充替,也是合乎情理的要求,所以,瑕疵担保就成为必要。

(3)保人担保＋先悔罚则。既有保人担保,又有先悔罚则的租佃契只有一件:齐像奴与人分种土地契(P.3643号)。该契约定:"如后□有人吝护,一仰弟齐兴清祗当。一定已后,不许翻悔,如先悔者,罚□□□军粮用。"从该契契尾的签署看,齐兴清为保人,所以,前半段规定的是保人担保,后半段的表述则为先悔罚则。

(4)掣夺家资＋保人担保。这种违约责任加担保方式的租佃契也只有一件:索海朝租地帖(P.2858号背)。该契先约定了违约责任:"如违不还,及有欠少不充,任将此帖掣夺家资,用充麦直。"该契后面还约定化解风险的保人担保:"身或东西不在,仰保填还。"为了分析这一租佃契何以如此约定,兹录该契书如下:

酉年(829年?)二月十二日索海朝租地帖(稿)

P.2858号背

(前缺)

1 索海朝租僧善惠城西阴安渠地两突。每
2 年价麦捌汉硕,仰海朝八月末已前依数

```
3    填还了。如违不还,及有欠少不充,任将此
4    帖掣夺家资,用充麦直。其每年地子,三分
5    内二分亦同分付。酉年二月十二日索海朝立帖
6    身或东西不在,仰保填还。见人及保弟晟子(押)
7              见人及保兄海奴
8              见人□氏
9              见人
10             见人
11             见人①
```

我们看到,在这件租佃契中,双方签约的时间是在二月份,签约后刚好可以等待开春播种,再通过悉心打理,期待收成。由于双方约定的地租为年价,并不是签约之日交相付讫,而是要等到八月末前再"依数填还",属于预租土地,等半年后再付地租的形式。换言之,带有一点粮食借贷的性质和意味,而在粮食借契中,掣夺家资的违约责任则是通例。因此在这件租佃契中参照、援引了粮食借契中的承担违约责任的惯例。同时,为了防止佃田人身故或者逃亡,也参照粮食借契中的"如身东西不在"而"仰保人填还"的惯例。这种因事制宜、不刻板套用一般租佃契的做法,值得称赞。

还需指出的是,这件租佃契,将违约责任和担保责任置放于佃田人,不同于上述将担保责任置放于地主,也是有道理的,因为风险的侧重点不在地的权利瑕疵,而在未即时清结的佃田人,所以这样约定是合理的。

(5)抵赦条款+保人担保+先悔罚则。在租佃契中既约定抵赦条款,又约定保人担保,还约定先悔罚则的也只有一件:令狐法性租地契

---

① 唐耕耦、陆宏基编:《敦煌社会经济文献真迹释录》(第二辑),全国图书馆文献微缩复制中心1990年版,第23页。

（P.3155号背）。该契先约定了抵赦条款："从今已后，有恩赦行下，亦不在论说之限。"其后还约定了保人担保："更有亲姻及别人称认主记者，一仰保人祇当，邻近觅上好地充替。"接上规定了先悔罚则："一定已后，两共对面平章，更不休悔。如先悔者，罚□□□□纳入官。"

上述租佃契的这一要素事实表明：

其一，单一约定先悔罚则的租佃契有七件，加上一件先悔罚则＋保人担保的契约，再加上一件抵赦条款＋保人担保＋先悔罚则的契约，实际上有"先悔罚则"的契约有九件，占有明确约定的11件租佃契的81.8%，也就占租佃契的绝大部分，因此，先悔罚则几乎成了这一契约必备的通则。这一事实说明，保证整个租佃契不因一方的轻易反悔而导致无法履行，也为了不使几经物色、协商、谈判，寻找保人、见人等一系列的签约付出归于失败，从而浪费宝贵的人、财、物和机会，减少签约成本和由此带来的风险，租佃契由此将重心放在了"先悔罚则"上，这是经济、理性的审慎选择，而且对于担保租佃契的生效和履行，起到了关键作用，值得肯定和借鉴。

需要进一步甄别的是，在单一约定"先悔罚则"的契约中，将罚金（物）入不悔人是通则，而在第（3）、（5）中的复合责任与担保中的"先悔罚则"，则均将罚金（物）或入军粮，或入官，这两者显然是不同的。后者这样约定，大抵是在有保人担保这一化解风险的背景下，把先悔罚则变成了一种相对纯粹的惩罚之故。

其二，除了在租佃契中约定先悔罚则的违约责任外，还有四件约定了其它违约责任或风险的化解方式，比如第（2）中的"瑕疵担保"，旨在防范地主出租的土地，如有权利瑕疵带给租佃人的风险。再如，为了使租佃交易更安全，第（3）中不仅约定了通常的"先悔罚则"，还叠加了"保人担保"。又如，根据租佃契的具体情形，第（4）中约定了掣夺家资＋保人担保的方式，如上分析，自有它因事制宜的内在合理性。还有，在第

(5)中,在先悔罚则、保人担保两项叠加的基础上,首先约定、叠加了"抵赦条款",可谓"三重防范":既有先悔罚则的违约责任,又有两重风险担保,一防来自"恩赦"的放免,二防权利瑕疵,由保人承担。签约如此审慎,似是系了身家性命,那种悬着一颗心背后的生存之艰与生活不易,从字里行间透了出来,湿润了我们的双眼。

9. 签署

(1)缺契尾或契残不详

敦煌所出的 12 件租佃契中,有六件契约或缺签署的契尾,或因契残不详,占了一半。其中,缺契尾的有四件,契残不详的有两件。前者分别是 P.3211 背、S.5927 号背、S.3095 号背和 P.3277 号契约。后者分别是 P.3214 号背、S.10547 号契约。前者的典型样式如下:

丙戌年(926 年?)庆奴借地凭

P.3211 背

1 丙戌年正月十六日□石□□□庆奴□□
2 欠少田地,遂□□□太傅法律曹地一八
3 母(亩),一年周为□□,其地墙用□□□□
4 庆用凭本。①

在这件庆奴因欠少田地,遂借太傅法律曹地 18 亩地一年。因这件是庆奴留用的凭本,可能本身就不用签署,因之没有契尾。关于借地,唐开元七年令:"令其借而不耕,经二年者,任有力者借之。即不自加功,转分与人者,其地即回借见佃之人。若佃人虽经熟讫,三年之外不能种

---

① 沙知:《敦煌契约文书辑校》,江苏古籍出版社 1998 年版,第 336 页。

耕,依式追收改给也。"① 此令意在防止借而不耕,使土地闲置浪费,从而影响国家税赋,因此作出相应的规定。

而契残不详的租佃契,其样式如乙未年法弁等合种蓝契(S.10547号),契文如下:

1　乙未年二月十四日,法弁少有□□□□□
2　两畦,共半亩,合苏(种)蓝共□□□□□
3　分,住子出地,法嵩出粪□□□□□
4　之事,不许悔休□□□□□
5　后无凭,故押□□□□□②

在这件租佃契中,住子和法弁在半亩地上合种蓝,住子出地,法嵩出粪□等,契残缺契尾。这件合种契约中的合作方式,是地主出地,准佃户方出粪□,可能是粪肥,而不是"粪草"。杨国桢研究认为,佃户因耕作土地而付出工力,使土地的经济收益提高,分得的那部分生产物叫"力坌";因多施肥料,改良土壤,使土地的经济收益提高,分得的那部分生产物叫"粪草"。佃户因占有"力坌"和"粪草",从而有比较稳定的耕作权。③ 因为这是明代后期出现的改良永佃的一种,不可能出现在唐五代时期的敦煌地区。况且,从句型结构上讲,也只能是"法弁出粪肥",而不会是"出粪草"。此处应当是顾亭林讲到的"粪壅工作":"佃人竭一岁之力,粪壅工作,一亩之费可一缗,而收成之日,所得不过数斗,至有今日完租而明日乞贷者。"④

---

① 〔日〕仁井田陞:《唐令拾遗》,栗劲、霍存福等编译,长春出版社1998年版,第571页。
② 沙知:《敦煌契约文书辑校》,江苏古籍出版社1998年版,第344页。
③ 杨国桢:《明清土地契约文书研究》,中国人民大学出版社2009年版,第36页。
④ 〔清〕顾炎武:《日知录集释》(上),黄汝成集释,栾保群、吕宗力校点,上海古籍出版社2006年版,第607页。

（2）契尾签署

在六件有契尾签署的租佃契中，有地主、见人等签名的有三件，分别是：

一是 P.3643 号租地契。该契签署的顺次是：地主齐像奴（押），保人齐兴清（押），见人僧愿成（签名），见人并书契僧明照，见人僧智谦。该契除一位地主、一位保人画押外，还有三名见人，其中，僧人愿成排在最前面，也签名，其次不仅是见人，还是这件契书的书写者，最后一位见人也是僧人。照此情形看，地主和保人为出租方，而三位见人，可能同是僧人的佃田人福智请来的见证者。

二是 P.3155 号背租地契。该契签署的顺次是：地主僧令狐法性，见人吴贤信，见人宋员住，见人都司判官汜恒世，见人衙内判官阴再盈，见人押衙张，都虞侯庐。在这件有"三重保险"的租地契中，除一位地主外，竟有六位见人，且有两位判官，一位是都司判官，一位是衙内判官，还有两位官员押衙和都虞侯作见人。问题是契文中有保人的瑕疵担保，却没有保人的签署，不知何故？

三是 S.466 号契约文书是一件出典土地契，与上面两件出租土地契不同。该契签署的顺次是：地主弟龙祐定（押），地主兄龙章祐（押），只（质）典地人押衙罗思朝，知见父押衙罗安进（押），知见人法律福海（知）。在这件契约中，两位是兄弟的地主，因为共有契约中的田地而共同画押，而质典土地人押衙罗思超也签名画指节，还有质典地人罗思朝之父罗安进也画押。如此一来，实际上变成了双方当事人共同签署的契约，这在敦煌契约文书中比较少见。最后一位是知见人法律福海，起见证作用。

此外，有佃地人或称为租地人签名的有两件，分别是：

一是 P.3257 号租地契。该契签署的顺次是：佃地人兄索怀义（押），种地人索富子（押），见人索流住（押），见人书手判官张盈 （押）。在这件出租契中,之所以没有地主签押,是因为索义成已"罪遣瓜州"无法签署,改由佃地人、种地人签押,从而将出租契变成了入租契。同时,还有两位见人签押,其中一位是书手判官张盈乄。

二是 S.6063 号入租契。该契签署的顺次是:租地人程□子,租地人索黑奴,见人汜海保。在这件入租契中,一如出租契中由地主签押一样,在入租契中则由两位租地人签署,再加一位见人。

也有例外,P.2858 号背这一入租契的签署是:见人及保弟晟子(押),见人及保兄海奴,见人□氏,见人,见人,见人。在这件入租契中,将佃田人以"酉年二月十二日索海朝立帖"的方式写入契文中,但并未在契尾签署,而是由佃田人的弟晟子、兄海奴既作见人,又当保人而画押,其他四位见人,三位未见签名。

综上,出租契一般由地主签押,而入租契一般由佃田人签押,出典契则是地主和质典地人同时签押。在这三类契约中,同时要有一至六名的见人,根据契约需要,还有保人的签押。

三、敦煌租佃契约的整体阐释

在对敦煌租佃契约要素分析、对比研究的基础上,需要进一步对敦煌租佃契约作整体解读。下面选取比较典型的敦煌租佃契约,以不同的租佃类型进行分类阐释。

(一)出租租佃契约

先选一件首尾齐全、约定详细的出租土地契进行分析。
1. 唐天复四年(904 年)令狐法性出租土地契

P.3155 号背

1　天复四年①岁次甲子捌月十柒日立契,神沙乡百姓僧
2　令狐法性有口分地两畦捌亩,请在孟受下界。为要物色
3　用度,遂将前件地捌亩,遂共(供)同乡邻近百姓
4　价员子商量,取员子上好生绢壹疋,长□□
5　捌,综□壹疋,长贰仗伍尺。其前件地,租与员子贰拾
6　贰年佃种,从今乙丑年至后丙戌年末,却付
7　本地主。其地内,除地子一色,余有所著差税,一仰
8　地主祗当,地子逐年于　官员子逞纳。渠河口
9　作,两家各半支。从今已后,有　恩赦行下,亦不在论
10　说之限。更有亲姻及别人称认主记者,一仰保人
11　祗当,邻近觅上好地充替。一定已后,两共
12　对面平章,更不休悔。如先悔者,罚□□□□
13　？纳入　官。恐后无凭,立此凭俭[验]。
14　　　　地主僧令狐法性
15　　　　见人吴贤信
16　　　　见人宋员住
17　　　　见人都司判官氾恒世
18　　　　见人衙内判官阴再盈
19　　　　见人押衙张
20　　　　都虞侯庐②

---

①　唐耕耦、陆宏基注:"天复"是唐昭宗年号。天复四年四月改元"天祐",此处的天复四年八月,已是天祐元年。参见唐耕耦、陆宏基编:《敦煌社会经济文献真迹释录》(第二辑),全国图书馆文献微缩复制中心1990年版,第26页。

②　唐耕耦、陆宏基编:《敦煌社会经济文献真迹释录》(第二辑),全国图书馆文献微缩复制中心1990年版,第26页。编者注:"十四行以下,地主、见人等均无签名画押,且契文有多处涂改,可知此件不是正式契约,而是契稿,或者是契稿的原件。"

在这件土地出租契中,开首将唐代的年号写错了,即将天佑元年写成了天复四年,这表明地处边陲的敦煌,在改元的四个多月的时间差里,尚未得到改元的消息,立契时还以为在天复四年,故有此误。就契约形式而言,在开首写立契时间,这是敦煌契约的通常惯例,它包括年号、以六十花甲子标识的岁次、月、日,之后,直接写明地主的乡属(本件为神沙乡)、身份(百姓僧人,本件为"百姓僧",这表明,僧人仅为百姓的一种职业区别)、姓名(令狐法性)、所有的田地性质(口分地)、土地区块数(两畦)、地亩数(捌亩)、地理位置(孟受下界)。然后写明出租田地的原因(为要物色用度),出租的对象,即租佃契的另一方当事人——佃田人的乡属和姓名(同乡邻近百姓价员子)。注意,这里用了"商量"二字,真实反映了租佃双方就土地出租的价金协议的过程。

最后达成的价金为"上好生绢壹疋,长□□捌,综□壹疋,长贰仗伍尺"。也就是品次"上好"[①]生绢壹疋,综□壹疋,再标明生绢、综□的长度。接上写租期,本件租期长达22年。由此可以推断,八亩土地出租22年,土地租价仅是生绢、综□各壹疋,应当是年价而非总价。契约接上写租期的起算、届满年岁:本契签订在甲子年,由于是在农历八月收割后,所以起算是以实际耕种和有收益的年岁乙丑年开始的,届满时间为丙戌年(且写明"年末"),整整22年。届满要将此件土地"却付本地主"。这里的"却付",就是"返还、回收、交回"[②]之意,也就是在22年届满后要将佃种的土地返还给本地主。

契文至此,进一步约定了与土地有关的赋税承担问题,约定"地子"由佃田人逐年向官府交纳,其余"所著差税"由地主承担,而杂役"渠河口作,两家各半支"。这些方面关涉以后的履行,因此必须约定明确,以

---

① 敦煌契约文书中出现的"上好"一词,意为"顶好,最好"。参见陈晓强:《敦煌契约文书语言研究》,人民出版社2012年版,第148页。
② 陈晓强:《敦煌契约文书语言研究》,人民出版社2012年版,第144页。

免其后在执行中发生纠纷。契约随后约定了抵赦条款、保人瑕疵担保以及先悔罚则,三重防范,用心良苦。

同为敦煌租佃契中的出租契,也并非刻板的单一模式,会因事而异,以适用具体情况并作相应的变化。比如,下面这件出租契就很特别。

2. 唐天复二年(902年)樊曹子刘加兴租佃土地契(草稿)

S.5927号背

(一)

1 天复二年壬戌岁次十一月九日
2 慈惠乡百姓刘加兴城东
3 □渠上口地四畦共十亩,阙乏人力,
4 奠(佃)种不得,遂租与当乡
5 百姓樊曹子奠种三年。断
6 作三年价直:乾货斛斗壹拾贰石,
7 麦粟五石,布壹疋肆拾尺,又布三丈。
8 布壹疋,至到五月末分付,又布三
9 丈余到其上□并分付刘加兴。
10 是日,一任租地人三年奠[佃]种不许刘加兴,
11 三年除外并不珍(准)刘加兴论限。
12 其地及物,当日交相分付,
13 两共对面平章,一定与后,不许休悔,如休悔者,罚王(?)
六入不悔人

(二)

1 天复二年壬戌,岁次十一月
2 九日,慈惠乡百姓樊曹子

3　遂租当乡百姓刘加兴
4　城东□渠上口地四畦共十
5　亩。(以下空白)①

上录契约,特别就特别在它不是单契,而是双契。在"唐天宝七载(748年)高昌杨雅俗与某寺互佃田地契"中,契尾就有"契有两本,各执一本为记。"②在上录契约复契(一)中,它以地主刘加兴的视角切入并进行叙写,而在复契(二)中,则以佃田人樊曹子的视角,并对应(一)中的商定情形叙写,可惜后面空白不全,无法一览其余。从这件租佃契中,我们看到,在契约结构上,也是先在开首写立契时间,叙写方式与上一件契约相同,其后是地主的乡属、身份、姓名(慈惠乡百姓刘加兴),以及欲出租的田地的地理位置、性质、区块数和亩数(城东□渠上口分地四畦共十亩),接上是出租田地的原因(阙乏人力,因而无法耕种),遂租与佃田人曹子佃种三年。再就是三年的租价。由于是三年的总价,又约定了价金(物)的分付期限,这与上件不同。还有,这件契约约定,在佃田人租种的三年内,不准地主论限。这件契约比上件更准确的一点,就是明确约定了"其地及物,当日交相分付",但没有约定出租田地附着的田税、差科及杂役由哪一方承担,又有不足。上件约定了一重违约责任即先悔罚则,还有两重担保,而该件比较单一,只有先悔罚则。由于后缺,无法看到契尾的签署情况。

再录一件年代不详的契文,以比较繁简的不同与形式的变化。

---

① 唐耕耦、陆宏基编:《敦煌社会经济文献真迹释录》(第二辑),全国图书馆文献微缩复制中心1990年版,第25页。编者注:"此件写于寺院诸色斛斗入破历之上,不是正式契约,而是习字草稿,多错漏涂改。从内容看,租佃双方各立一契,作为凭验,各交对方保存。但均未抄完。"沙知书中题为"唐天复二年(902年)慈惠乡百姓刘加兴出租地契(习字)"。参见沙知:《敦煌契约文书辑校》,江苏古籍出版社1998年版,第324—325页。

② 国家文物局古文献研究室、新疆维吾尔自治区博物馆、武汉大学历史系编:《吐鲁番出土文书》(第十册),文物出版社1991年版,第275—276页。

3. 奴子租口分地与王粉堆契抄

S.3095 号背

1　奴子为缺少所须，遂将口分孟受南支渠地壹畦柒亩租与
2　同乡百姓王粉堆壹周年，现断作价直两硕五斗，内
3　麦两分，粟壹分。其□□（立契）当日交相分付讫，一无
4　悬欠。其地内所□□□□作草币、地子、差科
5　□物，一仰本地主□□，不忓王粉堆之事。
6　□（一）定已后，不许休□□□□，罚□叁石，充入不
7　□（悔）之人。恐人无信，□□□□，用后凭检（验）。①

虽然没有标明这件契约前缺、后缺，但无疑是一份残契，因为从该契第一行叙述看，前面应有立契时间等契约事项，契尾也应有签署，但均无这些契约要素。从现存的契文看，地主奴子因为"缺少所须"，将七亩地租与同乡百姓王粉堆佃种一年，租价为两硕五斗，麦占二分，粟占一分。立契当日交相分付完毕。地内田税、差科等由地主奴子承担。然后规定了先悔罚则，即罚□叁石，充入不悔之人。此契虽短，但基本要素齐全，是一件精简版的租佃契，总体形式的变化不大。

其实，即使是租佃契，也因契约的权利、义务不同而不同。在租佃契中，还有一种分种土地契，其中的约定又有很大不同，下录原契，以作分析。

4. 唐咸通二年（861年）齐像奴与人分种土地契

P.3643 号

---

① 沙知：《敦煌契约文书辑校》，江苏古籍出版社1998年版，第332页。

1　张桃渠地一段两畦共两拾亩□□□□□
2　咸通二年辛巳岁二月八日□□□□□
3　其人力,遂将上件地伍亩一畦□□□□□
4　半并前一畦计壹拾贰□□□□□
5　至秋像奴三分内仰请一分□□□□□
6　半亦共僧福智停头□□□两乡□□□□□
7　蒿芸浇溉收拾等两□□□辛苦合□□□
8　抱功者看□□□芒月□家计算酬□如后□
9　有人客护,一仰弟齐兴清祇当。一定已后,不许
10　翻悔,如先悔者,罚□□□军粮用。官有
11　政法,人从私契。两共平章,用为后验。
12　　　　地主齐像奴(押)
13　　　　保人齐兴清(押)
14　　　　见人僧愿成(签名)
15　　　　见人并书契僧明照
16　　　　见人僧智谦①

在这件分种的土地契中,首叙土地这一标的物的地理位置,再写立契年月,与前几件租佃契在叙写结构上有小小的不同。由于地主齐像奴乏其人力,遂将两畦20亩地中的12亩租与僧人福智合种。在这12亩田地的田税、差科的承担上,地主承担1/3,佃田人承担2/3。因契残,推测"渠河口作",双方各承担一半。更重要的是,双方合作的内容为"蒿芸

---

① 唐耕耦、陆宏基编:《敦煌社会经济文献真迹释录》(第二辑),全国图书馆文献微缩复制中心1990年版,第24页。沙知书中题为"唐咸通二年(八六一)齐像奴出租地契"。参见沙知:《敦煌契约文书辑校》,江苏古籍出版社1998年版,第321—322页。需要说明的是,唐耕耦、陆宏基在录文的第三行作"具人力",而沙知的录文中作"其人力",选后者,可能是"[乏]其人力",比较妥适。

浇溉收拾等"，而收入和酬劳，大致按功值计算。后有保人担保和先悔罚则。最后是地主、保人签押，还有三位僧人作见人，其中一僧愿成签名，一僧明照同时兼具代书与见人之责，还有一僧单纯作见人，未签名。

（二）入租租佃契约

1. 乙亥年（915年？）索黑奴等租地契

S.6063号

1 乙亥年二月十六日，敦煌乡百姓索黑奴、程悦
2 子二人，伏缘欠阙田地，遂于侄男索□护面
3 上，于城东忧渠中界地柒亩遂租种瓜。其地
4 断作价直，每亩壹硕二斗，不拣诸杂色
5 目，并总收纳。两共 面对 平章，立契已后，
6 更不许休悔。如若先悔者，罚麦两？䭾，充
7 入不悔人。恐人无信，故立此契。
8 　　　　　租地人程□子
9 　　　　　租地人索黑奴
10 　　　　　见人汜海保[①]

从这件入租租佃契中，我们看到，它与出租租佃契的最大不同，也就是契约结构的不同。在出租租佃契中，如前已述，在立契时间后，是地主的乡属、身份、姓名、所有的田地性质、土地区块数、地亩数，地理位置，出租田地的原因，出租的对象，即佃田人的乡属和姓名。而在这

[①] 唐耕耦、陆宏基编：《敦煌社会经济文献真迹释录》（第二辑），全国图书馆文献微缩复制中心1990年版，第28页。

件入租租佃契中，除首先写立契时间（乙亥年二月十六日）相同外，接上写的是佃田人的乡属、身份、姓名（敦煌乡百姓索黑奴、程悦子），然后是佃田的原因（伏缘欠阙田地），再写地主（侄男索□护）、地亩数、田地的地理位置（城东忧渠中界地柒亩）、用途（种瓜），接着是地租的价金和计算方式（每亩壹硕二斗）。

需要注意的是，这件入租租佃契，尤其是对计折租价的谷物的"质量"有明确要求："不拣诸杂色目"，即要求谷物要纯、要净，不掺杂使假。这也是所有租佃契中的唯一一件有此明确约定的契约。其后是契约套语和先悔罚则，与出租租佃契大同小异。最后，签署也不一样：出租租佃契首先是地主签押，然后才是见人签署；而在入租租佃契中，首先是租地人签押，然后是见人签署。

事实上，即使是入租租佃契，也有不同形式。比如，下面这件入租租佃契是以合种方式出现的。

2. 乙丑年（965年）二月廿四日祝骨子合种契

P.3277号背

1 乙丑年二月廿四日立契，龙勒乡百姓祝骨子为缘家中地数窄
2 突，遂于莫高乡百姓徐保子面上，合种地柒拾亩，莫抛直
3 课，好生维［推］剥种事，濠知浇管收刈，渠河口作，农种家祇当，
4 唱之。两共对面平章，不喜（许）翻悔者，罚上羊壹口，恐人
5 无信，雇（故）立私契，用为后凭。「——①

---

① 唐耕耦、陆宏基编：《敦煌社会经济文献真迹释录》（第二辑），全国图书馆文献微缩复制中心1990年版，第32页。

这应是入租租佃契的合种契，或者更准确地说，是需要他人的田地而又不愿、或无力承担租地价金，因此以出工力为主而耕种他人田地的契约，这既不同于佃种，又不同于雇工，可谓灵活多样，因事制宜。

在这件合种契中，龙勒乡百姓祝骨子因为家中地少，与莫高乡百姓徐保子合种70亩地，包括尽力播种、灌溉、收割等一系列农活等。由此可见，"莫抛直课"，亦即要辛勤耕耘，不使田地荒芜是佃种或合种的基本要求。对此，可谓天下同理，如著名的《汉谟拉比法典》第四十三条就明确规定："倘不耕耘而任田荒芜，则彼应依邻人之例交付田主以谷物，并应将其荒芜之田犁翻耙平，交还田主。"① 这一规定从情理得来，公平中允，堪为经典。而在敦煌所出的租佃契中，仅仅作了应当尽力耕耘的约定，而没有约定如果抛荒应承担的相应责任。其实，除了前述因弊政导致田地荒芜的情形外，在租佃之间发生这种状况的情形鲜见，因为等地下种，赖地生存，又怎能抛荒？除非出现意外事件，如后述的索义成土地返还纠纷案中，因索义成犯罪而被流放到瓜州，由其伯父索怀义代种和打理田地，但索怀义"经得一秋"，便被官府征调"着防马群"，由此导致此地荒闲。而土地一旦闲置，他人就会通过"请射"获得。

此外，该契还要由"农种家"（即佃田性质的合种人祝骨子，可能有种庄稼的行家的意思）承担"渠河口作"的税役。然后是契约套语，以及先悔罚则等。应当说，此契不长，但很有价值，是介于佃田与雇工之间的一种新的契约方式，而又与前述齐像奴与人分种土地契（P.3643号）不同。相较而言，这件是准佃田人主动出击，去寻找合种的地主；而齐像奴与人分种土地契中，则是地主齐像奴主动出击，寻找分种土地的准佃田人。需求主体不同，约定的内容也不同。

---

① 《世界著名法典汉译丛书》编委会：《汉穆拉比法典》，法律出版社2000年版，第28页。

(三)土地出典契约

后周广顺三年(953年)龙章祐、祐定兄弟出典土地契

S.466号

1 广顺三年岁次癸丑十月廿二日立契,莫高乡百姓龙
2 章祐、弟祐定,伏缘家内窘阙,无物用度,今将父
3 祖口分地两畦子共贰亩中半,只(质)典已莲畔人押衙
4 罗思朝。断作地价:其日见过麦壹拾伍硕。字(自)
5 今已后,物无利头,地无雇价。其地佃种,限
6 肆年内,不喜(许)地主收俗(赎)。若于年限满日,更仰地主辨
7 还本麦者,更仰地主收地。两共对面平章
8 为定,更不喜(许)休悔。如若先悔者,罚青麦
9 拾驮,充入不悔人。恐后无信,故勒次(此)契,用
10 为后凭。
11   地主弟龙祐定(押)
12   地主兄龙章祐(押)
13   只(质)典地人押衙罗思朝
14   知见父押衙罗安进(押)
15   知见人法律福海(知)[①]

这件出典土地契,其约定的事项明显与前两种出租租佃契、入租租

---

① 唐耕耦、陆宏基编:《敦煌社会经济文献真迹释录》(第二辑),全国图书馆文献微缩复制中心1990年版,第30页。

佃契不同，既非出租，也非入租，而是出典。同时，龙家兄弟的此件出典契，也与前述宋太平兴国七年（982年）吕住盈、阿鸾兄弟典卖地契不同，此件侧重在"出典"土地，而吕住盈、阿鸾兄弟的典卖地契，侧重在"典卖"土地。因此，龙家兄弟的出典地契，没有吕住盈、阿鸾兄弟典卖地契中的"不许他人收赎"的约定，也没有不在约定的期限内收赎会产生"绝卖"的后果。一个重"典"，是在土地出租、入租契外的一种新的佃种方式和新的契约种类，但总体归属于土地租佃契中；一个重"卖"，是附条件的"活卖"，归属于土地买卖契中。

我们再简要分析该契契文。广顺三年十月二十二日的这天，① 莫高乡百姓龙章祐、龙祐定兄弟俩因为家里拮据，无法应付各种开支，于是将父祖留下的口分地贰亩中半，出典给承典人押衙罗思朝，其地典价为麦壹拾伍硕，典期四年。在这四年中，由承典人罗思朝耕种出典的土地，在典期未届满前，不准龙家两兄弟收赎此地。四年典期届满后，龙家兄弟返回典价，赎回此地。

我们还看到，此契中有非常经典的出典规则："物无利头，地无雇价"，意思是承典人占有使用出典的土地而不用交纳地租；出典人取得、使用承典人的典价麦子而无须支付利息。这一约定，构成典权制度的一个重要特征。② 由此可见，这件非常独特的土地出典契，确立并实现了互利、双务的契约目的，因事制宜，是古代劳动人民智慧的结晶，反映了民间高超的立契水准。

---

① "广顺"是五代十国时期最后一个中原王朝后周太祖郭威的年号，共三年（951年—953年）。

② 相关论证，可参阅戴建国：《唐宋变革时期的法律与社会》，上海古籍出版社2010年版，第296—297页。

第七章 敦煌土地返还疑难纠纷解决机制

如果对一件件完整的敦煌租佃契约进行阐释，或对若干件敦煌租佃契约要素进行对比、归纳和分析是静态观察和研究的必要方式，那么，追问这些签署于纸面的敦煌契约在实际生活中得到了怎样的履行，一旦发生纠纷后，又有怎样的解纷机制，由此引入动态的、实证的分析，可能会更有深度、更合实情、也更有价值。基此，通过敦煌写本"后晋开运二年（945 年）十二月河西归义军左马步押衙王文通及有关文书"（P.3257号），以"索怀义土地返还纠纷案"为主线，研究敦煌土地疑难纠纷的解决机制。

一、索怀义土地返还纠纷案的基本案情

（一）土地纠纷的缘起

这起土地疑难纠纷案的起因，是由敦煌写本甲午年（934 年）二月十九日索义成分付与兄怀义的佃种凭（P.3257 号）引起的。原契文如下：

甲午年（934 年）二月十九日索义成分付与兄怀义佃种凭

P.3257 号

1　甲午年二月十九日，索义成身着瓜州。所有父祖口分地叁拾

贰亩,分

2　付与兄索怀义佃种。比至义成到沙州得来日,所着　官司诸杂烽

3　子、官柴草等大小税役,并总兄怀义应料,一任施功佃种。若收得麦粟,任

4　自兄收,颗粒亦不论说。义成若得沙州来者,却收本地。渠河口作税役,不忏

5　自兄之事。两共对面平章,更不许休悔。如先悔者,罚牡羊壹口。恐人无信,

6　故立文凭,用为后验。

7　　佃地人兄索怀义(押)

8　　种地人索富子(押)

9　　见人　索流住(押)

10　　见人 书手判官张盈evidence(押)①

这件佃种凭签订的甲午年为公元934年,这一年已是五代的后唐清泰元年。11年后的后晋开运二年,②为公元945年,因这件佃种凭及其衍生的变故发生了土地返还纠纷案。从签约的934年到发生纠纷的945年,在敦煌,则属于曹氏归义军时期。

对该件佃种凭的时间分析后,我们再审查该件租佃契的合法性。换言之,这件佃种凭中的田地是否可以租赁？由于归义军时期的土地管理

---

① 唐耕耦、陆宏基编:《敦煌社会经济文献真迹释录》(第二辑),全国图书馆文献微缩复制中心1990年版,第29页。编者注:"此件系后晋开运二年(公元九四五年)十二月河西归义军左马步押衙王文通牒的附件。"

② 后晋(936年—947年)是中国历史上五代十国时期的一个朝代,从936年后晋高祖石敬瑭灭后唐开国,到947年契丹灭后晋,一共经历了二帝十二年,初定都洛阳,后迁都开封。需说明的是,945年,是后晋开运二年,所以此件文书题名为后晋开运二年。

仍沿袭唐制,那么,唐代如何规定的呢？唐开元二十五年(737年)《田令》规定:"诸田不得贴赁及质,违者财没不追,地还本主。若从远役、外任,无人守业者,听贴赁及质。"① 按此规定,再对照这件租佃契签订的原因,乃因索义成犯罪而被流放到瓜州,大抵其母阿龙寡居而无力耕种,而其子索幸通年幼,是典型的孤儿寡母,应属"无人守业"的法定情形,准令可以租佃。因此,这件租佃契具有合法性。

　　就契约的具体内容而言,与同类租佃契约相比,这件租佃契在立契时间上没有年号,只有甲子纪年和月日,这与当时唐代已经覆亡,敦煌处于归义军时期有关。该契在立契时间后,接上叙写的也不是田地的地理位置,而是租地原因:田主索义成因为犯罪而"身着瓜州",因此不得不将"所有父祖口分地叁拾贰亩,分付与兄索怀义佃种"。从该契中的这一句话看,因为索义成已罪遭瓜州,其人不在,所以这件契约是以索怀义之母阿龙的口吻叙写的,因为索怀义是阿龙丈夫的哥哥,所以称之为"兄"。如以索义成的角度叙写,则应称索怀义为伯父。事实上,索义成之地名为出租,实由其伯父索怀义代种,因此没有租金,只要求地内所着官司诸杂烽子、官柴草等大小税役由代种人索怀义交纳。但该契明确约定,索怀义并不承担"渠河口作税役"。此契还约定,等到索义成从瓜州归来之日,再收回本地。

(二)土地纠纷案的发生及其牒状

　　上件签订于934年的租佃契,在11年后的945年发生了纠纷,这就是索怀义土地返还纠纷案(P.3257号)。由此可见,纠纷的发生,不以个人的意志为转移,它是客观时事相互作用和按照事理自我演化的结果。也就是说,孔子(前551年—前479年)的"无讼"理念,是儒家大哲试图将外在的社会规范内心化的尝试,是一种理想而非现实。质言

---

① 〔日〕仁井田陞:《唐令拾遗》,栗劲、霍存福等编译,长春出版社1998年版,第564页。

之,并非所有的纠纷都能不受客观事实的制约而化于无形,归于"无讼"。

包括上件签订于 934 年的租佃契在内,由三部分组成的"后晋开运二年(945 年)十二月河西归义军左马步押衙王文通及有关文书(P.3257 号)",完整地载述了索义成之母阿龙的陈状、都押衙王文通询问原告阿龙与被告索佛奴,以及第三人索怀义相关事实的笔录,以及司徒阿郎的最后判决,现照录如下:

(一)

1　寡妇阿龙
2　右阿龙前缘业薄,夫主早丧。有男义成,先蒙
3　大王世上,身着瓜州。所有少多屋舍,先向出卖与人,只残
4　宜秋口分地贰拾亩已来,恐男义成一朝却得上州
5　之日,母及男要其济命。义成瓜州去时,地水分料
6　分付兄怀义佃种。更(拾)得□□□房索佛奴兄
7　弟言说,其义成地空闲。更弟佛奴房有南山兄弟一人
8　投来,无得地水居业,当便义成地分贰拾亩,割与
9　南山为主。其地南山经得三两月余,见沙州辛苦
10　难活,却投南山部族。义成地分,佛奴收掌为主,针草
11　阿龙不取。阿龙自从将地,衣食极难,艮(恳)求得处,①安
12　存贫命。今阿龙男义成身死,更无丞(承)忘(望)处。②男女恩
13　亲,缘得本居地水,与老身济接性命。伏乞
14　司徒阿郎,仁慈祥照,特赐孤寡老身,念见苦累。伏

---

① 池田温的《中国古代籍账研究》中为"良求得处",参见〔日〕池田温:《中国古代籍账研究》,龚泽铣译,中华书局 2007 年版,第 507 页。

② 此处据池田温《中国古代籍账研究》第 507 页校改,下同。

15　听　公凭裁判　处分。

16　牒件 状 如 前，谨牒。

17　　　开运二年十二月 日寡妇阿龙牒

18　付都押衙王文通，细与寻

19　问申上者。　十七日（押署）

（二）

甲午年二月十九日索义成分付与兄怀义佃种凭（P.3257号），同上，此略。

（三）

1　都押衙王文通

2　右奉　判，付文通勘寻陈□□□□□（状寡妇阿龙）及取地伎索佛奴，

3　据状词理，细与寻问申上者。

4　问得伎索佛奴称，先有亲叔索进君，幼小落贼，已经年

5　载，并不承忘，地水屋舍，并总支分已讫。其叔进君，贼

6　中偷马两疋，忽遇至府，　官中纳马壹疋。当时

7　恩赐马贾［价］，得麦粟壹拾硕，立机牒伍疋，官布伍疋。

8　又请得索义成口分地贰拾贰□（亩），进君作户生（主）名，佃

9　种得一两秋来。其叔久居部族，不乐苦地，却向南

10　山为活。其地佛奴承受，今经一十余年，更无别人论

11　说。其义成瓜州致死，今男幸通及阿婆论此地者，

12　不知何理。伏请　处分。

13　　　取地人索佛奴 左手 中旨 节

14　问得陈状阿龙称，有男□□□（索义成）犯　公条，遣着瓜

15　州，只残阿龙有口分地叁拾贰亩。其义成去时，出

16　买[卖]地拾亩与索流住，余贰拾贰亩与伯父索怀
17　义佃种，济养老命。其他，佛奴叔贼中投来，分居
18　父业，总被兄弟支分已讫，便射阿龙地水将去。
19　其时欲拟咨申，缘义成犯格，意中怕怖，因兹不
20　敢词说。况且承地叔在，不合论诤。今地水主叔，却
21　投南山去，阿龙口分，别人受用。阿龙及孙幸通无路存
22　济，始过（是故）陈状者，有实。
23　　　　陈状寡妇阿龙 右手 中旨 节
24　问得佃种伯父索怀义称，先任义成犯 罪遣瓜州，地
25　水立契，仰怀义作主佃种，经得一秋，怀义着防马群，不
26　在。比至到来，此地被索进君射将。怀义元不是口分
27　地水，不敢论说者。有实。
28　　　　立契佃种人索怀义 左手 中旨 节
29　右谨奉　付文通勘寻陈状寡妇阿龙及任索佛奴、怀义，
30　词理一一分析如前，谨录状上。
31　牒 件 状 如 前，谨 牒。
32　　　　开运二年十二月　日左马步都押衙王文通牒
33　其义成地分，赐进
34　君，更不迴戈。其地
35　便任阿龙及义
36　成男女为主者。
37　　　　廿 二 日（押署）①

---

①　唐耕耦、陆宏基编：《敦煌社会经济文献真迹释录》（第二辑），全国图书馆文献微缩复制中心1990年版，第295—298页。此件文书又见〔日〕池田温：《中国古代籍账研究》，龚泽铣译，中华书局2007年版，第507—509页。

上述文书分为三部分：第（一）部分，为寡妇阿龙呈请司徒阿郎的牒状，以及司徒阿郎受理后的批示，即要求都押衙王文通"细与寻问申上者"，以"勘寻陈状"，也就是详细调查有关案件事实。第（二）部分，也就是甲午年（934年）二月十九日索义成分付与兄怀义佃种凭。而第（三）部分，则是王文通询问原、被告双方当事人以及相关利害关系人（即现代民事诉讼中的"第三人"）的笔录，最后是判词。

在此，需要补充本案的一些背景资料。案卷所涉大王，指已于后唐清泰二年（935年）去世的前节度使曹议金。后梁乾化四年（914年），曹议金掌政瓜沙，为曹氏归义军政权的创建者，后梁龙德二年（922年）称"托西大王"。后唐清泰元年（934年），又称归义军节度使"令公大王"，故当地人对其皆以"大王"称之。司徒阿郎，指节度使曹元忠（曹议金之子）。时曹元忠自称"司徒"。"阿郎"，亦曰"郎主"，系唐宋时对主人的敬称。敦煌人亦称节度使、刺史为"阿郎"。牒状中的南山，指敦煌西南位于祁连山脉和青海的黄河上游谷地一带的山区。[①] 南山部族，则指吐谷浑族，其时该族在南山驻牧。[②] 而"都押衙、押衙是唐五代藩镇使府中的重要军将，为节度使的亲信，职级高，权位重，最受节度使倚重。都押衙、押衙构成了归义军政权的中坚支柱，他们出自使府衙内，掌握内外实权。……在唐末五代之际，押衙已演变成一种兼职化的加官，其实际差职是它所兼职的其它具体事务的官职。"[③] 比如，在本案中的王文通，

[①] 郝春文主编的《敦煌学概论》中讲："祁连山的另一个名称叫南山，这是因为在走廊的北侧存在着一组与之平行，被统称为北山的山脉。"参见郝春文主编：《敦煌学概论》，高等教育出版社2010年版，第27页。其实，祁连山是指甘肃、青海之间在地质、地貌上相联系的一系列山脉的总称，因此，此处的"南山部族"中的"南山"，应指构成祁连山山系的疏勒南山西段，它在甘肃境内叫"野马南山"。

[②] 陈永胜："'后晋开运二年（945）寡妇阿龙地产诉讼案'若干法律问题析论"，《兰州大学学报》（社科版）2003年第2期。

[③] 冯培红："晚唐五代宋初归义军武职军将研究"，《敦煌归义军史专题研究》，兰州大学出版社1997年版，第99—100页。

就成了民事案件的调查事务官。冯培红认为:"都押衙官职分左马步都押衙和右马步都押衙。左马步都押衙简称左都押衙,或径称都押衙、都衙、司理左厢衙务、统领押衙若干。……王文通官职为左马步都押衙,但在牒中行文时一般只称都押衙,而在随后署名时才签左马步都押衙全称,以示正规。"①

从阿龙呈递的诉状、租佃契,以及都押衙王文通询问土地的实际占有者、被告索佛奴所作的辩称,原告阿龙进一步的补充意见,以及相关利害关系人索怀义的陈述,可理出这一案件比较曲折的基本案情,如下图所示:

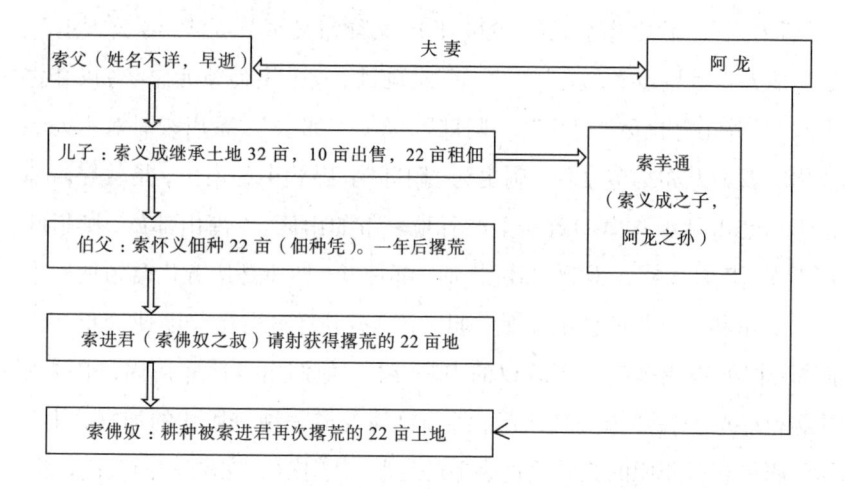

```
索父(姓名不详,早逝) ←—夫妻—→ 阿龙
         │
儿子:索义成继承土地32亩,10亩出售,22亩租佃 →  索幸通
         │                                  (索义成之子,
伯父:索怀义佃种22亩(佃种凭)。一年后撂荒         阿龙之孙)
         │
索进君(索佛奴之叔)请射获得撂荒的22亩地
         │
索佛奴:耕种被索进君再次撂荒的22亩土地
```

从上录的敦煌 P.3257 号三部分文书中,可以抽绎出本案的基本案情:原告寡妇阿龙,丈夫早丧,其子索义成因犯罪流放瓜州,家中原有的口分地 32 亩,在索义成去瓜州时将其中的 10 亩卖给索流住(租佃契的见人之一),将剩余的 22 亩交由伯父索怀义代种,并由其代纳"诸杂

---

① 冯培红:"晚唐五代宋初归义军武职军将研究",《敦煌归义军史专题研究》,兰州大学出版社 1997 年版,第 102—103 页。

烽子、官柴草等大小税役"。索怀义"经得一秋",便被官府征调"着防马群",因此无法耕种而导致该地撂荒。索佛奴有亲叔索进君,"幼小落贼,已经年载",但此后索进君从"贼中投来",欲"分居父业",但父业已"被兄弟支分"完毕,因他无"地水居业",便将撂荒的"义成地分贰拾贰亩",经"请射"获得。其时,因索义成犯罪致使阿龙对索进君"请射"获得该地而"不敢词说"。可索进君耕种一段时间后,因其"久居部落,不乐苦地",弃地返回南山生活,该地再次被撂荒,由此索佛奴就耕种了这块土地,已有多年。后来寡妇阿龙得知其子索义成已死,加之她和孙子索幸通"衣食极难",遂向归义军衙门递呈牒状,请求收回被索佛奴占有的土地,纠纷由此发生,请求官府裁断。

二、对索义成土地返还纠纷案相关法律问题的分析

(一)案由

严格说来,本案虽与租佃契密切相关,但本案并不是租佃纠纷,而是因租佃引起和展开的土地权属纠纷。因为本案并不是在履行租佃契约条款约定的权利和义务过程中发生争执而引起的纠纷,而是因为租佃契签订后,将索义成的口分地租佃给索怀义,由于索怀义代种一年后,被官府征调"着防马群",无法继续代种,导致土地空闲,才被索佛奴的叔叔索进君"请射"而获得,进而由于索进君也因不愿稼穑,弃地回返南山部族,才由索佛奴占有并耕种多年,由此引发的土地权属之争。与此相关,因该地在索佛奴耕种期间"针草阿龙不取",没有任何收益,以致阿龙及索义成之子索幸通生活艰难这一连串的事件而引发了纠纷。因此,本案案由,是索义成之母阿龙向归义军府衙状告侄儿索佛奴侵占了

原本属于其子索义成的土地，请求返还之诉。因此，可命名为"索义成土地返还纠纷案"。

那么，这一纠纷能够得到解决的规范基础是什么呢？按照哈特（H.L.A. Hart，1907年—1992年）对法律规则的区分，如果把本案的"佃种凭"视作基本的行为规则，它通过科以义务规范契约双方的具体行为，而次级的授权规则，实际上授权公共的或私人的权力，通过关联基本的行为规则，产生责任或义务的创设或改变。① 也就是说，纠纷得以解决的规范基础是行为规则与授权规则的联动。对此，德沃金（Ronald Dworkin，1931年—2013年）进一步分析道："如果一个人受一条规则的约束，那么他就负有义务，而不仅仅是被迫去做规则所规定的事情。"② 本案"佃种凭"中约定的义务，不仅约束索怀义，其效力还兼及索佛奴，这也是后来司徒阿郎据以裁断的规则基础。

（二）需要澄清的相关问题

在索义成罪遭瓜州之际，能否将口分地10亩出卖给索流住？回答是否定的：不准出卖。《唐律疏议·户婚律》"诸卖口分田条"规定："诸卖口分田者，一亩笞十，二十亩加一等，罪止杖一百。地还本主，财没不追。即应合卖者，不用此律。"③ 也就是说，国家法律禁止口分田的买卖，但有"即应合卖者，不用此律"的例外情形。此处所讲的例外情形，根据《唐律疏议·户婚律》"卖口分田"条规定："谓永业田家贫卖供葬，及口

---

① H.L.A.Hart, *The Concept of Law,* New York: Oxford University Press, 1994, sec.ed. , p.81. 另见〔英〕H.L.A.哈特：《法律的概念》（第二版），许家馨、李冠宜译，法律出版社2006年版，第77页。

② See, Ronald Dworkin, *Taking Rights Seriously,* Mass.: Harvard University Press, 1977, p.19. 另见〔美〕罗纳德·德沃金：《认真对待权利》，信春鹰、吴玉章译，中国大百科全书出版社1998年版，第37页。

③ 〔唐〕长孙无忌等：《唐律疏议》，刘俊文点校，法律出版社1998年版，第263—264页。

分田卖充宅及碾硙、邸店之类,狭乡乐迁就宽乡者,准令并许卖之。其赐田欲卖者,亦不在禁限。……故云'不用此律'"。① 可见,卖充宅及碾硙、邸店之类,狭乡乐迁就宽乡者,可以出卖口分田。两相对比,出卖 10 亩口分地均不符合这几种法定情形。开元二十五年(737 年)《田令》进一步补充规定:"诸庶人有身死家贫无以供葬者,听卖永业田,即流移者亦如之。乐迁就宽乡者,并听卖口分(卖充住宅、邸店、碾硙者,虽非乐迁,亦听私卖)。"② 此处的"流移者",是指"因犯罪而被流放及移乡之人"。③ 那么,索义成犯罪被流放到瓜州,属于"流移者"。但是,"流移者"仅能出卖永业田,并不能因此可以出卖口分田,而阿龙出卖的 10 亩田地,却是口分地,因此出卖违法。这,大致也是阿龙在索佛奴耕种近 10 年而不敢主张权利的另一主因,而不单单"缘义成犯格,意中怕怖"而"不敢词说"。但是,阿龙在其牒状和向王文通的陈述中,将 10 亩口分地出卖给索流住的事实作了如实陈述,并未见归义军府衙对阿龙和索流住依律追究相应的法律责任。

(三)本案的法律关系

与本案有关的事实,产生了两种法律关系,一是租佃法律关系,二是因不当得利引发的诉讼法律关系。

显而易见,阿龙与索怀义之间,是租佃契约的主体,他们之间是租佃法律关系。本案的缘起虽然是佃种凭,但由于并未因租佃本身发生纠纷,所以,阿龙与索怀义之间,没有由此引发租佃诉讼法律关系,还是原来的租佃法律关系。

---

① [唐]长孙无忌等:《唐律疏议》,刘俊文点校,法律出版社 1998 年版,第 263—264 页。
② [日]仁井田陞:《唐令拾遗》,栗劲、霍存福等编译,长春出版社 1998 年版,第 560 页。
③ 霍存福:"再论中国古代契约与国家法的关系——以唐代田宅、奴婢买卖契约为中心",《法制与社会发展》2006 年第 6 期。

就诉讼法律关系而言，由于争议土地的实际占有者是索佛奴，他既非"请射"获得该地，也没有其他合法依据取得该地，即没有合法依据，有损于他人而取得利益，属于不当得利。而阿龙是土地所有者索义成之母，在索义成亡故后，阿龙就成了索义成之子索幸通的监护人，有主张返还土地的权利。因此，在阿龙与索佛奴之间，因不当得利而引发诉讼法律关系，由此也构成了不当得利诉讼法律关系中的"两造"，即原告和被告，而索怀义则是本案的利害关系人，也就是现代民事诉讼中无独立请求权的第三人。

从牒状的署名看，本案的原告为索义成之母阿龙。从状告的对象看，则是讼争土地的实际占有者索佛奴，亦即被告，这也与上述的分析是相契的。需要分析的是，索义成之子索幸通，在王文通询问原告阿龙和被告索佛奴时均被提及，大概因为索幸通年幼，[①] 尚无诉讼能力，因此未在牒状中署名。

（四）原告的诉称、被告的辩称及第三人的陈述

阿龙在牒状中诉称：她早年丧夫，有男义成，因罪遭瓜州，将出卖 10 亩后剩余的 20 亩地，租佃给义成伯父索怀义佃种。后来空闲，由南山兄弟，也就是索佛奴的叔叔索进君因"无得地水居业"，便"割与南山为主"。但"其地南山经得三两月余，见沙州辛苦难活，却投南山部族。"此后，该地便被"佛奴收掌为主"，而自己"针草"未得。无地之后，衣食极难，而今义成身死，更没有指望。为"与老身济接性命"，伏望司徒阿郎"仁慈祥照"，"念见苦累"，公正裁断，将土地返还给孤寡老身。

原告阿龙为证明和支持其诉讼请求，还拿出了与索怀义签订的租佃

---

① 从索义成去瓜州，至发生纠纷，阿龙呈递诉状，已有 11 年时间，即使索义成去瓜州时，其子索幸通尚未出生或刚出生，大约有 11 岁上下。

契作为证据，与牒状一并呈递给了司徒阿郎。

索佛奴则在都押衙王文通询问时辩称，已如上述案情中的总结，不再复述。需要补叙的是，索进君在"贼中偷马两疋"，将其中壹匹马交给官府，官府对索进君予以奖赏，"得麦粟壹拾硕，立机牒伍疋，官布伍疋。"同时，索进君又将索义成口分地20亩"请射"在自己名下，其后，索进君"佃种得一两秋"，因"其叔久居部族，不乐苦地"，又返回了南山部族。因此，索进君之地由佛奴承受，至今耕种已有十余年，也从来无人对该地提出过异议。原告之子义成瓜州致死，现在索幸通和阿婆索要该地，不知是何道理，请秉公裁断。

针对索佛奴的辩解，阿龙在王文通询问时，改正、补充了以下事实：一是说明了租佃契中的32亩，因为索义成去瓜州时出卖10亩给索流住，因此租佃给索怀义的实有22亩，改正了牒状中的20亩。二是承认索进君贼中投来，欲分父业，已被兄弟分割完毕，便"请射"了阿龙的地水。三是说明为何在索进君请射自己的地水时，不敢申说的原因："其时欲拟咨申，缘义成犯格，意中怕怖，因兹不敢词说。况且承地叔在，不合论诤。"四是该地承种者叔父索进君已去南山，属于阿龙的口分地，让别人受用，而自己和孙子索幸通却"无路存济"，因此陈状。

第三人索怀义在王文通询问时述称：侄儿索义成罪遭瓜州，地水立契，由其佃种一年，后去"着防马群"，不在家中，回来后发现"此地被索进君射将"，由于该地本来不是自己的口分地，因此"不敢论说"。

从原告、被告和第三人所述事实，对照租佃契，本案纠纷的前因后果，来龙去脉已基本清楚。至此，可对原告诉称、被告辩解，以及第三人述称的事实，简析如下：

1. 索进君耕种的时间

索进君请射得地后，究竟是阿龙诉称的"经得三两月余"，还是索佛奴辩称的"佃种得一两秋来"？二者在对这一事实的陈述上相差甚远。

如以阿龙所称，则索进君仅仅打理土地两三个月，连一季庄稼都没有耕种完毕就弃地而去。而以索佛奴的辩称，则意味着索进君耕种了一两年才去了南山。前者意在索进君的"请射"也是名不符实，没有耕种，因此，索佛奴承其叔索进君之地，就缺乏合法性与正当性。而后者辩解的用意，则与阿龙相反。

分析而言，索佛奴的辩解是不能成立的。因为从租佃契签署到阿龙递呈牒状，总共11年。这11年中，确定无疑的事实是索怀义佃种一年后，才去"着防马群"，那么，在年限上就还剩10年。如果按照索佛奴的说法，索进君"佃种得一两秋来"，则索进君承受该地后，只有八至九年，这又与索佛奴给王文通辩称的"其地佛奴承受，今经一十余年"自相矛盾，因此，这一辩解不能成立。

2. 索佛奴所述其他事实是否成立

索佛奴所述其他事实，细分有四个主要事实。一是索佛奴讲到，他的叔叔索进君幼小落贼，并偷得贼马，将其中一匹献给官府，得到奖励的事实，应当属实。前半部分，与阿龙陈述的"佛奴叔贼中投来"相合。后半部分，即索进君得到奖励的事实，虽无法印证，推测属实。此节实与本案纠纷的主因没有直接关系。二是索佛奴讲，索进君"不乐苦地，却向南山为活"，与原告阿龙诉状中所说的"见沙州辛苦难活，却投南山部族"，以及此后在都押衙王文通询问时所讲的"今地水主叔，却投南山去"是互相印证的。三是关于索佛奴所说的"地水屋舍，并总支分已讫"的析产事实，也与阿龙诉状中"有南山兄弟一人投来，无得地水居业"，和后来询问笔录中"佛奴叔……分居父业，总被兄弟支分已讫"相合，均可得到确认。四是索佛奴讲，索进君因地水屋舍被分割完毕，在得到官府奖励时，（大抵趁势）"又请得索义成口分地分贰拾贰亩"，虽与阿龙牒状中所述的"当便义成地分贰拾亩，割与南山为主"这一私下交割的行为不符，但与后来阿龙的笔录陈述是一致的："便射阿龙地水将去"。

由此，索佛奴在上述事实的基础上，认为他是在承受其叔之地，且长期占有、耕种该地，其言下之意，他占有该地具有合法性与正当性。但事实是，索进君并没有将该地以契约的方式，并经官府认可的程序合法让与索佛奴，不能因为他非法长期占有，且相关当事人因故没有论争和主张权利就成了合法占有，就具有了正当性。因此，索佛奴的这一辩解是不能成立的。

3. 阿龙、索怀义的行为是否构成默认

分析而言，既然租佃契所附条件尚未成就——即索义成尚未归来，那么，租佃契并未解除，尚在履行之中。虽有官府征调索怀义"着防马群"不在家的客观情形，因此被索进君"请射"获得，但是，索进君很快弃地去南山部族，该地由此被索佛奴占有和耕种，阿龙和归来的索怀义看到后默不作声，也就是索佛奴辩解的"其地佛奴承受，今经一十余年，更无别人论说"，那么，他们的行为是否构成默认？

回答是否定的。因为从事实与情理上讲，阿龙的说法如前已述："其时欲拟咨申，缘义成犯格，意中怕怖，因兹不敢词说。况且承地叔在，不合论净"，亦即一因其子犯罪，不敢言说；二因尚在租佃期，由于"承地叔在"，即索怀义在，她也没有资格论争。应当说，这两点辩解符合情理，应当采信。而索怀义的答复是："怀义原不是口分地水，不敢论说者"，这一说法虽然多少有点推脱的意思，但也在情理之中。事实上，从法理上讲，即使"无别人论说"，也不等于索佛奴由此就有占有该地的合法性与正当性，所以，索佛奴的这一辩解也是不能成立的。

（五）租佃契约的法律效力

1. 租佃契约本身的效力

租佃契约一经签订，即对租佃双方产生拘束力。从契约约定看，地主一方的权利有二：一是有让佃田人索怀义代交土地所附大小税役（除

渠河口作）的权利；二是在条件成就之日，即索义成归来之时收回土地的权利。相应的契约义务有二：一是将土地交由索怀义佃种；二是该地所产麦粟由索怀义自收。而佃田人索怀义的权利有二：一是有在该地上施工佃种的权利；二是有获得收成的权利。其相应的契约义务有二：一是代交该地的所附大小税役（除渠河口作）；二是在索义成归来之日，将土地如数归还。双方共同的契约义务是不得率先毁约，否则，罚牡羊壹口，根据单项约定先悔罚则的惯例，入不悔人。这些权利和义务，就是租佃契约本身的效力。

2. 租佃契约在民事诉讼中的证明力

从本案由上述三部分组成的完整的诉讼材料看，原告阿龙在呈递牒状后，无疑还提交了租佃契约，即该案诉讼材料的第二部分，作为证据以证明、支持其诉讼请求。这件租佃契，在证据种类上，是本案唯一的书证，具有稳定性和直接证明性；在证据分类上，阿龙提交的租佃契，既是证明租佃事实存在的本证，如果是原件，还是原始证据，按照最佳证据规则，该书证的证据证明力高。

3. 情势变更后租佃契约的效力

第一，索怀义佃种一年后，因官府征调外出，致使土地闲置，租佃契约是否继续有效？首先，租佃契签订后，确实已经履行了一年，索怀义和阿龙任何一方，均无先悔行为，不适用先悔罚则；其次，土地闲置，并非佃田人的过错，而是不可抗拒的政府行为造成的，因此，也不能认为索怀义违约。等他"着防马群"回来，"此地被索进君射将"，情势再次发生变更。也就是说，他回家后，因为该地经索进君"请射"后所有权人发生了更易，已非原主索义成和阿龙，索怀义也无法继续耕种，导致租佃契约意外中止。

第二，索进君将本案讼争土地"请射"在自己名下，后又弃地而去，该土地权属处于何种状态？

首先，索进君请射该地，虽然是向官府纳马、受赏后"趁势"而为，但该地当时被撂荒却是不争的事实，也是"请射"获得成功的主因，而且背后还有索进君未分得父业，索义成犯罪诸因，导致阿龙、索怀义只能隐忍，不敢或不便言说，最终使索进君将该地请射在自己名下。刘进宝指出："归义军政权继承了唐前期的有关制度，对于无主荒田、逃户土地允许民户请射承佃。"由此，刘进宝依据敦煌文书，将归义军时期民户请射的田土归为三类：绝户地、不办承料户田土和官荒地，并以索进君"请射"列举其中的"绝户地"情形。但问题是，如果按照他对"绝户地"的界定："指该户土地已无人继承，自然就成了无主田土。"① 则不应将该地归类到"绝地户"，因为该地在索进君"请射"时，大约是索义成刚去瓜州的第二年前后，其时索义成未死，况且还有其母阿龙和其子索幸通，又处在租佃契的履行期间，恐难归类到"绝地户"。

进一步讲，无论索进君"请射"该地是否有理、合法，但经他请射并获得该地却是不争的事实。关键问题在于，索进君请射土地成功后，至少客观上中止了租佃契，那么，他又"却投南山"的弃地行为，究竟使该地处于何种状态呢？质言之，实际等于放弃了对该地的占有，使该地处于"悬置"状态。此时，作为租佃双方中的任何一方，均有权向官府申说以终结索进君"请射"而获得的土地使用权，在索义成未回来——这一条件尚未成就时，恢复双方的租佃关系。可惜，阿龙因其子犯法而不敢申说，索怀义因该地本不属己，均未行使恢复租佃契的程序与权利，致使索佛奴趁隙钻了空子。

其次，索义成身死之后，也就是租佃契所附条件不能成就之时，租佃契约的效力如何认定？对照本案相关细节，等阿龙得知其子身死瓜州

---

① 刘进宝："归义军土地制度初探"，《敦煌研究》1997年第2期。

的消息时，索佛奴已经耕种该地 10 年上下。对租佃双方的当事人而言，因与该地的利害关系不同，索义成"着防马群"回来后发现索进君已请射该地，基于请射效力、基于亲属关系，他只能选择沉默。但是，索进君走后索佛奴承种该地，直至得知索义成不再回来，索怀义也选择了沉默。对此，应推定其为直接放弃租佃权利，并承担自动终止租佃契约的法律后果，即无权再佃种该地。而阿龙选择的是不再沉默，而是立即向归义军府衙主张权利，收回该地，请求官府予以裁断，由此引发了本案。

（六）民事纠纷解决的程序与处理机制

我们知道，"民事诉讼因有相对立之当事人互为攻击防御，构成诉讼程序。"[①] 在本案的相关材料中，我们看到归义军时期的民事诉讼基本程序与处理机制如下：

1. 制作牒状

制作牒状，也就是制作现代的民事起诉状。一如敦煌契约的制作一样，牒状的制作，大多有代书之人。从阿龙的牒状看，该状言简意赅，叙事明晰，详略得当，将纠纷的背景、起因、过程、诉求等写得十分清楚，且用语准确、典雅，不乏词采，比如"仁慈祥照，特赐孤寡老身，念见苦累"等等，颇见功力。尤其是该牒状不惜笔墨，重点叙写索佛奴与其叔索进君占有讼争土地的过程，为被告的行为导致孤儿寡母"衣食极难"奠定基础，以"恳求得处，安存贫命"恳切的言词，引起审理者的哀矜，分寸拿捏得极好，很是成功。

2. 呈递牒状和证据

原告阿龙在向司徒阿郎呈递牒状的同时，附上书证，即甲午年（934年）二月十九日索义成分付与兄怀义佃种凭，以支持其诉请。

---

① 杨建华：《民事诉讼法要论》，北京大学出版社 2013 年版，第 48 页。

3. 受理与交办

司徒阿郎受理牒状，初步审阅、查看所附的证据材料，正式受理此案，并作出批示，让都押衙王文通对此案相关事实进行详细的调查与核实，即"细与寻问申上者"。

4. 调查询问

王文通接到案件后，以询问纠纷当事人和第三人的方式对案涉事实展开调查与核实。其顺序是：先询问被告，即"取地人索佛奴"，并制作成笔录，让其在笔录的签名处"画左手中指指节"；再回过来询问原告，让她对诉状进行补充说明，对索佛奴的辩解进行回答和说明，并让其在笔录的签名处"画右手中指指节"；最后再询问第三人，即佃田人索怀义，并制作笔录，让其在笔录的签名处"画左手中指指节"。按照证据理论，对原告、被告所作的询问笔录，属于"当事人陈述"，而对无独立请求权的第三人索怀义作的询问笔录，应属证人证言。我们还看到，签字画指节，以中国传统习俗中"男左女右"的规则进行，与纠纷当事人在诉讼中的地位无关。

5. 呈递调查结果

王文通将上述对案涉事实的调查笔录与结果呈递给司徒阿郎，亦即"文通勘寻陈状寡妇阿龙及侄索佛奴、怀义，词理一一分析如前，谨录状上"。从其中的"词理一一分析如前"这一表述看，上述三件笔录，应当不是"原话照录"，而是添加了王文通的"分析"并经当事人和第三人的确认、签字和画指后递呈给司徒阿郎。这一顺序、方式和相关手续，体现的恰恰是程序的普遍形态：即"按照某种标准和条件整理争论点，公平地听取各方意见，在使当事人可以理解或认可的情况下作出决定。"[①] 这个实例说明，中国古代官衙在处理民事纠纷时，具有合乎事理的一般程序。

---

① 季卫东：《法治秩序的建构》(增补版)，商务印书馆2014年版，第11—12页。

6. 作出裁断

司徒阿郎收到王文通对案涉事实的调查笔录与结果后，作出裁断："其义成地分，赐进君，更不廻戈。其地便任阿龙及义成男女为主者。"仅26字。这，恐怕是世界上最短的判决书了。其意思是，索义成的地分，虽赐进君，但不再回给（进君）。该地仍由阿龙及义成子女为地主。不难看到，这短短的26字，在肯定了原土地所有者的基础上，兼顾了一度"请射"的过程，最后将该地返还给原告阿龙及索义成之子，将情、理、法融为一体，令人信服。对官府的这一裁决结果，耶鲁大学教授韩森（Valerie Hansen）认为："法庭支持了她的要求，说明私人契约已比户籍册更具有权威性了。"①

综上可见，前后相衔的六步程序与处理方式，把一件在现代诉讼中也会认为比较复杂、疑难的土地返还纠纷案，在17日受理后，仅用了六天，22日就作出了裁断，效率之高，令人惊叹！

三、索义成土地返还纠纷案的价值

（一）法律价值

1. 高效

这么复杂的一宗土地返还疑难纠纷案件，从立案到作出裁断，仅用了六天时间。如果将此案放到现在审理，仅立案一个环节就需要七天。②

---

① 〔美〕韩森：《传统中国日常生活中的协商：中古契约研究》，鲁西奇译，江苏人民出版社2008年版，第65页。

② 我国《民事诉讼法》第一百二十三条规定："人民法院应当保障当事人依照法律规定享有的起诉权利。对符合本法第一百一十九条的起诉，必须受理。符合起诉条件的，应当在七日内立案，并通知当事人；不符合起诉条件的，应当在七日内作出裁定书，不予受理。"

如果审理完毕，仅一审，按正常的法定期间，为六个月，还不算有特殊情况需要延长的期间。① 如果哪一方不服一审而提起上诉，要二审终审，估计没有一年审结不了。相较之下，六天审结，如果以现代民事诉讼的理念来看，速裁结果招致的不是肯定，大概是批评，因为会被认为"没有任何程序保障"，甚至觉得如此作为，是仓促和草率。实质上，本案的处理机制折射的恰恰是黄宗智提出并论证的"集权的简约治理"，其特征是"中国准官员和纠纷解决为主的半正式基层行政"。② 以此观察、分析敦煌契约纠纷处理机制乃至清代民间纠纷的处理机制，都是很独到的概括。

2. 直接

此案从实体事实出发，不仅原告阿龙和代书人都认为应直接状告"取地人"，即争议土地的实际占有者索佛奴，而且代表官府的司徒阿郎也认可这一诉讼主体是成立的，当即立案，批示都押衙王文通详查。如果放到现在，阿龙状告索佛奴，所附的证据是与索怀义签订的"租佃契约"，可能会以被告不适格而裁定不予受理。等阿龙在诉状中变更了被告人，再次立案后，她还得举证证明索佛奴占有土地的事实，而索佛奴也会因与本案有利害关系需要申请以无独立请求权的第三人参加到诉讼中来。如果索进君闻讯此案后，很可能还会以有独立请求权的第三人申请参加诉讼，对这块土地主张权利……凡此种种的程序保障，在还没有接触到案件本身的实体问题时，已被程序弄得"筋疲力尽"。所以，"历史的经验反复证明，理论上很完美的制度并不一定可以付诸实施，而

---

① 我国《民事诉讼法》第一百四十九条规定："人民法院适用普通程序审理的案件，应当在立案之日起六个月内审结。有特殊情况需要延长的，由本院院长批准，可以延长六个月；还需要延长的，报请上级人民法院批准。"

② 〔美〕黄宗智、尤陈俊主编：《从诉讼档案出发：中国的法律、社会与文化》，法律出版社2009年版，第399—400页。

行之有效的制度却未必是事先设计好的"。① 事实上，追求司法效率，自有它的内在价值。

3. 得当

本案都押衙王文通接到案件后展开独立调查，没见到他受什么干扰，他将调查得到的事实内含的"词理——分析"，然后将笔录如实呈递给司徒阿郎，也没见到其中徇什么私情。更重要的是，此案最后的判决令人信服，原因就两个字："得当"，也就是传统中国法文化孕育出来的删繁就简、因事制宜、直奔主体的实体公正。事实上，长期受传统文化浸润的国民，自有他们的公正观。季卫东曾说："我国传统法文化作为千锤百炼的结晶，自有其灿烂价值。那种富于人情味的和谐功能、那种防微杜渐的内省模式、那种因事制宜的情节理论，其实或多或少含有超越时代的意义。"② 它与现代意义上日趋繁琐的"程序公正"大异其趣。难道设置很多其实没有多少必要、极其繁琐的程序，就一定能保障实体公正？难道只有经由所谓的"正当程序"作出的实体裁判才具有正当性？以此反观我国古代对案件的裁断，的确没有现代意义上的单独的程序法律保障，却很彻底地解决了纠纷，且将情、理、法三者融为一体，做到了"案结事了"，令双方当事人心悦诚服，这说明了什么？相反，现代程序保障下的很多民事案件，只有"程序正确"，但并未"案结事了"，庞大的信访队伍中绝大部分是涉法信访，又说明了什么？说明专门处理纠纷的机构并未将纠纷处理到位，而是又让它重新回到了社会。因此，"现代程序雍容华贵、费用高昂，未必适应我国的现实需要。这种疑问是有道理的。"③

---

① 季卫东：《法治秩序的建构》（增补版），商务印书馆2014年版，第22页。季卫东自注到，这种现象曾经被公式化，即立法中理性与非理性的悖论。参见 Sally F.Moore, *Law as process : An Anthropological Approach*, Routhedge & Kegan Paul, 1978, p.6。

② 季卫东："中国法文化的蜕变与内在矛盾"，李楯编：《法律社会学》，中国政法大学出版社1999年版，第229页。

③ 季卫东：《法治秩序的建构》（增补版），商务印书馆2014年版，第78页。

(二)文献价值

索怀义土地返还纠纷案所承载的史实,不仅是我们研究敦煌归义军时期土地制度、租佃契约的效力、证据制度、民事纠纷解决机制不可多的史料,因此弥足珍贵。事实上,这一文献还有其自身的文献价值。

其一,唐代确实实行过均田制,其影响扩展至地处边陲的敦煌,租佃契中"父祖口分地叁拾贰亩"所透出的信息,即是明证。

其二,在敦煌,从事稼穑,十分不易。换言之,农耕似乎比游牧还要辛苦:"其地南山经得三两月余,见沙州辛苦难活,却投南山部族"。当然,也许是索进君"幼小落贼,已经年载"的缘故,也就是他自小生活在游牧部落,常年生活的习性所致。

其三,土地收入不高。22亩地交由索怀义在代纳诸杂烽子、官柴草等大小税役后,无偿耕种,虽因公外出,致使索进君请射他租佃的土地,但他在索进君走后,也不积极争取收回该地,而任由索佛奴耕种,间接证明该地收益不大,耕种的积极性不高。

其四,索义成所犯罪名不详,但从两点可知,其罪不轻:一是义成"犯格",应推定其所犯罪名与"禁违止邪"的"格"有关;二是流刑在五刑中仅次于死刑,让罪犯离家远配至边远地区服苦役。《唐律疏议·名例律》"流刑"条[疏]议曰:"谓不忍刑杀,宥之于远也。"① 而实际效果,大抵就是北宋中期宰相曾布所言的"流之远方,无所资给,徒隶困辱,以至终身"。② 而此案史料给我们的结果是,索义成在流放期间死亡,无论是流放本身致死,还是其他意外致死,均见流刑仅次于死刑,其言不虚。

其五,依据唐律和唐田令,在本案中,索义成虽属"流移者",但只

---

① [唐]长孙无忌等:《唐律疏议》,刘俊文点校,法律出版社1998年版,第5页。
② [元]脱脱等:《宋史》,中华书局1977年版,第5008页。

能出卖永业田,不允许出卖口分田,因此,才有"不敢词说"的忌惮。但是,我们也看到,阿龙在牒状中已经如实陈述:"先向出卖与人,只残宜秋口分地贰拾亩已来",在都押衙王文通调查时更是交代了"其义成去时,出卖地拾亩与索流住,余贰拾贰亩与伯父索怀义佃种",但未见司徒阿郎对此事的地主和买受人索流住进行查处,也没有影响本案的最终判决。难道归义军时期的土地买卖已经不再执行唐律和唐田令,还是其情可矜,比照永业田而宽宥之,已不得而知,不好妄猜,姑且存疑。

其六,索进君竟能将其在南山部族偷来的马献给归义军官衙,并得到很高的奖励。同时,间接看到了中古时期的分家析产,即索进君归来后,"本居父业,总被兄弟支分已讫"。而田地空闲,便可"请射"获得的实例。

其七,此案史料,还让我们看到了左马步都押衙王文通,兼理民事纠纷。司徒阿郎,亲自裁判民事纠纷,这也佐证了行政兼理司法的中古时代的不一般传统。

其八,从租佃契中的"渠河口作税役"一语,我们可以得到的信息有三:一是归义军时期的统治者把兴修水利作为一项法定的税役;二是由此说明在干旱地区,灌溉之于农业的重要性,也说明官府对此的高度重视;三是获得了民众的认可,因为这一税役出现在很多租佃契中,成为租佃双方念念不忘的法定义务。出力修渠修河,恰与很多契约中的"地水"①相契。

---

① 即可以用水来浇灌的田地。

第八章　敦煌雇工契约

通观敦煌契约文书，在贫穷、身份、劳力三者之间，隐现着一条可以连接起来的线索，那就是极度贫穷者会签订卖身契，[①]由此将出卖者的身份变为奴婢，成为会说话、勤于劳作而没有报酬、没有人格尊严的贱类。相较极度贫穷稍轻一些，还不到走投无路的地步但也无力自拔者，则会签订典身契，将己身或儿子质典给质权人驱使，以役力换取一定财物来接济生活。由于"典身是沦为正式奴仆之前的过渡阶段"，同时典人身上"已出现明显的雇佣化倾向"，[②]并且可以收赎，因此典身契大抵介于卖身契与雇佣契之间。贫穷的程度再轻一些，一般会签订雇工契，即受雇者向雇主提供劳力，而由雇主提供一定的劳作条件和劳动报酬的契约。与此不同，如果贫穷者还有一定的信用和人缘，也可通过签订借贷契约获得财物来接济青黄不接的年月。由此可见，敦煌雇工契约（以下简称"雇工契"）处于买卖契约、典身契约与借贷契约之间，承上启下，是进一步反观相关契约价值取向、契约要素与契约规则的重要契约，需要深入研究。

[①] 敦煌所出的卖身契，实即人口买卖契约，共有四件，其中三件为卖儿、卖女和卖奴契，分别是阿吴卖儿契（S.3877号5V）、韩愿定卖妮子契（S.1946号）和曹留住卖人契（P.3573号），一件为唐天宝年代敦煌郡行客王修智卖胡奴市券公验（敦煌文物研究所0298、0299号）。

[②] 李天石：《中国中古良贱身份制度研究》，南京师范大学出版社2004年版，第412—419页。

一、敦煌雇工契通览与雇工契一般契约要素

（一）敦煌雇工契通览

敦煌所出的雇工契均为写本，可资研究者共有31件，分别按照立契年代的先后顺序（编号：1—16号）、无年代但相对比较完整的程度（编号：17—25号）、残契有年代（编号：26—29号）和无年代的残契（编号：30—31号）为标准进行排列。为了便于总览与比较，列表如下：

表5 敦煌雇工契约一览表

编号	文书名称与编号	雇主身份	受雇者身份	雇工原因	劳作及雇期	雇价（含送衣物）	违约责任	附随义务先悔罚则
1	寅年（822年）僧慈灯雇博士氾英振造佛堂契北咸59号	慈灯僧	氾英振博士	为无博士	造佛堂8月15日期起	麦捌汉硕	未写	如先悔者，罚麦三驮，入不悔人
2	戊戌年（878年）令狐安定雇工契S.3877号4V	令狐安定百姓	就聪儿百姓	欠阙人力	造作一年从正月至九月末	每月五斗，衣壹对，汗衫袂裆并鞋壹两	抛工一日，勒物一斗	有附随义务。如先悔者罚羊一口，充入不悔人
3	甲寅年（894年）张纳鸡雇工契S.3877号	张纳鸡百姓	就憨儿百姓	欠少人力	造作一年从正月至九月末	月麦粟一驮，春衣汗衫	契残	契残

续表

4	辛酉年（901或961年）李继昌雇工契 S.3011号7V	李继昌百姓	吴住儿百姓	阙乏人力	造作一年	每月麦粟众亭一驮	契残	契残
5	癸未年（923或983年）樊再升雇工契 S.6452号1V	樊再升百姓贤者	氾再员百姓	家中欠少人力	造作营种正月至九月末	每月算价壹驮。春衣壹对，汗衫壹领，褐裆壹腰，皮鞋壹两	抛工壹日，克物贰斗	契残
6	癸未年（923年）文德雇工契 北殷41号	文德百姓	贺康三百姓	欠缺人力	未写	每月麦驮，春衣汗衫□□□□皮鞋一两	未写	有附随义务。先悔原则
7	龙德四年（924年）雇工契（样式）S.1897号	张厶甲百姓	阴厶甲百姓	阙少人力	造作正月至九月末	逐月壹驮。春衣一对，长袖并裈、皮鞋一两	抛工一日，克物贰斗	有附随义务。先悔者，罚上羊壹口，充入不悔人
8	甲申年（924或984年）薛流奴雇工契 S.5509号1V	薛流奴百姓	壮儿百姓	家内欠少人力	造作营种正月至九月末	断雇价：麦粟众亭陆硕	契残	契残

续表

9	戊子年（928或988年）梁户史氾三雇工契 P.5008号	史氾三梁户	杜愿长百姓	家中欠少人力	未写	断作雇价：每月断麦粟捌斗柒升，汗衫一礼	抛工一日，勒物贰斗	无
10	后晋天福四年（939年）姚文清雇工契 天津艺博0735号背	姚文清百姓	程义深男百姓	为无人力	未写	断作雇价：每月壹驮，麦粟各半。春衣壹对，长袖壹领，汗衫壹领，褐袴壹腰，皮鞋壹量	欠作壹日，克物贰斗	有附随义务。契残
11	庚子年（940年）阴富晟雇工契 S.10564号	阴富晟百姓	阴阿朵百姓	家中乏少人力	造作一年从此九月末	春衣一对，汗衫褐裆，皮鞋壹两	抛工一日（后残）	契残
12	丙午年（946年）张再通雇工契 P.3706号	张再通百姓	安永昌百姓	家中欠少人力	九个月从正月至玖月末	契残	契残	契残
13	戊申年（948年）李员昌雇工契 S.5578号	李员昌百姓	彭章三百姓	家内欠少人力	造作一年正月至九月末	断作雇价：每月麦粟壹驮。春衣汗衫壹礼，楞裆长袖衣襕皮鞋壹量共壹对	抛工一日，克物二斗	如先悔者，罚麦三驮，充入不悔人

续表

						断作雇价：		
14	某年（948年）雇工契 S.5583号	契残	契残	契残	周年正月至九月末	断作雇价：每月麦粟壹驮，春衣壹对，长袖衣襴楞裆壹腰，皮鞋壹两	抛工壹日，尅物壹斗	契残
15	丁巳年（957年）贺保定雇工契 P.3649号背	贺保定百姓	龙员定百姓	家中欠少人力	造作壹周年	断作雇价：每月壹驮，干湿中亭。春衣壹领，汗衫壹领，长袖衣襴楞裆壹腰，皮鞋壹两	抛工一日，克物贰斗	有附随义务。休悔者，罚青麦伍驮，充入不悔人
16	丙寅年（966年）张通子雇工契 P.3908号	张通子百姓	索和信百姓	欠少人力	造作一年	断作雇价每月壹驮，麦粟各半。春衣一对（下残）	契残	契残
17	康富子雇工契 P.3441号背	康福子百姓	厶专甲男百姓	欠少人力	雇使一周年	断作雇价每月多少，临事酌度	抛直五日已外，便算日克物	翻悔者，罚在临时，入不悔人
18	孟再定雇工契 P.2877号背	孟再定百姓	马盈德百姓	阙少人力	一年造作至九月末	每月断物捌斗。春衣汗衫，皮鞋一两	忙时抛却一日，勒物二斗，闲时勒物一斗	有附随义务。先悔者，罚青麦两驮，充入不悔人
19	邓憨多雇工契（抄）P.3826号	邓憨多百姓	耿憨多百姓	家中欠少人力	造作一年	断作雇价每月一驮，麦粟各半。春衣（下缺）	契残	契残

续表

20	窦跛蹄雇工契（抄）北图3093:874即生字二十五号	窦跛蹄百姓	邓延受百姓	家中欠少人力	造作一周年从正月至九月末	断作雇价每月壹驮，春衣壹对，汗衫壹领，褐裆壹腰，皮鞋壹两	忙时抛工壹日，克物贰斗。闲时抛工壹日，克物壹斗	有附随义务。先悔者，罚青麦壹拾驮，充入不悔人
21	乾元寺僧宝香雇百姓邓忤子契 P.2451号	宝香僧	邓忤子百姓	为少人力	捌个月	每月断作雇价麦粟壹驮。春衣长袖一并襕袴一腰，皮鞋一量	忙月抛一日，勒物五斗。闲月抛一日，勒物壹斗	有附随义务。不许休悔（下残）
22	康保住雇工契 P.2249号背	康保住百姓	赵紧近男百姓	家中欠少人力	造作壹周年从正月至九月末	断作每月壹驮，春衣壹对，汗衫壹领，褐裆壹腰，皮鞋壹两	忙时抛工壹日（以下契残）	契残
23	付与令狐愿兴、愿德身价凭 S.5504号	令狐愿兴	令狐愿德	不详	不详	身价麦拾硕、粟捌硕、麦两硕	未写	无
24	某某雇工契 P.3094号背	前缺不详	前缺不详	前缺不详	从正月至九月末	每月雇价麦粟壹驮，春衣汗衫褐裆壹对，皮鞋一两	忙时抛工一日，克物二斗	有附随义务。先悔者，罚青麦壹驮，充入不悔人

续表

编号								
25	押衙刘某雇牧羊人虎王契 Дx13231 5942号	刘某押衙	虎王牧羊人	契残	三年？	五个粮□□皮鞋一两,冬衣羊皮两张	无	有附随义务。如先悔者,罚羊一口入不悔人
26	清泰四年(937年)残契 S.2710号	氾富川百姓	契残	家中欠力	契残	契残	契残	契残
27	己亥年(939年)通颊乡百姓安定昌雇工残契 S.1485号	安定昌百姓	曹愿通面上	欠少人力	契残	契残	契残	契残
28	后唐清泰二年(935年)雇工残契 P.3946号背	阎佳和阎进子阎弘润	契残	契残	契残	契残	契残	契残
29	太平兴国九年(984年)残契 S.6946号2V	阴丑挞押衙	契残	契残	契残	契残	契残	契残
30	雇工契残契 P.3875号	曹庆庆兵马使	契残	契残	契残	一月壹石,春衣一□□长袖衣兰鞋壹两	抛工夫者,一日勒物一斗	有附随义务。契残
31	残契 P.2869号	前缺不详	前缺不详	前缺不详	前缺不详	前缺不详	官罚羊	悔者,罚麦伍硕,充入不悔人

如果说"1804 年颁布的《法国民法典》承袭了罗马法的内容,将雇佣契约置于租赁契约的体系中予以规定,这是一种典型的对平等主体之间契约的法律保障",①那么,我国中古时代的敦煌雇工契,已经通过契约要素,基本实现了雇主与受雇者之间的实质平等。下面以契约要素,对"敦煌雇工契一览表中"所列的 31 件敦煌雇工契进行对比和分析。之所以以契约要素对雇工契进行研究,有利于将研究趋向精细化。

(二)敦煌雇工契一般契约要素

在雇工契中,契约要素为:文书名称、契约主体(雇主与受雇者)、雇工原因、具体劳作、雇期与雇价、违约责任、附随义务和先悔罚则。其中,文书名称,契约主体(雇主与受雇者)、雇工原因、具体劳作可称为雇工契的一般要素,在一起加以论述;雇期与雇价、违约责任、附随义务和先悔罚则可称为雇工契的核心要素,因其特别重要,分而述之。

1. 契约主体

在雇工契中,一方是雇主,另一方则是受雇者,两方构成雇工契的主体。早在战国晚期,我国先秦最后一位卓越的思想大家韩非子(约前 280 年—前 233 年),就从"皆挟自为心"这一人性论出发,冷峻、深刻地说透了雇佣双方的关系。②

从敦煌所出 31 件雇工契看,契文明确标明双方身份为百姓的有 17 件,占 31 件雇工契的 58.06%,这还不包括一方是百姓,另一方未写明者,不包括契残者,不包括未写明身份,实际也是百姓者,以及只写明一方是百姓者。由此可见,就雇工契的主体而言,绝对以普通百姓为主,这说明雇工契的使用对象为普通百姓,也说明雇工契是百姓生活中常见的

---

① 黎建飞:"从雇佣契约到劳动契约的法理和制度变迁",《中国法学》2012 年第 3 期。
② 详论参见王斐弘:《治术与权谋——韩非子典正》,厦门大学出版社 2013 年版,第 110 页。

乃至不可或缺的契约形式，是民众互惠互利、接济生活的重要方式，因其日常而趋于普遍，是我们观察中古时代珍贵的史料。

实际上，在表5第9号梁户史氾三雇工契（P.5008号）中，雇主虽为梁户，亦即榨油匠，但也是普通百姓。据谢和耐考证，"净土寺把它的榨油机出租给'梁户'使用，每年租金为三硕（约为180公升）油和27块查饼。据我们现在所掌握的全部账册来看，这种'梁课'是固定不变的。"① 而受雇者杜愿长也是百姓。在表5第24号雇工契（P.3094号背）、在表5第31号残契（P.2869号）、在表5第14号残契（S.5583号）中，由于前缺，无法确认雇工契的主体身份，是百姓的可能性很大。还有在表5第28号雇工契（P.3946号背）中，只有三位雇主的姓名（阎佳和、阎进子、阎弘润），未写其特定身份，似可推定为百姓。在5表第23号付与令狐愿兴、愿德身价凭（S.5504号）中，令狐愿兴、令狐愿德的身份未写，但也是百姓的概率高，如果是僧人、押衙或兵马使，会特别写出来的。由此可见，雇工契的绝大部分主体是百姓。

雇工契的主体除了百姓以外，雇主为僧人的有两件，分别是表5第1号寅年（822年）僧慈灯雇博士氾英振造佛堂契（北咸59号）和表5第21号乾元寺僧宝香雇百姓邓忤子契（P.2451号），雇主分别是僧慈灯、宝香，而被雇佣者，则是具有一定建造技艺、时年三十二岁的氾英振博士（此"博士"者，专门匠人也）和普通百姓邓忤子。前件表明的是慈灯履行的可能是一种职务行为，他雇佣氾英振博士不是为了个人的利益，而是为了某寺（此契未写寺名）的利益，即为某寺建造佛堂，而该契契尾的"见人僧海德"，大抵也是该寺寺僧。而后件雇工契，是乾元寺僧宝香为了自己的利益而雇佣邓忤子的，该契的字里行间，看不到僧人宝香是为

---

① 〔法〕谢和耐："敦煌的砲户和梁户"，郑炳林主编：《法国敦煌学精粹》（1），耿昇译，甘肃人民出版社2011年版，第152页。

乾元寺而雇佣邓件子的，这也证明了僧人拥有土地，忙不过来时雇佣农民耕作的事实。

此外，雇工契的主体身份中，我们看到，雇主是押衙的有两例，分别是表5中第29号雇工契中的押衙阴丑挞（S.6946号2V），和表5中第25号雇牧羊人契中的押衙刘某（Л X 132315942号）。此外，还有一件是表5中第30号雇工契残片（P.3875号）中的兵马使曹庆庆，而前三件的受雇者均因契残不详，只有第25号为"虎王"，大抵也是百姓。一言以蔽之，雇工契为百姓契。

就雇主和受雇者的关系而言，敦煌雇工契表明，"这些雇佣劳动者与雇主的关系是一种契约关系。契约雇工的法律身份是良人，其人身并不隶属于雇主。契约雇工与雇主，在身份上并无良贱等级之分。"① 在这一点上，瞿同祖在更普遍的层面上对受雇者与雇主关系的分析，与敦煌雇工契呈现的状态并无二致："法律上认为这些人平日与东家共坐共食，彼此平等相称，不为使唤服役，素无主仆名分。"② 事实上，敦煌雇工契中的雇主与受雇者之间，两者基本是平等的，在雇工契中约定了各自的权利与义务，而且很多契约义务也是合情合理的。因此，乜小红明确认为："这类雇佣契约，在法律上并不存在不平等的问题，因为订约双方都是封建国家户籍上的农民，都是对封建国家承担义务和法律责任的自由民，所订契约也是以平等地位订立的契约。"③

2. 雇工原因与具体劳作

雇工契的立契原因，除寅年（822年）僧慈灯雇博士氾英振造佛堂契中表述"为无博士"比较独特外，其余雇工契的表述比较单一，均因"缺

---

① 杨际平："敦煌吐鲁番出土雇工契研究"，杨际平：《中国社会经济史论集》（出土文书研究卷），厦门大学出版社2016年版，第545页。
② 瞿同祖：《中国法律与中国社会》，中华书局2003年版，第252—253页。
③ 乜小红："再论敦煌农业雇工契中的雇佣关系"，《中国经济史研究》2011年第4期。

乏劳力"所致，这是雇工契的主因，也符合此类雇工契的内在特性，只不过在表述上略有差异而已：如令狐安定雇工契表述为"欠阙人力"，而李继昌雇工契中则表述为"阙乏人力"，或在樊再升雇工契表述为"家中欠少人力"，这一表述较多，有11件雇工契作了此类表述。而姚文清雇工契中又表述为"为无人力"，在张通子雇工契中则表述为"欠少人力"。凡此种种，表述虽异，其义则一，即皆因缺少劳力，需要雇佣受雇者完成一定的劳作，这不仅是雇工契的立契原因，分析而言，其实也是现实生活中占比最大的真实的雇工原因，所以，杨际平认为："敦煌出土的雇工契，大多数都写道'为家内阙少人力，遂雇□□'，也表明其时的雇工大都是补充家中劳力之不足。"①

那么，敦煌所出的31件雇工契中，究竟要求受雇者具体提供什么样的劳作呢？直接明了的有两件，一件是寅年（822年）僧慈灯雇博士氾英振造佛堂契中，氾英振博士提供的劳作如下：

2 ……，遂共悉东萨部落百姓氾英振平章
3 造前佛堂，……。其佛堂外面壹
4 丈肆尺，一仰氾英振垒，并细泥一遍②

可见，氾英振具体的劳作不仅要造一座佛堂，还要在佛堂的外面垒砌一丈四尺高的墙围，并且要涂抹一遍细泥（大抵为了耐用和好看）。还有一件比较独特的雇工契，是年代不详的押衙刘某雇牧羊人契，押衙刘某雇佣虎王，就是让他"牧羊"。

---

① 杨际平："敦煌吐鲁番出土雇工契研究"，杨际平：《中国社会经济史论集》（出土文书研究卷），厦门大学出版社2016年版，第545页。
② 唐耕耦、陆宏基编：《敦煌社会经济文献真迹释录》（第二辑），全国图书馆文献微缩复制中心1990年版，第54页。

除这两件比较独特的雇工契外,其余雇工契,均为"造作"或"造作营种",其具体劳作也就是农作物的耕种和收割,或表述为"造作一年",或者表述为"雇壮儿造作营种"等。由契文中受雇者的附随义务可见,受雇者在"忙月"的劳作主要是春播、夏收和秋藏,而"闲月"则按照雇主的吩咐做一些别的农活。归结而言,"其时一般民户或寺院的各种雇工,其目的主要都是生产使用价值,而不是生产交换价值,前资本主义雇佣劳动的特点十分明显。"①

二、雇期与雇价

雇期与雇价,应当是雇工契的核心要素。如果雇价是固定的,那么,雇期的长短就很重要。或者反过来说,雇期如果是固定的,那么,雇价的高低也很重要。

(一)雇期

敦煌所出 31 件雇工契,在雇期的表述上是不一致的,主要有以下三种:

(1)通常是一年。具体又有两种表述的方式,第一种表述方式为"造作一年,从正月至九月末"。除去未写和残契外,这一表述的雇工契共有 11 件,应当是对雇期的一种约定俗成的表述方式。事实上,这里存在一个断句和如何理解的问题,以令狐安定雇工契为例,唐耕耦、陆宏基的断句如下:

> 2 ……,造作一年。从

---

① 杨际平:"敦煌吐鲁番出土雇工契研究",杨际平:《中国社会经济史论集》(出土文书研究卷),厦门大学出版社 2016 年版,第 546 页。

3　正月至九月末，断作价值，每月五斗。①

　　显然，这样断句，造作一年，则雇期为一年，即从立契之日起，至来年壹周年截止，与后面的正月至九月末无关；而正月至九月末，仅仅是每月支付雇价的月份。但从雇工契样式（S.1897号）第二行至第四行的内容看："断作雇价从二月至九月末造作，逐月壹馱，见分付多少已讫。更残，到秋物收藏之时收领。"②则造作并付雇价的时限，为能够干农活的二月至九月底，③也就是从春播到秋收。在沙知辑校的慈惠乡百姓康保住雇工契（P.2249号背）中，则是这样断句的：

　　1　……，…………，遂于莫
　　2　高乡百姓赵紧近面上雇男造作壹周年，从正月之（至）九月末，断作
　　3　每月壹馱……④

　　事实上，唐耕耦、陆宏基在其辑录的李员昌雇工契（S.5578号）第三至第五行的表述也是"遂于赤心乡百姓彭铁子面上雇男章三造作一年，自正月至九月末"，⑤这就证明了受雇者在造作的一周年中，正月至九月，应属于契文所述的"忙月"，余下的月份则属于"闲月"。

---

　　①　唐耕耦、陆宏基编：《敦煌社会经济文献真迹释录》（第二辑），全国图书馆文献微缩复制中心1990年版，第55页。
　　②　同上书，第59页。
　　③　此契立契时间为二月，所以有"二月至九月末"。
　　④　沙知：《敦煌契约文书辑校》，江苏人民出版社1998年版，第258页。
　　⑤　唐耕耦、陆宏基编：《敦煌社会经济文献真迹释录》（第二辑），全国图书馆文献微缩复制中心1990年版，第63页。

如此，则造作的壹周年，把实际做农活的正月至九月的有效时段，计付雇价，而且还包括了闲月的雇价。所以，两种断句实际上均可。所谓"忙月"，也就是农作物从播种、收割、打碾到晾晒、收藏的月份，这与地处西部边陲的敦煌气候是相契的：因为敦煌年平均气温仅有9.9℃，平均无霜期152天，因此，从正月开始，积肥、选种到准备播种、耕耘土地，再到开春播种，到夏长秋藏，是一个完整的过程。也就是说，至农历九月末，秋收结束，天气转寒，主要的农活已基本结束，因此才特意写明从正月至九月末，也就是契文所说的"忙月"。

因此，虽因断句不同，但雇期"一年"是确定的，那为何契文只写正月至九月末呢？只有一种可能，就是有雇价的正月至九月末属于契文所说的"忙月"，十月至十二月属于"闲月"，如乾元寺僧宝香雇百姓邓仵子契第四行至第五行的契文就是明证："如若忙月抛一日，勒勿［物］五斗。闲月抛一日，勒勿［物］壹斗。"[①]但杨际平认为敦煌雇工契的"岁作"，或曰"造作一年"、"造作一周年"，实际上都只是八九个月，这是因为"敦煌的冬季，天寒地冻，农事活动基本上停止，牲畜也都归栏。雇工八至九个月，实际上等于雇全年，却又可少付三到四个月的雇价与口粮，且不必给受雇者提供冬装，对雇主自然十分有利。"[②]这一观点，值得商榷。实际上，雇期一年，就是一年，而正月至九月，乃是忙月而已。从不低的雇价看，实质上九个月的雇价，已包含了闲月的雇值，这样推断才比较符合史实与情理，才符合闲月抛工一日，勒物壹斗这一扣减约定的内在事理。

第二种表述方式是"造作一周年"或"雇使一周年"，而后面未写"从

[①] 唐耕耦、陆宏基编：《敦煌社会经济文献真迹释录》（第二辑），全国图书馆文献微缩复制中心1990年版，第70页。

[②] 杨际平："敦煌吐鲁番出土雇工契研究"，杨际平：《中国社会经济史论集》（出土文书研究卷），厦门大学出版社2016年版，第537页。

正月至九月末"字样。推测而言,有两种可能,或是约定成俗,无需再写"从正月至九月末"的字样。或是在这种情形下的确要劳作一周年,且不分忙月与闲月,如在贺保定雇工契(P.3649号背)第一行至第二行中,表述为"遂雇赤心乡百姓龙员定造作壹周年。断作雇价每月壹驮"。①

（2）特别约定的雇期：九个月、八个月以及三年的雇期。九个月的雇期只有一例,即丙午年莫高乡张再通雇工契（P.3706号）。该契第一行至第二行中明确表述为"遂雇赤心乡百姓安万定男永昌营作九个月,从正月至九月末",②不是上述契约如慈惠乡百姓康保住雇工契（P.2249号背）中表述的"造作壹周年,从正月至九月末",而是明确约定"营作九个月,从正月至九月末",这一可以反证上述凡有壹周年,又同时表述"从正月至九月末",为实质的"一年"的分析是成立的。由于该契于"丙午年六月廿日立契"（第一行首句）,由此可以认为,这是一件先履行而后补雇佣契的契约。

雇期是八个月的雇佣契也只有一例,即乾元寺僧宝香雇百姓邓忤子契（P.2451号）。该契第一行至第二行约定："遂雇百姓邓忤子捌个月,每月断作雇价麦粟壹驮。"③

雇期最长的三年雇佣契,也只一例,即押衙刘某雇牧羊人契（Л X 132315942号）。该契第二行有"□□□□羊,三年断作□□□□"。④可以推断该契约定的雇期为三年,这也与"牧羊"这一劳作的特性,与敦煌气候决定了农作物一年一熟因而雇期为一年的特性是

---

① 唐耕耦、陆宏基编：《敦煌社会经济文献真迹释录》（第二辑）,全国图书馆文献微缩复制中心1990年版,第65页。
② 沙知：《敦煌契约文书辑校》,江苏人民出版社1998年版,第270页。
③ 唐耕耦、陆宏基编：《敦煌社会经济文献真迹释录》（第二辑）,全国图书馆文献微缩复制中心1990年版,第70页。
④ 沙知：《敦煌契约文书辑校》,江苏人民出版社1998年版,第292页。

不同的。这一细微的区别，恰好可以印证孟德斯鸠关于气候与立法的关系："中国的立法者是比较明智的：他们不是从人类将来可能享受的和平状态去考虑人类，而是从适宜于履行生活义务的行动去考虑人类，所以他们使他们的宗教、哲学和法律全都合乎实际。"① 契约实为乡法。

（3）从雇期的开工日期至完工。在敦煌雇工契中只有一例，即氾英振承造佛堂契，在该契第四行至第五行明确约定了开工日期："其佛堂从八月十五日起首"，② 未写完工日期。这样约定，体现了因事制宜，也与不好机械地预定完工日期有关，大抵还内含了对建造者的信任，以此保障建造佛堂的质量等潜在因素有关。

（二）雇价

这个问题相对比较复杂，又包括两个方面，一是实质雇价，二是附加赠送的衣物。实质雇价与附加赠送的衣物，主要有如下三种：

（1）与雇期"造作一年，从正月至九月末"相对应的雇价，按通常的约定，如李员昌雇工契（S.5578号）第六行至第九行的表述："断作雇价：每月麦粟壹驮。春衣、汗衫壹礼，楞裆、长袖衣兰、皮鞋壹量共壹对。"③ 又如姚文清雇工契（天津艺博0735号背）第二行至第四行的约定："断作雇价：每月壹驮，麦粟各半。春衣壹对，长袖壹领，汗衫壹领，褐袴壹腰，皮鞋壹量，余外欠阙，任自排ece。"④ 再如在贺保定雇工契（P.3649号背）第二至第四行中的约定："断作雇价：每月壹驮，干湿中亭，春衣壹

---

① 〔法〕孟德斯鸠：《论法的精神》（上），张雁深译，商务印书馆1982年版，第232页。
② 唐耕耦、陆宏基编：《敦煌社会经济文献真迹释录》（第二辑），全国图书馆文献微缩复制中心1990年版，第70页。
③ 同上书，第63页。
④ 同上书，第62页。

领,汗衫壹领,长袖衣襕楞裆壹腰,皮鞋壹两。"① 由此可以得出的结论是,从正月至九月末,雇价看来是多年形成的固定价——每月壹驮,或者每月麦粟壹驮,而附加赠送的衣物,如春衣、汗衫、皮鞋等也是约定俗成的必备物品。除残契外,此类雇价就有 16 件,占 31 件的 51.6%,近乎民间的"公价"。需要指出的是,用于计量的"驮",根据高启安的研究,"当时的敦煌汉驮应该为每驮二石,十斗为石(硕)。"② 那么,雇价或雇值壹驮,就相当于每月 20 斗麦粟,如果麦粟各半,则麦、粟各 10 斗。乜小红通过推算认为:"官府的长上者,月给米也只有 105 升,远不如这里雇契中的月报酬麦、粟二石的待遇,也表明敦煌农业雇契中的基础雇价是不低的。"③

当然,也有"造作一年,从正月至九月末"相对应的雇价不是这样约定的。如令狐安定雇工契(S.3877 号 4V)第三行至第五行中的约定是:"断作价直(值),每月五斗。现与春肆个月价,余收勒到秋,春衣壹对,汗衫袂裆并鞋壹两,更无交加。"④ 又如薛流奴雇工契(S.5509 号 1V)中的约定是:"断雇价:麦粟众亭陆硕。"⑤ 再如孟再定雇工契(P.2877 号背)第三行至第四行的约定:"断作价直(值),每月断物捌斗,至九月末造作,春衣汗衫,皮鞋一两。"⑥

(2)以雇佣完成的工作量,给予总雇价的,如僧慈灯雇博士汜英振

---

① 唐耕耦、陆宏基编:《敦煌社会经济文献真迹释录》(第二辑),全国图书馆文献微缩复制中心 1990 年版,第 65 页。
② 高启安:"唐五代至宋敦煌的量器及量制",《敦煌学辑刊》1999 年第 1 期。
③ 乜小红:"对敦煌农业雇工契中雇佣关系的研究",《敦煌研究》2009 年第 5 期。
④ 唐耕耦、陆宏基编:《敦煌社会经济文献真迹释录》(第二辑),全国图书馆文献微缩复制中心 1990 年版,第 55 页。
⑤ 同上书,第 60 页。
⑥ 同上书,第 67 页。

造佛堂契中,氾英振造佛堂"断作麦捌汉硕"。①

(3)其他雇价的。如梁户史氾三雇工契(P.5008号)第二行至第四行约定:"断作雇价:每月断麦粟捌斗柒斗",以及"汗衫一礼"。②又如只有赠送的衣物而无雇价的,如阴富晟雇工契(S.10564号)第四行至第五行约定:"从此玖月末,春衣一对,汗衫褐裆,皮鞋壹两。"③再如在押衙刘某雇牧羊人契(ЛX132315942号)第三至四行约定:"五个粮□□皮鞋一两,冬衣羊皮两张",④是给牧羊人的雇价。乜小红通过对敦煌所出放羊契与其他雇工契的对比研究后认为:"中国封建社会内部的雇佣关系,尽管形诸于文字,订立契约,但从西部边陲来看,十世纪的雇佣比七世纪多少有了一些进步,虽然这种进步只是量上的乃至局部的一些变化,它仍然说明了历史是发展的,人身奴役性的雇佣成份在减少,而劳力作为一种商品的雇佣成份在增加。"⑤

(4)没有固定的雇价,而是"断作雇价每月多少,临事酌度",⑥这是康富子雇工契(P.3441号背)中的约定。

综上,关于雇价,乃至附加赠送的衣物,虽有一般约定俗成的"公价",但也并非民间契约中不可改易的通则,在公价之外,也有灵活性,甚至可以"临事酌度",体现了因不同事体而因事制宜的灵活姿态,此乃民间契约的活水之源。

---

① 唐耕耦、陆宏基编:《敦煌社会经济文献真迹释录》第二辑,全国图书馆文献微缩复制中心1990年版,第60页。
② 同上。
③ 沙知:《敦煌契约文书辑校》,江苏人民出版社1998年版,第268页。
④ 同上书,第292页。
⑤ 乜小红:"从吐鲁番敦煌雇人放羊契看中国7至10世纪的雇佣关系",《中国社会经济史研究》2003年第1期。
⑥ 唐耕耦、陆宏基编:《敦煌社会经济文献真迹释录》(第二辑),全国图书馆文献微缩复制中心1990年版,第66页。

三、违约责任与免责条款

(一)违约责任

敦煌所出的雇工契,其违约责任的核心在于劳作时不得偷工,也就是契文中反复陈说的"抛工",①或正面约定的"不得抛敲工夫"(如S.5583号雇工契),②否则就要承担相应的违约责任。从敦煌所出的31件雇工契看,有10件契残无法看到因"抛工"而承担的具体违约责任,但可以以现有的雇工契推测的是,违约责任应当是民间约定俗成的一般通例。还有三件未写违约责任,一件是氾英振博士建造佛堂的雇工契,是否出于僧人对具有专门技艺的匠人的尊重而未写,已不得而知;一件是付与令狐愿兴、令狐愿德的身价凭,由于不存在雇工契中的"抛工"问题,也就不存在相应的违约责任;三是龙勒乡□文德雇工契(北殷41号)中,只有"不得工一日"的字样,但无具体违约责任,推测此为习字帖,契文也比较混乱,因此也没有违约责任。

由上可见,在以劳务、劳作为核心的雇工契中,双方约定受雇者不得"抛工",否则就要承担违约责任,这已成了雇工契的通则,因为这一约定符合雇工的内在事理。那么,雇工契中对"抛工"的违约责任,又

---

① 在敦煌雇工契约中,反复出现了"抛敵""抛敲""抛𢽉""勉敵""抛𣽂""抛摘""抛擿""抛直"等组词,陈晓强将这一组组词解释为"抛弃、抛却"(陈晓强:《敦煌契约文书语言研究》,人民出版社2012年版,第128—131页),这一解释虽无不当,但未及其深意,也不尽妥帖。显而易见,其中的很多词语是在传抄过程中的同词误写,或者是同音误写,其本意一如龙德四年雇工契(S.1897号)中的约定,是偷工、不干活、闲逛(左南直北)之意。从原理上讲,因为偷工会耽误农事,因此可能造成相应的损失,所以要承担违约责任。

② 唐耕耦、陆宏基编:《敦煌社会经济文献真迹释录》(第二辑),全国图书馆文献微缩复制中心1990年版,第64页。

是如何具体约定的呢?

(1)契文或表述为"抛工一日,勒物一斗",或表述为"抛工壹日,克物壹斗"。这一违约责任,只有令狐安定雇工契(S.3877号4V)、雇工契(S.5583号)、雇工契残片(P.3875号)三件。因此,这一违约责任并非雇工契的"一般通例"。

(2)契文一般表述为"抛工一日,克物贰斗"。这一约定,是樊再升雇工契(S.6452号1V)等六件雇工契的"通例",比上一种违约责任加重了一倍。对这一违约责任,在表述上叙写最详细者,为龙德四年雇工契(S.1897号)第五行至八行的约定:"入作之后,比至月满,便须兢心,勿□(得)二意。时向不离,城内城外,一般获时造作,不得抛涤工夫。忽(若)忙时,不就田畔,蹭蹬闲行,左南直北,抛工一日,克物贰斗。"① 由此看来,敦煌民间更倾向于通过约定更重的违约责任,来防止受雇者在劳作时"抛工",而使其所雇,雇有所值,从而保质保量地完成约定的劳务事项。事实上,这也是通过对违约行为的这一外在的惩罚来规范他人行为,促使其诚信的一种便捷方法。

(3)结合以上两种违约责任,考虑到雇佣的一年之中有"忙月"和"闲月"的不同,因此对违约责任在惩罚力度上又作了不同的约定。如孟再定雇工契(P.2877号背)第六行至第七行约定:"忙时抛却一日,勒物二斗,闲时勒物一斗。"② 这样的约定,更准确,也更合理。相近而更详细的约定如窦跛蹄雇工契(北图3093:874即生字二十五号)第五行至第六行的表述:"忙时抛工壹日,克物贰斗。闲时抛工壹日,克物壹斗。"③

---

① 唐耕耦、陆宏基编:《敦煌社会经济文献真迹释录》(第二辑),全国图书馆文献微缩复制中心1990年版,第59页。
② 同上书,第67页。
③ 同上书,第69页。

这里所说的"忙时"和"闲时",其实就是乾元寺僧宝香雇百姓邓仵子契（P.2451号）中第四行到第五行中的"忙月"与"闲月":"如若忙月抛一日,勒物五斗。闲月抛一日,勒物壹斗"。① 忙月抛工一日,勒物五斗,这在整个已有的敦煌契约文书中,应当是最重的违约责任了。与此类似的违约责任,在敦煌雇工契中共有五件,统属于第三种约定的违约责任及其承担方式。

（4）其他违约责任。如残契（P.2869号）第一行中只有"官罚羊"三字；又如康富子雇工契（P.3441号背）中约定:"若有抛直（值）五日已外,便算日克物",② 这种对连续抛工在五日以上的受雇者才"算日克物"计罚,是比较独特的违约责任。

（5）对违约责任未做约定。如氾英振承造佛堂契、押衙刘某雇牧羊人契,都未约定违约责任。如上所述,这应当是因事制宜的最好例证。换言之,并非雇工契一定要有违约责任。

此外,还有张纳鸡雇工契、③ 李继昌雇工契、薛流奴雇工契、邓憨多雇工契等10件雇工契因为契残,看不到约定的违约责任条款,因而无法统计和做占比与归类分析。

（二）免责条款

在敦煌雇工契中,虽然约定了以上轻重不同的违约责任,部分违约责任的约定近于严苛,但也有比较人性化的免责条款。比如在令狐安定

---

① 唐耕耦、陆宏基编:《敦煌社会经济文献真迹释录》第二辑,全国图书馆文献微缩复制中心1990年版,第70页。
② 同上书,第66页。
③ 在奴婢的来源中,戴建国列出一类为"被雇佣的奴婢",然后以敦煌所出的张纳鸡雇工契为例,进而认为"当时无以为生的穷困贫民以契约方式与地主结成雇佣关系。其中受雇者自然也包含了已成为自由民的奴婢。"以此例佐证此论,恐难成立。参见戴建国:《唐宋变革时期的法律与社会》,上海古籍出版社2010年版,第293—294页。

雇工契第六行至第七行中明确写道："忽有死生，宽容三日，然后则须驱驱。"① 这一约定至少表明，如果遇到受雇者生病，则可以有三天不用劳作治病的时日，然后再辛勤劳作。也就是说，并非一经受雇，每天就得不间歇的劳动，而是在生病期间，在这三日内是可以被"宽宥"而无需承担违约责任。此外，还有一件乾元寺僧宝香雇百姓邓仵子的雇工契，其中的约定则更人性、更公允。该契第八行明确约定："如若有病患者，五日将里（理）除日算价下。"② 意思是如果受雇者患病，在算工钱时，这五日免责，工钱照付。当然，也有反例，即窦跛蹄雇工契第九行至第十行的约定："若作儿病者，算日勒价。"③ 由此可见，雇工契的订立，应当是雇佣双方协商一致的结果，并无定规。

应当指出的是，虽然免责条款在整个敦煌雇工契中仅此两见，属于创设性的条款，十分少见，但也不应因此被忽略和遗忘。

四、附随义务与先悔罚则

（一）附随义务及相关法律责任

敦煌雇工契中附加赠送的衣物如果视作提供的一种必要的劳动条件，以及添附的一份契约权益的话，那么，在敦煌雇工契中，同样也约定了相应的附随义务，从而构成了敦煌雇工契十分重要乃至不可或缺的契约要素。仔细研究敦煌雇工契就会发现，除残契外，有附随义务的雇工契共有 11 件。所谓"附随义务，是指在契约履行过程中，基于诚实信

---

① 唐耕耦、陆宏基编：《敦煌社会经济文献真迹释录》（第二辑），全国图书馆文献微缩复制中心 1990 年版，第 55 页。
② 同上书，第 70 页。
③ 同上书，第 59 页。

用原则而使当事人应当负担的以保护他人之人身和财产利益为目的的通知、保密、保护等义务。"① 与这种界定的附随义务比较而言,敦煌雇工契中受雇者的附随义务,侧重于对雇主提供的农具等生产资料进行必要的保护,兼及受雇者在劳作过程中必要的注意义务,是对契约附随义务真实的诠释与践行。现分述如下:

1. 对雇主提供的农具耕牛等生产资料进行必要的保护

这一规定比较常见。如令狐安定雇工契第七行至第八行约定:"所有农具什物等,并分付与聪儿,不得非理打损牛畜。如违打,倍(赔)在作人身。"② 这一附随义务表明,受雇者聪儿对雇主令狐安定提供的"农具什物等"负有妥当使用和妥善保管的义务,并且"不得非理打损牛畜",否则,就要进行相应的赔偿。又如龙德四年雇工契第八行至第十行约定:"应有沿身使用农具,兼及畜乘,非理失脱、伤损者,陪(赔)在厶甲身上。"③ 这样的约定就更加明了,不仅随身使用的农具,还有耕种的畜乘,如果无故丢失和伤损,要由受雇者进行赔偿。类似的约定,在姚文清雇工契中表述为"手上使用笼(农)具失却,倍(赔)在自身。"④ 在贺保定雇工契第五行至第七行中,针对不同的情形进行了更具体的约定:"更若畔上失他(却)主人农具铧钩镰刀锹镢袋器什物者,陪(赔)在作儿身上。若分付主人,不忓作儿之事。"⑤ 此处的约定,一方面细化了农具什物的具体种类,同时甄别了不同情况,即由于受雇者作儿丢失的要由作儿赔偿,如果这些农具什物已经交付给雇主而丢失的,则不应由作儿承

---

① 侯国跃:《契约附随义务研究》,法律出版社2007年版,第52页。
② 唐耕耦、陆宏基编:《敦煌社会经济文献真迹释录》(第二辑),全国图书馆文献微缩复制中心1990年版,第55页。
③ 同上书,第59页。
④ 同上书,第62页。
⑤ 同上书,第65页。

担赔偿责任。这样的约定,考虑到了可能发生的实际情况而加以约定,以区分不同的责任界限,非常合理。由此可见,具有生命力的契约规则,来自生活本身,是对生活本身细微之处具有的内在规律的抽象和总结,因此赢得了民众的普遍遵从。不仅如此,在签订契约的理念上,也是预防在先,约定责任主体要尽到小心注意的义务,以减少事后不必要的纠纷。对此,乜小红认为:"雇佣契约中的多项条款,都是些预防性的规定,它既没有要求被雇人人身从属依附于雇主,也没有束缚被雇人的人身自由,只是对劳动过程中出现各种事故时,对责任的明确。"① 与贺保定雇工契的约定极其相似的是窦跋蹄雇工契,该契第六行至第八行约定:"若作儿手上使用笼(农)具镰刀铧钩锹镢袋器什物等,畔上抛失打损,裴[赔]在作儿身上,不关主人之事。若收到家中,不关作儿之事。"② 还有,某某雇工契(P.3094号背)第三行至第五行也做了近似的约定:"所有庄上脓(农)具锹钁镰铧耩袋器实(什)物等,并分付作儿身上。或若将到家内失脱者,不忏作儿之是(事)。"③ 应当说,这些约定既合情理与事理,又有可操作性,是古代劳动人民长期生活实践的结晶。

2. 受雇期间受雇者不得有损害他人的行为

这也是常见的附随义务。如姚文清雇工契第五行至第六行约定:"不得偷他人麦粟瓜果牛羊。忽若捉得,自身祗当。"④ 换言之,受雇者的偷盗行为要由受雇者自己承担,与雇主无关。这一约定看似平常,在法律关系上却十分要紧,因为如果不在雇工契中明确约定,被损害者很容易找到雇主,认为是雇主雇佣的人在雇佣期间发生的损害行为,因此会

---

① 乜小红:"再论敦煌农业雇工契中的雇佣关系",《中国经济史研究》2011年第4期。
② 唐耕耦、陆宏基编:《敦煌社会经济文献真迹释录》(第二辑),全国图书馆文献微缩复制中心1990年版,第69页。
③ 同上书,第73页。
④ 同上书,第62页。

要求雇主来承担相应的损失,事实上这是不合理的,因此,这样的约定不仅是必要的,也是合情、合理、合法的。一如龙德四年雇工契第十二行至第十三行所说的"不得侵损他囗[人]田苗针草,须守本分。"或者如某某雇工契(P.3094号背)第五行至第六行的约定:"如或作儿偷他人园果菜囗(茹),陪在作儿身上。"

3. 其他附随义务及注意事项

雇工契可能还要规定其他附随义务和注意事项。如龙德四年雇工契第十一行至十二行中约定:"或若浇溉之时,不慎睡卧,水落在囗处,官中书罚,仰自祗当。"[①]即针对受雇者在劳作时因睡着落水的责任承担作了明确约定:"官中书罚,仰自祗当"。

需要特别指出的是,与受雇者的附随义务相关的是对因为强盗抢劫而发生损失的法律责任,契文明确约定依律处治。如龙德四年雇工契第十三行至第十四行约定:"大例,贼打输身却者,无亲表论说之分。"[②]对此讲得言简意赅的是姚文清雇工契,该契第六行至第七行约定:"若逢贼打,壹看大例。"[③]其意是如果遭遇强盗打劫,一律依律由官府处治。而讲得很通俗的则是贺保定雇工契,该契第七行约定:"或遇贼来打将,壹看大例。"[④]与此类似的是窦跛蹄雇工契第十行中的表述:"作儿贼打将去,壹看大例。"[⑤]显而易见,这种甄别与约定也是极有道理的,用现在的话说,遇有这种犯罪行为,并非雇佣双方的责任,属于已非私契约定所能处理得了的事项,所以要提交国家依律惩处。由此可见,敦煌雇工契中的这一约定,不经意间印证了我国中古时代的民众对于刑事犯罪,

---

① 唐耕耦、陆宏基编:《敦煌社会经济文献真迹释录》(第二辑),全国图书馆文献微缩复制中心1990年版,第59页。
② 同上。
③ 同上书,第62页。
④ 同上书,第65页。
⑤ 同上书,第69页。

已经确立了国家追诉的观念，殊为难得。更为重要的是，这一约定，也就成为证立中国中古时代对于刑事犯罪，已经确立了国家追诉原则并已深植民间的史实，因此十分珍贵。

（二）先悔罚则

先悔罚则是敦煌契约文书的一项创设，对整个契约的成立以及防止一方随意反悔独具担保意义，雇工契也不例外。如在31件雇工契中，除17件因契残看不到先悔罚则的雇工契外，只有梁户史氾三雇工契没有约定先悔罚则，① 其余13件均有先悔罚则。由此可以推测，在17件残契中，绝大部分也应有先悔罚则。那么，雇工契中的先悔罚则又是怎么约定的呢？

先悔罚则在雇工契中的规范表述，是氾英振承造佛堂契中的约定，该契第七行至第八行约定："一定已后，不许休悔。如先悔者，罚青麦三驮，入不悔人。"② 在令狐安定雇工契中的约定则是这样的："两共对面稳审平章，更不许休悔。如先悔者，罚羊一口，充入不悔人。"③ 近似的约定及表述如龙德四年雇工契："两共对面平章为定，准法不许翻悔。如先悔者，罚上羊壹口，充入不悔人。"④ 又如李员昌雇工契约定："两共面对平章，不许休悔。如先悔者，罚麦三驮，充入不悔人。"⑤ 再如贺保定雇工契的约定："两共对面平章为定，准法不许悔。休悔者，罚青麦伍驮，充入不悔人。"⑥ 又如孟再定雇工契约定："两共面对平章，更不许休悔。如

---

① 还有一件是付与令狐愿兴、令狐愿德身价凭，不属于雇工契，因此也没有先悔罚则。
② 唐耕耦、陆宏基编：《敦煌社会经济文献真迹释录》（第二辑），全国图书馆文献微缩复制中心1990年版，第54页。
③ 同上书，第55页。
④ 同上书，第59页。
⑤ 同上书，第63页。
⑥ 同上书，第65页。

若先悔者,罚青麦伍两驮,充入不悔人。"① 表述略异,其意则一,即让率先悔约者承担毁约责任,以此维护契约的约定效力。

在先悔罚则中,约定罚则最重的当属窦跛蹄雇工契:"两共面对平章,准格不许番[翻]悔者。已已,若先悔者,罚青麦壹拾驮,充入不悔人。"② 当然,也有罚得比较轻的,如某某雇工契(P.3094号背)中的约定:"两共对面平章为定,不许休悔。如有先悔者,罚青麦壹驮,充入不悔人。"③ 还有介于两者之间的,如残契(P.2869号)约定:"□□悔者,罚麦伍硕,充入不悔人。"④ 这也体现敦煌契约因事而论,因协商而定的特点。

先悔罚则在罚物的种类上有两种,一是羊或者上羊,二是麦或青麦;二是在罚物的数量上,罚羊者,均为壹口;罚麦或者青麦者,从壹驮、两驮、叁驮、伍驮到拾驮的都有,也是因事而异,协商而定的鲜明例证。

---

① 唐耕耦、陆宏基编:《敦煌社会经济文献真迹释录》(第二辑),全国图书馆文献微缩复制中心1990年版,第67页。
② 同上书,第69页。
③ 同上书,第73页。
④ 同上书,第74页。

第九章　敦煌养男立嗣契约

养男立嗣，近似于现代所说的收养，但两者有很大的不同。[①]在中国古代，作为拟制血亲的养男立嗣，虽不普遍，但关涉深广。它不仅关涉收养者与被收养者个人的权利与义务，关涉一个家庭乃至一个家族的宗祧承续，还关涉对农耕文明样态的本质解读，内中充满对人与人、亲情与利益的博弈与考量，充满对中国古代宗法制度、亲子关系、家庭伦常、孝道内涵、立嗣制度等一系列重要问题的理解与把握，凡此种种，辐辏于伦理。拉伦茨讲："只有伦理意义上的人才有'尊严'，才可以对其他——同样是伦理意义上的人——请求尊重即承认其权利，也才能承担相应的责任。"[②]由此可见，这是一个看似很小但局域其实很大的话题。

一、敦煌养男立嗣契的研究现状与我国古代收养的律令

（一）敦煌养男立嗣契约的研究现状

学界对有关养男立嗣的专题研究成果本来不多，相关成果又大多以

[①] 中国古代的养男立嗣，有其内在的规定性，比如一般收养的是男性，这一特定性别不仅对接农耕文明最核心的农耕劳作，而且兼有立嗣即传宗接代，以及孝养、丧葬和祭祀等复合功能，与现代收养关系中侧重对未成年人的抚养教育、对老年人的赡养扶助以及财产继承等形成的民事法律关系，相似而不相同。

[②] 〔德〕卡尔·拉伦茨：《法学方法论》，陈爱娥译，商务印书馆2003年版，第332页。

史书的载述为据，或对拟制血亲、收养类型的划分进行研究，或对专门的养子类型如义儿、宦官养子、藩镇养子的深层原因及其影响进行论证，或对中国古代一个时期养子成风的社会背景和历史根源进行剖析，乃至追溯到原始社会的收养目的与养子的地位，秦汉时期养子的一般习俗，旁及唐宋时期的立嗣继产，以及对中国古代社会虚拟血缘关系（异姓兄弟和异姓父子）的演变以效率与成本的视角进行梳理和分析等。在已有的研究成果中，或将敦煌养男立嗣契约作为论说唐五代养子现象，以及收养目的、权利与义务的佐证材料，或简要分析了此类契约的格式，或以三件敦煌养男立嗣契约与唐律进行了比照，等等。

也就是说，对敦煌养男立嗣契约进行专题研究的成果鲜见，而相关论著，专门论及养男立嗣的成果也不多见。滋贺秀三的《中国家族法原理》第三章"围绕无亲生子者的诸问题"对"由拟制而来的承继人——'嗣子'"等问题进行的研究，[①]未涉及敦煌养男立嗣文书。陈永胜在其《敦煌吐鲁番法制文书研究》中，以"养子继承制度"对敦煌养男立嗣契约作了言简意赅的归结。[②]相较而言，乜小红的《俄藏敦煌契约文书研究》第三章中，以"从俄藏敦煌《养男契》看中国古代的收养制度"为题，对一件俄藏的《张富深养男契》与三件敦煌养男契进行了比较，并在梳理中国古代对养子律令规定的基础上，对中国古代养异姓为子不绝于史的现象进行了引证，最后得出了俄藏敦煌《养男契》是矛盾的中国养子制度下的产物。[③]

与此相关，在很多有关唐代律令制度、敦煌吐蕃文契约文书、敦煌

[①] 〔日〕滋贺秀三：《中国家族法原理》，张建国、李力译，法律出版社2003年版，第254—286页。

[②] 陈永胜：《敦煌吐鲁番法制文书研究》，甘肃人民出版社2000年版，第178—179页。

[③] 乜小红：《俄藏敦煌契约文书研究》，上海古籍出版社2009年版，第32—51页。

法律文化的研究中,①均未涉及敦煌养男立嗣契约。张晋藩总主编的《中国法制通史》隋唐卷中,在"唐朝家庭法律"中虽有"收养制度"的分述,但仅及对异姓收养与同宗收养律令规定的分析,②既没有对敦煌养男立嗣契本身进行论证,也没有援引敦煌养男立嗣契对相关律令进行对比分析。

综上可见,对敦煌养男立嗣契的研究现状,可归结如下:

一是对养男立嗣问题,学界已有的研究成果大多集中在对宦官、藩镇养子成风的社会背景、历史根源这一宏大问题的探究上,没有对印证民间养男立嗣真实情状的八件敦煌养男立嗣契(包括一件养女契)本身进行系统、深入的研究。

二是已有的研究成果没有对养男立嗣蕴含的一系列重要内容,比如由养男立嗣引发的亲子关系、家庭伦理、孝道内涵、立嗣制度等一系列问题进行研究。因此,以法理与文化的双重视角对敦煌养男立嗣契及其蕴含的相关问题进行专题分析,就显得尤为必要。

(二)中国古代关于同宗养子与异姓收养的律令

收养,系指无子家庭将他人所生子女通过一定的方式收纳成为自己的子女,并使养父母与养子之间产生一定的权利与义务关系的行为。而"收养契约是以确立收养人与养子之间权利、义务关系的一种契约。"③ 在法律上,收养是将本无血缘关系的父母和子女拟制具有亲子关系,由此建立起一种新的身份与人伦契约关系。进一步讲,如果亲生父母与子女之间的关系为法定血亲关系,那么收养者与被收养者之间的关系则为拟

---

① 如郑显文的《唐代律令制研究》(北京大学出版社2004年版),侯文昌的《敦煌吐蕃文契约文书研究》(法律出版社2015年版),韩雪梅的《古法私契——敦煌法律文化略论》(甘肃文化出版社2011年版)等。

② 张晋藩总主编:《中国法制通史》(隋唐卷),法律出版社1999年版,第594—597页。

③ 乜小红:《俄藏敦煌契约文书研究》,上海古籍出版社2009年版,第32页。

制血亲关系。从收养者一方的角度看,收养者称为养父、养母,被收养者则称为养子、养女。在传统中国,收养对象以男儿为主,因此被收养者也叫假子、义儿、义男、养男、螟蛉子等。敦煌所出的收养文书,就通称为"养男"。从被收养者一方的角度看,把被收养者的亲生父母称为"本生父母",被收养者则被称为"出养子女"。从敦煌所出八件养男立嗣契的类型看,以养男契为主,也有一件养女契,还有一件养男立嗣契,属于民间真实的、通常意义上的收养,这样的收养与基于政治目的和其他目的的收养有本质的区别。

1. 同宗养子与异姓收养

中国历代律令只准同宗养子,禁止异姓收养。这实际上是一个问题的两面:历代律令正面规定收养应当是同宗收养,反之,则规定非同宗收养即异姓收养为礼律所禁止。如在《晋书·殷仲堪传》中,就有"以异姓相养,礼律所不许"①的史论,由此可以推测《晋律》明文禁止异姓收养。与此相近,唐开元二十五年令:

诸无子者,听养同宗于昭穆相当者。②

此令明确规定了无子家庭的收养原则为"听养同宗于昭穆相当者"。"所谓昭穆相当,说的是在由共同祖先延续下来的世代数上,嗣父的下一代即和没能出生的儿子属于同一世代的。"③通俗一点说,就是辈分相同。之所以有这个要求,是因为对伦理等级秩序的维护。换言之,譬如

---

① [唐]房玄龄等:《晋书》,中华书局1974年版,第2195页。
② [日]仁井田陞:《唐令拾遗》,栗劲、霍存福等编译,长春出版社1998年版,第141页。另,《唐律疏议·户婚律》"养子舍去"条援引的"户令",与此完全相同。
③ [日]滋贺秀三:《中国家族法原理》,张建国、李力译,法律出版社2003年版,第257页。

"以弟为子"(把弟弟立为嗣子),实质上把同辈之人降等为儿子,这与自然形成的伦等辈分秩序是相悖的,容易造成尊卑失序,因此应当加以禁绝。此外,"这些还和通过尊卑长幼规定上下的次序作为社会生活的基础发挥了很大的作用的情况相关联。昭穆相当这样的要件,具有阻止由于拟制打乱这一上下的定位方法的作用。"①

如果违反了同宗养子的规定而养异姓男,《唐律疏议·户婚律》对收养者与送养者均规定了相应的刑事责任,但也规定了例外情形:

即养异姓男者,徒一年;与者,笞五十。其遗弃小儿年三岁以下,虽异姓,听收养,即从其姓。②

唐律对收养中违反"同宗昭穆相当者",进而收养异姓男的,对收养者徒一年,而对于"与者"即送养者笞五十。但对于遭到遗弃的三岁以下的小儿,即使是异姓,也听任收养,但要改随养父之姓,这是唐律规定能够收养异姓的唯一例外。③

与此相通,北宋《天圣令》也规定:"无子者,听养同宗之子昭穆合者。"金、元时期的律法规定:"诸人无子,听养同宗昭穆相当者为子,如无,听养同姓,皆经本属官司,告给公据,于各户籍内一附一除,养异姓子者有罪。"④如果说北宋完全承继了唐代的律令,而金、元时期的律法规定,则将"同宗收养"扩大到了"同姓收养",而且规定了相应的程序,

---

① 〔日〕滋贺秀三:《中国家族法原理》,张建国、李力译,法律出版社2003年版,第258页。

② 〔唐〕长孙无忌等:《唐律疏议》,刘俊文点校,法律出版社1998年版,第258—259页。

③ 我国《民法典》第一千零九十三条"可以被收养"的未成年人,包括第(一)项中的"丧失父母的孤儿",和第(二)项中的"查找不到生父母的未成年人"。由此看来,可以收养孤儿、弃儿,古今相通。

④ 转引自〔日〕滋贺秀三:《中国家族法原理》,张建国、李力译,法律出版社2003年版,第256页。

即无论是同宗收养还是同姓收养,均要经过所属官府,提供收养的根据,然后在收养和送养两家对户籍"一附一除"。依然不变的是"养异姓子者有罪"。此外,如果本族类没有昭穆相当之人可立,不得已可立妻家人为后,则是对"同宗"继承原则的补充。①

至明代,《明会典》卷二〇"明户令"规定:"凡无子者,许令同宗昭穆相当之侄承继,先尽同父周亲,次及大功、小功、缌麻。如俱无,方许择立远房及同姓为嗣。若立嗣之后,却生亲子,其家产与原立子均分,并不许乞养异姓为嗣,以乱宗族。立同姓者,亦不得尊卑失序,以乱昭穆。"这一规定与前代相比,具体到了侄辈,而且划分了由近及远的立嗣次序,即从同父周亲,到大功、小功、缌麻次第择立,如果上述范围均无合适的承继者,则允许"择立远房及同姓为嗣"。同时还进一步规定了立嗣之后如果养父又生子的,"其家产与原立子均分"的原则,同时禁止养异姓为嗣,旨在防止"以乱宗族"的后果。即使同姓立嗣,也不能尊卑失序。明代的这一规定,在《大清律例·户律》"立嫡子违法条"中几乎照搬,同时对养异姓子的违法行为科处刑罚:

> 其乞养异姓子以乱宗族者,杖六十。若以子与异姓人为嗣者,罪同。其子归宗。

这与唐律科处的刑罚略异。相较之下,对收养一方科处的刑罚,由唐代的徒一年变为清代的杖六十,总体呈现出轻刑化的趋势。但对于送养的一方,则由唐代的笞五十加重为清代的杖六十,大抵意在斩断始发的送养者,从而减少违法收养。需要注意的是,清代科处刑罚的重心在

----
① 赵晓耕主编:《身份与契约:中国传统民事法律形态》,中国人民大学出版社 2012 年版,第 294 页。

于是否"乱宗族"和"为嗣"这两点上。所谓"其子归宗",就是让养子返还其家,归其宗族之意。

2. 唐律关于禁止收养的情形与例外

唐律除普遍禁止收养异姓子外,还对不同身份之间的养子行为作了明令禁止。

首先,对王、公、侯、伯、子、男有爵等的高层级身份者之间的嫡庶传承以及违法养子作了禁止性规定。《唐律疏议·名例律》"会赦应改正征收"条,规定的违法情形之一即是"以嫡为庶、以庶为嫡、违法养子"的,其律文明确规定"须改正。"① 也就是说,这种违法养子的行为自始无效,不为国家法律所认可,其处理方式是必须改正,也就是让其"归宗"。"[疏]议曰:依令:'王、公、侯、伯、子、男,皆子孙承嫡者传袭。无嫡子,立嫡孙;无嫡孙,以次立嫡子同母弟;无母弟,立庶子;无庶子,立嫡孙同母弟;无母弟,立庶孙。曾、玄以下准此。'若不依令文,即是'以嫡为庶,以庶为嫡'。又,准令:'自无子者,听养同宗于昭穆合者。'若违令养子,是名'违法'。即工、乐、杂户,当色相养者,律、令虽无正文,无子者理准良人之例。"② 由此可见,在宗法制下,嫡庶传承事关重大,禁止"以嫡为庶、以庶为嫡"以及"违法养子"。除此处的《名例律》外,《唐律疏议·户婚律》"立嫡违法"条规定:

诸立嫡违法者,徒一年。即嫡妻年五十以上无子者,得立嫡以长,不以长者亦如之。③

同时,对另一种属于"贱民"身份的工、乐、杂户之间的收养,也要

---

① [唐]长孙无忌等:《唐律疏议》,刘俊文点校,法律出版社1998年版,第105页。
② 同上。
③ 同上书,第259页。

依照良人关于"无子者,听养同宗于昭穆合者"的规定,而且必须"当色相养",否则也构成违法,予以惩罚。《唐律疏议·户婚律》"养杂户为子孙"条,对收养官贱民及部曲、奴婢为子孙的犯罪行为作了禁止性规定:

> 诸养杂户男为子孙者,徒一年半;养女,杖一百。官户,各加一等。与者,亦如之。①

此律文规定,对收养杂户男为子孙者,无论收养者与送养者均要科处刑罚。对此,唐律"[疏]议曰:杂户者,前代犯罪没官,散配诸司驱使,亦附州县户贯,赋役不同白丁。若有百姓养杂户男为子孙者,徒一年半;养女者,杖一百。养官户者,各加一等。官户亦是配隶没官,唯属诸司,州县无贯。与者,各与养者同罪,故云'亦如之'。虽会赦,皆合改正。若当色自相养者,同百姓养子之法。杂户养官户,或官户养杂户,依户令:'杂户、官户皆当色为婚。'据此,即是别色准法不得相养。律既不制罪名,宜依'不应为'之法:养男从重,养女从轻。若私家部曲、奴婢,养杂户、官户男女者,依名例律'部曲、奴婢有犯,本条无正文者,各准良人',皆同百姓科罪。"② 由此可见,一方面,此条的"立法主旨是严禁破坏良人与奴贱间的等级界限,并防止官贱通过收养途径改变身份,从而减少国家与官署的工役资源。"③ 另一方面,明确规定了"别色准法不得相养",也就是不同种类的贱民之间不得相互收养,即使同类收养,同时还要遵循"听养同宗于昭穆合者"的规定,否则,均构成犯罪而给予刑事处罚。如果换一个视角,分析唐代收养制度的同时,由此看到中国

---

① [唐]长孙无忌等:《唐律疏议》,刘俊文点校,法律出版社1998年版,第259—260页。
② 同上书,第260页。
③ 钱大群:《唐律疏议新注》,南京师范大学出版社2007年版,第404页。

古代良贱身份之间不可逾越的鸿沟。

凡事总有例外，这是对复杂事体的必要应对。《唐律疏议·户婚律》同时规定：

> 若养部曲及奴为子孙者，杖一百。各还正之。无主及主自养者，听从良。①

也就是说，如果收养地位更低的贱民部曲甚至奴婢者，则要处"杖一百"的刑罚，并且要解除收养，恢复被收养者原来的身份。而例外是，对于"无主及主自养者，听从良"。对此规定，"[疏]议曰：良人养部曲及奴为子孙者，杖一百。'各还正之'，谓养杂户以下，虽会赦，皆正之，各从本色。注云'无主'，谓所养部曲及奴无本主者。'及主自养'，谓主养当家部曲及奴为子孙。亦各杖一百，并听从良，为其经作子孙，不可充贱故也。若养客女及婢为女者，从'不应为轻'法，笞四十，仍准养子法听从良。其有还压为贱者，并同'放奴及部曲为良还压为贱'之法。"② 因此，就"例外"而言，细分为三种具体情况，一是主人收养自己的部曲、家奴为子孙的，在"杖一百"后，认可其收养并改变部曲、家奴的身份变为良人；二是主人收养"客女及婢为女者"，在"笞四十"后，也认可其收养，并改客女、家婢的身份变为良人；三是收养后如果还出现"压良为贱"行为的，则要按照"放奴及部曲为良还压为贱"之罪处罚。之所以要把违法收养后的贱身改为良人身份，是因为从情理上讲，既然主人要把无主或者主人自养的当家部曲及奴收养为子孙，理应从良，总不能再让收养的子孙还处于奴贱的地位，这也与收养主人的身份无法匹

---

① [唐]长孙无忌等：《唐律疏议》，刘俊文点校，法律出版社1998年版，第260页。
② 同上。

配起来，于情于理不通，因此"听从良"。需要指出的是，该条把情理与法律两分，一方面，因主人收养违法，该受处罚的要处罚，但在处罚后，则从情理上认可收养并让贱身变为良人，既不以情破法，也不以法掩情，情法并立，一活两便，内含了立法者良苦的用心。

3. 唐律关于收养的法律效力

唐律明文规定，收养关系一经确立，便具有法律约束力，双方签订的收养契约以及收养关系不得随意解除。《唐律疏议·户婚律》曰："诸养子，所养父母无子而舍去者，徒二年。若自生子及本生无子，欲还者，听之。"① 对此规定，"[疏]议曰：依户令：'无子者，听养同宗于昭穆相当者。'既蒙收养，而辄舍去，徒二年。若所养父母自生子及本生父母无子，欲还本生者，并听。即两家并皆无子，去住亦任其情。若养处自生子及虽无子，不愿留养，欲遣还本生者，任其所养父母。"②

该条[疏]议首先引述了唐户令的规定，即前述的"无子者，听养同宗于昭穆相当者"，然后分析了四种不同的情形加以规定：第一种情形，对养子而言，养父母无子而被养子随意遗弃的，要对养子处以"徒二年"的刑罚，借此保障收养人的权益。③ 其理由是"既蒙收养，而辄舍去"，内中强调了收养关系一旦确立，不得随意毁约；第二种情形，对于养父母自己生子以及本生父母无子的，养子想要回到本生父母身边的，予以准许；第三种情形，对于养父母和本生父母两家均无子的，是去是留，则要尊重养子本人的意愿；第四种情形，如果养父母自己生子，或者即使没有孩子，但不愿意再收养养子的，要遣还给本生父母的，则尊重养

---

① [唐]长孙无忌等：《唐律疏议》，刘俊文点校，法律出版社1998年版，第258页。
② 同上。
③ 钱大群对此条的理解是"养父母自无子舍去养子者，徒二年"，因此其译解是，"凡收养孩子，养父母无子者而遗弃被收养人的，处徒刑二年。"参见钱大群：《唐律疏议新注》，南京师范大学出版社2007年版，第401—402页。

父母的意愿。

二、收养的本质、立法原理与官民的态度

我们在总体上需要追问的是,唐代有关收养律令规定的本质是什么?继而需要在原理上研究和回答,为什么历代律令要禁养异姓子,而只允许"听养同宗于昭穆相当者"?这一相沿不改的"国法"维护的究竟是基于自然法意义上的"天理",还是基于人世意义上的人情,抑或是交互于二者之间的社会伦常,还是被传统中国视为为政教之本的"德礼"?这是一个颇具法理意义的深刻命题。

(一)收养的目的与核心

我们要准确把握立法本意,首先要弄清收养的目的是什么,同时还要追问收养的核心问题又是什么,然后根据古代立法者对收养律令的解释,探寻他们为什么要做这样的规定。

1. 收养目的

我国古代的收养目的,可以两分如下:

一是带有政治目的、军事目的或其他利益的收养,曾盛行于唐五代时期,史不绝书,这是非常态的收养,学术界对这类收养的社会背景、历史根源、社会影响等进行了比较深入的研究,① 我们不再讨论。

---

① 戴显群认为,唐五代社会很盛行假子制度,其数量之多,范围之广,影响之大,为我国封建社会所罕见。一些官僚贵族、军人、地主和商人等通过拟制父子关系来收买人心,以扩大本家族、集团的势力。此外,宦官由于生理上的缺陷,也一直存在收养养子的旧习。参见戴显群:《唐五代假子制度的历史根源》,《人文杂志》1989 年第 6 期。事实上,《旧唐史》等史书记载了不少比较著名的收养事例,如唐太宗时,大臣张亮曾养假子五百人。而最著者当属安禄山,据《新唐书》记载,安禄山"养同罗及降奚、契丹曳落河八千余人为假子。"欧阳修的《新五代史》中专列《义儿传》,其序言曰:"呜呼! 世道衰,人伦坏,而亲疏之理反其常,干戈起于骨肉,异类合为父子。开平、显德五十年间,天下五代而实八姓,其三出于丐养。盖其大者

二是对于民间的、常态的收养,其收养的目的,以敦煌养男立嗣契约所涉内容分析,按照从重到轻的次序,大抵有三种目的,分别是:侍奉养老、传宗接代和继承家产。还有一种是弥补无子的缺憾,实际上仅仅是前三种主要收养目的的附随目的,或者附带的情感目的,并不能成为一项独立的收养目的。质言之,民间订立的养男契约,大多以非常实际的侍奉养老为首要目的,这一目的所指向或者期待的养老,并不是一般意义上的侍奉,而是要达到"孝养"的责任;其次才是立嗣意义上的传宗接代,以及基于侍奉养老和传宗接代必然附加的家产继承。对于民间存在并在唐代律令中规定的出于怜悯之心而对失去双亲、又无法自立的弃儿进行收养,其收养目的首先是使弃儿有安身之所,其次才生发上述三种目的,并且可能三种目的在个案中的侧重也各有不同。由于最后一种即对弃儿的收养在敦煌养男立嗣契中未见,故存而不论。

2. 收养的核心问题

这一问题实际上与收养的目的直接关联,那就是"孝养"与"继嗣"。如果说前者关系到对传统文化和实际运作中"孝"的内涵的把握,那么,后者则关系到对继嗣原理与同宗养子原则的理解。何谓"孝"?这是儒家一个绝大的命题,是基于人性、人心与伦常的推定,进而以此来维护家国秩序。[①]因此,对这一命题不仅有先哲一以贯之的立论,而且有以国家之名颁行的律条规定。就先哲立论而言,孔子就对不同学生的"问孝"作了不同的回答。费孝通归结道:"孝是什么?孔子并没有抽象地

取天下,其次立功名、位将相,岂非因时之隙,以利合而相资者邪!唐自号沙陀,起代北,其所与俱皆一时雄杰骁武之士,往往养以为儿,号'义儿军'。"

① 中国古代先哲认为,只有孝顺父母之人才能忠于家国;反之,一个连有养育之恩的父母都不孝顺的忤逆之子,爱他人以及忠于家国是不可能的,这也是中国历朝历代旌表孝子的出发点和归宿点。事实上,孝顺父母,有利于稳固家庭这一社会的基本单元,进而由点及面(由家庭及社会),有利于维护社会秩序,更有利于由孝及忠,落实到忠于国家,从而有利于统治秩序的维护、长久与和谐。

加以说明,而是列举具体的行为,因人而异地答复了他的学生。"① 比如,"孟懿子问孝。子曰:'无违'。樊迟御,子告之曰:'孟孙问孝于我,我对曰:无违'。樊迟曰:'何谓也?'子曰:'生,事之以礼。死,葬之以礼,祭之以礼。'"② 孔子在这里将"孝"界说为"无违",而其内涵包括了生养、丧葬、祭祀三个阶段。再如,"子游问孝。子曰:'今之孝者,是谓能养。至于犬马,皆能有养。不敬,何以别乎?'"③ 即在"生养"阶段,其养在"敬"。对此,《礼记·祭统》作了准确的阐释:"是故孝子之事亲也,有三道焉:生则养,没则丧,丧毕则祭。养则观其顺也,丧则观其哀也,祭则观其敬而时也。尽此三道者,孝子之行也。"④ 与此相通,唐代的法律也作了相应的规定,如《唐律疏议·名例律》界说了"孝":"善事父母曰孝。既有违犯,是名'不孝'"。⑤ 再如,《唐律疏议·名例律》引礼云:"孝子之养亲也,乐其心,不违其志,以其饮食而忠养之。"⑥

关于收养核心问题的继嗣,之所以规定同宗养子,同时对养异姓子以犯罪论处,在根基上,一方面,连接着上述"孝"的奉行。吕思勉(1884年—1957年)指出:"所以旧时论立嗣问题的人,都说最好是听其择立一人为嗣,主其奉养、丧葬、祭祀,而承袭其遗产。这不啻以本人的遗产,换得一个垂老的扶养,和死后的丧葬祭祀。"⑦ 另一方面,则与宗祧继承直接相关。所谓"宗祧","旧时指家族相传的世系。"⑧ 而"所谓宗祧继承,'宗'指近世祖先之庙,'祧'指远世祖先之庙。宗祧继承就是

---

① 费孝通:《乡土中国 生育制度》,北京大学出版社 1998 年版,第 11 页。
② 《论语·为政篇》。
③ 《论语·为政篇》。
④ [清] 孙希旦:十三经清人注疏《礼记集解》,中华书局 1989 年版,第 1237—1238 页。
⑤ [唐] 长孙无忌等:《唐律疏议》,刘俊文点校,法律出版社 1998 年版,第 12 页。
⑥ 同上书,第 13 页。
⑦ 吕思勉:《中国文化史》,商务印书馆 2015 年版,第 54 页。
⑧ 中国社会科学院语言研究所词典编辑室编:《现代汉语词典》,商务印书馆 2012 年第 6 版,第 1731 页。

以祭祀祖先为目的的男系宗统的继承。"① 可见,宗祧继承的核心是祭祀,而祭祀则与古代的"血食"观念直接关联。由于"中国人所以必欲立后,盖出于'不孝有三,无后为大'之说。古人所以为此说,则以其谓鬼犹求食之故。"② 这是因为,"远古的中国人是相信灵魂不灭的,人死了以后成鬼,从天子至庶民都是一样的。……古人认为肉体已灭的鬼仍然有饮食的欲望,'鬼犹求食',所以需要人间的子孙定时杀牲取血,通过祭祀方式来供养,这叫血食。……血食祭祀的一个基本原则,是血食必须要与死者有血统关系的男系男性子孙来提供,否则鬼魂是不能享用的。"③ 这也是所谓"神不歆非类,民不祀非族"④ 的由来。问题是,"鬼魂对血食的需要如果得不到满足,就可能成为'厉鬼'而害人。"⑤ 在国家,"国之大事,在祀与戎"。⑥ 在民众,则是孟子所言的"不孝有三,无后为大"。⑦《孟子正义》引赵岐注曰:"于礼有不孝者三事,谓阿意曲从,陷亲不义,一不孝也;家贫亲老,不为禄仕,二不孝也;不娶无子,绝先祖祀,三不孝也。三者之中,无后为大。"⑧ 无后,也就是无后代、无子嗣。嗣即为祀。连接上文,既然孝道有三,即"生则养,没则丧,丧毕则祭",如果不娶无子,或者娶妻而无子,则因"绝先祖祀"而无法对先祖祭祀,所以无后是最不孝的了。

归结而言,收养中"侍奉养老"的核心是生前的"孝养",是大部分

---

① 丁凌华:"宗祧继承浅说",《史学集刊》1992年第2期。
② 吕思勉:《中国制度史》,上海教育出版社2002年版,第323页。
③ 丁凌华:《五服制度与传统法律》,商务印书馆2013年版,第308页。
④ 《左传·僖公十年》。其中的"歆"字何意?"盖享神之食物,鬼神实不能食,以为神但嗅其气而已,故曰歆。"参见杨伯峻编著:《春秋左传注》(修订本),中华书局2009年版,第334页。
⑤ 丁凌华:《五服制度与传统法律》,商务印书馆2013年版,第309页。
⑥ 《左传·成公十三年》。
⑦ 《孟子·离娄上》。
⑧ [清]焦循:《孟子正义》(上),中华书局1987年版,第532页。

养子必尽的义务;而"传宗接代"的核心是"香火"的延续即死后的祭祀,一种被视为"追养"的"继孝"行为,是嗣子必尽的义务。而继承家产,则是与孝养、继嗣这一应尽义务相伴而生的一项权利。因此,与其说继承家产是基于一种亲情意义上的补偿,毋宁说它是一种与养子、嗣子应尽义务等价齐观的权利。

(二)中国古代的立法解释及其原理

基于上述原因,中国历代律令均规定了禁养异姓男,对违法者以犯罪进行惩处,同时还对何以如此规定作出立法解释。比如,《唐律疏议·户婚律》在"养子舍去"条中,对其中的原理作了[疏]议:"异姓之男,本非族类,违法收养,故徒一年;违法与者,得笞五十。养女者不坐。其小儿年三岁以下,本生父母遗弃,若不听收养,即性命将绝,故虽异姓,仍听收养,即从其姓。如是父母遗失,于后来识认,合还本生;失儿之家,量酬乳哺之直。"①

首先,中国历代之所以禁止收养异姓男,根本原因是"异姓之男,本非族类",而"本非族类"更深的背景,源于先民在远古时代对"非我族类,其心必异"②的禁忌,以及对"神不歆非类,民不祀非族"③的奉行与遵从,所以在《仪礼·丧服》中作为一种"礼制"加以规定:"何如而可为之后?同宗则可为之后。何如而可以为人后?支子可也。"④这也就是后来我国历代律令正面规定应收养"同宗昭穆",同时也从反面禁止收养"异姓之男"的根由。而其实质,一方面出于对"异姓乱宗"的深虑与防范,另一方面,则"认为死去的人无法享用异姓人的祭祀供奉",⑤

---

① [唐]长孙无忌等:《唐律疏议》,刘俊文点校,法律出版社1998年版,第259页。
② 《左传·成公四年》。
③ 《左传·僖公十年》。
④ 《仪礼》,中华书局2012年版,第357—358页。
⑤ 丁凌华:《五服制度与传统法律》,商务印书馆2013年版,第313页。

也就起不到祭祀的目的，让立嗣形同虚设。同时，由于传统中国是伦理本位的社会，竭力维护、维持家庭家族就成为必然。进而言之，由于"缺乏集团生活，是中国人倚重家庭家族之由来。"① 与此相关，之所以在[疏]议中添加了"养女者不坐"的情形，是"由于女子本不能承嗣，所以养异姓女法律上并不干预。"② 其实质也是因为在父权社会中，不会因养女而乱宗。

其次，唐律允许收养异姓的唯一例外，是允许收养遭到遗弃的三岁以下的小儿，事实上不限于男女。一旦收养成立，养子须改从养父之姓。究其原因，"乃出自仁义之道和对生命的重视，意在解决遗弃幼儿的社会问题，实是为被遗弃幼儿寻找设立的一种社会救济制度。"③ 反之，"若不听收养，即性命将绝"，其根由，与以仁义和善政治国的儒家正统思想是相悖的。

再次，对于不是遗弃而是遗失的孩童进行的代养，并不构成真正意义上的拟制亲子关系，一旦亲生父母前来认领，理应让其领回，但应对代养之家酌量给予一定的经济补偿，合情合理。

还需甄别的是，由于不许立异姓子为嗣，因此，被收养的异姓之子，他的身份仅仅是养子而非嗣子。也就是说，养子与嗣子是不同的。虽然"嗣子和养子同为收养之子，秦汉以后在财产继承上也少有区别，但前者为宗祧继承人，负责养父母的老来奉侍与死后的血食祭祀；后者则只承担养老义务。"④

比较而言，比《唐律疏议》对收养的立法解释更进步，《元典章》卷一七在"禁乞养异姓子"条中对禁养异姓子的理据，已综诸了前代的许

---

① 梁漱溟：《中国文化要义》，上海人民出版社2011年版，第76页。
② 丁凌华：《五服制度与传统法律》，商务印书馆2013年版，第313页。
③ 张晋藩总主编：《中国法制通史》（隋唐卷），法律出版社1999年版，第595页。
④ 丁凌华：《五服制度与传统法律》，商务印书馆2013年版，第313页。

多说法,早已不限于单一的"非我族类"观,而是言简意赅地阐明了三方面的理由:"父子嗣续,人伦大本。同宗继绍,气脉感通;非我族类,神不歆享;私立异姓,徒起祸源。"这一立法解释是说,在父子嗣续,乃是人伦大本的前提下,之所以禁养异姓子,一是只有同宗养子继嗣,才能气脉感通。也就是说,立同姓可因气脉相同而相承,异姓则使气脉阴绝。①二是异姓的祭祀无法使先祖歆享。三是对接社会现实,如果私立异姓,就会引发祸乱。这一点的确为历代因为私立异姓,导致民事纠纷频发,乃至引起刑事案件的事实一再证实。②

此外,关于律令之所以规定同宗养子和禁养异姓子,还有其他很多观点。比如,为了保持"血统的纯正"或为了"存亡继绝"。再如,由于"封建统治阶级是靠宗法制度,即宗族世袭制来维持其统治的,强调的是正统的血缘关系,一个血缘下来的一根血脉,才是正宗,故同宗之子可以为后嗣,如以异姓子为后嗣,便扰乱了宗族,将会破坏宗族世袭制度,危及到宗法世袭统治,而保持宗法世袭制,实际也是在维护中国封建制度的基石,故而历朝历代的统治者牢守此关而不变"。③与此不同,还有一种观点可称为"补救说":"同宗养子的主要意义在于立嗣。它在中国古代是一种主要的收养形式,指无子之男选立同宗的子辈作为嗣子,承继宗祧,延续后代。其实质是对无子所造成的男性血统承续中断的补救。"④

---

① 参见〔日〕滋贺秀三:《中国家族法原理》,张建国、李力译,法律出版社2003年版,第256页。

② 比如,在宋代《名公书判清明集》的《户婚门·立继》类里,就有不少对因异姓立继引起讼争的案件。再如,在清末《各省审判庭判牍》的《判牍五·族制门》里,也有宣统三年(1911年)四月贵阳地方审判厅判决的"异姓乱宗,争立构衅"案,就很典型。参见洪庆祺编:《各省审判庭判牍》,李启成点校,北京大学出版社2007年版,第128—129页。

③ 乜小红:《俄藏敦煌契约文书研究》,上海古籍出版社2009年版,第48页。

④ 张晋藩总主编:《中国法制通史》(隋唐卷),法律出版社1999年版,第596页。

最后,还需追问的是,禁养异姓子是不是"天垂象,圣人则之"① 的结果? 换言之,同宗养子与禁养异姓子,是"天理"还是"人理"? 与此可以佐证的是,《唐律疏议·名例律》对"谋反"的疏议援引《左传》'天反时为灾,人反德为乱'"而引出"谋反"是"规反天常,悖逆人理"。② 而在对"恶逆"的[疏]议曰:"父母之恩,昊天罔极。嗣续妣祖,承奉不轻。"③ 如此表述,似乎把所谓的"人理"照应了"天理"。但对无道昏君,孟子尚有"闻诛一夫纣矣,未闻弑君也"④ 之论,而唐律则将谋反视为反天常,逆人理,两相对比,两者的理念与境界实有天壤之别。话说回来,与立嗣相关的禁养异姓子的立法解释,如果说"本非族类"尚可理解,但按摩尔根(Lewis Henry Morgan,1818年—1881年)的划分,从更宏阔的视域看,人类从血婚制家族、伙婚制家族、偶婚制家族、父权制家族逐渐演进和逐步缩小婚姻对象的过程中,⑤ 这里的"族类"起码在血缘的一脉相承上就很难做到"纯正同一"。与此相关,血食观念所依据的"神不歆非类"不仅无法验证,而且既非自然之理,亦非人间之理,它是一个超验的东西,因而也是一个说不清、道不明的东西,以此为根基建立起来的禁养异姓子规定,其合理性和正当性都值得怀疑。倒是因为养异姓子而引发了不少民事乃至刑事案件这一事实是确实存在的,因此禁养异姓子以防止"争夺衅作,迭兴词讼",则是很有道理的。但事实上,即使同宗养子,也无法达到"无讼"的境地,因同宗立嗣而发生的纠纷也是不绝于史。即使在独家一例的皇权层面,太子与庶子争嫡在历朝历代也时常发生,绝非因为有了上述种种说教或者律法规定而绝迹。

---

① 《唐律疏议·名例律》开卷引《易》曰:"天垂象,圣人则之"。
② [唐]长孙无忌等:《唐律疏议》,刘俊文点校,法律出版社1998年版,第7页。
③ 同上书,第8页。
④ 《孟子·梁惠王下》。
⑤ 参见〔美〕巴林顿·摩尔根:《古代社会》(下),杨东莼、马雍、马巨译,商务印书馆1981年版,第505—512页。

综上可见，中国古代律令规定同宗养子、禁养异姓子的本质在于防止异姓乱宗，以维护宗法制度。在民间，实际也是一种小宗宗法，其功效，可用绩溪华阳邵氏宗族《绩溪华阳邵氏·先儒谱说》中援引的程颐名论概括之："谱之要，在明一本而濬其源，所以尊祖敬宗也。究万派而清其流，所以别亲疏之远近也。辨昭穆则降之殊，所以识尊卑之次第也。"换言之，就是维护亲亲、尊尊、长长的礼治秩序。[①] 对此，《礼记·大传》一语道破："亲亲也，尊尊也，长长也，男女有别，此其不可得与民变革者也。"[②]

（三）民间收养异姓子的事实及官民的态度

与历代律令禁养异姓子不同，在民间，收养异姓子的现象比较普遍，并为官民共同认可。合法与非法的界分只在收养异姓子的目的上：究竟是为了侍奉养老，还是为了传宗接代？也就是说，对于以侍奉养老为目的而收养异姓子的，官方和民间均予认可。而对于以传宗接代为目的而收养异姓子的，则严加禁断。正因如此，在敦煌所出的八件收养契中，有四件养男契（即吴再昌养男契、某甲养外甥为男契、张富深收养外甥为男契和胡再成养男契）属于收养异姓子的养男契。除一件养女契外，还有一件养男契样文和一件养子契因契残不详，只有一件史汜三立嗣文书属于同宗养子，符合律令"收养同宗于昭穆相当者"的规定。滋贺秀三说："感到没有希望得到亲生子的人，以同族之子为嗣子而领受和养育，把自己老了以后的生活和死了以后的葬祭寄托在他的身上，这些

---

① 《礼记·大传》云："亲亲故尊祖，尊祖故敬宗，敬宗故收族，收族故宗庙严，宗庙严故重社稷，重社稷故爱百姓，爱百姓故刑罚中，刑罚中故庶民安，庶民安故财用足，财用足故百志成，百志成故礼俗刑，礼俗刑然后乐。"参见[清]孙希旦：《十三经清人注疏——礼记集解》，中华书局1989年版，第917页。

② [清]孙希旦：《十三经清人注疏——礼记集解》，中华书局1989年版，第907页。

是嗣子最正常的用途。"① 所以,在民间的实际生活中,历朝历代都大量存在收养异姓子的情况,只要不是以立嗣为目的养子,均能得到民间乃至官方的实际认可。比如,在《名公书判清明集》中,官员们面对不少因养异姓子而引起民间纠纷,并不是一味刻板地死守律令规定,而是根据情理灵活裁断,也是明证。同时证明了"一个真实社会的建构(social construction of reality)是一个自主的行动者与社会规范结构相权宜的产物。"②

事实上,在滋贺秀三援引的《民商事习惯调查报告录》中,山西忻县和稷山县的民间习惯是"无子者,因族中无可承继,得以外甥为嗣,但须得族中同意。"而甘肃靖远县和宁夏的固原县的民间习惯是"无子者,因族中无可承继之人,则以妻侄或姨侄为嗣。"③ 这也是一种合乎人情、灵活变通的方式。更进一步,为了应对远比刻板僵硬的律令更为复杂的实际生活,蕴藏无穷智慧的民间早就发明了"兼祧"(俗称"一子顶二门"),以解决独子出继使得自家绝后这一特殊问题。这一方式后来在清律附例中被吸纳和承认:"如可继之人亦系独子,而情属同父周亲,两相情愿者,取具阖族甘结,亦准其承继两房宗祧。"④ 由此可见,真正具有生命力的立法,永远是贴近民间生活的立法,对接本有文化,善于吸纳民间习惯的立法,而不是那些生搬硬套外来法条的立法。

如果说"国之大事,在祀与戎",那么,套用这句话,在中国古代的亲子关系上,可以说"民之大事,在养与祀"。生养固然重要,但无人祭祀,则意味着"绝了后",以致在陇右一带,民众把"绝户"当成了一种

---

① 〔日〕滋贺秀三:《中国家族法原理》,张建国、李力译,法律出版社2003年版,第266页。
② 翟学伟:《关系与中国社会》,中国社会科学出版社2012年版,第95页。
③ 〔日〕滋贺秀三:《中国家族法原理》,张建国、李力译,法律出版社2003年版,第258页。
④ 《大清律例·户律》"立嫡子违法条"。

很恶毒的诅咒语在吵架中使用，由此可见，这在乡间被认为是毫无颜面和十分忌讳的大事，因此祭祀之重，可与对父母的孝养等量齐观，从而构成孝道的两极。将养与祀与孔子对孝的论说对接起来，中间少了一个"没丧"的环节，虽然这一环节实际上是一个相对比较短暂的"过渡"，是民间话语中"养老送终"的一个"送终"节点，但因为国人理念中甚为注重死有所葬，在民间依然执着和强调土葬后的"入土为安"，因此也就非常忌讳活了一生之后死无所葬，也就是应了骂人最恨的那句话："死无葬身之地"。事实上，死后得享祭祀，且绵延不绝，不仅显示了某族的子孙繁盛，而且是"香火"不断的保证，它之所以成为一种风习，其实质还是一种根深蒂固的族群认同。

三、对八件敦煌养男立嗣契的分析

敦煌所出的八件养男立嗣契，有三件属于真实的养男契，二件为养男契样文，一件为养子契残卷（也可归类到养男契中），一件为立嗣文书，一件为养女契。也就是说，八件收养文书中养男契占了六件，一件立嗣文书，实质也属于养男契，只不过这一文书更强调了因无子而"立嗣"的原因与目的，如此，则养男契实际上占了八件文书的七件，达87.5%。由此可见，民间收养以养男、立嗣为主，虽然也有一件养女契，但只是收养文书极小的一部分，占比很小。

需要说明的是，学界关于收养问题的研究，基本或者说绝大部分依靠的是史书载述的史实。我们知道，这些史实即使是对客观事实的记载，也必然是经过记叙者的"裁割"而形成的主观真实，与历史的本相已经不同乃至相去甚远，更不要说带有倾向性的一些的所谓历史史实，因此，以这些历史史实所作的立论与论证，不仅无法呈现本真的、实际发生的收养面貌，而且无法呈现原汁原味的收养契约本来的结构与内容，更无法通过契约叙事语言感知当时经济社会的物质生活与日常景况。以此观之,"敦煌文献中的养男契不仅弥补了这方面的空白,而且为我们研究唐代以后民间社会收养制度的具体状况提供了原始记录资料",①因而弥足珍贵。

(一)吴再昌养男契(样式)

S.5647 号

1 百姓吴再昌,先世
2 不种,获果不圆。今
3 生孤独壹身,更无
4 子息,忽至老头,无
5 人侍养。所以五
6 亲商量,养外甥
7 某专甲,易姓名为
8 如。自后切须恭勤,
9 孝顺父母,恭敬宗
10 诸,恳苦力作,侍养
11 六亲,成竖居本。莫
12 信闲人构厌,左南
13 直北。若不孝顺者,
14 仰至亲情,当日趁
15 却,更莫再看。两共
16 对面平章为定,

---

① 陈永胜:《敦煌吐鲁番法制文书研究》,甘肃人民出版社 2000 年版,第 179 页。

17 更无改易。如若不

18 凭言约，更生翻

19 悔者，便招五逆之

20 罪。恐人无信，故勒

21 私契，用为后凭。

22 厶年月日厶专甲养男契。①

这是一件样式文本的收养文书：该文书虽有收养人吴再昌的姓名，但在叙写被收养人的姓名时又用了"某专甲"的字样，尤其在契尾写的是"厶年月日厶专甲养男契"，这就把一份特定的养男契抽象化、格式化了，因而变成了养男契的一种"样式"文本。很可能的情形是这样的，这本来是一件百姓吴再昌收养外甥某某的养男契，因为制作得很好，可以作范本，因而隐去了收养的对象，以及制作的年月日，变成了我们现在看到的"样式"。也就是说，经过这样的"改造"，就能让欲立同类型养男契的人可以直接"套用"这件样式，而只是把被收养人和立契时间填写进去就可使用，不仅无需花钱延请文士制作新的契约，而且省时省事，还比较规范，可谓事半功倍，非常实用。

这件养男契开门见山，直接叙述收养人的身份（百姓）和姓名（吴再昌），然后仅以八个字"先世不种，获果不圆"交代今世无子的原因。别看这八个字非常简短，它对接的是博大精深的佛教理论中极具入世意味的"三世二重因果论"，它不是一个简单的说明，而是以具有根基性的佛教理论"证得"无子的必然性。其大意是说，由于前世未种善因，导致今世获得的果报不圆。具体讲，就是"今生孤独壹身，更无子息"。也就

---

① 唐耕耦、陆宏基编：《敦煌社会经济文献真迹释录》（第二辑），全国图书馆文献微缩复制中心1990年版，第172—174页。

是说，先世因未修善业，才有今世孤独的果报，也就没有"子息"，即没有繁衍后代，由此产生了"忽至老头，无人侍养"的困难。这八个字也是写得分外真切，格外传神，一个"忽"字，把时光易逝，光阴如梭的感觉写了出来，同时把一个收养者已是垂垂老者的样态摹画了出来，而由于无子面临着"无人侍养"的孤苦境地，这就直接点出了养男立契的根本缘由。

顺理成章，接着还是以极简的语言写出了经过"五亲商量"，决定收养外甥某某为养子，并且要改姓更名。这里的"五亲"应非实指，仅仅是"五亲六眷"即近亲属的一种简称，而"商量"，则以简统繁，把收养人寻找合适的收养对象，与近亲属协商，征得姐、妹同意等等的过程概括了。如上所述，收养外甥，不仅与历代律令规定的"同宗收养"相悖：既非同宗昭穆相当之侄，也未按照先尽同父周亲，次及大功、小功、缌麻的顺序收养，甚至未按照"择立远房及同姓为嗣"进行收养，而是按照滋贺秀三援引的《民商事习惯调查报告录》中山西的民间习惯收养了异姓的外甥，因为这件养男契的第七行至第八行有"易姓名为如"的字样，表明外甥与收养人不是同姓。一方面，收养异姓外甥是一种民间惯例，另一方面，如果本族内没有昭穆相当之人可立，选择外甥也是一种方便可行的做法。但是，这个改姓易名的契文条款，绝对不是对律令中因为收养弃儿而规定的"虽异姓，听收养，即从其姓"的遵从，而是一如既往对民间习俗的沿袭。因为改姓易名，按照民间风习，不仅具有一种对外宣示的仪式意味，更具有一种对收养者"收伏"的深意，这大抵与民间赘婿生子一般应从母姓的原理相通。

需要进一步指出的是，契文虽让外甥改姓易名，但与该契文第四行至第五行对应起来，我们不难发现，收养人收养外甥的目的是为了老有所依，是为了让外甥"侍养"，不仅没有继承家产的字样，而且避开了很敏感的"立嗣"的问题，也就巧妙地规避了律令对收养异姓男的刑事惩罚。这一事实表明,"中国古代虽然制定了很多而且具有较高水平的法典,但传统的中国社会却不是一个由法律来调整的社会。中国法律的注重于刑法,表现在比如对于民事行为的处理要么不作任何规定(例如契约行为),要么以刑法加以调整(例如对于财产权、继承、婚姻)。"①

该契此后的契文,用了很多文字规定养子的义务,包括恭顺勤谨,孝顺父母,恭敬宗诸,恳苦力作,侍养六亲,成竖居本,莫信闲人构厌,左南直北等。其中,宗诸,亦即诸宗,也就是恭敬诸宗族。"成竖居本",意思是长成大人,安守本分。这里的"构厌",意指挑拨离间,使人相互憎恶。而"左南直北",字面上指把南面说成是正北,它与养子契(P.4075号背)中的"拗揑东西",字面上是指扭曲、颠倒东西方向,这两组词在文中所要表达的意思相同,均指违逆不顺。事实上,本件养男契中,左南直北承接的下文就是"若不孝顺者",此处当指不孝顺、忤逆之意。②

上述养子应尽的诸多"义务",实质可分为两部分,一部分是指态度上的表现,以对养父的孝顺和对宗族的恭敬为核心,且不得听信闲人的挑拨离间;一部分是指行为上的表现,以勤恳、力作和侍养为核心,且要安守本分。归结起来,养子的核心义务是"孝养"。

我们注意到,在这件敦煌养男契中,我们看到的是养子应尽的系列义务,而他的相关权利,连一个字都没有约定。质言之,这件养男契的特质是"义务本位"。张晋藩曾在其著述中专列"义务本位"一部分予以论述。他认为"义务本位"法律观的形成不是偶然的。首先是决定于专制主义的政治体制。其次,决定于宗法家族制的社会结构。再次,受儒

---

① 〔美〕D. 布迪、C. 莫里斯:《中华帝国的法律》,朱勇译,江苏人民出版社 2004 年版,第 3 页。

② 左南直北,还有一义,犹如走南闯北,其实质指称的是四处闲逛,不专心劳作。例如,在丁巳年贺保定雇工契(P. 3649 号背)中的"不得忙时左南直北,不抛乱作,抛工一日,克物贰斗",即是此意。

家思想的强烈影响。最后,以法律强制庶民履行义务。[①]也就是说,中国古代的法律是以"义务本位"为特质的。如果把上述四点论述中国古代法律为何以义务为本位的理由用于论证这件养男契,同样恰当:专制主义的政治体制长期浸染和驯化的臣民,在制作的民间契约中也是自觉以义务为本位的,而在宗法家族制的社会结构中,"家长拥有治家的权力,他是家内卑幼权利的总代表,个人要履行对家族的义务,家长或族长则履行对国家的义务。"[②]同样,在儒家礼制设定的尊尊、亲亲、长长"这种等级体系中,子对父、妻对夫、臣对君、贱对贵、幼对长只能恪尽义务,而不得主张权利。"[③]不仅法律强制庶民履行义务,久而久之,连民间的契约也"自觉"与默化为义务本位。这件养男契成了满纸义务而无一字权利的义务宣告书!

这件养男契在详尽规定养子的义务后,接着是不尽核心义务"孝顺"的后果,即赶出养父家门,且"更莫再看",也就是没有任何挽回的余地,连再看一眼的机会都没有了。对敦煌契约文书比较熟悉的研究者一定会发现,这件养男契将敦煌契约文书通常在契尾用的套语"两共对面平章为定"提前写到"更莫再看"后,并且加上了一句"更无改易",意味深长。它强调的是养子对"单向义务"的无可更改,而不是其它敦煌契约文书中对双方的效力拘束。至此,该契主似乎还不放心,再次援引佛经中所有"恶业"中最重的"五逆之罪"且以民间毒咒的方式强化了契约义务的效力:"如若不凭言约,更生翻悔者,便招五逆之罪。"[④]也就是说,如果毁约,将会招致五逆罪而堕入无间地狱的极度惩罚。

---

① 张晋藩:《中国法律的传统与近代转型》,法律出版社 2005 年版,第 52—53 页。
② 同上书,第 52 页。
③ 同上书,第 53 页。
④ 佛教将五种招致堕无间地狱报应的"恶业"大罪称为"五逆罪":杀父、杀母、杀阿罗汉、破和合僧、出佛身血等。按照佛教理论,堕入无间地狱的,都是犯了极重的罪和极恶之人,永无任何解脱的希望。

契尾是"恐人无信,故勒私契,用为后凭"的套语,以及应当填写的立契的年月日。这件养男契与其它敦煌契约文书不一样地方,是在立契时间后标注了"养男契"的字样,但没有通常在契尾应有被收养人、知见人等的签署,应当说,这是不完备的,这可能与它是一件养男契的"样式"有关。

(二) 某甲养外甥为男契(样式)

S.5700 号

1　百姓厶专甲,先世不
2　种,获果不圆。今生孤独
3　壹身,更无子息,忽至
4　老头,无人养侍。所以
5　与亲商量,养外甥
6　某甲,易姓名为如。自
7　后切须芥勤,孝顺
8　父母,恭敬尊诸;恳
9　苦力作,侍奉六亲,
10　成聚品本。莫信闲
11　人构厌,左南直北。若
12　不孝顺,仰诸亲情,
13　当日趁却,更再看。
14　两共对面平章为定,无改
15　易,如若不凭言约,牙生翻
16　悔者,便招五逆之罪。恐
17　人无信,故勒斯契,用为

18 后凭。┌──① 百姓厶甲。②

　　此件某甲养外甥为男契的确是一件"样文"，因为抽去了上件收养人的姓名，完全用"百姓厶专甲"或"百姓厶甲"这样可资填充的符号替代。将此件与上件相比较，我们不难发现，不仅此件的收养对象也是外甥，而且从契约结构、文字表述以及相关内容方面几乎如出一辙。详细比较之下，也有微小的不同，分析如下：

　　其一，前件是"侍养"，此件是"养侍"，本质上其义相同。微小的差异是前者侧重强调侍候、照顾而后才是养活，后者侧重强调养活而后才是侍候。

　　其二，前件是"五亲商量"，此件是"与亲商量"，也无质的区别。实际上，此件更合实情。因为收养人到老年时，其父母或已去世，而且在收养外甥为男时，是否有同父周亲也是一个问题，因此，"五亲"大抵也就是一个说法而已，很难凑齐，倒是此件"与亲商量"，来得实在。

　　其三，前件是"恭勤"，此件是"芥勤"，大抵是传抄过程中因"恭""芥"形体相像的误抄。如非要索解，"芥"在古汉语中意指"小草"，喻指细微的事物，则此处"芥勤"可否解释为凡事从小处着眼，处处勤谨呢？

　　其四，前件是"宗诸"，此件是"尊诸"，大抵传抄样文已到了口口相传的程度，在叙写时音同而误"宗"为"尊"。看其语境为"恭敬尊诸"，也许指恭敬诸多尊长。

　　其五，前件是"侍养"六亲，此件是"侍奉"六亲，略异。侍奉似乎比侍养在"养"的过程中更加恭顺与和悦，更加小心翼翼。但"侍养"更

---

① 起到封尾的作用，以防事后的添加，可称为"封尾符"。不少敦煌私契文书有此符号。
② 唐耕耦、陆宏基编：《敦煌社会经济文献真迹释录》（第二辑），全国图书馆文献微缩复制中心1990年版，第193—194页。

加通常，如《墨子》云："是以老而无妻子者，有所侍养，以终其寿。"①

其六，前件是"成竖居本"，此件是"成聚品本"，应为"成竖居本"之误。

其七，前件在"不孝顺"后有一"者"字，此件没有，两者没有区别。前件是"仰至亲情"，此件是"仰诸亲情"，此件更通更顺，大抵也是以口音在传抄中的些许之差。

其八，前件是"更莫再看"，此件掉了一个"莫"字。前件是"更无改易"，此件少了一"更"字，大抵也是传抄之误。

其九，前件是"更生翻悔"，此件是"牙生翻悔"，从文意看，前件更通顺一些。但此件似乎别有意味，可否解释为空口白牙而生翻悔，意指毁约的随意性？

其十，前件是"私契"，此件是"斯契"，均通。前者强调契约的性质，后者特指本契。还有，前件有立契的年月日和"养男契"字样，此件均无。

综上，可得出如下三点初步结论：

一是两件以收养外甥为对象的养男契，在理论依据、形式结构、叙写语言，以及以义务为本位的约定等诸多方面完全相同，这证明这一类型的养男契已经高度程式化，以致到了传抄或口口相传的地步。换言之，"这是一种便于民间套用的范文格式，具有代表性和普遍性。"②

二是在此类固化的养男契中，被收养的对象——外甥，仅仅是一个尽义务的客体，没有什么权利可言。

三是此类养男契印证了张晋藩的一个观点："在由同姓宗亲构成的家族社会中，亲属关系成为人们主要的社会关系，亲情义务渗透到人们生活的方方面面。作为家庭成员，他们在严密的伦理关系的束缚下，几乎是作为家长的附属物而存在的，他们缺乏法律的主体意识，因为代表

---

① 《墨子·兼爱下》。
② 乜小红：《俄藏敦煌契约文书研究》，上海古籍出版社2009年版，第40页。

家庭的(法人)是家长。"①

在对两件收养外甥为男的养男契作了以上分析、对比后,我们再照录一件实际发生的相同类型的养男契,看看是不是完全照搬上述样式,又有什么不同。

(三)后唐清泰二年(935年)敦煌乡张富深收养外甥为男契

Дх.12012—1号

1 敦煌乡百姓何宝圆男进成,年

2 七岁。时清泰贰(贰)年乙未岁正月

3 壹日,舅姓张富深为先因福

4 少,种果不圆,感得孤独一身,

5 全无影背。小时自家恳苦,衣食

6 随时,忽至病疾,老头甚处,

7 得人侍养,所以寻思空本,情

8 意不安。五亲商量,养外

9 甥进成为男,张富深更无

10 贰意,应有庄田屋舍,家

11 资活具,一物已上,分付养男。汝从

12 已后,恭谨六亲,温和邻里,上交

13 下接,莫失儒风,恳苦力田,勤

14 耕考夜,紧把基本,就上加添。

15 省洒非行,只是报吾心愿,不许闲

16 人构扇,腹心异意□□□□□。

17 (涂抹删文)

---

① 张晋藩:《中国法律的传统与近代转型》,法律出版社2005年版,第132页。

18 吾若后更有男女出者,针草亭
19 支,忽若不尽吾百年,左南
20 直北,① 便招五逆之罪,空手趁
21 出门外。两共对面及诸亲姻,
22 再三商量为定。准法不悔,如
23 先悔者,罚上马一疋充入不
24 悔人。恐人无信,故勒斯契,用
25 为后凭,押字为记。└──②

  这件后唐清泰二年(935年)正月的养男契,不仅可与上述两件样式比较,尤其可以比较直观地一览真实养男契的样貌、叙写内容,是我们进一步研究养男契的本质与形式,语言与结构的不可多得的真实契约。

  此件契文的开头,一改前两件养男契的叙写次序,即不是先叙写收养人,而是先叙写本生父亲及被收养人,以一语"敦煌乡百姓何宝圆男进成"尽括,再写立此契时被收养人何进成时年"七岁",接着写立契时间,很详细,采用年号纪年(清泰贰年)加干支纪年(乙未岁),再加具体月日(正月一日)。在立契时间上如此慎重其事,且在农历正月初一大过年的时节立契,足见收养一事在他们心目中的重要程度。

  该契接着写"舅姓张富深",点出收养人与被收养人何进成原本属于舅、甥关系,由于收养人"先因福少,种果不圆",③ 没有子女,常常感

---

  ① 乜小红在录文时误为"有北",对照契文原图版,参照敦煌养男契术语"左南直北",此处应为"直北"。

  ② 乜小红:《俄藏敦煌契约文书研究》,上海古籍出版社2009年版,第200—201页。

  ③ 这依旧是佛家理论。据《菩萨地持经》卷一,佛家有"报因报果"说,在八种因果中,其第三种因果是"种姓因种姓果",种是指种类,姓是指族姓。此处果不圆,乃是说自己没有能修得此种姓果,故无后人,孤独一身。参见乜小红:《俄藏敦煌契约文书研究》,上海古籍出版社2009年版,第202页。

到一身孤独。虽然收养人小时吃苦耐劳，衣食无忧，但日渐年老，万一突然有个头疼脑热，无人照顾，寻思冥想，因此不安，与五亲商量后，决定收养外甥何进成为男。至此，我们看到，此件养男契在收养理由上，虽然比前两件样式所叙理由丰富了许多，作了不少铺陈，意使后来的收养更加合情合理，但并无实质的不同。

实质的不同发生在该契的第九行开始的内容："张富深更无贰意"，这是一句很有意味的话，与前两件样文相比，此句契文一改收养人高高在上的姿态，一改被收养人应如何尽义务的"义务本位"模式，转而写出了收养人"更无贰意"，① 开始透出了收养人的底气不足，乃至些许不安、忐忑以及讨好、保证的语气，而且分明写道：

应有庄田屋舍，家资活具，一物已上，分付养男。

这就把收养人张富深所有的家产尽数"分付养男"。所谓"分付"，指交给，分别付与的意思。庄田屋舍，家资活具，包括了所有的不动产和动产，实指将所有家产尽数交给被收养人，因为交付要次第展开，所以用了"分付"。而"一物已上"一语搭配前言后语，写得十分慷慨，不含一丝犹疑。我们知道，"通过继嗣进行财产转交是继承关系最重要的方面"，② 何况该契文其实没有提到继嗣的问题。也就是说，该契在先讲养男继承养父所有家产这一权利后，才接上写了诸多义务，包括"恭谨六亲，温和邻里，上交下接，莫失儒风，恳苦力田，勤耕考夜，紧把基本，

---

① 乜小红认为"别无贰意"就是为了养儿防老。参见乜小红：《俄藏敦煌契约文书研究》，上海古籍出版社2009年版，第34页。
② 〔英〕A.R.拉德克利夫·布朗：《原始社会结构与功能》，丁国勇译，江西教育出版社2014年版，第29页。

就上加添"①等。先权利，后义务，或者说权利与义务对等，内含了契约的平等精神。还要指出的是，这些约定的义务也没有过分之处，温和平实，有儒家之风，甚至属于做人的基本规范。乜小红也认为，该养男契"对养子除了'养'之外，还强调于'教'，提出了好好做人、'莫失儒风'的要求"，②如此约定，让人接受起来也会心甘情愿。除了这些义务外，此契还谆谆教导养子"省湎非行"，即少饮酒，不做非法之事，更不要受外人挑拨离间，以致口是心非，这些内容，都是前两件养男契中所没有的。

该契第十八行，尤其添加了前两件养男契中没有但在实际生活中会出现的新情况，即"吾若后更有男女出者"，也就是收养关系成立后，收养人又生了子女，则牵涉上述家产分割的问题，该契依照律令作出了四个字的家产分割约定——"针草亭支"，也就是收养人所有的财产，哪怕是一针一草，在养子和其后出生的子女之间，按照均分原则处理。可以说，此契本身就是"莫失儒风"的体现。

该契在对双方权利与义务，以及养男与后来亲生子女的财产分割作了明确的约定后，在第十九行至第二十一行中，对养子的违约责任也作了明确约定：

忽若不尽吾百年，左南直北，便招五逆之罪，空手趁出门外。

四句契文，所列违约行为有二：一是没有为养父养老送终；二是到处闲逛，不务正业。而相应的违约责任也有二项：一是诅咒养子因此招

---

① 乜小红认为，"考夜"是指每夜自我考省之谓，而"紧把基本，就上添加"，在此处既指从事的农耕本业，又指做人的本分，紧紧把握住这些基本的东西，并在此基础上继续发扬。参见乜小红：《俄藏敦煌契约文书研究》，上海古籍出版社2009年版，第202—203页。
② 乜小红：《俄藏敦煌契约文书研究》，上海古籍出版社2009年版，第34页。

来"五逆之罪";二是被空手逐出门外,亦即不得继承养父家产。实际上,前一项违约责任与其说是违约责任,毋宁说是一种应遭天谴的诅咒,诅咒养子因此而招致下地狱的罪孽,是一种诉诸精神的威慑。倒是第二项违约责任实实在在,如果违约,就要剥夺养子继承养父家产的权利,看得见、摸得着,可操作,有真实的拘束力。

  契文至此,需要申说契约本身的效力。一如前两件养男契一样,套用了契约套语"两共对面及诸亲姻,再三商量为定",强调该契是当事人双方及各方姻亲面对面再三商议确定下来的,因此不得随意反悔。两相比较,前两件养男契对契约效力的保障,通过"便招五逆之罪"这一单一的诅咒施加于毁约之人,而该契则将"五逆之罪"约定为养子的违约责任,这有很大不同。因为前两件养男契用"五逆之罪"担保契约的效力,除了无法验证的来世惩罚外,大抵只有诅咒的意味,究竟能否保障不被毁约,有待履约中的进一步检验。但该契将"五逆之罪"用作违约责任,且与剥夺家产连接在一起,虚实结合,效果自然不同。那么,此契的契约效力担保又是如何约定的呢?此契约定:

  准法不悔,如先悔者,罚上马一疋充入不悔人。

  所谓"准法不悔",有二解,一是依据确定的原则,不得反悔;[①]二是此"法"即是民间的契约规则,亦即"乡法",句谓按照契约规则形成的乡法,不得反悔。我们更倾向于后一种理解。此契然后引出在敦煌买卖契、敦煌土地交易契、敦煌租佃契中常见的"先悔罚则",用来担保整个养男契不被轻易毁弃,一旦签订,既具有相应的约束力。严格说来,此处的"先悔者,罚上马一疋充入不悔人",它不是针对某一方违约行为的

[①] 参见乜小红:《俄藏敦煌契约文书研究》,上海古籍出版社2009年版,第203页。

违约责任，而是对整个契约效力的担保，或者是对随意毁约风险行为的防范。这一担保约定，比前两件养男契通过"五逆之罪"的担保更有可操作性，因此也更易被遵守。

最后契尾中的套语，也是高度程式化了的，其中有"押字为记"，虽然没有看到当事人、知见人等人的画押和签字，但此契如此完整，已经非常难得了。

（四）壬戌年（902 年或 962 年）胡再成养男契

P.3443 号

1　壬戌年三月三日，龙勒乡百姓胡再成，今则遂养同母弟兄王保住男

2　清朵作为腹生子，共弟男□□等二人同父儿子。自养已后，便须孝养

3　二亲，尽终之日，不发逆心。所有城内屋舍城外地水，家资□□□□

4　并共永长会子亭支，一般各取一分。若有蹭蹬往□□□□

5　空身逐出门外，不许横说道理。或有相诤，再出□□□□

6　山河为誓，日月证明。故立此契，用为后验。

7　　　　　　养男清朵

8　　　　　　报（保）人父王保住

9　　　　　　知见人胡万升（押）

10　　　　　知见人房侄胡再晟（押）①

（后残）

---

① 唐耕耦、陆宏基编：《敦煌社会经济文献真迹释录》（第二辑），全国图书馆文献微缩复制中心 1990 年版，第 155 页。

这件养男契与前三件又有很多不同。此契首先写出以天干地支纪年的立契日期,然后直叙收养人属地及身份(龙勒乡百姓)与姓名(胡再成),然后写明被收养人与收养人的亲属关系(同母弟兄王保住)以及养子姓名(王清朵),契文"作为腹生子",意思是当做自己的亲生儿子一样对待。接着写"共弟男□□等二人同父儿子",这句契文中残缺的字,联系上下文,应为"永长",意思是养父的亲生子永长与养子王清朵二人均为胡再成的儿子。然后叙写养子被收养以后的义务,简洁明了:"便须孝养二亲,尽终之日,不发逆心。"也就是生时孝养,殁时送终,不发忤逆之心。如此,则养子与亲生子胡永长对"所有城内屋舍,城外地水,家资活具",由二子均分。如果养子不好好尽孝养义务,则要"空身逐出门外",也就是解除拟制的亲子关系,剥夺一半家产的继承权,且"不许横说道理"。而对于争论,因契残无法得知具体约定。然后是"山河为誓,日月证明",写得正大庄严。最后就是契尾套语"故立此契,用为后验"。

在敦煌所出的六件养男契中,这是唯一一件在契尾有签押的文契,非常珍贵。当然,还有一件养女契也有签押,可以比照研究。在这件养男契中,我们看到,首先签署的是养男清朵,其后是养男的生父王保住作为保人签署,同时还有二位与收养人同姓、同宗的胡万升和房侄胡再晟作为知见人画押见证。

与前三件养男契相比,此契有以下独特的地方:

首先,结构不同。一是此契在契首写立契时间,这与前三件养男契不同;二是因为有亲生子,所以省去了无子的"种果"原因(比如"先世不种,获果不圆");三是由于有子,同时省去了收养的原因(比如"无人侍养");四是有前三件养男契没有的契尾签押。

其次,用语不同。此契与前三件养男契相比,在契约用语上有三点不同:一是此契用语简洁,直接明了,极少铺陈;二是此契用语趋于口语化，贴近日常化，明白易懂；三是此契使用了保证语"山河为誓，日月证明"，顿使此契显得正大庄严，它与敦煌放良文书中常用的保证语"山河为誓，日月证盟"相通。其中的一个特点，就是但凡涉及人身、伦理、亲情的敦煌契约文书，文学色彩与抒情倾向比较显著。

再次，事项不同。这是最重要的不同。此契所载事项比较独特，因此此契在收养的契约史上，也不多见。通常情况下，收养人因无子而养子，对家产的分割和继承，一般在收养契中写明，如果收养养子后，收养人又生了子女的，养子和亲生子均分，也就是敦煌收养契中所言的"亭支"，即"停分"或均分的意思。但在此契中，收养人有子名胡永长，却收养了养子王清朵，而且对收养人胡再成的家产在此契中也作了均分，这样约定的事项，比较少见。因为此契用语极简，无法猜测究竟是何种原因如此立契，但必有不得已的原因。推测而论，可能亲生了胡永长身体残疾，或智力残障，才收养同母弟兄王保住之子王清朵为养子。如此，一方面养父和胡永长得到了照顾，另一方面养子也分得了一份家产，有点"双赢"的意味，但从契文中对养子尚有"空身逐出门外，不许横说道理"这等冷硬的契语看，似乎又全无一点禁忌，难道仅仅是契约惯例使然？

最后，必须说明的是，尽管此契收养的是同母弟兄之子，但这位同母弟兄并不同父，不叫胡保住而叫王保住，其子姓王名清朵，因此，此契与前三件完全相同的是，也属于收养异姓子的情形。从契文看，收养的目的是为了孝养和送终，由于收养人有亲生子胡永长，故不存在立嗣的问题，这就间接证明了如果不以立嗣为目的的收养异姓子的行为，在民间似乎成了通行的惯例，虽然收养的异姓子要么是外甥，要么是同母弟兄之子，但这种不以立嗣为目的的收养，与国法禁养异姓子旨在防止继嗣而引起的异姓乱宗并不冲突。因此，敦煌存在的养异姓男契，应该看作是中国养子制度其实也是矛盾调和的产物，"只要不引发财产纠纷，或引动社会不安或影响,一般地说,官府也不会专门去过问,似乎也可相安无事。这就是矛盾中的中国养子制度下的社会生活实态。"①

此外,此契的立契时间由于没有年号框定,而只有干支纪年,也就只能推测或为公元902年,②因为60年一个花甲子,或为公元962年。从长时段看,这即是干支纪年的一大缺陷。但无论是公元902年还是962年,一件民间养男契在总辖丝绸之路的敦煌签署确立,它直面生存的不易,经由不朽的文字穿越时空,演述生生不息的无限真意。

(五)养子契(抄)

P.4075号背

（前缺）

1 家资诸杂物色便共承分亭支,若也听

2 人构厌,左南直北,拗掇东西,不听者,当日厌

3 手趁出门外,针草莫与,便招五逆之子,

4 更莫再看。诸山河为誓,日月证盟。

5 他年,斯言莫改,他劫他时,用为后凭。③

这是一件养子契的抄件,只有残存的五行契文,是契约的后半部分,其中载述的内容,大抵是养子与新生子(按照一般惯例)对家产进行停分,如果养子违反了应尽的义务而听人播弄是非(听人构厌),到处闲逛、不务正业(左南直北),或不够孝顺(拗掇东西),且不停人劝告(不听者),

---

① 乜小红:《俄藏敦煌契约文书研究》,上海古籍出版社2009年版,第48—49页。
② 壬戌年应为公元902年或962年,唐耕耦、陆宏基在其合编的《敦煌社会经济文献真迹释录》中,将902年误为920年,显系笔误,特此更正。
③ 唐耕耦、陆宏基编:《敦煌社会经济文献真迹释录》(第二辑),全国图书馆文献微缩复制中心1990年版,第158页。

不仅要赶出家门（趁出门外），而且财产分文不给（针草莫与），还要招致五逆之罪（便招五逆之子），不予理会（更莫再看）。此契一经订立，"斯言莫改"，且以"山河为誓，日月证盟"作为保证，他年若有争议，用为后凭。

至此，我们分析了五件敦煌养男契。不难看出，敦煌养男契虽有样文，但在实际签立时，并非简单套用，以致千篇一律，而会对相关事项、结构，甚至用语作相应的增删，做到因事而异，因时制宜，既有一般范式，又有相应的灵活性，做到了效率与程式相得益彰的统一，此乃敦煌契约的活水之源。

（六）养男契样文

S.6537 号背

（前缺）

1　构□□□□□□□□
2　日趁却，更莫再看。两共对面□□
3　更无改易，如若不凭言约，互生翻□□
4　便招五逆之罪。恐人无信，故勒斯契，用□□
5　验。┌──①

这件残契，没有太多的实质内容，从残句可见，依然强调的是不要播弄是非，要尽养子义务，否则当日逐出家门，养男契一经签订，既不能改易，也不能翻悔，否则便招五逆之罪等。

在分析了上述六件养男契后，需要再分析一件"养女契"，这也是敦煌所出收养文书中唯一一件养女契稿。

---

① 沙知：《敦煌契约文书辑校》，江苏古籍出版社 1998 年版，第 368 页。

(七)宋太平兴国八年(983年)养女契(草稿)

P.4525 号 12

1　太平兴国八年癸未岁(三)月(十)日立契。僧正崇会□
2　为释子,具足凡夫,□俗即目而齐修,衣食
3　时常而要觅,是以往来举动,随从藉人,
4　方便招呼,所求称愿。今得宅僮康愿昌
5　有不属官女厶,亦觅活处,二情
6　和会,现与生女父娘乳哺恩　其女
7　作为养子,尽终事奉。如或孝顺到头,亦有
8　留念衣物。若或半路不听,便还当本
9　所将乳哺恩物,厶　便仰别去。不许论
10　讼养父家具。恐后无信,遂对诸亲,勒
11　字,用留后凭。
12　　　　养身女
13　　　　养母阿安
14　　　　养父宅僮康愿昌
15　　　　知见
16　　　　知见①

此契在制作年代上,在契首明确注明为太平兴国八年(983年),② 虽

---

① 唐耕耦、陆宏基编:《敦煌社会经济文献真迹释录》(第二辑),全国图书馆文献微缩复制中心1990年版,第157页。录文参考了沙知:《敦煌契约文书辑校》,江苏古籍出版社1998年版,第360—361页。 沙知将此契题为"宋太平兴国八年(九八三)僧正崇会养女契(稿)"。

② "太平兴国"是宋太宗赵匡义的年号(976年—984年)。

然在敦煌地区，尚在曹氏归义军时期。此契在契首写明立契时间后，写明收养人的身份是僧正，① 名崇会。他虽是释子，但也是常人，生活需人照料。于是，僧正崇会收养了宅僮康愿昌的"不属官女"厶，作为他的养女。这里的契语虽然不多，但牵涉的关系比较复杂，需要详解一下。从契文中"今得宅僮康愿昌有不属官女厶"以及契尾签署的"养父宅僮康愿昌"透出的信息作对比分析，可以看出，养女没有姓名，只以一个可任意替换的符号"厶"（相当于现代的"某"）表示。由于此女也是康愿昌的养女，所以契尾签署时称"养父宅僮康愿昌"。由于康愿昌本身又是僧正崇会的"宅僮"，即家仆，实质就是家奴，所以僧正崇会收养的实际上是奴仆的养女，也就是"转收养"（再收养）。我们还能从此契中透出的信息，得到和印证以下几点：

第一，奴婢在各自的等级内可以通婚。此契中，家奴康愿昌是不属官女厶的养父，在契尾的签署中，同样还有养母阿安。也就是说，康愿昌与阿安属于同一奴婢阶层的夫妻。

第二，奴婢可以收养子女。再从"今得宅僮康愿昌有不属官女厶"分析，康愿昌收养的养女"厶"，有一个界定语"不属官女"，其意是否为不属于官户之女，不好妄猜，但此女肯定也属于贱民，那么，奴婢收养的同为贱民的"不属官女"，应该符合收养的律令规定，该女的身份还是婢女。因此，不属于《唐律疏议·户婚律》"养杂户为子孙"条所禁止的犯罪行为。

第三，僧正崇会"转收养"这一行为属于《唐律疏议·户婚律》禁止收养的"例外"，即不属于"若养部曲及奴为子孙者，杖一百。各还正之"的情形，而是属于"无主及主自养者，听从良"中的"主自养者"这一例

---

① 僧正，僧官名。十六国后秦始立，南朝历代亦设，唐以后于州立僧正管理地方僧尼事务。

外。因此，僧正崇会"转收养"后，能够一改"厶"女的贱民身份，让其"从良"。与此可以相互印证的是，在"沙洲僧崇恩处分遗物凭据（P.3410号）"中，僧崇恩就自幼收养了娲柴小女作为养女，同时还又"买得小女子壹口，待老僧终毕，一任娲柴驱使"。

第四，虽然非议"僧人蓄奴"，但此件僧正崇会有家奴康愿昌即是明证，客观上说明了僧人蓄奴虽遭非议，但事实上并未禁绝。

在分析了以上比较复杂的收养关系后，此契第六行至第七行写道："其女作为养子，尽终事奉"，明确点出了僧正崇会收养此女的目的为"尽终事奉"，联系契文第二行至第四行，即让养女在崇会生前料理他的生活起居，同时为他送终。需要甄别的是，本契中的"厶"女虽以养子（其女作为养子）视之，但实际等同于婢女，因为此契后文讲："如或孝顺到头，亦有留念衣物。若或半路不听，便还当本所将乳哺恩物，厶便仰别去。不许论讼养父家具。"这与崇恩对养女娲柴的关爱和亲情全然不同，不仅是一副冰冷的口吻，而且较为苛刻：即使厶女"孝顺到头"，也就是伺候僧正崇恩直到去世，也只是"亦有留念衣物"。一旦"半路不听"，或在侍奉过程中不遂心愿，"便仰别去"，且"不许论讼养父家具"，此等约定，与改贱从良后作为对养子应有的尊重有质的不同。

第五，此契也沿用了"恐后无信，遂对诸亲，勒字，用留后凭"的套语，然后是签署。从此契签署的位次、人员情况，对比胡再成养男契中的签署情况，可以说，无论是养男契还是养女契，一般应有签署，而且位次、人员相对固定，即先由被收养人签署，接着是养父（包括养母）作为保人签署，最后要不少于两名的知见人签署。这两件有签署契尾的收养契，填补了其它无签署契尾的不足，十分珍贵。

让我们最后再分析一件养男立嗣契，也是唯一一件遵循了历代律令中关于"同宗养子"规定的契约。

（八）宋乾德二年（964年）史氾三立嗣文书

沙洲文录补

1　乾德二年甲子岁九月二十七日，弟史氾三前因不备，今无亲生

2　之子，请屈叔侄亲枝姊妹兄弟团坐商量，□□欲议养兄史粉

3　堆亲男愿寿，便作氾三腹生亲子。自今以后，其叔氾三切不得

4　三意二心，好须匀当，收新妇荣聘。所有家资地水活业什物等

5　便共氾三子息并及阿朵，准亭愿寿，各取壹分，不令偏并。若或

6　氾三后有男女，并及阿朵长成人，欺屈愿寿，倚大猥情作私，别

7　荣小□□故非理打棒，押良为贱者，见在地水活业，各取壹分，

8　前件兄弟例，愿寿所得麦粟债五十硕，便任叔氾三自折升合，

9　不得论算。其□□分，愿寿自收，任便营活。其男愿寿后收□妇

10　渐渐长大，或不孝顺父娘，并及姊妹兄弟□，且娶妻亲之言，不

11　肯作于活之计，猥情是他愿寿亲生阿耶，并及兄弟姊妹召换（唤）

12　不□上下，贪酒看肉，结般盗贼，他人更乃作□者，空身趁出，家

13 中针草,一无□数。其□债麦粟五十硕,升合不得欠少,当便□

14 付。泛三将此文书呈告 官中,倍加五逆之(罪)。今对亲枝众座

15 再三商议,世世代代子孙男女,同为一活。押字证见为凭,天转

16 地迥,不(下缺)^①

此契与前七件相比,显著的特点就是叙写详实,比张富深养男契的字数还多,但后者事项单一,而此契所述事项繁杂,也比较琐碎,围绕史泛三收养其兄史粉堆之子史愿寿为养子这一核心事项,涉及史泛(泛)三之女阿朵与养子均分家产事宜,给付愿寿麦粟债五十硕作为收养养子的条件,还有愿寿娶妻、生子和应尽的义务,以及违反义务应承担的违约责任,乃至告官的诉权等,详实细密,非一般的收养文书所比。

此契首述立契时间,为乾德二年(964年)甲子岁九月二十七日,^②比前件宋太平兴国八年(983年)养女契早了19年,在敦煌,也属于曹氏归义军时期。此契在立契时间后,接着叙写收养人史泛三无子的原因,乃是"前因不备",因此请"叔侄亲枝姊妹兄弟团坐商量",其实也就是前述养男契中的"五亲商量",收养其兄史粉堆之子史愿寿,"便作(泛)三腹生亲子",^③即把养子当作亲生儿子一样对待。"自今以后",也就是一旦确立收养关系,史泛三在态度上"切不得三心二意,好须勾当",而且

---

① 唐耕耦、陆宏基编:《敦煌社会经济文献真迹释录》(第二辑),全国图书馆文献微缩复制中心1990年版,第156页。

② "乾德"为宋太祖赵匡胤的年号(963年—968年)。

③ 在敦煌所出八件养男立嗣契中,用"腹生亲子"这一词语的,仅两件,除此件外,还有一件是胡再成养男契。

还要"收新妇荣聘"即为养子娶妻。在家产分割上，养子史愿寿与收养人之女阿朵按照均分原则"各取壹分，不令偏并"。

接着，该契分别约定了养父与养子一方各自的义务及违反义务的后果。其中，养父一方的义务及后果是，如果养父史汜三在收养养子后又生养了子女，以及阿朵长大成人"欺屈"了愿寿，或者偏私不公（倚大猥情作私），以及无故拆散养子婚姻，或者出现压良为贱等情形的，则要承担无权收回两项财产的后果：一是无权收回养子与阿朵一样均分得到的"地水活业"；二是无权收回作为收养条件的史汜三付给愿寿的五十硕麦粟。①该契明白无误地写到，史汜三对此"不得论算"，而是交由"愿寿自收"，且由其"任便营活"，即任由愿寿将这些财产自主用于营生。

养子一方的义务及违反的后果是，如果养子愿寿及他娶的妻子"不孝顺父娘，并及姊妹兄弟"，而是一味听信所娶妻亲之言，又"不肯作于活之计"，而且胡作非为，诸如"贪酒看肉，结般盗贼"，同样要承担两项财产损失的后果：一是"空身趁出，家中针草，一无□数"，亦即逐出养父家门，无权继承养父的任何家产，哪怕是一针一草；二是要把养父用作担保收养的五十硕麦粟如数、及时归还，即"升合不得欠少，当便□付"。如果养子违反相应的契约义务，而此时养父已经年迈，拒不承担相应的后果又怎么办呢？此契显然想到了这一点，因此追加约定道："汜三将此文书呈告官中，倍加五逆之（罪）"。这一追加约定的实际内容又有两点，一是"呈告官中"，这是八件收养契中唯一一件有此约定的契约条款。告官干什么呢？无非状告养子不孝，无权继承家产，还要追回五十硕麦粟；二是"倍加五逆之罪"，这与上述敦煌养男契所列的违约惩

---

① 契文中写到愿寿所得的五十硕属于"麦粟债"，实际上是对收养的一种附条件的担保，有点保证金的意味，它与敦煌所出卖身契中对人的"断价"有质的区别，不可混为一谈。连接此契后文，如果养子违反了契约义务，则是要如数返还这笔麦粟债的。

罚是完全相同的。虽然这一惩罚是诉诸来世的惩罚，于生者而言，最多也就是一种精神层面上的诅咒，实质上无法"倍加"，但对中古时代信奉佛教的普通民众来讲，在其内心深处，无疑具有巨大的威慑作用。

从以上双方的契约义务及违反义务的后果看，应当说这是一件权利明确，义务对等，公正公允的收养文书，极具代表性，是我们一窥中古时代收养契约真实样貌的珍贵史料。此契最后，还是押字为凭，不得改易的契约套语，可能还有签署，因契残已无法尽览。

需要特别指出的是，此契尽管被唐耕耦、陆宏基标题为"史氾三立嗣文书"，事实上也的确符合历代律令关于同宗养子的规定，但是，除了约定收养养子史愿寿有麦粟五十硕作担保，以及为养子娶妻这两项特别约定外，其他方面的约定，与其他养男契并无二致。难道同宗养子、收养担保和娶妻三项，是区别一般养男契与立嗣契的要件和关键点？似乎很难由此下这一断语。但事实上，为养子娶妻，一方面旨在繁衍后代以延续"香火"，[①]同时实为祭祀而设，这应当是立嗣契的核心。除此外，养男契与立嗣契在契文中并无质的不同。或者说，养男契也好，立嗣契也罢，都侧重约定了养子对养父生前的孝养，并未明确触及"没丧"，也没有提到继嗣而为的祭祀，而是以同宗养子这一方式包含了"没丧"，同时为养子娶妻"暗设"了继嗣及祭祀。也就是说，至少在敦煌民众的心目中，养子对养父的生前孝养，是必予在立嗣契中明明白白加以约定的，而真正区别于一般养男契的立嗣契，其实质的经由继嗣的"没丧"与"祭祀"，并非出于忌讳，而是顺理成章与不言自明的，因此无需特别约定。

---

① 在传统中国的家庭关系中，父子关系是最主要的成员关系，因为这种关系的中断将象征着整个家庭连续体的终止。中国文化为了形象地显示这一重要性，有了一种象征性表达，这就是香火。香火一义由中国家族崇祖的仪式需要点香引申而来，表示父子关系就像一根贯通过去和未来的永远烧不完的香一样。参见翟学伟：《人情、面子与权力的再生产》（第二版），北京大学出版社 2013 年版，第 99 页。

四、敦煌养男立嗣契的形式、结构与变化

一如所有的敦煌契约一样，敦煌养男立嗣契在形式上基本相同，但在结构、用语以及契约事项方面有很大的不同。

（一）养男立嗣契的总体形式

在形式上，敦煌养男立嗣契有如下几个特点：

首先，同敦煌很多契约一样，养男立嗣契也是单契，即养男立嗣契是以收养人为主线制作的，在契尾不做签署，而是由相对方即被收养人一方签署，从仅有的两件有签署画押的养男、养女契，分别是胡再成养男契（P.3443号）、僧止崇会养女契（P.4525号12）来看，生父一般还是此类收养契的保人，同时，从胡再成养男契可见，至少还要由收养人延请两名知见人签署和画押。

其次，养男立嗣契的样文在契尾没有签署，这并非因为契尾残缺导致的，如两件养男契样文和张富深养男契，均无签署，这应该是由于样文客观上无需签署契尾的缘故，而在实际发生的养男契中则会添加的，因为不仅从契尾用语中有"押字为记"推测，再参照有契尾的实契，在契尾应有养子、生父（母）及知见人的签字和画押。

最后，尽管有养男契的样式行世，但从已签订的真实养男契看，并没有照搬照套已有的样式，而是因事制宜，灵活多样，富于变化。虽然如此，但并不能因此否认养男契样式的功用，它不但从总体规范了养男立契的叙事结构、通常用语，而且规范了养男契最基本的权利与义务，能让普罗大众在通过适当的增删即可使用，增加了效率，减少了成本，是识文断字还不够发达的中古时代百姓立契的便捷之法，值得肯定。

(二)养男立嗣契的结构与变化

为了总结出养男立嗣契的一般结构,从而对这类契约通过形式进行抽象把握,我们对照八件敦煌收养文书叙写的前后位序,删去契文的具体内容而抽绎出一般事项,按照契约常有的首部、正文和尾部,分析其一般结构如下:

1. 首部

契约要素包括:立契时间,收养人身份和姓名,无子的原因,收养的原因,以及被收养人,共计五项,或有删减,且在前后位序、具体用语等方面,又不尽相同。

立契时间。两件养男契样文,没有立契时间,两件养男契因契残不详。而四件真实签立的养男、养女契,均有立契时间。其中,胡再成养男契、史氾三立嗣契、僧正崇会养女契的立契时间均在契首,而张富深养男契的立契时间在养子后再写。还有,在立契时间的具体写法上,四件敦煌收养契中,三件为年号 + 干支纪年 + 某月某日,只有一件胡再成的养男契只有干支纪年(壬戌年)而没有年号。

收养人的(乡属)身份和姓名。如"龙勒乡百姓胡再成"。但在样文中不写乡属,只写百姓厶专甲。也有先写被收养人的,如张富深养男契中,契首为"敦煌乡百姓何宝圆男进成,年七岁"。还有写养父与生父之间的关系再写明收养人的,如"弟史氾三"。

无子与收养的原因。多以佛家理论为根据,或概括为"先世不种,护果不圆",或表述为"先因福少,种果不圆",甚至简略为"前因不备"四字。无子原因后,一般顺理成章写收养原因,或直叙"忽至老头,无人侍养",或言"忽至病疾,老头甚处,得人侍养"等,当然,也有不写收养原因的,如胡再成养男契、史氾三立嗣契。

被收养人。被收养人在养男契、养女契中的具体位序很不一致,有契首首叙的，如张富深养男契；也有在首部最后叙写的，如两件养男契样文和史汜三立嗣契；还有在收养人后直接叙写的，如胡再成养男契。

2. 正文

具体包括：养子、养父的权利与义务，违约后果，悔约责任（先悔罚则），誓言，及契尾套语，共计五项，或有删减，也在前后位序、具体用语方面，各契相差较大。

（1）权利与义务。分析八件收养契，按照权利与义务的比例，可将它们分为三种具体类型：一是养子义务型。也就是说，在养男契中，规定的是养子的义务，没有权利，如两件养男契样文就是典型的养子义务型；二是权义均衡型。在这一类型中，养子与养父的权利与义务相对比较均衡，比较对等，是双向和互为的，如史汜三立嗣契最为典型，张富深养男契也比较均衡。三是权义失衡型。也就是义务重而权利少，两者不成比例，失衡或者严重失衡，极不对等。前者如胡再成养男契，后者如僧正崇会养女契。

（2）违约后果。从历史的视角而言，在我国的中古时代不叫违约责任而叫违约后果更为妥帖一些。从八件养男契看，主要约定了养子违反契约义务而要承担的后果，只有一件史汜三立嗣契同时约定了养子与养父的违约后果。违约后果，归结起来，主要有四种：一是逐出养父家门，解除收养关系。如某甲养外甥为男契（S.5700号）表述为"当日趁却，更（莫）再看"，或如张富深养男契表述为"空手趁出门外"，或如胡再成养男契表示为"空身逐出门外，不许横说道理"，均表示解除收养关系。二是不仅要逐出家门，解除收养关系，还附加剥夺可继承的家产。如史汜三立嗣文书表述为"空身趁出，家中针草，一无□数"，如僧正崇会养女契表述为"不许论讼养父家具"，再如养子契（P.4075号背）表述为"当日厌手趁出门外，针草莫与"等。三是招致五逆之罪或五逆之子。如张富深养男契表述为"便招五逆之罪"，如史汜三立嗣契表述为"倍加五逆之罪",再如养子契(P.4075号背)表述为"便招五逆之子"等,这实质上是一种与上述违约后果或单独适用,或叠加适用的诅咒惩罚,一种"附加惩罚"。由此可见,前三种的违约后果是针对养子的,是单向的。双向约定养子和养父违约后果的为第四种,只有一例,即史氾三立嗣契。如上已述,该契分别约定了养父与养子一方各自的义务及违反义务的后果。

(3)悔约责任。悔约责任是针对契约签订后又翻悔的行为而约定的责任,它与上述违约后果在本质上是不同的,只针对毁约的一方。也就是说,既可能是收养一方,也可能是被收养一方。如果双方守约,这一约定不针对任何一方,是一个由此"空置"的约定。在八件敦煌养男立嗣契中,有两件约定了"翻悔"的责任,如吴再昌养男契表述为"更生翻悔者,便招五逆之罪",如某甲养外甥为男契(S.5700号)表述为"牙生翻悔者,便招五逆之罪",而张富深养男契则约定了"先悔罚则",该契表述为"准法不悔,如先悔者,罚上马一定充入不悔人。"需要指出的是,翻悔与先悔实质上是一样的,如果翻悔,总有一方是通过"先悔"而"翻悔"的,但仔细甄别,两者还是有微妙区别的,即敦煌契约大多约定的是"先悔罚则",比相对笼统的"翻悔"更有预防性,更有保障契约不被任何一方"率先"翻悔的作用。

(4)誓词,不普遍,多见于敦煌放良文书中,养男契也有。比如,胡再成养男契中就有放良书中常见的誓词,其表述为"山河为誓,日月证明";再如史氾三立嗣契中的"天转地迥,不(得改易)"等,均是。

(5)契尾套语,如"恐人无信,故勒斯契,用为后凭",或表述为"故立此契,用为后验"等,字显义明,为立契章法。

3. 尾部

敦煌养男立嗣契的契尾可分为三种情形:一是因契残不详;二是在两件养男契样文中,或以"厶年月日厶专甲养男契"作契尾,或以"百姓厶甲"作为样式代填;三是有契尾的两件收养文书,如上已述。

五、敦煌养男立嗣契与罗马法关于收养的比较

由于时代背景、文化传统、风俗习惯、制度沿革不同,因此对敦煌养男立嗣契中的收养与罗马法收养制度作跨时空的比较,富有意味。作为人类共同面对的家庭与子嗣这一问题的解决办法上,大抵会有"同题同解"的共性,因此将二者进行比较,分析同异,是一种有益的尝试。

(一)敦煌养男立嗣契与罗马法关于收养的异同

1. 收养方式上的异同

敦煌养男立嗣契中确立的收养,无论是收养律令允许的"听养同宗于昭穆相当者",还是民间为了非继嗣的养老而收养异姓子,均通过与五亲商量后签订养男立嗣契。而罗马法中确立的"收养有两种方式,或通过皇帝批复,或通过长官的权力。通过皇帝的批复,我们有权收养那些自身有权力(sui juris 自权者)的男女,这种收养称自权者收养。通过长官的权力我们可以收养那些处于家长权力下的男女,无论他们是一亲等,例如子女,或是较远亲等,例如孙儿女或曾孙。"① 由此可见,罗马法中确立的收养方式有两种:一是自权者收养,二是通过长官的权力进行收养。但无论哪一种收养,均是通过权力的介入与干预来实现的,具体操作起来应当颇费周折,因为前者要通过皇帝的批复,殊非易事。但是,在古罗马的收养制度中,却"以收养自权人为养子最古。自权人收养者,谓以收养他家父为养子也。其收养的效力,遂使养子之全家归并于养父之下。"尤其是,"此种自权人之收养称曰 Adragatio,影响养子之关系最

---

① 〔罗马〕查士丁尼:《法学总论——法学阶梯》,张企泰译,商务印书馆 1989 年版,第 23 页。

大，故仪式隆重，虽终优帝之朝，大体仍与古法一致。"那么，举行何种仪式呢？即"凡收养自权人为养子者须经教侣之认可及民会之通过。"①这又何等不易，而专为此种收养及其宗教仪式事项而召集的特别民会，其具体程序为，首先由大教正（Pontifex maximus）主持，"询问养父及养子是否同意，如为同意，次问莅会之人民是否认许，而后由民会决议通过，养子之本家宗祀遂告中止，收养之程度至是始备。"这种复杂、慎重乃是因为"自权人收养之效果既足使消灭养子之本家，故限制甚严。"②而且，"通过皇帝批复而对未成熟者进行自权者收养时，必须经过本案的情况调查，始准收养；因此必须审查收养动机是否真诚，收养是否对未成熟者正当而有利。"③可见，这一收养不是普通的收养，与敦煌养男立嗣契中的民间收养差距太大，没有可比性。

而通过长官的权力的收养，也与作为敦煌民间契约确立的收养不同。因为此处的"长官"，是指"大法官或行省总督"，亦非易事。虽然这是作为普通收养的"他权人收养"，④程序也非常繁琐，要经过两段程序才能收养：一段是买卖程序，旨在为了消灭养子本家之家父权；第二段程序是为了使养父取得家父权，还得提起弃权之诉，得到裁判官裁判后方始成立。⑤这种经由程序保障的审慎，不仅程序异常繁琐，而且成本高、时间长。

至于遗嘱收养，虽为罗马民间通行的收养方法，因法学家著述中未载，又没有像敦煌养男立嗣契这样留存下来的契约史料，无法判断其程

---

① 丘汉平：《罗马法》，中国方正出版社2004年版，第103页。
② 同上书，第104页。
③ 〔罗马〕查士丁尼：《法学总论——法学阶梯》，张企泰译，商务印书馆1989年版，第23页。
④ 凡收养他家父权下之家子为养子者谓之他权人收养。参见丘汉平：《罗马法》，中国方正出版社2004年版，第107页。
⑤ 参见同上书，第107页。

式如何，因此无法比较。

2. 限制条件的异同

中国历代律令禁止收养异姓男为养子，此一限制并未在敦煌养男立嗣契中得到切实的遵循，而是通过以非立嗣目的的收养加以规避。但在罗马法中，自权者收养不仅要得到皇帝的批复，而且"自权者收养必须具备下列条件：收养者应向公家人员，如公证人，提供保证，如果被收养者在未到成熟年龄死亡，收养者必须把他的财产返还给如果不被收养则对他有权继承的人。又收养者不得解除对被收养者的家长权，除非经过本案审查之后，认为被收养者有理由被解除家长权，那时就必须把他的财产还他。但若收养者在临终时剥夺了他养子的继承权，或在生前无正当理由解除对他的家长权，应该将收养者全部财产的四分之一给他，再加上他在被收养时带给收养者以及后来为收养者取得的财产。"[①] 而在通过长官收养的方式中，其条件不仅要经过买卖程序，而且还要通过提起弃权之诉，并且在得到裁判官裁判后收养才能成立。耗时长、费用高、程序严格，收养条件稍逊于自权者收养。此外，流行于民间的遗嘱收养，按照罗马法确立的前两种收养，推测而言，大致条件也不会像中国古代只以"同宗于昭穆相当者"为收养实质条件这样单一，此种差异，应当是文化的差异，或者说经由文化熏陶而生的理念的差异，以及经由理念而生的制度的差异，是人类面对相同问题但不同的"解"。

3. 收养后果及其他方面的不同

按照敦煌养男立嗣契，一经收养成立，根据收养的目的不同——立嗣或养老的不同，收养后果也略有不同，但主要是异姓改姓养父之姓，养父与养子成为养父子关系，在二者的权利、义务上，养子要对养父尽

---

① 〔罗马〕查士丁尼：《法学总论——法学阶梯》，张企泰译，商务印书馆1989年版，第24页。

到孝养的义务,而养子可得到养父家产或部分家产等。但在罗马法的收养中,也因收养类型的不同而后果不同。在自权者收养中,"因收养之效力,遂使被收养者之家父权消灭,而隶于收养者家父权之下。"[①] 而在通过长官收养的方式中,"收养之行为成立后,养子遂由原有之家父权下移归养父之家父权下,而与养父之宗族发生关系,但血族之关系依然存在。"[②] 这一点,与敦煌养男立嗣契中确立的收养关系有相通之处。此外,在自权者收养中,被收养者的财产因收养关系的成立而归于收养者,但被收养者的债务,如果收养者拒绝代偿,债权人可以就被收养者的财产执行抵偿。在敦煌养男立嗣契中,因被收养者一般年龄很小,在家长制的背景下没有独立的财产,也就没有独立的债务,加之比较穷困,因此不涉及被收养者的财产归于收养者的问题,也没有涉及被收养者的债务问题。相较之下,罗马法的收养制度比较精细,而敦煌养男立嗣契则比较粗疏,这与海洋文明和农业文明的特质直接相关。而两者的共通之处,均涉及本生父母、养父母与养子三者关系的变更与移转,以及三者权利、义务的重新划定,还有财产的继承等等,也就是说,所面对的问题相同,在处理方式上,或者相异,或者相通。

(二)关于收养主要问题的比较

1. 收养年龄问题

敦煌养男立嗣契和中国古代确立的收养原则,与罗马法确立的原则相通。前者约定或规定,在收养的年龄上,必须是"昭穆相当者",如前所述,养父收养的下一代和未能出生的儿子属于同一辈分的,自然不存在年幼者收养年长者的问题。同样,罗马法明确规定:"年幼的人不得

[①] 参见丘汉平:《罗马法》,中国方正出版社2004年版,第106页。
[②] 同上书,第109页。

收养年长的人，因为收养是摹仿自然，如果儿子的年龄大于父亲，那就显得不自然了。"① 可见，在这一点上，两者也是相通的。但不同的是，无论是敦煌养男立嗣契还是中国古代的法律规定，均没有规定收养者与被收养者的年龄差，而罗马法则作了具体规定："凡是收养自权者或收养别人为自己儿子的，必须在年龄上超过被收养者完全成熟的时期，即18岁。"② 实际上，对男性收养女性的，对收养者与被收养者的年龄差作出规定是当今收养法的一条重要规则，比如，我国《民法典》第一千一百零二条规定："无配偶者收养异性子女的，收养人与被收养人的年龄应当相差四十周岁以上。"还有不同的一点是，敦煌养男立嗣契与我国古代的法律制度，均倾向于收养"昭穆相当者"，不允许收养辈分相差者，但罗马法规定："任何人可以收养他人的儿子为自己的孙子，或他人的孙子为自己的儿子。"但"在这种情形下，必须得到儿子的同意，以免给予一个他所不愿要的自权继承人。"③ 其中的原因，在中国，有伦等禁忌，而在罗马，似乎没有。

2. 收养人主体资格问题

这也是收养制度中的一个重要问题。罗马法规定，无论是自权者收养还是他权者收养，两者在何人能够收养的主体资格上共同的是，"即不能生育的人，例如患阳痿者，可以收养，而去势者不得收养。"④ 罗马法这一规定的前半段，与敦煌养男立嗣契所写的收养原因是一致的，也与我国古代法律允许收养的前提是"诸无子者"是一致的，不同的是后半段，我国太监制度发达，因此对"去势者"的太监养子，是允许的，而且

---

① 〔罗马〕查士丁尼：《法学总论——法学阶梯》，张企泰译，商务印书馆1989年版，第24页。
② 同上。
③ 同上书，第25页。
④ 同上。

史不绝书。现代收养制度,对收养人应当具备的条件,不但是单一的"无子女",而且附加了其它条件,应同时具备。我国《民法典》第一千零九十八条规定:"收养人应当同时具备下列条件:(1)无子女或者只有一名子女;(2)有抚养、教育和保护被收养人的能力;(3)未患有在医学上认为不应当收养子女的疾病;(4)无不利于被收养人健康成长的违法犯罪记录;(5)年满三十周岁。"

3. 妇女能否被收养的问题

对妇女能否被收养这一问题上,罗马法明确规定:"妇女不得收养,因为即使是她们亲生子女也不处于她们的权力之下;但是由于皇帝的仁慈,在亲生子女丧亡后,她们可以被准许收养,以资慰藉。"[①] 这与敦煌养男立嗣契中有一例养女契显著不同。虽然我国古代的收养契或法律规定均以收养男性为主,但并不排斥或禁止养女而养老。而罗马法的规定,一般不允许养女,只有在本来有亲生子女,但因丧亡后为了慰藉且经皇帝的批准,才准许养女,两者相差甚大。

4. 收养奴隶或奴婢的问题

在这一问题上,敦煌养男立嗣契中亦有实例,即僧正崇会"转收养"养女契。据唐律规定,如果收养奴仆则要受到"杖一百"的刑罚,并且要解除收养,恢复被收养者原来的身份,唯一的例外是对于"无主及主自养者,听从良"。而罗马法规定:"奴隶经主人以严肃的文书行为称他为儿子时,即获得自由,虽然他并不因此取得儿子的权利。"[②] 也就是说,罗马法准许收养奴隶,而且一经收养就成为自由人,其前提仅仅是主人以严肃的文书建立收养关系,虽然获得自由,但并未取得儿子的权利。与此不同,在我国唐代,首先把收养奴仆视为一种犯罪行为而加以惩罚,

---

① 〔罗马〕查士丁尼:《法学总论——法学阶梯》,张企泰译,商务印书馆1989年版,第25页。

② 同上书,第26页。

并且这种收养行为无效,但是,对于"无主及主自养者,听从良"。如前已述,这就把情理与法律两分,同时做到了宽严结合,不像罗马法的规定,虽然奴隶应被收养而获得自由,但并未取得儿子的权利,这与中国古代"听从良"后,将家奴养子视为儿子并获得相应权利的收养,也很不相同。

第十章 敦煌放良文书

如果以美国人类学家罗伯特·芮德菲尔德（Robert Redfield，1897年—1958年）在1956年《农民社会与文化》（*Peasant Society and Culture*）中提出的二元分析框架"大传统和小传统"而论，① 则敦煌所出的包括放良书在内的所有契约文书，实质是以"小传统"为主导，同时又得到了"大传统"认可与支持的奇妙产物。惟其如此，敦煌放良书中折射的不仅仅是乡民通过口口相传等方式传承的民间习惯与生活实践，以及葛兆光所说的当时的"一般知识、思想和信仰"，而且承载和对接了经由法律确立的官方权威与国家意志。迄今为止，与放良书有关的研究成果，大多是在研究奴婢、良贱制度时提及或援引佐证而已，对敦煌放良书本身，尚未见专题研究成果。② 事实上，敦煌所出的放良书不仅具有极高的文书价值，而且蕴藏了极其丰富的文史社会信息，是我们在"经典话语系统"之外认识、阐发民间知识、思想和信仰不可多得的史料。

---

① 芮德菲尔德认为，在某一种文明里面，总会存在着两个传统：其一是一个由为数很少的一些善于思考的人们创造出的一种大传统，其二是一个由为数很大的、但基本上是不会思考的人们创造出的一种小传统。大传统是在学堂或庙堂之内培育出来的，而小传统则是自发地萌发出来的，然后它就在它诞生的那些乡村社区的无知的群众的生活里摸爬滚打挣扎着持续下去（参见〔美〕罗伯特·芮德菲尔德：《农民社会与文化：人类学对文明的一种诠释》，王莹译，中国社会科学出版社2013年版，第95页）。后来，欧洲学者用精英文化和大众文化对这一概念进行了修正。

② 需要说明的是，乜小红曾对一件俄藏敦煌 Дx.11038《家僮放书》结合其它史料、敦煌所出 S.3877V《丙子年赤心乡百姓阿吴卖儿契》和唐律等进行了研究。参见乜小红："对俄藏敦煌放僮书的研究"，《敦煌研究》2009年第1期。

一、文本阐释：敦煌所出放良书的意涵与结构

敦煌所出的放良文书共有七件，分别是放良书两件（样式，S.0343号10V），第一件残存七行，第二件残存八行；阿郎放奴婢书壹道（样式，S.6537号8V），残存仅三行；放良书（样式，S.5706号），残存五行；从良书（样式，S.4374号），现存十六行，是唯一一件完整的从良文书样式；家童再宜放书一道（样式，S.6537号2V），残存十五行；最后一件是后唐清泰三年（936年）放家童书（样式，S.5700号），共二十八行，不但是最长的一件放良书样式，而且是唯一一件标注了制作年份的放良样式文书。

从以上七件放良文书的总体情况看，它有三个特点：一是全部为流传在敦煌民间的放良文本的"样式"，亦即可资套用的"样文"，而非真实发生的放良书；二是即使同一类型的放良文书"样式"，其中的理论根基、适用对象、放良理由、祝福用语等，也各有不同，这满足了使用者选择的多样化需要；三是从大类上讲，虽然均为放良文书，但从内容上分析，可分为放良书、从良书和放家僮书三小类。

（一）对放良文书的解读与阐释

1. 放良书（样式）两件

　　S.0343号10V

　　　第一件

　1 奴
　2 放良书。夫以三才之内，人者为贵。贵者是前世业通，人有

高卑

 3 六礼,贱者是前缘负债,摘来下贱。前缘所及为尊贵,果

 4 保(报)不同,充为下辈。今者家长病患,厶乙宿缘庆会,过生

 5 我家。效力年深,放汝出离。自今以后,如鱼在水,跃鳞翻波;

 6 似鸟出笼,高飞自在。后有子孙兼及诸亲,更莫口谈,一任从良,随欢快

 7 乐。宽行南北,逐意东西;自纵自由,高营世业。山河日月,并

 8 作证明;桑田遍(变)海,此终不改。谨立放书文凭,用为后验。①

第二件

 1 婢

 2 盖以人生于世,果报不同。贵贱高卑,业缘归异。上以使下,是

 3 先世所配。放伊从良,为后来之善。其婢厶乙,多生

 4 同处,励力今时,效纳年幽。放他出离,如鱼得水,任

 5 意沉浮;如鸟透笼,翱翔弄翼。峨嵋秀柳,美婷

 6 窈窕之态;拔鬓抽丝,巧逞芙蓉之好。徐行南北,慢

 7 步东西,择选高门,娉为贵室。后有儿侄,不许忏

 8 论,一任从良,荣于世业。山河为誓,日月证盟。依次从

---

① 唐耕耦、陆宏基编:《敦煌社会经济文献真迹释录》(第二辑),全国图书馆文献微缩复制中心1990年版,第160页。因唐、陆录文在识别、断句方面略有瑕疵,此处文本参酌了沙知的《敦煌契约文书辑校》中的录文,特此说明。参见沙知:《敦煌契约文书辑校》,江苏人民出版社1998年版,第502页。

9 良,终不相遗者。于时厶年月日,谨立放书。①

这两件放良书均为样文,比较完整,但两件的适用范围略有不同:第一件的适用对象为"奴",而第二件的适用对象为"婢",两件合起来,就成了通常所说的"奴婢"。奴婢虽然同为丧失自由、为主人无偿役使的贱民,但二者还是有界分的:男为奴,女为婢。因此,两件放良书作此细微区分,以使不同的使用者根据自身情况选择适用,增加了针对性和实效性。

从第一件的影印件看,起首应为"放良书"三字,为此类文书的标题,沙知的《敦煌契约文书辑校》中,第一行录一字"奴",②没有将这一字混杂在放良书中,是合适的。而在第二件中,第一行录一字为"婢",也就是针对放婢为良的文书。乜小红认为,放良书中的"放",具有释放、解放之意,即从贱民、贱类中解放出来,而成为良人。③由于民间的放良文书还要得到官府的认可,经过申牒除附后某一贱民才能成为良民,相应地,"放"字的含义也就复杂起来,事实上还有"解脱、免除"甚至"放免、赦免"的意思,即从贱民身份中解脱出来,提升为良民。如《宋史·太祖二》记载,开宝四年三月,"丙申,诏:'广南有买人男女为奴婢转佣利者,并放免。'"④

第一件放良书,正文以文言发语词"夫"字引出议论,说在天、地、人中,人为最贵。而在人中,又有高低贵贱之分。那么,人生在世,缘何贵贱不同呢?此件放良书依据佛教的缘起论和"三世二重因果论"作了

---

① 唐耕耦、陆宏基编:《敦煌社会经济文献真迹释录》(第二辑),全国图书馆文献微缩复制中心1990年版,第160页。此处文本参酌了沙知的《敦煌契约文书辑校》中的录文。参见沙知:《敦煌契约文书辑校》,江苏人民出版社1998年版,第504页。
② 沙知:《敦煌契约文书辑校》,江苏人民出版社1998年版,第502页。
③ 乜小红:"对俄藏敦煌放僮书的研究",《敦煌研究》2009年第1期。
④ [元]脱脱等:《宋史》,中华书局1977年版,第32页。

回答：贵者是前世修的善"业"而成就了今生之"贵"果，而贱者则因为"前缘负债"而"摘来"的"下贱"之果。也就是说，按照佛教教理，现世中人的贵贱不同，乃因"果报不同"造成的。在放良书的叙述方式上，这是由因到果的叙写。而在第二件中，则以"人生于世，果报不同"开头，由果导因，引出"贵贱高卑"乃因"业缘归异"，现实中之所以出现"上以使下"的格局，乃"是先世所配"。

　　第一件放良书除援引佛教理论外，还融汇、杂糅了儒家的"六礼"。在中国古代，"六礼"最常用的有两层涵义，一是指冠礼、婚礼、丧礼、祭礼、乡饮酒和乡射礼、相见礼。《礼记·王制》云："六礼：冠、昏、丧、祭、乡、相见。"① 二是指在婚姻确立过程中的六种礼仪，即纳采、问名、纳吉、纳徵、请期、亲迎。此外，还有诸侯朝见天子，以及享祭宗庙时也有"六礼"等。显然，放良书中的"六礼"是第一种情形，也就是《礼记·王制》所说的"司徒修六礼以节民性，明七教以兴民德，齐八政以防淫，一道德以同俗。"② 大儒荀子亦言："立大学，设庠序，修六礼，明十教，所以道之也。"③ 可见，儒家修"六礼"本意在于化俗导民，而此处援引"六礼"，实为放良书提供一种儒家的伦理与道德的依托，以及正当化的根据。可别小觑这一援引，在博登海默（Edgar Bodenheimer，1908年—1991年）看来，它意味着"那些被视为是社会交往的基本而必要的道德正当原则，在所有的社会中都被赋予了具有强大力量的强制性质。"④

---

①　[清] 孙希旦：《十三经清人注疏——礼记集解》，中华书局1989年版，第397页。
②　同上书，第361页。由此可见，"六礼"常与"七教"（父子、兄弟、夫妇、君臣、长幼、朋友、宾客）、"八政"（饮食、衣服、事为、异别、度、量、数、制）一起论说，旨在"一道德以同俗"。
③　《荀子·大略》。此处的"十教"，也就是《礼记·礼运》中所言的"父慈、子孝、兄良、弟悌、夫义、妇听、长惠、幼顺、君仁、臣忠，十者谓之人义。"实质上是对《礼记·王制》篇中"七教"的阐发。
④　[美] E. 博登海默：《法理学：法律哲学与法律方法》，邓正来译，中国政法大学出版社2017年版，第392页。

两件放良书接着叙写放良的理由。第一件放良书在叙写理由前，先叙说了拟放之奴的来源，乃是因男奴的家长患病，日子无以为继，才"过生我家"，还把这种主奴关系视为"宿缘庆会"。此种写法可谓高明：一是不点破男奴是买来的，而是以主人的口吻说"过生"到"我家"的，这就把一种被逼无奈蒙上了一层温情的面纱，尤其在准备"放良"的时刻，伪饰得好看一些，有了"温良恭俭"的意蕴；二是把奴役与被奴役的关系替换成一种"宿缘"，而把经由买卖成奴的被逼过程消解成一种带有几分欢欣之情的"庆会"，令人惊叹！而真正放良的理由其实只有四个字"效力年深"，即由于该奴勤勤恳恳给主人家效力已有多年，以自己的辛劳赢得了主人的认可，才"放汝出离"。第二件放良书不同的是，未写婢女的来源，而是直接叙写了放婢的"双重理由"：一是"放伊从良，为后来之善"，意思是主人将自己役使的婢女放良，是为了在现世修得来世的善果。由此可见，佛教的三世因果报应论已深入民众的骨髓，无处不在；二是和第一件一样，由于"效纳年幽"，得以放良。

在敦煌文书中，尤其是牵涉人身、伦理、亲情的文书，比如放妻书、放良书和分书中，均有一个特别的现象，就是这些文书的文学性或抒情化倾向十分强烈和显豁，① 但似乎未引起法学界足够的重视。也就是说，习惯了以法学术语和严谨的逻辑对文书进行解读与研究的法学界，对敦煌文书中出现的极具文学色彩的描写，或是抒情文字大多视而不见，不做分析，这对完整解读敦煌文书，是不完整和有欠缺的，殊甚可惜。②

第一件放良书共有159字，但带有强烈感情色彩、运用文学修辞手法叙写的祝福语就占了60字，其它六部分，包括文书标题、贵贱理据、

---

① 此外，在敦煌的拟判案例中，受唐代公文骈体化的影响，不少拟判案例（如著名的《敦煌文明判集残卷》）极具文学色彩，尚骈俪、藻绘饰、求声律、讲对仗、重用典，一时成一代风尚，自有其独到的韵致。

② 我国台湾地区逢甲大学的林聪明教授曾专文研究《唐代敦煌契约文书及其文学性质》，对敦煌契约文书的文学性进行了研究。

男奴来源、放良理由、效力保证、契尾用语，总共才99字。也就是说，放良祝福部分是其它六部分的37.3%，由此烘托起一种温情脉脉的风致。而在祝福语中，基本上由四字格词语组成，这一修辞手法不仅使放良书显得平稳、庄重，而且也简洁、明快，富有感染力。同时，文书中的"如鱼在水，跃鳞翻波；似鸟出笼，高飞自在"，则把比兴与对仗结合，一方面有效克服了文书常有的板滞，另一方面，形象地模拟出放良后的自由状态，以及欢快心情，与其后的"宽行南北，逐意东西"遥相呼应。而与这八个字对接的"自纵自由，高营世业"，在表达放良后得以自己主宰自由的同时，还间接表达了积极入世的态度。一个"自纵"，一个"高营"，配以自由和世业，在放良书中有了特别的意味和无限张力。这八个字，若非妙手偶得，必经千锤百炼，方可成就。

第二件放婢书中虽没有文书标题但有婢女来源，共有152字，而祝福部分就占了72字，其它四部分，即贵贱理据、放良理由、效力保证、契尾用语，总共才80字，几乎占了整个文书的一半字数。在修辞手法上，第二件不仅有四字格词语，还穿插了第一件没有的四六字骈体文："峨嵋秀柳，美娉窈窕之态；拔鬓抽丝，巧逞芙蓉之好。"对仗工整，有抑扬顿挫、音韵铿锵之感，而且通过比兴富含美好的祝福，令人动容。

在祝福语后，两件放良书均有文书效力的"三重保证"之语。第一件的前置保证语是"后有子孙兼及诸亲，更莫口谈"，第二件的前置保证语是"后有儿侄，不许忏论"，表述微异，其义则一。其中，忏，即"干"，为干扰、阻难的意思，而"忏论"即为阻挠的言说与议论，与放家僮书（S.5700号）中的"悋护"义近，即通过禁止性保证防止子孙及诸亲的干扰，从而保证放良文书的效力。其中，间接保证语是让被放良之人"一任从良"，以便放心地去"高营世业"或"荣于世业"，而直接保证语则叙写得斩钉截铁、分外醒目，不但"山河为誓，日月证盟"，而且即使"桑田变海"也"此终不改"。这种表述，是民间交往行为中对重要事项惯常通过赌咒发誓以示诚意的升华,是"阳春白雪"版的咒誓表达,在契合一般民众心理因之易于被接受的同时,又显得天地星辰般地庄严,增加了放良书的郑重与审慎,使文书效力得到了极大的心理认可与社会认同,值得当下我国合同文书研究界反思:反思过分术语化,反思近乎干瘪的表述,反思脱离了民众的接受度与亲和感。

最后是契尾用语:"谨立放书文凭,用为后验",这是中规中矩的写法。第二件连这一程式化的用语也省略了,只写于某年某月某日"谨立放书"。这也多少反映了其时民间社会对这一文书的高度认同,它甚至以一种默契的方式达到不言自明的境地。

2. 阿郎放奴婢书壹道(样式)

S.6537 号 8V

1 阿郎放奴婢书壹道。盖闻天地造化,遗(贵)贱有殊,
2 贫令流,前缘所配。某专甲,生居张掖,慈能济命,遂
3 取重价,没在高门。侍奉久效,供承事力,累年[①]

(后空)

相比前两件放良书样式,这是一件残缺的文书,仅有三行。这件放良书再次印证了第一件文书的写法,即开首为标题,不同的是,在标题中首先题注了奴婢的主人亦即放良书的制作者,当然这件文书中的"阿郎"只是一个符号,一个可替换的代名词。有意思的还有这个标题附加了数量词"一道",有点国人熟悉的"一道命令"近似的意思。正文首先叙写的依然是人生在世,乃天地造化,而贵贱有殊,被放良的"某专甲"

---

① 唐耕耦、陆宏基编:《敦煌社会经济文献真迹释录》(第二辑),全国图书馆文献微缩复制中心 1990 年版,第 184 页。

(可套用、替换的代名词),则是"前缘所配",依据的还是佛教三世因果论。该文书接着叙写了奴婢的来源,即生居在张掖的某专甲,因为贫穷,为了济养父母,重价卖入有钱有势的人家为奴婢,由于经年累月的尽力侍奉,所以准备放良。这就是放良书中最重要的内容之一,即放良理由,乃因奴婢的恭顺和辛劳得以从贱民中解放出来。由此可见,奴婢能否被"放",关键还是自己的现实努力和勤谨的劳作能否得到主人的认可,虽然这是一件残缺的样书,但也是比较符合现实情境的真实理由。

3. 放良书(样式)

S.5706 号

1 素本良家,贱非旧族。或桑梓堙没,自鬻供亲。或种落支离,因是为隶。一身沦陷,

2 累叶沉埋。兴言及兹,实所增叹。更念驱驱竭力,岁月将作。勤勤恪恭,晨昏匪怠。

3 寻欲我并放,逡巡未间。复遇犬戎大举,凌暴城池,攻围数重,战争非一。汝等皆亡

4 躯殉节,奉命输诚。能继头须之忠,不夺斐豹之勇。想兹多善,须□

5 甄升,既申白刃之劳,且焚丹书之答。放从良,兼改名,任□□□(后缺)①

这件放良书与前三件风格迥异,更具俗世情怀,援引典故,借以叙事,不似乡间口传,颇具文人气息,因之独具研究价值。

---

① 唐耕耦、陆宏基编:《敦煌社会经济文献真迹释录》(第二辑),全国图书馆文献微缩复制中心 1990 年版,第 188 页。

先说这件放良书中援引的典故。犬戎,传说以白犬为图腾、生活在西北最古老的游牧民族,属于西羌族。前771年,申侯联合缯国、犬戎攻打周幽王,周幽王在骊山脚下被杀,王后褒姒被掳,西周灭亡。此后,犬戎便成了西部少数民族和入侵者的代称。从这件放良书中我们也看到,直到唐五代时期,民间依然习惯以"犬戎"代称异族和入侵者。再说"头须"。据《左传·僖公二十四年》载:

> 初,晋侯之竖头须,守藏者也,其出也,窃藏以逃,尽用以求纳之。及入,求见。公辞焉以沐。谓仆人曰:"沐则心覆,心覆则图反,宜吾不得见也。居者为社稷之守,行者为羁绁之仆,其亦可也,何必罪居者?国君而雠匹夫,惧者其众矣。"仆人以告,公遽见之。①

此件放良书以此典故,将竖头须当做了忠心、忠厚的象征或"符号",和后面的斐豹连用,借以说明被放良者的"忠勇"。而"斐豹",据《左传·襄公二十三年》载:

> 初,斐豹,隶也,著于丹书。栾氏之力臣曰督戎,国人惧之。斐豹谓宣子曰:"苟焚丹书,我杀督戎。"宣子喜,曰:"而杀之,所不请于君焚丹书者,有如日!"乃出豹而闭之。督戎从之。逾隐而待之,督戎逾入,豹自后击而杀之。②

杜注:"旧犯罪没为官奴,以丹书其罪。"丹书,以红色书于简牍。从《左传》的这段文字看,斐豹为罪奴,以其勇敢杀死了主人范宣子的劲敌督戎而得到了解放,是史载的春秋战国时期被放良的第一个奴隶,

---

① 杨伯峻:《春秋左传注》(一),中华书局2009年版,第415—416页。
② 杨伯峻:《春秋左传注》(三),中华书局2009年版,第1075—1076页。

因此被这件放良书援引，可谓恰如其分。

这件放良书以被放良者自述的口吻开头，与前述三件从"放良者"——主人的视角叙写完全不同。因此，与其说它是"放良书"，毋宁说更像是请求主人放良的"从良书"。事实上，该文书第五行就有"放从良"的表述，意思是"放其从良"。该件首先表明自己本属良家，因生活所迫，出卖己身为奴来供养亲人。卖身为奴后，由于自己不计晨昏的辛勤劳作，正拟被放良又尚未确定之际，遭遇了异族入侵，虽然入侵者"凌暴城池，攻围数重"，但他们奋起反抗，同仇敌忾，以致"汝等皆亡躯殉节"。这种忠勇理应得到"甄升"，也就是"既申白刃之劳，且焚丹书之答"。显而易见，这里的"白刃"代指战争，而"焚丹书"，代指解放贱民身份，意思是因战争中的忠勇，要求主人以放良作为酬答。"放从良"三字，颇有意味，不仅有一般放良书的放良之意，因为以被放良者的角度叙述的，因此还有放其从良的意思。由于奴婢皆无姓氏，只有名号，放良书中"兼改名"当是改贱为良，获得了现在所说的姓名权。

4. 从良书（样式）

S.4374 号

1　　　　从良书
2　奴某甲、婢某甲，男女几人。吾闻从良放人，
3　福山峭峻；压良为贱，地狱深怨。奴某等
4　身为贱隶，久服勤劳，旦起肃恭，夜无安
5　处。吾亦长兴叹息，克念在心，飨告
6　先灵，放从良族。枯鳞见海，必遂腾波；
7　卧柳逢春，超然再起。任从所造，更不
8　该论。后辈子孙，亦无斗怪。官有正

9　法，人从私断。若违此书，任呈官府。年
10　月日郎父　　　兄弟　　子孙
11　　　　　　　　亲保
12　　　　　　　　亲见
13　　　　　　　　村邻
14　　　　　　　　长老
15　　　　　　　　官人
16　　　　　　　　官人①

　　显然，这件"从良书"是从奴婢的视角与口吻进行叙写的，而且是一件"集体请求从良"的文书样式。换言之，如果主人的奴婢很多，而且符合放良条件、主人又有放良意愿的奴婢又不止一个的话，这时，这件样文就可直接套用。因为是样文，所以开头就是"奴某甲、婢某甲，男女几人"，便于因事套用和填写。其后的叙写，以情说理，富有说服力：以"吾闻"引出"从良放人，福山峭峻；压良为贱，地狱深怨"四语，其理论根基还是佛教的因果报应论，虽简而深，以此说服主人同意从良者的请求而放良。如果说这四语是"虚写"，那么，其后的"身为贱隶，久服勤劳，旦起肃恭，夜无安处"四语则是"实写"，叙说虽然身为下贱，但在主人家里长期勤劳肃恭，理应得到好的回报，亦即理应放良。其中的"夜无安处"虽只四字，但叙说的效果极佳，它示之以弱，以情动人，一语点出奴婢们的不易：为主人辛勤劳作，夜晚连一个安稳的住处也没有，以此打动主人同意奴婢从良。接着很自然的叙说对此境况"长兴叹息，克念在心"，也是以极简的语言叙说念兹在兹，梦寐以求、渴望从良的夙愿，把那种萦怀于心、时常叹息的情状作了最感人的表达，因此这八个字简

---

①　唐耕耦、陆宏基编：《敦煌社会经济文献真迹释录》（第二辑），全国图书馆文献微缩复制中心1990年版，第187页。

直"无可替代"。而这种从良的愿望以致到了"飨告先灵"①的程度,其愿望之强烈与虔诚,无以复加,令人动容。这一愿望果能实现,则是"枯鳞见海,必遂腾波;卧柳逢春,超然再起"。此处四语,对仗工整,比兴恰切,以此表达愿景实现后从良者的无限欣悦,以及主人恩施的现实良效,意佳语雅,当是民间文士千锤百炼后的萃取。其后也是四语,"任从所适,更不该论。后辈子孙,亦无斗悕",②表达了从良后的自由状态和保证子孙对此没有论争。最后四句"官有正法,人从私断。若违此书,任呈官府",表达了从良书的效力。前二句是"官有政法,人从私契"这一敦煌契约常用套语的另版,援引于此,证明从良书属于私文书,一旦达成即具有相应的约束力,而后二句则表明,此文书虽属私文书,但一旦违反,则可以呈递官府,获得保护。这就把私文书在成立时效力的独立性,与官方对此效力的认可与保护作了最简要的对接与表达。

凡此种种,也印证了布罗代尔的名论:"一种极其复杂的秩序制约着物质生活,深入到它的底层。各种经济、各种社会、各种文明不能明言的东西,它们的倾向、爱好和不自觉施加的压力,莫不参与这一秩序。"③也就是说,被秩序制约的物质生活,反过来渗透、构成秩序的有机组成部分。事实上,正是这些来自底层,经由契约文书规范的物质生活,在反映基层社会秩序的同时,也勾勒出中古时代民众物质生活的一般境况。也正是无数个局域性的物质生活承载和映现的社会秩序,在无限被复制、被普遍化的过程中,以最小的成本构筑起一村、一乡、一县,乃至一国的社会秩序,并因物质生活的牵绊而恒在、恒常与恒稳。

综上,此件从良书除开头外,其主要内容可分为六组,每组四字四

---

① 飨告,献祭而祝告;先灵,祖先的神灵。
② 斗悕,斗,争斗;悕,侵凌,属于同义联合,意为对此事有异议并加以干涉。
③ 〔法〕费尔南·布罗代尔:《15至18世纪的物质文明、经济和资本主义》第一卷,《日常生活的结构:可能和不可能》,顾良、施康强译,生活·读书·新知三联书店2002年版,第394页。

语，分别是理论依据、现实表现、虔诚愿景、从良效果、自由保证、私文书效力。其中，前三组构成放其从良的依据与条件，后三组则指向从良后的状态和实效。单以文字的精准与雅致而论，此件从良书，应是民间文士的作品，既有很强的实用性，也有很高的文学性。

  需要强调的是，这件从良书是敦煌所出的七件放良文书中唯一一件有签署格式的文书。其中不但有年、月、日，还有郎父、兄弟、子孙、亲保、亲见、村邻、长老及两个官人的签署，让我们在识见了必要的手续之外，间接感知了良贱身份变易的程式与审慎。

5. 后唐清泰三年（936年）放家童书（样式）

  S.5700 号

1　放家童青衣

2　女厶甲。若夫天

3　地之内，人者为

4　尊。贵贱不同，

5　皆由先业。贵

6　者广修善本，

7　咸得自然；贱

8　者不造善因，

9　而生下品。虽则

10　二等，亦有尊卑。

11　况厶甲自从业

12　网羁来，累

13　年驱驰，有恭

14　谨之心，侍奉不

15 亏孝道;念
16 慈(兹)谦顺,放汝
17 从良。从今以后,任
18 意随情,窈窕东西,
19 大行南北。将此放良
20 福份,先荐过往婆父,
19 不落三途;次及近
20 逝慈亲,神生净土;
21 合家康吉,大小咸安。
22 故对诸亲,给此
23 凭约。已后子孙男女,
24 更莫悔护。请山河作
25 誓,日月证明。岳怀(坏)
26 山移,不许改易。清
27 泰三年厶月日给。曹
28 主厶甲放书一记。①

此件放家童书中的"童",通"僮",本义指受奴役的未成年人,即僮仆。在古汉语中,僮,本是"奴婢、仆役"之义。②比如《史记·平准书》载:"敢犯令,没入田僮。"③乜小红认为,"先秦两汉以来,'僮'一直是对奴婢的别称"。④而"青衣",本指黑色的衣服,由于汉以后卑贱者穿青衣,渐久成为婢仆的代称。所以,放家童书,实为"放家僮书",也就是

---

① 唐耕耦、陆宏基编:《敦煌社会经济文献真迹释录》(第二辑),全国图书馆文献微缩复制中心1990年版,第189—192页。
② 《古代汉语词典》,商务印书馆1998年版,第1564页。
③ [汉]司马迁:《史记》,中华书局2009年版,第185页。
④ 乜小红:"对俄藏敦煌放僮书的研究",《敦煌研究》2009年第1期。

放奴婢书，此乃放良书的别称。但是，既然题署为放家僮书，自与上述放良书略异：放良书是一般意义上的放奴婢为良，而放家僮更应是放未成年的奴婢为良。而此件中所放之人，为青衣女，"厶甲"则是样式可资套用的代称。

  从内容上讲，这件书写于清泰三年（936年）的放家僮书，① 与上述放良书、从良书并无大的不同。在开头写明标题性质的文字后，用较多文字叙写了人何以有贵贱之分，其理论根基还是佛教的三世因果论，其中强调了"先业"，申说的是"贵者广修善本，咸得自然；贱者不造善因，而生下品"。接着叙写了青衣女的表现，由于她"累年驱驰，有恭谨之心，侍奉不亏孝道"，所以，看在她非常恭谨与孝道的表现上，"放汝从良"。与上述放良书、从良书不同的是，在叙写放良后的自由情状后，添加了一段同类放良书中没有的文字："将此放良福份，先荐过往婆父，不落三途；次及近逝慈亲，神生净土；合家康吉，大小咸安。"此论依然是佛教教理的根基：三途，即佛教所谓火途（地狱道）、血途（畜生道）、刀途（饿鬼道）。而净土，则指修十善业，身口意三业清净，可升佛国清净国土。合而言之，放良乃是一种积德行善的善行，这种积德的善行，通过献祭可使主人的婆父不坠三途，还能使近逝的慈亲升入净土，又有使其合家康吉，大小咸安的功德，因此放良。然后就是面对诸亲，"给此凭约"，并且不许子孙对此提出异议和进行论争，其效力之高，乃是"山河作誓，日月证明"，再辅以"岳坏山移，不许改易"，更是斩钉截铁，如山岳不朽一般。最后的落款是放良书的时间，为清泰三年某月某日，加一"给"字，表明就是这个时间由"曹主"厶甲，② 制作并给予青衣女厶甲放良书一记之意，颇有讲究。

---

  ① 清泰三年为后唐末帝李从珂的年号，共三年。在敦煌地区，其时还在曹氏归义军时期。
  ② 曹主，主人之谓，指财物或权力等的所有人，此处指青衣女厶甲的主人。

6. 家童再宜放书一道（样式）

S.6537 号 2V

1　家童再宜放书一道。夫人者禀于
2　父母而生。贵贱不等者，是因中修，广乐
3　善行，慈果中获，得自在之身，随心受报。贱
4　者是曩世积业，不辨尊卑，不信佛僧，侵
5　凌人物，今身缘会，感得贱中。不是无理驱□，
6　横加非狂。所修不等，细思合知。下品之中，亦
7　有两种，一般恭勤孝顺，长报曹主恩。一类更
8　增深怼，长作后生恶业。耳闻眼见，不是虚传。
9　向且再宜自从归管五十余年，长有鞠养之心，
10　不生懈怠之意，执作无有亭（停）暇，放牧则不
11　被（避）饥寒。念慈（兹）孝道之心，放汝出缠黑纲。从
12　今以往，任意宽闲，选择高官，充为公子。将次放
13　良福份，先资亡过，不历三途；次及现存，无诸为
14　障。愿后代子孙，更莫改易。请山河作誓，日辰
15　证知，日月倾移，誓言莫改。①

这件家童再宜放良书，与上一件的结构相同，意思也很接近，不同的是对人生在世何以贵贱表述不同，依据佛教的"果报"理论，从"夫人者禀于父母而生"到"不是虚传"，用了将近一半的契文文字进行阐述，是七件放良书中对佛教理论阐释最详细者。该文书对即使生为下贱的"下品"之人，又分作二类，一类从善，恭勤孝顺；一类从恶，更增深

---

①　唐耕耦、陆宏基编:《敦煌社会经济文献真迹释录》（第二辑），全国图书馆文献微缩复制中心 1990 年版，第 179 页。

恁。然后就是对再宜五十余年的辛劳与孝道作了叙写,因此"放汝出缠黑纲",也就是放良。其他叙说,诸如放良以后的自由选择,放良功德对亡人的献祭,以及对生者免除灾障,还有放良书不得更易的效力等,都与上述文书毫无二致。

对七件放良书解读至此,可以说,在一派温情脉脉、辞藻华丽甚至正大庄严的背后,分明看见了狰狞与伪善的面目。比如这件家童再宜放良书,此"僮"已非当年之"童",即使是十岁左右被迫为奴,在主家劳作五十余年,此时已是六十余岁的老者,垂垂老矣,放他从良,怎会"任意宽闲",又怎么可能"选择高官,充为公子"?杜甫诗作中的名句"人生七十古来稀",[①]已成百姓口头语而为一般知识。因此,这时的放良,与其说"放汝出缠黑纲",毋宁说将年老力衰、榨干了血汗的老仆赶出家门,让其"自由"。而此文书还将此粉饰为"放良",借此尚欲资荐亡人不坠三途,次及现存之人得享福报,果有如此功德乎?

(二)放良文书的结构

为了把握放良文书行文的一般规律,有必要剖析一下它的内在结构。按照契约文书通常的分析方法,可把所有的放良文书分为首部、正文和尾部三个部分。综诸上述七件放良书(样式),其结构如下:

1. 首部

包括文书分类,如第一件标明"奴",第二件标明"婢"。再就是写明标题,如第一件写明"放良书",第二件实际上是对第一件的承接,所以没有标题。第三件也标明"阿郎放奴婢书壹道",即在分类的基础上添加了量词"一道"。第五件标明"从良书",第六件、第七件分别标明"放家童青衣女厶甲"和"家童再宜放书一道",则是分类+姓名+量词组

[①] 杜甫的七律《曲江二首》之二:"朝回日日典春衣,每日江头尽醉归。酒债寻常行处有,人生七十古来稀。穿花蛱蝶深深见,点水蜻蜓款款飞。传语风光共流转,暂时相赏莫相违。"

成了标题。七件放良文书中,只有第四件放良书(S.5706号)没有标题,可见,在首部中标明标题是定式,没有标题为例外。

2. 正文

这是放良文书的主干,其内容一般包括五部分:一是贵贱的理论依据,二是作奴婢期间的现实表现,三是放良后的美好愿景,四是不许子孙对放良效力论争的保证,五是放良书永不改易的效力。在这基本的五部分内容之外,七件放良文书还有增加的内容,比如,第一、第三、第四件放良书在对人何以有贵贱进行说理后,增加了缘何成为奴婢的原因,第五件从良书则增加了期盼从良的强烈愿望,还增加了"若违此书,任呈官府"的表述,即发生纠纷的救济途径。第六、第七件放良书增加了放良祈福的文字,一祈亡人不坠三途,二祈生者康吉咸安。

3. 尾部

同首部一样很简略,除第五件从良书(样式,S.4374号)在文书末尾不但有文书制作的年、月、日,还有郎父、兄弟、子孙、亲保、亲见、村邻、长老及两个官人的签署,十分审慎;第三、第四件放良书后缺不详,其它四件放良文书,即第一、第二、第六件文书,分别写明"谨立放书文凭,用为后验"、"于时厶年月日,谨立放书"和"清泰三年厶月日给。曹主厶甲放书一记",而第七件放良书没有写明相关字样。

从七件放良书的文书结构可以看出,首部和尾部极简,文书着力点在正文,这反映出中国古代重实质不重形式的趋向,而在正文中足备的五部分,也反映了放良文书结构相对固定的程式化。

二、俗世信仰:作为放良书理论根基的"三世二重因果论"

从对上述文书的解读与分析中,我们看到,放良书中的核心问题是

"贵贱"的身份问题,而对在世之人何以有贵贱分殊的解释理论,则是佛教的"三世二重因果论",它不仅是放良文书的理论依据,而且以契约文书的方式形成了一种普遍的俗世信仰,在巧妙结合我国报应论的基础上,构筑起一种被民众认可、接受乃至遵从的权威性与正当性。

(一)传统中国对"命运"的界说与报应论

中国古代先哲体悟人生,于百姓的普遍识见中抽绎出对于善恶、贵贱、祸福、吉凶、贫富、荣辱、逆顺等诸多现象的解释,作为一种人生观,对此种种现象乃以一"命运"统率之,而其核心,基于人性本能,则围绕善恶与祸福的关系展开。比如,《周易·坤》中对善恶与祸福二者的界说,已成了国人的"一般知识":"积善之家,必有余庆;积不善之家,必有余殃。"①

1. 先秦诸子对"命"的界说与态度

儒家经典《论语》中,所见孔子谈"命"有很多处:第一处是我们耳熟能详的"五十而知天命",②它是对人的生命进境的把握,因不同年龄段位而应有的修为。在钱穆看来,这是孔子为学的第三阶段:"虽对事理不复有惑,而志行仍会有困。志愈进,行愈前,所遇困厄或愈大。故能立不惑,更进则须能知天命。天命指人生一切当然之道义与职责。……孔子为学,至于不惑之极,自信极真极坚,若已跻于人不能知,惟天知之之一境。然既道与天合,何以终不能行,到此始逼出知天命一境界。故知天命,乃立与不惑之更进一步,更高一境。"③也就是说,钱穆认为孔

---

① 《周易·坤卦·文言传》。金景芳等认为:"这是孔子对坤初六'履霜坚冰至'的体会,也是解释。余庆,付即子孙。余殃,祸及后世。"参见金景芳、吕绍纲:《周易全解》,上海古籍出版社 2005 年版,第 57 页。

② 《论语·为政篇》:"子曰:'吾十有五而志于学,三十而立,四十而不惑,五十而知天命,六十而耳顺,七十而从心所欲,不逾矩。'"

③ 钱穆:《论语新解》,生活·读书·新知三联书店 2005 年版,第 27 页。

子的"知天命"乃是从"为学"上立论的。而张岱年对此则有不同的见解:"孔子所谓命,是何意谓? 大致说来,可以说命乃指人力所无可奈何者。"① 质言之,命是指尽人事后而结果非由个人所能掌控者。张氏之解,更近于国人通常对"命"的感悟。

第二处是孔子在回答哀公所问的"哪个弟子好学"时说:"有颜回者好学,不迁怒,不贰过。不幸短命死矣。今也则亡,未闻好学者也。"② 此处之"命",乃指寿命。第三处则是冉伯牛有恶疾,孔子前去问病而感叹的"亡之,命矣夫! 斯人也,而有斯疾也! 斯人也,而有斯疾也!"③ 此处的"命矣夫",意思是这真是命啊! 可见这里的"命",就是国人通常理解和言说的"命"。与此意非常相近和相通者,当属其弟子子夏的名言:"死生有命,富贵在天",④ 已成国人对命的一般看法。

与此近似的还有"子曰:'道之将行也与,命也。道之将废也与,命也。公伯寮其如命何!'"⑤ 孔子游走列国,一心济世,但其道终不能行,他将之归之于"命"。所以孔子讲:"君子有三畏:畏天命,畏大人,畏圣人之言。"⑥ 何以畏天命? 钱穆分析道:"天命在人事之外,非人事所能支配,而又不可知,故当心存敬畏。"⑦ 张岱年亦言:"命是无可奈何的,故不可不畏。"⑧ 而整部《论语》,结束于"不知命,无以为君子也。"⑨ 何以如

---

① 张岱年:《中国哲学大纲》,中国社会科学出版社1982年版,第399页。
② 《论语·雍也篇》。
③ 同上。
④ 《论语·颜渊篇》:"司马牛忧曰:'人皆有兄弟,我独亡。'子夏曰:'商闻之矣,死生有命,富贵在天。君子敬而无失,与人恭而有礼,四海之内,皆兄弟也。君子何患乎无兄弟也。'"
⑤ 《论语·宪问篇》。
⑥ 《论语·季氏篇》。
⑦ 钱穆:《论语新解》,生活·读书·新知三联书店2005年版,第435页。
⑧ 张岱年:《中国哲学大纲》,中国社会科学出版社1982年版,第400页。
⑨ 《论语·尧曰篇》:"孔子曰:'不知命,无以为君子也;不知礼,无以立也;不知言,无以知人也。'"

此？因为在儒家看来,"天行健,君子当自强不息",没有竭尽一己之力,如何知命？也就是说,"今如用力不尽,焉知其必为人力所无可奈何？焉知其非人力所可及而因致力未到所以未成？所以必尽人事后可以言天命。命不可先知,必尽人力后,方能知命为如何。"① 所以,儒家甚至奉行"知其不可为而为之",此乃君子自强不息之必然也。

孟子实质上承接了孔子对"命"的看法。比如,"莫之为而为者,天也；莫之致而至者,命也。"② 命是人事之外的综合结果。而其最著名的论断,则是他的"事天立命"论:"尽其心者,知其性也。知其性,则知天矣。存其心,养其性,所以事天也。夭寿不贰,修身以俟之,所以立命也。"③ 性为心发,尽心则见性,而心性受之于天,因而知性则知天,因而存心养性即是事天。而"夭寿皆命,对之不存疑虑,惟修身以俟之,乃所以立命。"④ 孟子将命又分为"正命"与"非正命"。在他看来,虽然生死祸福,莫非由命,但不应死于非命:"莫非命也,顺受其正。是故知命者不立乎岩墙之下。尽其道而死者,正命也；桎梏死者,非正命也。"⑤ 对此,清代焦循认为:"命有三名,行善得善者曰受命,行善得恶者曰遭命,行恶得恶曰随命。惟顺受命为受其正也。"⑥ 孟子一生从向善之心出发,孜孜以求善政。在他看来,"祸福无不自己求之者",并引《诗》云:"'永言配命,自求多福。'《太甲》曰:'天作孽,犹可违。自作孽,不可活。'此之谓也。"⑦

---

① 张岱年:《中国哲学大纲》,中国社会科学出版社1982年版,第400页。
② 《孟子·万章上》。
③ 《孟子·尽心上》。
④ 张岱年:《中国哲学大纲》,中国社会科学出版社1982年版,第400页。
⑤ 《孟子·尽心上》。
⑥ [清]焦循:《孟子正义》(下),中华书局1987年版,第879页。
⑦ 《孟子·公孙丑上》。

而同为儒宗宗师的荀子,则将"命"界说为"节遇之谓命"。① 与孔子的"畏天命"和孟子的"俟命"不同,荀子提出了著名的"制天命而用之"②的思想。那么,何以能够"制天命而用之"呢? 因为荀子主张"唯圣人为不求知天",③亦即圣人不去探究大自然形成万物的过程和原理,只是遵循、遵从"天"道运行的常则,而不妄测或以所谓"天象"作无谓的吉凶比附。④ 强调尽己力以立人本、修人事,"如是,则知其所为,知其所不为矣,则天地官而万物役矣。"⑤ 也就是说,圣人在"修人事"方面,"知其所为"即"清其天君,正其天官,备其天养,顺其天政,养其天情"以全天功,而对于"天职"、"天功"而言,则"知其所不为",或言"不务说其所以然",如此,天地就能被利用而万物为人所用了。荀子进一步认为,圣人外顺自然,内修其行、其养,不伤其生,这才是真正的"知天"。⑥

与上述儒家不同,老子曰:"天道无亲,常与善人"。⑦ 其意是说,自然规律是没有偏爱的,经常和善人在一起。陈鼓应对此解释道:这"并不是说有一个人格化的'天道'去帮助善人,而是指善人之所以得助,乃是他自为的结果。"⑧ 在道家的宗师中,庄子讲"命"更甚。他借子舆与子桑的交谈说:"其求为之者而不得也。然而至此极者,命也夫!"⑨ 在庄

---

① 《荀子·正名》。"节遇"之节,时段也;遇,遭遇也。其意是说不同时节的人生际遇就是命。实际上,陇东天水一带的方言说自己的命不好时,就说自己的"节遇不好"。
② 《荀子·天论》:"从天而颂之,孰与制天命而用之? 望时而待之,孰与应时而使之?"
③ 《荀子·天论》。
④ 譬如,荀子说:"顺其类者谓之福,逆其类者谓之祸,夫是之谓天政。"即天政的祸福在于是否顺逆天道(自然规律),由此证立的是他的名论:"天行有常,不为尧存,不为桀亡。应之以治则吉,应之以乱则凶。"
⑤ 《荀子·天论》。
⑥ 王斐弘:《儒宗正源》,厦门大学出版社2011年版,第164页。
⑦ 《老子》第七十九章。
⑧ 陈鼓应:《老子注释及评介》,中华书局1984年版,第356页。
⑨ 《庄子·大宗师》。

子看来,命是求为之者而不得的结果,那么,如何"待命"就成为关键。庄子的态度是:"知其不可奈何而安之若命,德之至也。"① 也就是说,既然"命"是求为之者而不得的,因之无可奈何,也就只好"安之若命"。他在另一处申述了这一个观点:"知不可奈何而安之若命,唯有德者能之。"② 实际上,庄子还把这种"安之若命"的态度视为一种有德者才具备的品质。张岱年认为,"安之若命"中的"若"字富有意味,它是对于不能解释的事情姑说为命而已,虽然不过是"若命",却必须"安之"。③ 由此,道家对"命"以两种方式对待,一是"知命不惧":"知穷之有命,知通之有时,临大难而不惧,圣人之勇也。"④ 二是知命"随命":"达大命者随。"⑤ 如果说前者尚有与儒家在待命相近的一面,而后者则与儒家"知其不可而为之"的努力相去甚远,更重因任命然,随命而已。

与儒家的信命、道家的随命不同,墨子(前490年—前403年)认为,信命必废人事,因而提出了"非命"论:"执有命者之言曰:命富则富,命贫则贫;命众则众,命寡则寡;命治则治,命乱则乱;命寿则寿,命夭则夭。……以此为君则不义,为臣则不忠,为父则不慈,为子则不孝,为兄则不良,为弟则不弟。"⑥ 质言之,信命则使道德沦丧,而国家的安危治乱,也在尽人力而非归之于命:"夫安危治乱存乎上之为政也,则夫岂可谓有命哉!故昔者禹、汤、文、武,方为政乎天下之时,曰:'必使饥者得食,寒者得衣,劳者得息,乱者得治。'遂得光誉令问于天下。夫岂可以为命哉?又以为力也。"⑦ 在墨子看来,由于信命,将导致道德全无,而

---

① 《庄子·人间世》。
② 《庄子·德充符》。
③ 张岱年:《中国哲学大纲》,中国社会科学出版社1982年版,第402—403页。
④ 《庄子·秋水》。
⑤ 《庄子·列御寇》。
⑥ 《墨子·非命上》。
⑦ 《墨子·非命下》。

为政者也将怠于治乱,因此认为"执有命者之言"是"天下之大害"而"不可不非"。但是,墨子所非之命,是世俗意义的前定之命。也就是说,墨家和儒家对"命"看法的区别是,后者将尽人事后而无能为力者归之于命,而前者则认为人力所无可奈何者还是人力不足,此亦非命,因此更强调人的积极作为。

此外,墨子还把祸福与他的"兼相爱、交相利"这一著名观点对接起来,认为"爱人利人者,天必福之。恶人贼人者,天必祸之"。并举例说,"故为不善以得祸者,桀、纣、幽、厉是也;爱人利人以得福者,禹、汤、文、武是也。爱人利人以得福者有矣,恶人贼人以得祸者亦有矣。"①

实际上,将祸福与善恶对应起来的不只是墨翟,以法治国的法家集大成者韩非子也认为"祸福随善恶。"② 他在《安危》篇中认为安术有七,危道有六,而"祸福随善恶"则是安术之二,③ 意思是说臣民该遭殃还是该得福取决于他们行为的善恶,简言之,恶行遭殃,善行得福。

2. 先秦以降先贤对"命"的分析

如果说先秦诸子对善恶与祸福的对接而论还只是对经验事实的朴素概括,那么,经西汉董仲舒的"天人感应论",至迟在东汉,善恶与祸福已建立起一种"善恶报应论"。东汉思想家王充(27年—约97年)在《福虚篇》中真实地记载了当时人们关于善恶报应的普遍看法:"世论行善者福至,为恶者祸来。福祸之应,皆天也。人为之,天应之。阳恩,人君赏其行;阴惠,天地报其德。无贵贱贤愚,莫谓不然。"④ 但他驳斥了行善可以得天福佑的荒谬说法,故篇名为《福虚》。他列举并分析许多

---

① 《墨子·法仪》。
② 《韩非子·安危》。
③ 韩非子是权谋与治术的大家,安术仅仅是其繁复的治术之一。参见王斐弘:《治术与权谋——韩非子典正》,厦门大学出版社2013年版,第172—225页。
④ 《论衡·福虚篇》。

历史掌故，在篇末发问道:"善人顺道，恶人违天。然夫恶人之命不短，善人之命不长。天不命善人常享一百载之寿，恶人为殇子恶死，何哉？"① 同样，他在《祸虚篇》中援引了当时人们的看法:"世谓受福祐者，既以为行善所致；又谓被祸害者，为恶所得。"② 对此，王充认为它也是"虚而无验"的。王充推论到，为什么那些谋财害命，鱼肉百姓，发荒年财的恶人，不但未受天罚，反而"皆得阳达，富厚安乐"？为什么社会上胡作非为的人没有遭受灾祸，而遵循道义的人却得不到福禄呢？王充认为:"凡人穷达祸福之至，大之则命，小之则时"，亦即"遭遇适然，命时当也。"③ 也就是说，王充将人的祸福穷达，归结为天命与时运。其最直接的表达是:"凡人遇偶及遭累害，皆由命也。有死生寿夭之命，亦有贵贱贫富之命。"④ 对于"命"，王充认可传统的看法，认为人有三命:"一曰正命，二曰随命，三曰遭命。"并对这三命作了界定:"正命，谓本禀之自得吉也。性然骨善，故不假操行以求福而吉自至，故曰正命。随命者，勠力操行而吉福至，纵情施欲而凶祸到，故曰随命。遭命者，行善得恶，非所冀望，逢遭于外而得凶祸，故曰遭命。"⑤ 王充还把"性"与"命"分而论之:

> 凡人受命，在父母施气之时，已得吉凶矣。夫性与命异，或性善而命凶，或性恶而命吉。操行善恶者，性也；祸福吉凶者，命也。或行善而得祸，是性善而命凶；或行恶而得福，是性恶而命吉也。性自有善恶，命自有吉凶。使命吉之人，虽不行善，未必无福；凶命之人，虽勉操行，未必无祸。⑥

---

① 《论衡·福虚篇》。
② 《论衡·祸虚篇》。
③ 同上。
④ 《论衡·命禄篇》。
⑤ 《论衡·命义篇》。
⑥ 同上。

这就把人的吉凶祸福完全归之于"命",且"在父母施气之时"吉凶已定,是典型的宿命论。所以他说:"贵贱贫富,命也;操行清浊,性也。"① 同时,王充还认为人的骨(骨骼、形体)相(相貌)能反映人的命和性:"富贵之骨,不遇贫贱之苦;贫贱之相,不遭富贵之乐"。② 这一理论,可能是继麻衣相法之后民间骨相学的滥觞。与墨家相比,"墨子谓国之安危治乱皆由人事非由有命,王充则谓国之安危治乱非关人事皆由命定",③ 按照王充所论,既然命定,人就只有听凭"命"的摆布而无能为力了,在这一点上,王充远逊于墨子,更不及荀子,甚至不如孔、孟。

据《魏书·释老志》载,张骞出使西域,"始闻有浮屠之教。哀帝元寿元年,博士弟子秦景宪受大月氏王使伊存口授浮屠经。中土闻之,未之信了也。后孝明帝夜梦金人,项有日光,飞行殿庭,乃访群臣,傅毅始以佛对。帝遣郎中蔡愔、博士弟子秦景等使于天竺,写浮屠遗范。愔仍与沙门摄摩腾、竺法兰东还洛阳。中国有沙门及跪拜之法,自此始也。愔又得佛经《四十二章》及释迦立像。"④ 随着佛教的传入,⑤ 以及其后佛教思想的传布,⑥ 佛教的"三世二重因果论"在融汇中土"善恶报应说"的基础上,至迟在唐代,基本完成了对社会各个阶层的普及与教化,即使地处西北的敦煌,在敦煌出土的民间放良文书中,竟然全部以佛教的"三世因果"为其理论根基,便是明证。当然,对人的贵贱祸福的追问,表现在思想的传承上,并没有因为佛教的渗透和深入而终止,宋儒、明、

---

① 《论衡·骨相篇》。
② 同上。
③ 张岱年:《中国哲学大纲》,中国社会科学出版社1982年版,第406页。
④ [北齐]魏收:《魏书》,中华书局1974年版,第3025—3026页。
⑤ 佛教传入中国的时间虽有争议,但一般以汉明帝永平年间(67年左右)遣使取回《四十二章经》为佛法传入中国之始。
⑥ 佛教的思想不仅通过译经、讲经、抄经、注经、废经、印经等方式传布,还糅杂在戏曲、绘画、雕塑、音乐之中,以各种为老百姓喜闻乐见的方式传布,很快遍及中土,深入民间。

清思想家延续了对这一问题的研究。如南宋理学家朱熹（1130年—1200年）在回答"命"所涵括的贵贱死生寿夭之命为何不同时，其观点竟与王充相近，这是一个富有意味的学术现象。朱熹说："都是天所命。禀得精英之气，便为圣，为贤，便是得理之全，得理之正。禀得清明者，便英爽；禀得敦厚者，便温和；禀得清高者，便贵；禀得丰厚者，便富；禀得久长者，便寿；禀得衰颓薄浊者，便为愚、不肖，为贫，为贱，为夭。天有那气生一个人出来，便有许多物随他来。"①朱熹将人的"命"归之于气禀，虽比王充的"父母施气命定论"高超和形而上了很多，但实质观点与王充并无二致。

有明一代，泰州学派王艮（1483年—1541年）"虽然承认有命，却不赞成听命，而主张造命"，②此论可谓戛戛独造。换言之，他虽然也认"命"，但实质已经是对传统所谓"非人力所能把握者谓之命"的反动，令人耳目一新。其后，明末清初思想家王夫之（1619年—1692年）则认为人不能自造其命："圣人赞天地之化，则可以造万物之命，而不能自造其命。能自造其命，则尧、舜能得之于子；尧、舜能得之于子，则仲尼能得之于君，然而不能也，故无有能自造其命者也。"③这就颠覆了王艮的"造命论"。与此不同，清初颜李学派创始人颜元（1635年—1704年）对"造命"论与自孔子以来的传统命论及其关系做了梳理与调和，并分出了不同的层级：

"圣人以一心一身为天地之枢纽，化其戾，生其和，所谓造命同天者也。其次知命乐天，其次安命顺天，其次奉命畏天。造命回天者，主宰气运者也；知命乐天者，与天为友者也；安命顺天者，以

---

① ［宋］黎靖德编：《朱子语类》，中华书局1986年版，第77页。
② 张岱年：《中国哲学大纲》，中国社会科学出版社1982年版，第411页。
③ ［清］王夫之：《船山遗书》（第十四册），中国书店2016年版，第6页。

天为宅者也；奉命畏天者，懔天为君者也。然奉而畏之，斯可以安而顺之矣；安而顺之，斯可以知而乐之矣；知而乐之，斯可以造而回之矣。逆天，其天之贼乎。"①

颜元此论上下其说，认为只有圣人方可"造命"，往下落，只能"知命"、"安命"和"奉命"，与之对应，造命同天、知命乐天、安命顺天和奉命畏天。往上溯，只有对命的奉畏，才能顺天安命，只有对命的安顺，才能乐天知命，只有对命的知乐，才能回天造命，否则就是"逆天"。此论是对"造命论"与"命定论"的折中，断开或者回避了善恶与祸福的关联，代之以不同层级的人对"命"应秉持的不同态度，亦一新论也。

至此，我们看到，二千多年来传统中国的先哲对人何以有善恶、贵贱、祸福、吉凶、贫富等现象归之于"命"而进行了不懈的探讨，影响所及，民间也有"善有善报，恶有恶报。不是不报，时候未到"的通俗"报应论"，但事实上，均因囿于人生一世而无法从理论上圆满回答现实存在的"善恶与祸福背反"的现象。与此不同，佛教因果报应论通过三世因果的理论设计，把人们现实生活的境遇归结为今生或前世的业因，又把现世生活的思想行为与今生或来世的命运结合起来，这就突破了人生一世的时间界限，对现实生活中常见的仁者不寿，富者不仁，以及恶人荣华富贵，善人卑微贫穷等现象有了一个能自圆其说的答案，从而摆脱了国人一世因果的理论困境。②

（二）作为放良书理论依据的佛教"三世二重因果论"

佛教传入中国后，与其说"因果报应成为东汉至南北朝时代中国思

---

① ［清］颜元：《颜元集》（下），中华书局1987年版，第680页。
② 参见方立天：《中国佛教散论》，宗教文化出版社2003年版，第51—52页。

想界的热门话题和中国佛教的理论重心",① 毋宁说,到唐五代时期,因果报应理论已经从思想界悄然深入民间,获得民众内心的高度认同,甚至落地生根成为一种契约文书的根基性理论,足见其影响的深广。

1. 放良书所见佛教的核心字词

业。"业"是佛教中最基本的概念,也是佛教教理中最重要的概念。在放良书中,将今世身份的贵贱归之于前世之"业",那么,何谓"业"?一般来说,"业即人的行为总和,包括身体的、思想的和语言的活动,都是业。业作为报应的原因,成为新的因果链条中的重要一环。所以释迦牟尼说:'彼众生者,因自行业,因业得报。缘业、依业、业处,众生随其高下处妙不妙。'即是说,众生的差别是由所造作的业决定的。"② 业,从形态上分为身业、口业和意业;从性质上又分为善业、恶业和无记业,其中善、恶二业招致善恶不同的果报。而果报又分为:现报、生报和后报三种。

缘。在放良书中,有"前缘"和"宿缘"之语,前者指前定的因缘,后者也是前缘之义,但添加了累世之因,是因果的后续。那么,何谓"因缘"呢?"因缘,从字面意义上言,为梵语 hetu—pratyaya 并称的意译。因,指引生结果之直接内在原因;缘,指由外来相助之间接原因。"换言之,"所谓因缘,《杂阿含经》用了一句简明扼要的话来表述,即'此有故彼有',或'此起故彼起'。也就是说,此一存在是彼一存在的逻辑与现实前提。"③ 可见,"'因缘'概念来源于对人生现实的观察,同时又最先应用于人生而成为因果报应法则,体现了佛教的一个基本伦理与价值原则。"④ 如果说"缘起"是原始佛教教理的根柢和出发点,

---

① 方立天:《中国佛教散论》,宗教文化出版社 2003 年版,第 39 页。
② 邱高兴、费东佐:"原始佛教'因缘'义考察——以四《阿含经》为中心",《吉林大学社会科学学报》2004 年第 4 期。
③ 同上。
④ 同上。

那么,"因缘"则是原始佛教阐释宇宙万法皆由其生起之相状与原由的核心范畴。

果报。佛家语。果,是结果,报,是报应,即业因报果。其道理在于有因必有果,有果必有因。它对应人间社会的道德,"业"(因)有善、恶,果报也就是善因得善果,恶因得恶果。因此,从本质上讲,因果报应律,也可称为道德因果报应律。

2. 三世二重因果论

佛教讲善恶果报。由于善恶果报又通三世,即前世、现世和来世,或曰过去世、现在世和未来世,通称为"三世"。原始佛教用"缘起说"解释人生流转历程,提出"十二缘起说"或"十二因缘论",它是佛教业报轮回说的理论基础。具体讲,十二因缘就是从"无明"到"生""死"彼此成为因果的十二个环节:(1)无明;(2)行;(3)识;(4)名色;(5)六处;(6)触;(7)受;(8)爱;(9)取;(10)有;(11)生;(12)老死。其中,(1)和(2)是过去世的二种原因,(3)至(7)是现在世的五果,这构成"第一重"因果;(8)至(10)是现在世的原因,(11)和(12)是未来世的二果,这是"第二重"因果。其论说故称"三世二重因果论"。① 它的核心则是"前世种善因,现世得善果;现世造恶业,来世遭恶报。"此即《大般涅槃经》所云:"善恶之报,如影随形。三世因果,循环不失。"② 或者就是《三世因果经》里的"欲知前世因,今生受者是。欲知后世果,今生作者是。"③ 这一因果律在佛家看来永不坠坏,具有历久性与循环性。因此《大宝积经》说:"假使百千劫,所作业不亡。因缘会遇时,果报还自受。"而"'欲知前世因,今生受者是'的旨趣原是为了强化人的道德意识,……用以

---

① 参见董群:"佛教轮回观的道德形上学意义",《东南大学学报》(哲社版)2007年第6期。
② 《大般涅槃经》后分卷上《乔陈如品之末·遗教品第一》。
③ 又见[宋]王日休:《龙舒增广净土文》(卷1),《大正藏》第47卷。

解释个人性的人生境遇则会促使人们修善止恶，不断地提高道德修养，朗现出行健日新的道德主体，于顺境中不忘行善，于违缘中消释不必要的焦虑等负面心理因素而葆有积极乐观的心境。"①与此相同，"'欲知后世果，今生所为是'，则要求人们将对善行结果的期待延宕至下一世，人类对某种完美圆满、德福相称的至善理想之期许是必然而合理的，但是如果要求在现世就要德福一致，那么就将德行降低为获取某种外在利益的工具，道德法则就蜕变为谋取人生福利的技术原则。"②

可见，原始佛教"此起故彼起"的因缘法或曰"缘起论"，③是因果报应论的理论基础，这一理论与俗世生活对接后，亦即入世后简化为"因果报应法则"，而因果报应法则，一旦与中土本有的传统报应说融汇，④就在漫长的俗世生活中获得了高度认同，乃至悄然潜入人心渐变成一种日常伦理，左右和支配人们的行为，甚至外化成一种契约文书的根基理论。这样的理论，因其日常而广大。事实上，经卷浩繁、博大精深的佛教理论，还有一个世俗化、简约化的过程，这是深入民众，获得广大民众奉行的一个必经过程。简言之，繁复精深的缘起论转化为相对明了的因果报应法则，而因果报应法则简约为更加单一明了的因果律，其核心是通俗化和口头化了的两句家常话："善有善报，恶有恶报"。换言之，佛教的"四《阿含经》以因缘法则为核心，提出一条对人生现实进行解

---

① 龚山平："业报轮回思想的伦理意义"，《法音》1999年第12期。
② 同上。
③ 缘起论，此为原始佛典《阿含经》的核心思想，旨在阐释宇宙万法皆由因缘生起。它以"十二因缘"、"四圣谛"、"八正道"建构起精致的哲理体系，以了生死、脱苦海、免流转为归旨。
④ 在我国，第一个有系统地阐述佛教因果报应理论者乃是东晋高僧慧远大师。慧远大师在其所撰的《三报论》《明报应论》及《沙门不敬王者论》等系列论说中，以佛教的三世因果、业报缘起思想为理论基础，合理地援引了中国民间流传的灵魂不死和儒家的伦理思想，将它们有机地摄进了他的因果报应学说之中，从而把中印两地的文化巧妙地融合起来，促进了佛教因果报应理论在汉地的传播。参见罗颢："传统报应说与佛教因果报应理论比观"，《法音》1990年第9期。

释的因果报应法则,建立了佛教为大众信仰的一个通俗基础。"①

在这一解释体系中,就行为的果报而言,又以善恶为核心。比如,《分别善恶报应经》有云:"尔时输伽长者白世尊言:'一切有情夭寿长命,有病无病,端严丑陋、贵贱种族、聪明、愚钝、柔和、粗矿,其事非一。因果善恶报应云何?'佛告输迦长者子言:'善哉善哉。汝应谛听善思念之。今为汝说。一切有情作业修因善恶不等,所获报应贵贱上下,种族高低差别亦殊。'"②也就是说,人的贵贱高低,与修因善恶是对应的,这也是敦煌所出的放良书中的理论根底。佛教经典中,对何"业"获何"报",或者说,现世的某种境况是何业造成的,都做了详细的界说:"尔时佛告长者言:'汝应善听。一切有情造种种业起种种惑,众生业有黑白,果报乃分善恶。'"③比如,"有情短命何业所获?佛告长者子言:'杀生所获'"。而杀业又有十种:包括手杀、劝他杀、庆快杀、随喜杀、怀胎杀、劝堕胎杀、酬冤杀、断男根杀、方便杀、役他杀。"如是十种获短命报"。与此相反,则有长命报。此外,《分别善恶报应经》还论及了多病、少病报;丑陋、端严报;卑贱、豪贵报;恶报、胜报;孤贫、大福德报;愚钝、大智慧报,以及地狱报、畜生报、人间报等。也就是说,"修习何业感得何果。若修善业感可爱果,若造恶业感非爱果"。④此经大意,旨在劝诫世人弃恶从善,修善业以获善果。此即《增一阿含经》的偈言:"诸恶莫作,诸善奉行。自净其意,是诸佛教。"⑤由此可见,"三世因果论解释了人们现世生存状态的原因,指示人们在当下应当的行为方式,也指

---

① 邱高兴、费东佐:"原始佛教'因缘'义考察——以四《阿含经》为中心",《吉林大学社会科学学报》2004年第4期。
② 《分别善恶报应经》(卷上),宋 天息灾译,参见《大正藏》No.0081。
③ 同上。
④ 同上。
⑤ 《增一阿含经》序品第一,东晋 瞿昙僧伽提婆译,参见《大正藏》No.0125。

出了今后的人生发展趋势,是业报论在时间中的体现。"①

就界说的方式而言,佛教经典中的"善、恶",常用列举的方式加以叙说,而且常用十善、十恶对举。归结起来,可分为:(1)身之善业:不杀生、不偷盗、不淫欲;(2)口之善业:不妄语、不两舌、不恶口、不绮语;(3)意之善业:不贪、不瞋(不恚)、不痴。与之相反,则是十恶:杀生、偷盗、不邪淫、妄语、两舌、恶口、绮语、贪欲、瞋恚、邪见。实际上,"佛教思想中的善和恶并非仅有列举的十善和十恶,在以解脱为终极目标的正法律中,凡符合解脱之正向的思想、心念和行为都属于善;反之,凡阻碍解脱的都是恶。"②比如,与良贱相关的果报,即种族卑贱或豪贵,《分别善恶报应经》云:"复云何业获种族卑贱?有十种业。云何十种:一贪爱名利不修施行,二嫉妒他荣,三轻毁父母,四不遵师法,五讥谤贤善,六亲近恶友,七劝他作恶,八破坏他善,九货易经像,十不信三宝。如是十种获报卑贱。复云何业得豪族富贵:有十种业。何等为十。一离嫉妒庆他名利,二尊重父母,三信崇师法,四发菩提心,五施佛伞盖,六修严塔寺,七忏悔恶业,八广修施行,九劝修十善,十信崇三宝。如是十种获报豪贵。"③

而就个人获得佛法上的解脱而言,从人生诸"苦"入手,以解脱为出口。一般而言,佛教中的解脱指摆脱烦恼业障的系缚而复归自在。《涅槃经》云:"夫涅槃者,名为解脱"。也就是说,"从逻辑关系上说,苦是现存的现实,苦的原因是过去的现实。既然过去的原因造成了现在的结果,那么根据'此起故彼起'的法则,现在的苦及行为(业)必然要转为原因,造成新的结果,因此佛教一方面吸收了印度传统思想中的因果报

---

① 董群:"佛教轮回观的道德形上学意义",《东南大学学报》(哲社版)2007年第6期。
② 杨荔薇:"《阿含经》所述的善恶与解脱",《西南民族大学学报》(人文社科版)2009年第11期。
③ 《分别善恶报应经》(卷上),宋 天息灾译,参见《大正藏》No.0081。

应理论,另一方面也从它自身理论的逻辑必然性的角度提出一个对现实人生的过去、现在、未来的解释。"① 亦即在日常行为上把个人贵贱与善恶报应对接起来,客观上起到了为所有社会都愿意接受的劝善作用。需要指出的是,三世二重因果论,在俗世意义上,因为时间的一维性而无法验证今世之果就是前世之因,也无法验证今世之业获报了来世之果。惟其难以检验,起码在理论上是圆融和自洽的,高明地回答了我国一世因果报应论中无法回答的现实中常见的仁者夭、恶者寿,以及善者贫、恶者富等类似的现象,由此赢得了广大的信众。

3. 佛教"三世二重因果论"的功用

无论把佛教的三世二重因果论视为一种自洽的理论体系,还是当做一种入世的说教,不可否认的是,"自从佛教传入中国以来,业报轮回思想就因其在民众中产生的约束力量而担负着不可替代的扶世助化、劝善化俗的使命"。② 应当说,佛教传入中国后,它的"因果报应论,对中国人来说,是一种崭新而又神秘的人生理论,这种新型的人生哲学,论及到人的道德观、生命观、生死观、命运观和来世观,体现人对现世的关切和终极的关怀,并从理论上把自然律和道德律统一起来,在中国固有的儒、道、墨等人生哲学以外,独树一帜。这种新型的人生哲学,为中国人提供了一种观察人生命运、价值、意义的新视角,以及如何对待人生的行为、活动的新方式,形成为一种别具一格的人生和社会的基本准则。"③

就人的主体性而言,由于"佛教因果报应论强调人的思想行为对于果报的决定作用,把受报的主体规定为造业者自身,即自作自受,并坚

---

① 邱高兴、费东佐:"原始佛教'因缘'义考察——以四《阿含经》为中心",《吉林大学社会科学学报》2004 年第 4 期。
② 龚山平:"业报轮回思想的伦理意义",《法音》1999 年第 12 期。
③ 方立天:《中国佛教散论》,宗教文化出版社 2003 年版,第 40 页。

持业报主体的同一性,认为众生根据自身的造业不断地在六道(地狱、饿鬼、畜生、阿修罗、人、天)中生死轮回,从而确立了人的主体地位。"①就规范人的行为本身而言,"佛教因果报应论正是在规范人们行为的可行与不可行、赋予不同行为的不同报应承诺中,确立了行为与反馈的相对应的合理关系。这就唤醒人们对自身命运的终极关怀,使人乐于从善而畏惧作恶。"②事实上,即使在佛教理论本身的体系中,"因果报应论,作为佛教的根本理论和要旨,由于它触及了人们的神经和灵魂,具有强烈的威慑和鲜明的导向作用,在取得社会从上至下的信仰方面,其作用之巨大,实是佛教其他任何理论所不能比拟的。"③在对社会的功用而言,"千百年来,佛教因果报应论作为一种阐发道德与生命的关系的理论,以其通俗、圆融的理论特色,广泛而深刻地影响着人们的道德生活,在一定程度上发挥了扬善抑恶、扶正祛邪的道德调节功能,具有广泛的群众基础。"④虽然因果报应说的社会功能是复杂的、多重的,但归结起来,它的社会功能主要有三个方面:平衡心理、道德导向、稳定社会。⑤

佛教三世二重因果论的功用,实际是通过各种方式实现的,而在各种实现方式中,通过契约文书的方式最为独特,如在敦煌放良书、放妻书中,皆以这一理论为根基。它独特在把一种归属于信仰的东西通过契约文书规范化,转变成了一种由心入行的准则,成了一种被普遍尊崇的民间信仰、民间情怀与民间规范,把本来自愿自觉、无形无影的一种信仰变成了一种带有外在约束效力、看得见摸得着的契约文书规则,变成

---

① 朱咏:"佛教因果报应论及其文化内涵",《中国宗教》2006年第8期。
② 方立天:"中国佛教伦理及其现代意义",陆嘉玉:《佛教文化与现代社会》,天津人民出版社2002年版,第17页。
③ 方立天:《中国佛教散论》,宗教文化出版社2003年版,第41页。
④ 朱咏:"佛教因果报应论及其文化内涵",《中国宗教》2006年第8期。
⑤ 方立天:《中国佛教散论》,宗教文化出版社2003年版,第71—72页。

了契约文书的基础理论,其影响力可见一斑。虽然,唐代有排佛思潮与毁佛运动,[①] 但佛教思想并未因此中灭,反而使佛教更快地与中国传统文化和社会现实融汇,更快地完成了在民间各个阶层的传布。例如,晚唐白居易在其《答客说》中就表达了他对因果报应论的信服和对弥勒净土的信仰:"吾学空门非学仙,恐君此说是虚传。海山不是吾归处,归即应归兜率天。"这与初唐白话师僧王梵志在《世间日月明》中表达的思想是一脉相承的:"世间日月明,皎皎照众生。贵者乘车马,贱者膊担行。富者前身种,贫者悭贪生。贫富有殊别,业报自相凹。闻强造功德,吃着自身荣。智者天上去,愚者入深坑。"诗中明确表达的是人生贵贱不同、贫富悬殊原因是"业报",是"前身"种的果报。由此可见,佛教的三世二重因果论自传入中土后,至迟在唐代,它已成为极其重要的民众信仰,甚至通过契约文书等一系列方式对唐代社会产生了深刻的影响。

实际上,直到现在,中国民间依然奉行"善有善报,恶有恶报。不是不报,时候未到"的因果报应律。此外,在繁复的佛教三世二重因果论之外,民间对恶人迟迟得不到报应甚至有更新颖的别解:让恶人成为恶人,就是对恶人最大惩罚。其深刻的寓意是,人为善,福虽未至,祸已远离;人为恶,祸虽未至,福已远离。

---

① 排佛思潮,起自魏晋南北朝的佛、儒之争,其时范缜的《神灭论》即其代表。在佛教昌隆的唐代,主张排佛的思潮从未间断,代有其人,尤以韩愈为著,其《论佛骨表》为代表作。该文力陈当时佛教的现状与危害:"焚顶烧指,百十为群,解衣散钱,自朝至暮,转相仿效,惟恐后时,老少奔波,弃其业次。若不即加禁遏,更历诸寺,必有断臂脔身以为供养者。伤风败俗,传笑四方,非细事也。"韩愈还在《送灵师》中描述了佛教引致的社会经济问题:"佛法入中国,尔来七百年。齐民逃赋役,高士著幽禅。官吏不之制,纷纷听其然。耕桑日失隶,朝署时遗贤。"因此,发生在唐武宗会昌年间的毁佛运动(史称"会昌法难"),实际上是排佛思潮的延续和高潮,而其内在原因,一是唐武宗崇信道教,二是因为寺院经济的不断扩张,"伪僧"和僧侣免除赋役,损害国库收入。此次毁佛成果是唐王室收缴良田数千万顷,拆毁寺院4600余所,还俗僧尼26.1万人,奴婢15万人,扩大了唐朝政府的税源,巩固了中央集权。

三、身份社会：良贱折射的法律与社会问题

需要指出的是，我们从敦煌放良文书中看到的，不仅仅是对梅因关于社会进步是"从身份到契约"的运动这一著名论断的印证，而且还有补正：它把身份通过契约文书加以确认和更易，是身份到契约的结合，而这一过程则是通过法律制度、相应的程序加以完成的，它折射了特定时代特有的法律与社会问题。

（一）唐代有关良贱身份的法律规定

众所周知，"唐代是一个典型的身份社会，人的社会身份具有重要的意义。在法律上人被分为官与民两大阶层，而民又可以分为良民、贱民两大类。"[①] 作为一般平民的"良民"自不用说，而被唐代法律认定的"贱民"又分为两个不同的等级，"地位稍高的是隶属于官府的官户、杂户等名目的贱民，以及隶属于私人的部曲、客女等名目的贱民；处在底层地位最低贱的，则是官私奴婢。"[②] 具体而言，官贱民包括官户、杂户、番户、工户、乐户、太常音声人，他们大多来自罪犯及其家属、后代，他们没有平民的户籍，隶属于某些特定的官府服役。部曲则属于私贱民。对此，《唐律疏议·名例律》疏云："部曲，谓私家所有。"[③] 与此一致，《唐律疏议·斗讼律》疏曰："部曲、奴婢，是为家仆。"[④] 但在《唐律疏议·贼盗律》疏云："部曲不同资财。"[⑤] 也就是说，部曲与奴婢虽同为贱民和家仆，但部曲与被视为资财的奴婢明显不同，其地位在平民之下，但在奴

---

① 张晋藩总主编：《中国法制通史》（隋唐卷），法律出版社1999年版，第445页。
② 同上书，第446页。
③ ［唐］长孙无忌等：《唐律疏议》，刘俊文点校，法律出版社1998年版，第142页。
④ 同上书，第440页。
⑤ 同上书，第349页。

婢之上。实际上，由于主人也可将其"转易"，而"转易部曲事人，听量酬衣食之直。"①

另据《唐律释文》："自幼无归，投身衣饭，其主以奴畜之，及其长成，因娶妻。此等之人，随主属贯，又别无户籍，若此之类，名为部曲。婢经放为良、并出妻者，名为客女。"②至于客女，依据《唐律疏议·户婚律》疏云："客女，谓部曲之女，或有于他处转得，或放婢为之。"③由此可见，部曲以及客女，虽属贱民，但地位明显高于奴婢。

奴婢一般分为官奴婢与私奴婢两类，前者一般来源于因反逆重罪而被缘坐的罪犯家属和子孙后代，后者更多地来自买卖与家生。从敦煌所出的三件卖身契，即阿吴卖儿契（S.3877号5V）、韩愿定卖妮子契（S.1946号）和曹留住卖人契（P.3573号）看，前两件属于卖身为奴，后一件则属于家生奴婢再卖为奴。同样，从放良样式中所写的情状看，比如放良书样式（S.5706号）中的"自鬻供亲"，阿郎放奴婢书（S.6537号8V）中的"遂取重价，没在高门"等，皆属卖身为奴的私奴婢。

奴婢无论官私，地位极其低下，可用《唐律疏议·名例律》中的八个字概括："奴婢贱人，律比畜产。"④也就是说，奴婢不是一般意义上的"人"，是和牲畜一样隶属于主人的一项"资财"，是会说话的"畜产"。⑤这样的规定与字样充斥于《唐律疏议》的《名例律》《户婚律》和《贼盗律》。如《唐律疏议·贼盗律》注："余条不别言奴婢者，与畜产、财物同。"⑥可见，"唐律以'资财'作为财产的总称，泛指庄宅、田产、奴婢、

---

① 〔日〕仁井田陞：《唐令拾遗》，栗劲、霍存福等编译，长春出版社1998年版，第171页。
② 转引自张晋藩总主编：《中国法制通史》（隋唐卷），法律出版社1999年版，第448页。
③ 〔唐〕长孙无忌等：《唐律疏议》，刘俊文点校，法律出版社1998年版，第279页。
④ 同上书，第143页。
⑤ 宋代律学博士傅霖在其撰述的《刑统赋解》卷下中直言："称人不及于奴婢。解曰：奴婢贱人，难同人比。《贼盗律》云：惟于以盗之际杀伤及为支证称人，其余俱同财物论之。歌曰：奴婢贱隶，难同人比，因夜杀伤，或为对证，除此二者，权为人类，其余论之，俱同财例。"
⑥ 〔唐〕长孙无忌等：《唐律疏议》，刘俊文点校，法律出版社1998年版，第398页。

畜产等等的动产或不动产。"① 从张家山汉墓出土汉简《二年律令·户律》所见，汉代的奴婢，对主人而言，犹如田宅、畜产等物品。也就是说，唐律的规定与汉律一脉相承。②

虽然"奴婢贱人，律比畜产"，但在婚嫁问题上，包括奴婢但不限于奴婢的贱身诸色人等，也有婚配的权利。唐开元二十五年令："诸工乐、杂户、官户、部曲、客女、公私奴婢，皆当色为婚。"③ 而"太常音声人，依令婚同百姓。"④ 与当今社会普遍晚婚的情形不同，唐代的法定婚龄规定得很低："诸男年十五，女年十三以上者，并听婚嫁。"⑤ 这么小的婚嫁年龄，与时人的寿命、观念、经济社会的发展程度息息相关。

与身份关联的还有课户问题。唐天宝三年规定，男二十三岁以上成丁，成丁后须负担课役，为课口。《新唐书·食货一》载："凡主户内有课口者为课户。"⑥ 唐开元二十五年令："诸户主，皆以家长为之。户内有课口者为课户，无课口者为不课户。"⑦ 同时明确规定："诸视流内九品以上官，及男子二十以上、老男废疾妻妾、部曲客女奴婢，皆为不课户。"⑧ 也就是说，类似财产、列为贱身的部曲、客女和奴婢像老男废疾妻妾一样，不负担课役。

在与良贱有关的身份制度上，真正核心的问题是有关良贱的边界，不得混淆、不得僭越。换言之，既不得压良为贱，如大顺二年四月二十日敕："天下州府及在京诸军，或因收掳百姓男女，宜给内库银绢，委两军收赎，归还父母。其诸州府委本道观察使取上供钱充赎，不得压良为

---

① 张晋藩总主编：《中国法制通史》（隋唐卷），法律出版社1999年版，第455页。
② 李均明：《简牍法制论稿》，广西师范大学出版社2011年版，第238页。
③ 〔日〕仁井田陞：《唐令拾遗》，栗劲、霍存福等编译，长春出版社1998年版，第168页。
④ 同上书，第169页。
⑤ 同上书，第158页。
⑥ 〔宋〕欧阳修、宋祁等：《新唐书》，中华书局1975年版，第1343页。
⑦ 〔日〕仁井田陞：《唐令拾遗》，栗劲、霍存福等编译，长春出版社1998年版，第131页。
⑧ 同上书，第132页。

贱。"① 同时,也不能轻易免贱为良。如《唐会要·奴婢》:"旧制,凡反逆相坐,没其家为官奴婢。一免为番户,再免为杂户,三免为良人。"② 即使放免,也要历经严格的程序,比如显庆二年十二月敕:"放还奴婢为良及部曲客女者,听之。皆由家长手书,长子已下连署,仍经本属申牒除附。诸官奴婢年六十已上及废疾者并免贱。"③ 此敕到唐开元二十五年,又再次以"令"的方式作了申述:"诸放部曲客女奴婢为良及部曲客女者,并听之,皆由家长给手书,长子以下连署,仍经本属申牒除附。"④ 但也有例外,那就是出于体恤和仁道的考虑,对残疾人和年近七十的官户和奴婢,依格免贱从良:"今请诸司诸使,各勘官户、奴婢,有废疾及年近七十者,请准各令处分。"⑤ 按照《文献通考·户口考二·奴婢》所言,就是"准格免贱从良"。

此外,关于良贱的婚姻和子女,唐令也作了很多规定。比如,"诸部曲所生子孙,相承为部曲。"⑥ 这是很有意味的一条规定,可谓之"身份继承",中外相关史例,比比皆是。但是,对不可僭越的良贱身份,唐令还是根据不同实情,作了合理的甄别与界分:"诸奴婢诈称良人,而与良人及部曲、客女为夫妻者,所生男女,不知情者,并从良及部曲客女;知情者,从贱。即部曲客女诈称良人,而与良人为夫妻者,所生男女亦从良。知情者,从部曲客女,皆离之。其良人及部曲客女,被诈为夫妻,所生男女,经一载以上不理者,后虽称不知情,各同知情法。如奴婢等逃亡,在别所,诈称良人者,从上法。"⑦ 从唐令这一规定来看,界分的标

---

① [宋]王溥:《唐会要》,上海古籍出版社2006年版,第1864页。
② 同上书,第1859页。
③ 同上。
④ 〔日〕仁井田陞:《唐令拾遗》,栗劲、霍存福等编译,长春出版社1998年版,第170页。
⑤ 同上。
⑥ 同上书,第171页。
⑦ 同上书,第172页。

准为"是否知情"。具体又分为两种情况：一是奴婢与诈称为良人的奴婢结为夫妻的一方，是否对诈称奴婢的真实身份"知情"。不知情者，不能殃及子女为贱，即奴婢与良人为夫妻而所生子女为良人，奴婢与部曲、客女为夫妻所生子女为部曲、客女；如知情，则从贱。二是如果是部曲、客女诈称良人，而与良人为夫妻者，不知情所生男女为良人。如果知情，不仅所生男女为部曲客女，而且要解除夫妻关系。三是无论良人及部曲客女哪一方，如被诈为夫妻，所生子女，经一年以上不理者，其后虽称不知情，按照知情论处。对逃亡的奴婢在别处诈称自己为良人而与他人结为夫妻者，按照上述原则处理。

与基于男女非婚两性关系而生子女的良贱身份，唐令也作了明确规定："诸良人相奸，所生男女随父；若奸杂户、官户、他人部曲妻、客女，及官私婢，并同类相奸，所生男女，并随母。即杂户、官户、部曲奸良人者，所生男女，各听为良。其部曲及奴，奸主缌麻以上亲之妻者，若奴奸良人者，所生男女，各合没官。"① 此条唐令依据奸者与被奸对象的不同，首先确立了"随父与随母原则"，即良人行奸，而被奸对象为良人者，所生子女随父为良；如被奸对象为贱者，所生子女则随母为贱。其次，确立了贱身奸良人子女为良的原则。具体讲，如果贱身奸良人，不论被奸的良人是男是女，所生子女均为良人。最后，对部曲及奴，奸主缌麻以上亲之妻者，按照奴奸良人处理，即所生男女，各合没官。

细思之下，此令富有意味，可以透出深隐于这一规定背后的诸多社会镜像：从情理上讲，被奸者是良人，出于同情或者因被奸而生子女，从良为宜；从被奸对象不限于女性而言，透露了唐代社会对两性关系的深刻认知，也就是说，男子也可以成为被奸的对象；从被奸的后果看，则反映了中国古代避孕、堕胎技术的不足，以及由此而生的相关理念。换

---

① 〔日〕仁井田陞：《唐令拾遗》，栗劲、霍存福等编译，长春出版社1998年版，第173页。

言之，女性一旦被奸怀孕，生下孩子似乎就是最大的选择，甚至不惜子女没官，或者随母从贱。这也从侧面更深刻地反映了中国古代良贱身份的巨大鸿沟，非经放良等合法渠道，不可逾越，甚至连湮没于历史深处，也许是轰轰烈烈的爱情，也无法由此僭越。

事实上，在良贱身份制度上，除了这些史料记载的格、令规定作为补充外，《唐律疏议·户婚律》中也作了详细的规定：

> 诸放部曲为良，已给放书而压为贱者，徒二年；若压为部曲及放奴婢为良，而压为贱者，各减一等；即压为部曲及放为部曲，而压为贱者，又各减一等。各还正之。①

这条只有62字的律文，在国家典章制度的层面将"放书"确立为放良的关键凭据和步骤。此处律文中的"放书"也就是敦煌所出的"放良书"。② 该条规定，经由放书，放部曲为良者，如果"已给放书"，而又强压为贱者，则要负"徒二年"的刑事责任。对于放奴婢为良，而又压为贱者，则减一等。对此律文，《唐律疏议·户婚律》作了详细的立法解释："依《户令》：'放奴婢为良及部曲、客女者，并听之。皆由家长给手书，长子以下连署，仍经本属申牒除附。'若放部曲、客女为良，压为贱者，徒二年。'若压为部曲者'，谓放部曲、客女为良，还压为部曲、客女；及放奴婢为良，还压为贱：各减一等，合徒一年半。'即压为部曲者'，谓放奴婢为良，压为部曲、客女；'及放为部曲者'，谓放奴婢为部曲、客女，而压为贱者：又各减一等，合徒一年。仍并改正，从其本色，故云'各还

---

① ［唐］长孙无忌等：《唐律疏议》，刘俊文点校，法律出版社1998年版，第261页。
② 无论是在唐律律文中，还是在敦煌契约文书中，均将"放良文书"称之为"放书"，这一称谓是约定俗成的，其内容是特定的。因此，不能把"放妻书"归属于"放书"的一种，因为在敦煌放妻书中，如"放妻书一道（S.6537号6V）"第一行就写明"放妻书"。

正之'。此文不言客女者，名例律'称部曲者，客女同'，故解同部曲之例。"① 不仅如此，《唐律疏议·户婚律》还针对社会生活中实际存在的客观情形，以问答的方式对本条律文的规定作了解答：

> 问曰：放客女及婢为良，却留为妾者，合得何罪？
>
> 答曰：妾者，娶良人为之。据《户令》："自赎免贱，本主不留为部曲者，任其所乐。"况放客女及婢，本主留为妾者，依律无罪，准"自赎免贱"者例，得留为妾。
>
> 又问：部曲娶良人女为妻，夫死服满之后，即合任情去住。其有欲去不放，或因压留为妾及更抑配与部曲及奴，各合得何罪？
>
> 答曰：服满不放，律无正文，当"不应为重"，仍即任去。若元取当色为妇，未是良人，留充本色，准法无罪。若是良人女压留为妾，即是有所威逼，从"不应得为重"科。或抑配与余部曲，同"放奴婢为良却压为部曲"，合徒一年。如配与奴，同"与奴娶良人女"，合徒一年半。上籍为婢者，流三千里。此等转嫁为妻及妾，两和情愿者，并不合得罪。唯本是良者，不得愿嫁贱人。②

由此可见，虽然良贱之间的鸿沟巨大，但是，一经放良，则不能再压良为贱。因此，放与不放，是良贱制度的重要关隘，而放良书则是放良的法定途径之一。从此一意义上讲，敦煌藏经洞发现的放良书，对于我们研究良贱制度，具有不可替代的重要价值，而唐律将"已给放书"而"压为贱者"的行为视为犯罪行为加以打击，客观上对作为私权的放良行为得以通过公权的保护而畅行无阻，这是古代中国以刑护民的一个

---

① ［唐］长孙无忌等：《唐律疏议》，刘俊文点校，法律出版社 1998 年版，第 261 页。
② 同上书，第 261—262 页。

重要特质。

与良贱身份相关，唐律禁止良贱互婚。《唐律疏议·户婚律》明确规定："诸与奴娶良人女为妻者，徒一年半；女家，减一等。离之。其奴自娶者，亦如之。主知情者，杖一百；因而上籍为婢者，流三千里。"① 为何如此规定，其法理基础，就是疏议中所言的"人各有耦，色类须同。良贱既殊，何宜配合。"这就是贵贱有等的中古时代很难更易的社会伦理。

上述唐令中的良贱相奸而生子女者，解决的是子女的良贱身份问题，属于民事法律范畴，而《唐律疏议·户婚律》"奴娶良人为妻"条中对奴婢诈称为良人而与良人为夫妻者，则以犯罪论："即妄以奴婢为良人，而与良人为夫妻者，徒二年。奴婢自妄者，亦同。各还正之。[疏]议曰：以奴若婢，妄作良人，嫁娶为良人夫妇者，所妄之罪，合徒二年。奴婢自妄嫁娶，亦徒二年。'各还正之'，称'正之'者，虽会赦，仍改正之。若娉财多，准罪重于徒二年者，依'诈欺'，计赃科断。② 与此相近，《唐律疏议·户婚律》"杂户官户与良人为婚"条规定："诸杂户不得与良人为婚，违者，杖一百。官户娶良人女者，亦如之。良人娶官户女者，加二等。[疏]议曰：杂户配隶诸司，不与良人同类，止可当色相娶，不合与良人为婚。违律为婚，杖一百。'官户娶良人女者，亦如之'，谓官户亦隶诸司，不属州县，亦当色婚嫁，不得辄娶良人，违者亦杖一百。良人娶官户女者，加二等，合徒一年半。官户私嫁女与良人，律无正文，并须依首从例。"③ 而对于"奴婢私嫁女与良人为妻妾者，准盗论；知情娶者，与同罪。各还正之。"④ 其理据如[疏]议所云："奴婢既同资财，即合由主处分，辄将其女私嫁与人，须计婢赃，准盗论罪，五疋徒一年，五疋加

---

① [唐]长孙无忌等：《唐律疏议》，刘俊文点校，法律出版社1998年版，第293页。
② 同上。
③ 同上书，第294页。
④ 同上。

一等。知情娶者，与奴婢罪同；不知情者，不坐。自'杂户与良人为婚'以下，得罪仍各离而改正。其工、乐、杂户、官户，依令'当色为婚'，若异色相娶者，律无罪名，并当'违令'。既乖本色，亦合正之。太常音声人，依令'婚同百姓'，其有杂作婚姻者，并准良人。其部曲、奴婢有犯，本条无正文者，依律'各准良人'。如与杂户、官户为婚，并同良人共官户等为婚之法，仍各正之。"① 由此可见，良贱身份之于婚姻，界限分明，不得僭越。

（二）放良的途径与程式

手书放良文书，仅仅是放良的形式之一，此外还有三种途径。同时，从贱身转变为良人，还有固定的程式，并且只有履行了这些程式后，贱身才能正式转变为良人。

1. 放良的途径

放良的途径有四条：一曰国家放免，二曰自赎，三曰官府代赎或官府官吏代赎，四曰本主放良。

（1）国家放免。这是非常态的放良途径，次数虽少，但每次放免的人数甚众，因而影响深远。由于良贱制度关涉国家政治、经济、阶层，乃至宗教信仰等诸多方面，因而由国家主导的放免，其原因也就显得格外错综复杂。比如，国家放免奴婢人数甚众，影响极大的典型事例，应属"会昌法难"了，此次放免奴婢十五万人，可谓空前绝后。究竟而言，国家这次放免奴婢，其实是发生在唐武宗会昌年间的毁佛运动的"副产品"，这其中还杂糅了佛儒之争、寺院经济、国家税赋、宗教信仰等深层交错的诸多原因。据《旧唐书·武宗》载，会昌五年八月，制敕：

---

① [唐]长孙无忌等：《唐律疏议》，刘俊文点校，法律出版社1998年版，第294页。

朕闻三代已前，未尝言佛，汉魏之后，像教浸兴。是由季时，传此异俗，因缘染习，蔓衍滋多。以至于蠹耗国风，而渐不觉；诱惑人意，而众益迷。洎于九州山原，两京城阙，僧徒日广，佛寺日崇。劳人力于土木之功，夺人利于金宝之饰，遗君亲于师资之际，违配偶于戒律之间。坏法害人，无逾此道。……惩千古之蠹源，成百王之典法，济人利众，予何让焉。其天下所拆寺四千六百余所，还俗僧尼二十六万五百人，收充两税户，拆招提、兰若四万余所，收膏腴上田数千万顷，收奴婢为两税户十五万人。①

唐武宗追溯历史，历数佛教诸多弊端，直至认为佛教是"千古之蠹源"，因此拆寺4600余所，拆招提、兰若40000余所，收肥沃的土地数千万顷，还俗僧尼260500人，放奴婢从良150000人。更进一步，会昌五年八月，中书门下奏："应天下废寺，放奴婢从良百姓者。今闻有细口，恐刺史以下官人，及富豪、衣冠、商人、百姓计会藏隐，及量与钱物索取。敕下后，如有此色，并仰首出，却还父母。如有依前隐蔽，有人纠告，官人已下远贬，商人百姓，并处极法，其告事人，每一口赏钱一百千，便以官钱充给，续征所犯人填纳。"敕旨："宜依"。②这表明，因废寺而放奴婢从良后，如果有隐藏或"量与钱物索取"情形的，如有人纠告，对举报者予以奖励，即"每一口赏钱一百千"，而对"隐蔽"者则"并处极法"。这表明，奴婢一经国家放免，应当严格执行，不得隐藏和借此索取钱物。

（2）自赎。这是比较常见的从良途径。在上述敦煌放良文书样式中，其中的一件放良书样式（S.5706号）就属于自赎从良的样式。在这件样式中，自赎人因"自鬻供亲"即卖身为奴，然后因为"驱驱竭力"和

---

① ［后晋］刘昫等：《旧唐书》，中华书局1975年版，第605—606页。
② ［宋］王溥：《唐会要》（下），上海古籍出版社2006年版，第1863页。

面对异族入侵表现出的忠勇,而申说主人"放从良"。由此可见,大多因为极度贫困导致不得不"自鬻供亲"而卖身为奴后,通过自己的勤谨和长年效力,甚至以忠勇而赢得主人的信任,从而申请放免从良。这就有一个看似"循环"的过程:先因贫困卖身为奴,在做奴婢的若干年间,通过辛苦劳作等再将贱身自赎从良。所以,一般意义上的自赎,实际上并不是通常所说的奴婢靠出卖自己的劳力而赚得工钱,然后积攒下来用以赎身的。事实上,唐代律令也明确规定了奴婢可以通过自赎免贱。如"自赎免贱,本主不留为部曲者,任其所乐。"①再如,《唐律疏议·贼盗律》"谋杀故夫祖父母"条规定:"部曲、奴婢谋杀旧主者,罪亦同。……旧主,谓主放为良者。[疏]议曰:"其旧主,谓经放为良及自赎免贱者。"②此外,唐令也有"听赎为良,其人任意"的规定,如仿效唐令的《日本养老户令》规定:"凡化外奴婢,自来投国者,悉放为良,即附籍贯。本主虽先来投国,亦不得认。若是境外之人,先于化内充贱,其二等以上亲,后来投化者,听赎为良。"③

　　除依靠常年辛勤劳作赢得本主认可以自赎外,根据《新唐书·韩愈传》的记载,还可以通过"计庸"的方式得以自赎:"袁人以男女为隶,过期不赎,则没入之。愈至,悉计庸得赎所没,归之父母七百余人。因与约,禁其为隶。"④这种方式,是通过计算奴婢的工钱而获得自赎的。同样,《新唐书·柳宗元传》中也有通过"书庸"的方式自赎的记载:"柳人以男女质钱,子本均,则没为奴婢。宗元设方计,悉赎归之。尤贫者,令书庸,视直足相当,还其质。已没者,出己钱助赎。"⑤此外,根据《唐

---

① 〔日〕仁井田陞:《唐令拾遗》,栗劲、霍存福等编译,长春出版社1998年版,第171页。
② 〔唐〕长孙无忌等:《唐律疏议》,刘俊文点校,法律出版社1998年版,第356页。
③ 〔日〕仁井田陞:《唐令拾遗》,栗劲、霍存福等编译,长春出版社1998年版,第173页。
④ 〔宋〕欧阳修、宋祁:《新唐书》,中华书局1975年版,第5263页。
⑤ 同上书,第5142页。

会要·奴婢》所载:"[会昌]六年二月敕:'山南、江淮间,寺家奴婢,比来有敕厘革,或有父母赎男女将归,岁月既深,今却搜检,情非违敕,事恐扰人。如有此色,勘检有凭,并宜不要进收。自会昌元年以后者,不在此限。'"① 即由父母将子女赎归,也是一种自赎的方式。

(3)官府代赎或官吏自放。这在作为民间的敦煌放良书中所未见,但史书多有记载。如《唐会要·奴婢》中的记载的"大顺二年四月二十日敕:'天下州府及在京诸军,或因收掳百姓男女,宜给内库银绢,委两军收赎,归还父母。其诸州府委本道观察使取上供钱充赎,不得压良为贱。'"② 此敕将"官府代赎"作为一种官府责任通过制敕加以规定,因而更具普遍性。此外,官吏助赎也是一种放良途径,史书将此大多作为一种德绩在其生平中记载。比如上例中的柳宗元"出己钱助赎";再如,《旧唐书·张万福传》中记载:"魏州饥,父子相卖,饿死者接道。万福曰:'魏州吾乡里,安可不救?'令其兄子将米百车往饷之。又使人于汴口,魏人子卖者,给牛车赎而遣之。"③ 此例较多,不一一例举。还有,将因公赐给的奴婢自放,则属于"官吏自放"的一种放良方式,它与民间本主通过放良文书放免还是有一定区别的。兹举两例:一例是《唐会要·奴婢》记载的史实:"武德五年,安州刺史李大亮以破辅公功,赐奴婢百人。大亮谓曰:'汝辈多衣冠子女,破亡至此,吾亦何忍以汝为贱隶乎?'一一皆放还。"④ 另一例是《旧唐书·张道源传》中记载的史实:"时何稠、士澄有罪,家口籍没,仍以赐之。道源叹曰:'人有否泰,盖亦是常。安可因己之泰,利人之否,取其子女以为仆妾,岂近仁者之心乎!'皆舍

---

① [宋]王溥:《唐会要》(下),上海古籍出版社 2006 年版,第 1863 页。
② 同上书,第 1864 页。
③ [后晋]刘昫等:《旧唐书》,中华书局 1975 年版,第 4076 页。
④ [宋]王溥:《唐会要》(下),上海古籍出版社 2006 年版,第 1859 页。另,《旧唐书·李大亮传》中也有相同记载。

之,一无所取。"① 此孟子所言恻隐之心,因仁心而放免,史书以为其德绩而加以载述。

（4）本主放免。本主放免,是指奴婢的所有者（主人）通过放良文书等方式解除奴婢身份的行为。上述八件敦煌放良文书,除第四件放良书样式（S.5706号）、第五件从良书样式（S.4374号）外,其余六件均属于本主放免的情形。这些放良文书样式,不仅印证了这种放良的合法途径,尤其让千年之后的人们得以见识国家法律规定的"放书"结构、内容、用语乃至程式,以与史书记载的史实相互印证,从而丰富了我们研究良贱制度的史实与资料,拓宽了相关研究的视域。从六件敦煌放良文书样式看,被放良的奴婢大多因为"负债"卖身为奴,由于奴婢在本主家中"效力年深",或"累年驱驰,有恭谨之心,侍奉不亏孝道"之故,故本主制作放良文书予以放良。需要特别指出的是,敦煌所出的契约文书中（如此处的放良书,后面的分书、析产遗嘱文书）如此强调和申说"孝"（孝道）,乃至成为这些契约文书的正当化理据,这是因为"传统的中国不仅是以农立国,而且是以孝立国,孝是最重要的善行与德行。在诸善之中,孝最具有超越性；在诸德之中,孝最具有普遍性"。②

还有一种情况,与上述官吏自放不同,比如,据《旧唐书·李玄道传》记载："君廓在州屡为非法,玄道数正议裁之。尝又遗玄道一婢,玄道问婢所由,云本良家子,为君廓所掠,玄道因放遣之,君廓甚不悦。"③ 此例实际上是王君廓压良为贱,非法把良家女劫掠为婢女,而李玄道放回而已,与本为奴婢而放免的情形实有不同。

---

① ［后晋］刘昫等:《旧唐书》,中华书局1975年版,第4869—4870页。
② 杨国枢:"中国人孝道的概念分析",杨国枢主编:《中国人的心理》,中国人民大学出版社2012年版,第32页。
③ ［后晋］刘昫等:《旧唐书》,中华书局1975年版,第2583—2584页。

2. 放良的程式

先说放免的层级。唐代对因反逆相坐为官奴婢的,并不是一经放免即为良人。《唐会要·奴婢》:"旧制,凡反逆相坐,没其家为官奴婢。一免为番户,再免为杂户,三免为良人,皆因赦宥所及,则免之。"① 也就是说,对这些官奴婢需要逐级放免,经由番户、杂户,第三次放免才能成为良人。

在程式上,奴婢如要放免,必须除去附籍。依据户部令,这种除附须经三种手续,一是家长给予手书,也就是放良文书;二是长子以下连署;三是本署申牒除附,才能使放良最终合法有效。事实上,这些手续在传世文献也有记载,如《唐律疏议·户婚律》云:"[疏]议曰:依《户令》,放奴婢为良及部曲、客女者,并听之。皆由家长给手书,长子以下连署,仍经本署申牒除附。"② 实际上,这一规定在《唐会要·奴婢》中也有记载:"显庆二年(657年)十二月赦,放还奴婢为良及部曲客女者,听之。皆由家长手书,长子已下连署,仍经本属申牒除附。诸官奴婢年六十已上及废疾者并免贱。"③

此外,对于已放为良的奴婢,而又被压为贱者,或是部曲已放为良并已给放书,而又被压为贱者,如前已述,根据《唐律疏议·户婚律》规定,则要受到法律的惩处,依律追究刑事责任。

---

① [宋]王溥:《唐会要》(下),上海古籍出版社2006年版,第1859页。
② [唐]长孙无忌等:《唐律疏议》,刘俊文点校,法律出版社1998年版,第261页。
③ [宋]王溥:《唐会要》(下),上海古籍出版社2006年版,第1859页。

第十一章　敦煌分家析产文书

敦煌分家析产文书，在此类文书中自称为"分书"，①它不仅是我们研究中国中古时代家族与家庭伦理的珍贵史料，也是我们分析传统中国社会中亲情与义利关系，以及甄别与衔接敦煌遗嘱析产文书（大多自称为"遗书"）不可或缺的材料。

一、同堂还是分家：文化、法律与现实的背反

分家，意味着分家之人曾经同居共财，而现在因为种种原因，要把一个大的"家"分成两个以上的小"家"，此即唐律中所言的"别籍"。伴随着分家行为的是析产，即按照一定的分割原则，把大"家"中共同所有的财产以分开的小"家"为单位分成若干份，此即唐律中所言的"异财"。合起来，也就是因"分居"而"分财"，所以，敦煌所出的六件"分书"实际上是分家析产文书，其实质有二：一是因分家而引起"分居"；二是因析产而导致"分财"。惟其如此，"分书"关涉唐代律令明确规定的"别籍异财"及相关的"析户"令。虽然"遗书"中也有一个"别籍异财"的问题，但它与"分书"的根本区别是"遗书"因继承而析产，而"分书"则因分家而析产。

---

①　此处的"分书"之称，源于敦煌契约文书本身，乃是时人对此类文书的通称，如"董加盈兄弟三人分书（S.2174号）"第二十七行中，叙写为"闰八月十二日，立分书"。分书，实即分家析产文书，因此，这两种称谓可通用。

（一）同堂还是分异

一个"家"，在究竟是"合"还是"分"的问题上，传统中国的历史与文化形成了一个富有意味的悖论：一方面，基于宗族加固、儒家孝道和大团圆的文化取向，历代官方倡导甚至旌表的是世代同堂，于是在正史典籍乃至民间稗史中，四世同堂，以及五世同堂甚至六世同堂，向来被传为佳话，如在《旧唐书》列传中专列"孝友"一节，对孝友行为立传。[①]其中，"刘君良，瀛州饶阳人也。累代义居，兄弟虽至四从，皆如同气，尺布斗粟，人无私焉。"[②]唐高祖在武德二年，对雍州宋兴贵因"累世同居，躬耕致养"而下诏旌表：

> 人禀五常，仁义为重；士有百行，孝敬为先。……宋兴贵立操雍和，志情友穆，同居合爨，累代积年，务本力农，崇谦履顺。弘长名教，敦励风俗，宜加褒显，以劝将来。可表其门闾，蠲免课役。布告天下，使明知之。[③]

与此相类，"郓州寿张人张公艺，九代同居。"[④]事实上，即使是当代，官方与民间依然将世代同堂视为一件应予褒扬的盛事。但另一方面，与这种世代同堂的道路相反，通常是将一个大家庭通过分家分成很多个小家庭。这一取向，早在战国时代，商鞅就颁行了著名的"分户令"：

> 民有二男以上不分异者，倍其赋。[⑤]

---

① 该篇开宗明义曰："善父母为孝，善兄弟为友。"
② ［后晋］刘昫等：《旧唐书》，中华书局1975年版，第4919页。
③ 同上书，第4919—4920页。
④ 同上书，第4920页。
⑤ ［汉］司马迁：《史记》，中华书局2009年版，第420页。

我们知道，"这项内容被法史学界认为是著名的'分户令'，是分家析产或论及中国古代家族法原理所必须追溯者。"①事实上，"作为其变法条令蓝本的《商君书·垦令》亦记载这次变法对于那些'禄厚而税多，食口众者'的富贵人家，'以其食口之数，赋而重使之'。显然，这里是通过加倍征收赋税来强制推行以一夫一妻及其未成年子女构成的小家庭。"②究竟而言"《分户令》"的意义在于：析分大家庭，挖掘人力资源；推行小家庭制，增加赋役收入；移风易俗，改变嫡长子继承制；为编定户籍，实行什伍连坐制度创造了条件，同时使秦文化从戎狄文化圈中超越出来，达到或超越中原文化的水平。"③也就是说，与商鞅"分户令"相应和一致的实际趋向，并非官方旌表、民间仰慕的世代同堂，而是分家分户。换言之，看似异常隆盛的世代同堂，并非常态，因少而奇，因奇而彰，因彰而显，但其实发生的数量极少。瞿同祖就明确认为，"只有着重孝悌伦理及拥有大量田地的极少数仕宦人家才办得到，教育的原动力及经济支持力缺一不可，一般人家皆不易办到。"④事实上，世代以上同堂的大家庭不仅需要巨大的财力支撑，还需要代际人际关系、大家庭内部成员之间的信任与和睦，甚至需要祖辈的高寿方能实现，绝非易事。

因此，即使官方倡导和旌表，即使民众围观与羡慕，累世同堂毕竟是少数。李亦园说："庞大的累世同居家族固然在理想上为中国人所称羡，但在事实上，真正数代同居的家族并不多见，反而只有两三代纵深的中型家庭在历史中占了多数。"⑤也就是说，在同堂还是分异的道路

---

① 王斐弘：《治法与治道》，厦门大学出版社2014年版，第316页。
② 高士荣："秦国商鞅变法中'分户令'的重大意义"，《西安财经学院学报》2013年第6期。
③ 同上。
④ 瞿同祖：《中国法律与中国社会》，中华书局2003年版，第5页。
⑤ 李亦园："中国人的家庭与家的文化"，文崇一、萧新煌主编：《中国人：观念与行为》，中国人民大学出版社2013年版，第85页。

上，两者注定无法相向而行。一般情形是，普罗大众更多地涌向分家的路径，因为后者有其内生的生活逻辑，它不仅是生活事实，也是由生活事实出发，并与生活事实妥帖无违的内在需要。换言之，被传统伦理观念肯认、鼓励的累世同居的大家庭，与民间分家而形成的无限小家庭形成了一个巨大的反差，即累世同居的大家庭虽被旌表和传扬，但事实上，分家才是常态。① 对此，费孝通曾深刻地分析道："因为有了伦理观念中的不分家的标准而在事实上不要求分家的农民却是很少很少。这说明了传统的伦理观念，至少在这一方面，并不是产生在农民的生活事实里的。伦理观念本是一种维持社会结构的力量，它必需和生活事实相符合。"② 杨鸿烈则直言道："西洋的家庭只包括'夫妇和未成年的子女'，比起中国唐代张公艺家'九世同居'的要简单而且合于人性多了。"③

（二）唐代律令关于别籍异财与析户的规定

《唐律疏议·户婚律》"子孙别籍异财"条及[疏]议如下：

> 诸祖父母、父母在，而子孙别籍、异财者，徒三年。别籍、异财不相须，下条准此。
>
> [疏]议曰：称祖父母、父母在，则曾、高在亦同。若子孙别生户籍，财产不同者，子孙各徒三年。注云"别籍、异财不相须"，或籍别财同，或户同财异者，各徒三年，故云"不相须"。"下条准此"，谓父母丧中别籍、异财，亦同此义。

---

① 《旧唐史》虽专列"孝友"以彰其行，但唐朝（618年—907年）共历21帝，享国289年，在这么长的时段中，被一部《旧唐史》旌表的累世同居者，他们虽然衣冠盛德、可以劝世，但只有上引的刘君良、宋兴贵、张公艺三家而已。而最著者九代同居的张公艺，在回答唐高宗的"义由"时，但书百余"忍"字，高宗为之流涕。
② 费孝通：《乡土中国 生育制度》，北京大学出版社1998年版，第181页。
③ 杨鸿烈：《中国法律思想史》，商务印书馆2017年版，第351页。

若祖父母、父母令别籍及以子孙妄继人后者,徒二年。子孙不坐。

[疏]议曰:若祖父母、父母处分,令子孙别籍及以子孙妄继人后者,得徒二年。但云"别籍"不云"令其异财",令其异财者,明其无罪。①

此条唐律规定,如果祖父母、父母在世,而子孙"别籍"(即另立户籍,实质就是分户,或曰"分家")、"异财"(即分割家财,实质就是分财,或曰"析产"),要处徒刑三年。如此规定,旨在"谴责此种行为有亏侍养之道,大伤亲心。"②所谓别籍、异财不相须,是指别立户籍、分割家财不必同时具备。也就是说,如果祖父母、父母在世,而曾、高祖在世的情况,若子孙另立户籍,财产不共有的,子孙都处徒刑三年。注文里的别籍、异财不相须,包括两种情形,一是籍别财同(不同户籍而财产共有),二是户同财异(同户而财产分割),有其一者即对子孙处徒刑三年。

此外,对于祖父母、父母做主安排,教子孙分户及把子孙非法给人做继嗣的,也要处徒刑二年,子孙不处罚。需要注意的是,此处只处罚"别籍"而不处罚"异财",与子孙别籍异财均须处罚不同。事实上,按照《唐律疏议·户婚律》的规定:"诸居父母丧,生子及兄弟别籍、异财者,徒一年。"③即使父母去世后,子女在服丧期间既不准分户,也不准分产。这些规定的实质,一是防止子孙对祖父母、父母供养有阙,有损孝道;二是防止因分户、分财伤及"兄友弟恭",④以维护一个家庭"表面的无违"。因为"儒家伦理是维持家庭——宗族层系的基础。族规和家法

---

① [唐]长孙无忌等:《唐律疏议》,刘俊文点校,法律出版社1998年版,第257—258页。
② 张晋藩:《中国法律的传统与近代转型》,法律出版社2005年版,第124页。
③ [唐]长孙无忌等:《唐律疏议》,刘俊文点校,法律出版社1998年版,第258页。
④ 此即"沙州僧张月光兄弟分书(P. 3744号)"的用语。

以敬祖宗,崇祭祀,孝父母,序长幼,友兄弟,教子孙,别夫妇,尚勤俭,植贞节的儒家礼法规范族人的行为。"①

除唐律外,唐令还对"析户"作出规定:

> 诸以子孙断绝,应析户者,非年十八已上,不得析。其年十七已下,命继者,但于本生籍内。注云年十八然听,即所断处,有母在者,虽小亦听析出。②

此条为唐开元二十五年(737年)令,应当是对上述唐律的补充和变通。按照此令,为防止因子孙断绝而产生的"绝户"现象,允许年满十八岁者可以析户,即使生母尚在,"虽小亦听析出",也就是允许分户。但对于其年在十七岁以下的"命继者",其户籍要留在本生父母籍内。另一唐令,强调了"成丁"是可以"析户"的前提:

> 诸户欲析出口为户,及首附口为户者,非成丁,皆不合析。应分者,不用此令。③

需要补充的是,"唐武德后以二十一为丁,而析户之令又以十八为断",④两者实际上是有冲突的。当然,分家必然伴随作析产。对此,唐令也作了明确的规定:"诸应分田宅及财物者,兄弟均分(其父祖亡后,各自异居,又不同爨,经三载以上;逃亡,经六载以上。若无父祖旧田宅邸店碾硙部曲奴婢见在可分者,不得辄更论分),妻家所得之财,不在

---

① 唐力行:"明清徽州的家庭与宗族结构",《历史研究》1991年第1期。
② 〔日〕仁井田陞:《唐令拾遗》,栗劲、霍存福等编译,长春出版社1998年版,第143页。
③ 同上书,第144页。
④ 〔清〕沈家本:《历代刑法考》,中华书局1985年版,第1335页。

分限（妻虽亡没，所有资产及奴婢，妻家并不得追理）；兄弟亡者，子承父分（继绝亦同）；兄弟俱亡，则诸子均分（其父祖永业田及赐田亦均分，口分田即准丁中老小法。若田少者，亦依此法为分），其未娶妻者，别与娉财；姑姊妹在室者，减男娉财一半；寡妻无男者，承夫分。"① 由此可见，此令对于财产的分割，确立了以下三条原则：

一是兄弟均分原则。其成就的条件有四点：父祖亡后，各自异居，又不同爨，经三载以上，或者逃亡经六载以上。但对于没有父祖留下财物可分，如旧田宅、邸店、碾磑、部曲、奴婢等，"不得辄更论分"。因此，"无论是成文法还是习惯上，家产分割在原则上一直都是采取均分主义，而排除某一个儿子居优势地位。不过有时候也承认长子长孙的份额（长分）要稍多一些，这种嫡庶异分主义的习惯也是因地而异，并不是没有的。"②

二是妻财不分原则。即使享有妻财的人妻亡故，"妻家并不得追理"。

三是代位继承原则。即兄弟亡者，子承父分（继绝亦同）；兄弟俱亡，则诸子均分。此条原则与敦煌析产遗嘱文书相关联。为了公平，此令细分了在实际生活中可能出现的几种具体情形：一是诸子中对"未娶妻者，别与娉财"；二是"姑姊妹在室者，减男娉财一半"；三是对"寡妻无男者，承夫分"。

综上所述，这就产生了一个很大的问题，即敦煌"分书"是否涉及唐律明确禁止的"别籍异财"？换言之，敦煌所出的"分书"所反映的现实生活样态，是否与唐代律令的规定相悖呢？

---

① 〔日〕仁井田陞：《唐令拾遗》，栗劲、霍存福等编译，长春出版社1998年版，第155页。
② 〔日〕仁井田陞：《中国法制史》，牟发松译，上海古籍出版社2011年版，第175—176页。

二、敦煌分书的立约前提与立约原因

由于唐律对"别籍异财",实质即分家与析产的前提作了明确的禁止性规定,即只要有"祖父母、父母在"这一限制性的前提,就既不准分家,也不准析产,只对"绝户"家庭,即使生母尚在,也允许年满十八岁者析户。那么,敦煌所出的六件分书,有没有违反唐律"祖父母、父母在"这一限制性的前提呢?

(一) 分书中不存在唐律所禁止的前提

在敦煌所出的六件分书中,有三件属于可供套用的"样式",有三件则属于真实发生的分家析产文书,可称为"真实分书"。下面以这两类文书,分析它们与唐律规定的限制性前提是否冲突。

1. 敦煌分书样式不存在禁止性前提

第一件,分书样式(S.5647号)长达六十八行,[①]这在所有的敦煌契约文书中其长度也是比较少见的。研读该样书,不难发现,此件应当命名为"叔侄分家书"方妥,方能点睛提要。既然是叔侄分家,自然涉及作为侄子的父母、作为叔的父母亦即侄子的祖父母是否"在"世的问题。该分书第三行至第四行中,有"况二人等,忝为叔侄"的表述,在第二十六行至第三十三行中写明:"盖为侄某乙三人,少失父母,叔便为亲尊。训诲成人,未申乳哺之恩;今生房分,先报其恩,别无所堪,不忓分数,与叔某物色目"。这段文字清楚地表明,由于侄某乙三人,自少失去了父母,由叔叔作为其"亲尊"并将他们三人"训诲成人",有"乳哺之恩"

---

① 唐耕耦、陆宏基编:《敦煌社会经济文献真迹释录》(第二辑),全国图书馆文献微缩复制中心1990年版,第164—171页。

却未报答。因此,欲在分家时"先报其恩",即给予其叔若干财产。从中我们看出,作为侄子某乙三人,并不存在"父母在"而"别籍异财"的禁止性前提,至于叔叔是否存在"父母在"的情形,分书样式中没有写明,按照常理推断,大概也亡故了,因此也不存在违反唐律禁止性规定的前提。

在这件分书样式中,还需甄别的两个重要问题:一是侄某乙三人的父母亡故后,同他们的叔叔生活在一起,直至长大成人,才产生了"分家析产"的问题。在此情形下,这件"分书"只是叔侄之间的分家与析产,并未涉及"侄某乙三人"之间的再分家、再析产问题;二是它之所以还是分家析产文书,而非遗嘱析产文书,是因为析产是按照分书特有的原则对家产进行的分割,而非按照父母的遗嘱进行的分割。因此,不能因为这也是父母亡故后的析产而误认或将之归类到遗嘱析产,需要审慎的甄别。

第二件,分书样式(S.6537号3V)较短,只有十二行,[①] 属于常见的兄弟分家析产样式,不到第一件样书长度的五分之一。此件分书第四行至第五行写明:"今则兄厶乙、弟厶甲,今对枝亲村邻,针量分割",针对的是分家主体和财产的分割,而在第十行中的"自今以后,别开门户",针对的则是分家而另立门户。此件分书通篇看不出"父母在"的前提,推测而言,这不是故意规避,而是不存在"父母在"的问题,因此略去不写。

第三件,分书样式(S.4374号)共有二十五行,[②] 它最大的特点是有八行签署,弥补了前两件分书样式的不足。同第二件分书样式一样,通

---

① 唐耕耦、陆宏基编:《敦煌社会经济文献真迹释录》(第二辑),全国图书馆文献微缩复制中心1990年版,第181页。

② 同上书,第185—186页。

篇看不出有"父母在"的前提,但仔细斟酌该分书样式用语,再参酌该样式第三行至第四行中"恐后子孙乖角,不守父条",第七行至第八行中"不许他年更相斗讼",第九行至第十行中"骨肉情分,汝勿违之;兄友弟恭,尤须转厚"等切切叮嘱,似乎是父亲的口吻。那么,如果父在母亡,属不属于"父母在"的情形呢,值得探讨。

需要指出的是,作为分书的样式,不应视为一种对生活场景中分家析产的简单模拟,而应看到,它之所以能成为可资套用的文书"样式",样文中叙写的分书原因、是否涉及"别籍异财"以及财产分割方式等,更具有普遍性,才能被不同情形的分书当事人套用。惟其如此,以上三件分书样式,两件明确了不存在"父母在"而别籍异财的违法前提,一件看不出是否存在"父母在"而别籍异财的违法前提,可视为一种小心翼翼的避让,也具有代表性。

2. 敦煌真实分书中也不存在禁止性前提

第一件,沙洲善护、遂恩兄弟分书(P.2685号)共三十六行,[①]每行字数甚多。该分书详细记载了城外庄田、地水及舍园林,城内舍宅、家资什物、畜乘等家产分割情况,十分细密。由于该分书前缺,而另一件戊申年(828年)四月六日沙洲善护、遂恩兄弟分书(S.11332 ASD)只有四行,[②]该分书第二行恰与沙洲善护、遂恩兄弟分书(P.2685号)第一行相衔接,也就是说,这两件残缺的文书合起来刚好是一件完整的分书,所以应视为一件分书,则该件分书是戊申年(828年)四月六日所立无疑。这件沙洲善护、遂恩兄弟分书(P.2685号),自始至终没有任何表明善护、遂恩兄弟"父母在"的文字。

---

① 唐耕耦、陆宏基编:《敦煌社会经济文献真迹释录》(第二辑),全国图书馆文献微缩复制中心1990年版,第142—143页。

② 同上书,第144页。

第二件，沙洲僧张月光兄弟分书（P.3744号），现存四十九行，[①]不但很长，每行字数也很多。该分书详细载述了沙洲僧兄张月光、弟张日兴、弟张和子三兄弟分家析产的内容。该分书第十三行至第十四行明确有"只恨生居乱世，长值危时，亡父丧母，眷属分离。事即如此，亦合如此"的表述，表明分书是在"亡父丧母"的情形下所立，不违反唐律的规定。

第三件，董加盈兄弟三人分家文书（S.2174号），共有三十行，[②]不仅是一件真实订立的分书，还是唯一一件十分完整的分书。该分书第二行至第三行有"董加盈、弟怀子、怀盈兄弟三人，伏缘小失父母，无主作活，家受贫寒"的载述，真实的表明该分书是在三兄弟"小失父母"的情形下所立，同样不违反唐律的规定。

综上可见，无论分书样书还是真实分书，均不存在唐律禁止的"祖父母、父母在"而子孙"别籍异财"的前提。[③]

（二）分书订立的原因

如果说敦煌分书中没有唐律禁止的前提，这表明民间私契文书与国法并行不悖，因之是有效和受国法保护的话，那么，与禁止性前提相关联的则是分书订立的原因，它是敦煌契约文书本有的深层次前提，是契约文书得以具备合理性与正当化的根据，需要我们进一步研析。

1. 敦煌分书样式的订立原因

在第一件分书样式（S.5647号）中，文书从一开始就铺陈了许多兄弟之恩，叔唱侄和的人情述说，然后从第十七行至第二十六行，引出分

[①] 唐耕耦、陆宏基编：《敦煌社会经济文献真迹释录》（第二辑），全国图书馆文献微缩复制中心1990年版，第145—147页。

[②] 同上书，第148—149页。

[③] 据日本学者守屋美都雄考证，到东汉以后，对于父母生前分家的禁忌，也只是像班固那样的儒教主义者的理想而已，并非限制现实家族形态的规范意识。参见〔日〕守屋美都雄：《中国古代的家族与国家》，钱杭、杨晓芬译，上海古籍出版社2010年版，第239页。

书订立的原因,也就是何以分家析产的原因:"佛教有氛氲之部,儒宗有异见之愆。兄弟之流,犹存一智。今则更过一代,情义同前。恐怕后代子孙,改心易意,谤说是非。今闻衍家家中殷实,孝行七传,分为部分根原,免后子侄疑误。"这样叙说分书订立的原因很"间接",与其说很雅,毋宁说很绕。该分书之义,是说虽然分家之人"情义同前",但"怕后代子孙,改心易意,谤说是非,……分为部分根原,免后子侄疑误",所以分立门户,以此为凭。

在第二件分书样式(S.6537号3V)中,订立分书的原因也是在叙说兄弟情义后,从第二行至第四行写到:"鸟将两成,分飞四海。堂烟习习,冬夏推移;庭前荆树,犹自枯觜。分离四海,中归一别。"此段文字的前面是比兴,后面八个字写出分家原因:"分离四海,中归一别。"这样表述,也不直接,而是采用了一种委婉的方式表达一种最普遍、最常见的分家理由。

在第三件分书样式(S.4374号)的第三行至第五行,叙写了订立分书原因:"今时浅狭,难立始终。恐后子孙乖角,不守父条。或有兄弟参商,不识大体。既欲分荆截树,难制颓波,□领分原,任从来意。"还是以比兴替代直接原因,与前二件分书样式相比,已经很直接了,其核心词语是"兄弟参商",[①]比喻兄弟感情不睦。如曹植的《与吴季重书》中有"面有逸景之速,别有参商之阔"。因此,分家同时是为了防止该分书第七行至第八行所言的"他年更相斗讼,……反目嫌憎"。

2. 敦煌真实分书的订立原因

在沙洲善护、遂恩兄弟分书(P.2685号与S.11332ASD合缀)中,在戊申年(828年)四月六日沙洲善护、遂恩兄弟分书(S.11332 ASD)第四

---

① 参和商都是二十八宿之一,两者不会同时出现在天空中,以此比喻亲友隔绝,不能相见,也比喻感情不和睦。

行,亦即沙洲善护、遂恩兄弟分书(P.2685号)的第三行有"兄弟义让"的字样,在第四行至第五行有"其两家和同,对诸亲立此文书"的表述。也就是说,该分书订立的原因是比较笼统的"兄弟义让"四字,除此之外,没有具体、明确的分家原因。

在沙洲僧张月光兄弟分书(P.3744号)中,由于该分书前缺,订立分书的原因不详。

在董加盈兄弟三人分家文书(S.2174号)中,第二行至第五行有"董加盈、弟怀子、怀盈兄弟三人,伏缘小失父母,无主作活,家受贫寒,诸道客作,兄弟三人久久不养。今对亲姻行巷,所有这些贫资,田水家业,各自别居,分割如后。"从这些表述看,只有"各自别居"这一分家意愿的表达,未讲究竟因何分家析产。

综上,我们分析认为,一是在儒家温情脉脉的文化面纱下,面对亲情与财产分割指向的义利冲突,表现在分书中,就是一种欲说还休的间接表达,它婉约、温情和半遮半掩,有意不说透甚至刻意回避,乃至采用比兴的方式间接点到为止,但绝不点透。二是在敦煌常见的借贷契约、买卖契约中,要"认识契约的本质,理解当事人的意思,重要的方面就在于订立契约的原因或目的",① 因此对契约文书的订立原因叙写得直接明了,但是在敦煌分书中,我们看到的契约原因往往云遮雾罩,一种对亲情裂痕、家庭矛盾的刻意掩饰,一种可做而不明说的心照不宣。这是因为"在农村,一谈到分家没有人会理直气壮地认为是应当的,多少要用不得已、不争气等宥词来表示行为和标准不合的苦衷。"② 也就是说,之所以如此,还是传统观念与传统文化的基因使然。三是之所以分家是

---

① 韩伟:"中国传统契约'原因条款'研究——兼与欧陆民法原因理论之比较",《北方法学》2014年第6期。
② 费孝通:《乡土中国 生育制度》,北京大学出版社1998年版,第181页。

生活事实,是因为所有的人都明白,维系一个四世以上同堂的大家庭在财力、和睦、高寿这三个方面是一般家庭难以达到和企及的。相反,"析财分居不仅可减缓家庭内部的矛盾,而且也利于商业经营。兄弟分财分居后,各自独立经营,能最大限度地调动起各人的积极性。"① 所以分家者众,这也为敦煌分书中不仅有样式,还有真实分书所证明。

三、敦煌分书所见的家产分割及分割原则

敦煌分书的核心表面看起来有两方面,一是别籍,二是析产,但真正的核心其实是析产。质言之,分家就是分产。虽然分家是前提,但分产才是目的。也就是说,如果不违反国家律令关于别籍异财的禁止性规定,那么一般意义上的分家,是指将一个大家庭分立成两个以上的小家庭的行为,也就是将"共居"变成"分居",而分居更主要的是分立门户,其实质是将原来的"共爨"变成"分爨",也就是另起炉灶、各自烧火做饭过日子。至于唐律所言的"别籍",则是国家户籍管理层面的标志与说法。因此,别籍也好,异爨也罢,这在分书中是心知肚明的事情,用不着着墨强调,但分家中的分产则必须言明,这不仅因为一如民间所说的"亲兄弟也要明算账",更因为家产的分割比较琐碎和繁杂,不白纸黑字写明,就有可能在后续履行中发生纠纷,或在心里留下不快,暗结"疙瘩",不利于和睦相处。从这一意义上看,通过分书而分产,实际上还是一个清点、评估家产进而做到公平分产的过程,显而易见,是利大于弊的契约行为,值得肯定。因此,需要重点对分书中的家产分割及分割原则作一探讨。

---

① 唐力行:"明清徽州的家庭与宗族结构",《历史研究》1991年第1期。

（一）分书样式中的家产分割原则

先看三件分书样式中的家产分割原则。第一件分书样式（S.5647号）比较特殊，因为是叔侄分家文书，且阿叔有养育和抚养之恩，因此，在财产的分割上，该样式第三十四行至第四十一行首先叙写的是"已上物色献上阿叔，更为阿叔殷勤，成立活计，兼与城外庄田车牛驼马家资什物等，一物已上分为两分，各注脚下，其名如后"。①也就是说，在财产分割上，首先要将"物色献上阿叔，更为阿叔殷勤"，也就是首先将一部分财产献给阿叔，然后再对其他家产进行分割。由于此件分家析产文书是样式，所以第四十行至第四十一行只是写出了"其名如后"，并未列出具体待分家产的名物，如果他人套用这一样式，就可在此处列明。事实上，真实分书中的沙州僧张月光兄弟的分书，从第三十一行开始，直到第四十九行，都在叙写某样家产如何分割和分给谁。另一件董加盈兄弟三人分家文书，从第五行分割如后，然后从第六行至第二十二行是家产的具体分割情况，亦可佐证。

第一件分书样式（S.5647号）从第四十二行至第四十七行确立了财产分割原则："右件分割家沿活具什物，叔侄对坐，以诸亲近，一一对直，再三准折均亭，抛钩为定。更无曲受人情，偏藏活业。"在这段叙述中，前半段强调的是当面公开，且程序公正，而后半段中的"再三准折均亭，抛钩为定"，才是真正的家产分割原则。这里的"再三"，表达的是通过反复核对的审慎与公正，而"准折均亭"，实质有两意，一是家产分割以"均亭"亦即以"均分"为原则；二是这种"均亭"往往需要"准折"才能实现。换言之，不少不可分之物，比如一头牛，总不能一分为二吧，怎

---

① 唐耕耦、陆宏基编：《敦煌社会经济文献真迹释录》（第二辑），全国图书馆文献微缩复制中心1990年版，第168页。

么办呢？

通常的解决方式有二：一是按照牛的岁口和使用价值，参照当时、当地的行情，"准折"后以其他家产折抵以实现"均亭"；二是合用，它存在于真实的分书中。但问题的复杂性在于，不少家产无法一一"准折"，比如土地的肥瘠、房屋的朝向，甚至某物之于某人的偏好等等，依然无法解决，或者说，无法做到真正的公平，这时，就只好"抛钩为定"。抛钩也就是抓阄，是一种沿用至今的保证公平的古老然而行之有效的办法，即将某一选择诉诸于"运气"或"天意"，以实现该分书中所言的"无曲受人情"的预设。

第二件分书样式（S.6537号3V）第五行至第六行写到："城外庄田，城内屋舍，家资什物及羊牛畜牧等，分为厶分为凭。"该样式只写出了家产"分为厶分为凭"，但未写出分割原则，大抵"均分"已是不言自明的分割原则，因此该样书缺省了。

第三件分书样式（S.4374号）第五行至第六行写明："家资产业，对面分张。地舍园林，人收半分。分枝各别，具执文凭"。这段文书依然强调的是对面分张的公正，且有具执的"文凭"。该样书第十三行到第十五行列出了应列的家产："某物、某物、某物、某物、某物、车、牛、羊、驼马、驼畜、奴婢、庄园、舍宅、田地乡籍、渠道四至"后，在第十六行至第十七行间接写出了分割原则："右件家产，并以平量，更无偏党丝发差殊。"关键词在"平量"，应当是据量（数量和质量）平分之义，而"量"，理应理解为家产的数量与质量。应"平量"到什么程度呢？该文书说，应没有一丝一毫偏差的程度。应当说，该样书虽是民间文士之作，但此句实在神妙，是千锤百炼的结果。

（二）真实分书中的家产分割及分割原则

我们再看三件真实分书中家产的分割原则。首先需要指出的是，真实分书与分书样式最大的不同在于，前者在家产分割上巨细靡遗，非常细致，后者只能在相应的位置留空代填。

在沙州僧张月光兄弟分书（P. 3744 号）中，由于该分书残缺，到第二行至第四行中，写明了"是故在城舍宅，兄弟三人停分为定。余之资产，前代分擘俱讫，更无再论。"这里实际上存在一项家产分割原则加一项补充说明：一是针对"在城舍宅"，实行"兄弟三人停分"的原则，而对其余家产，则由"前代分擘"完毕。这个"前代分擘"是什么意思呢？前代，应当不限于父母，至于分擘，当是通过遗嘱进行的析产。

此外，该分书第三十一行至第三十二行有"平都渠庄园田地林木等，其年七月四日，就庄对邻人宋良升取平分割。故立斯文为记"的载述；第四十一行有"塞庭地及员佛图地，两家亭分"的载述；第四十九行有"塞庭地两家亭分。员佛园渠地两家亭分"的载述。从这些载述可见，该分书在家产分割上实行的是"均分"原则。

真实分书的家产分割究竟细致到何种程度？先说僧张月光兄弟分书。该分书第四行至第十行详列了家产的析分："前录家宅，取其东分。东西叁丈，南北，北至张老老门道，南师兄厨舍南墙□□□□定，东至叁家空地。其空地约旧墙外叁□□□□内，取北分，缘东分舍，见无居置，依旧堂□□见在椓木并檐，中分一间，依数与替。如无替，一任和子拆其材梁，以充修本。分舍枇篱，亦准上，其堂门替木壹合，于师兄日兴边领讫。步砲壹合了。"这件分书奇特之处在于，在第二十行至第三十行分书的契尾签署后，又从第三十三行至第四十九行，再次详细叙写了家产析分的情况：

兄僧月光取舍西分壹半居住，又取舍西园从门道直北至西园北墙，东至榖场西墙直北已西为定。其场西分壹半。口分地取牛家道西叁畦共贰拾亩，又取腐坑地壹畦拾亩，又取舍南地贰亩，又取东涧舍坑巳东地叁畦共柒亩，孟授地陆畦共拾伍亩内各取壹半。又东涧头生荒地 各取 壹半。大门道及空地车敝并井水，两家合。其树各依地界为主。又缘少多不等，更于日兴地上，取白杨树两根。塞庭地及员佛图地，两家亭分。园后日兴地贰亩，或被论将，即于师兄园南地内取壹半。弟日兴取舍东分壹半居住，并前空地，各取壹半，又取舍后园，于场西北角北巳东绕场东直南□□舍北墙治穀场壹半。口分地取七女道东叁畦共贰拾亩，又取舍南两畦共柒亩，又取阴家门前地肆亩，又取园后地贰亩，又取东涧头舍方地柒亩，孟授地陆畦共壹拾伍亩内壹半。又东涧头生荒地，各取壹半□□□车敝井水合。塞庭地两家亭分。员佛园渠地两家亭分。①

（后缺）

从中我们看到，分家的本质貌似别籍，实质是分财。这一真实分书中对地、舍四至、亩数多少的载述，详实而细密，让人叹为观止，甚至"又缘少多不等，更于日兴地上，取白杨树两根"加以弥补。如此锱铢必较，才是民间生活的本相，用黄宗智的话说，这才是我国民间的"生存伦理与逻辑"。②

在沙洲善护、遂恩兄弟分书（P.2685号与S.11332ASD合缀）中，先在戊申年（828年）四月六日沙州善护遂恩兄弟分书（S.11332 ASD）分书开首作了明确表述："兄善护、弟遂恩诸亲□□□别城外庄田及舍园林，城内舍宅家资□□□□什物畜乘安马等，两家停分□□□□取其铛壹领，壹拾叁增，兄弟义让，伯上大郎，不入分。"再接上沙洲善护、遂

---

① 唐耕耦、陆宏基编：《敦煌社会经济文献真迹释录》（第二辑），全国图书馆文献微缩复制中心1990年版，第147页。
② 〔美〕黄宗智：《清代以来民事法律的表达与实践：历史、理论与现实》（卷二），《法典、习俗与司法实践：清代与民国的比较》，法律出版社2014年版，第162页。

恩兄弟分书（P.2685号）第四行表述为"数。其两家和同，对诸亲立此文书"。前件残缺的文书开首，在对家产作了概括表述后，明确提出了"两家停分"的分割原则，辅助有"兄弟义让，伯上大郎，不入分数"的表述。也就是说，该书第四行的"其两家和同"，则是对"两家停分"分割原则的申述和强调。这里的"和同"，是因和气商议而达成相同分割家产方案的意思。

应当说，沙州善护、遂恩兄弟分书（P.2685号）同上件僧张月光兄弟分书（P.3744号）中分产的细密程度可以相提并论。该分书第七行至第十八行中对城外舍、地水的详细析分，也是巨细靡遗，让人感叹：

城外捨舍：兄西分三口，弟东分叁口；院落西头小牛舞（庑）捨合捨外空地，各取壹分；南园，于李子树已西大郎，已东弟；北园渠子已西大郎，已东弟；树各取半。地水：渠北地三畦共壹拾壹亩半，大郎分；捨东三畦、捨西壹畦、渠北壹畦，共拾壹亩，弟分。向西地肆畦，共拾肆亩，大郎分；渠子西共三畦拾陆亩，弟分。多农地向南仰大地壹畦五亩，大郎；又地两畦共五亩，弟。又向南地壹畦六亩，大郎；又向北仰地六亩，弟。寻渠玖亩地，弟；西边捌亩地，捨坑子壹□（亩），大郎。长地五亩，弟；捨边地两畦共壹亩，渠北南头寻渠地壹畦肆亩，计五亩，大郎。北仰大地并畔地壹畦贰亩，□（兄）；寻渠南头长地子壹亩，弟。北头长地子两畦各壹亩：西边地子弟，东边兄。①

从上述分家清单中，我们不仅看到古人是如何分家析产的，而且看

---

① 唐耕耦、陆宏基编：《敦煌社会经济文献真迹释录》（第二辑），全国图书馆文献微缩复制中心1990年版，第142页。

到真实分书在财产分割上采用怎样的记叙方式。单以地水的分割而论，确实以均分为原则。比如大郎分得渠北地三畦共壹拾壹亩半，而其弟分得舍东、舍西、渠北共拾壹亩，兄多分壹亩半；但在向西地肆畦，大郎分得拾肆亩，而其弟分得渠子西共三畦拾陆亩，弟又比兄多出二亩，两项抵减，弟多出半亩，基本持平。就地水中单以亩数总数量论，大郎（兄善护）共分得土地五十三亩半，弟（遂恩）共分得土地五十四亩，基本持平，略微照顾弟遂恩半亩，符合兄弟义让、兄友弟恭的儒风和古代均分的分家原则。该分书第十九行至第二十二行，则记叙了大郎（兄善护）分到的具体物件：

大郎分：釜壹受九斗，壹斗五胜锅壹，胜半龙头铛子壹，铧壹孔，镰两张，鞍两具，镫壹具，被头壹，剪刀壹，炽壹，锹壹张，马钩壹，碧绢壹丈柒尺，黑自牛壹半对草马与大郎，镘壹具。

这就是普通百姓分家的真实状态，它细密到壹孔铧、两张镰，这才是真实的乡土生活的逻辑。对此，仁井田陞指出："中国的家产均分主义，自古以来，大凡可分之物，原则上都要算入总财产中，一一加以均分，无论是农田、住房、役畜、农具，还是其他的财产，以至于碗、碟之类的器物，全部都要分割。"[1]因此，与其说分家中关于亲情的面相是精神的，毋宁说它是物质的。虽然在分书中不乏兄友弟恭的期许，但更多的则是亲兄弟明算账的现实。那么，与兄善护相比，弟遂恩又分得了哪些物件呢？该分书第二十三行至第二十五行也有详细记载：

遂恩：铛壹口并主鏊子壹面，铜钵壹，龙头铛子壹，种金壹付，

---

[1] 〔日〕仁井田陞：《中国法制史》，牟发松译，上海古籍出版社2011年版，第176页。

镰壹张，安（鞍）壹具，大斤壹，铜灌子壹，钁□壹具，绢壹丈柒尺，黑钁牛壹半。①

两相对照，不难发现，很多物件只有一件，只能一人获得，不可能均分，那么，一个相对公平的办法是不同物件之间的价值相当即可。有意思的是，弟遂恩居然分得了"黑钁牛壹半"！其实，这也是董加盈兄弟三人分书（S.2174号）第十五行至第十六行中"又玖岁牸牛壹头，共兄加盈合"的意思，也就是上述所讲的对无法分割的耕牛，由两家合养、合用，而不是真正的"一家一半"。

该分书第二十六行至第三十一行，则是对城内舍的分割，大郎与遂恩各分什么，也是分开来写。在第二十七行至第二十八行中，对于有障碍导致的难以均分的，则移除障碍："院落并碢舍子合大门外厅舍地大小不等，后移墙停分"。由此可见，分家中的分财，物无巨细，一一分割，尽量做到均分与公平。

在董加盈兄弟三人分书（S.2174号）第六行至第七行约定："兄加盈兼分进例，与堂壹口，椽樑具全，并门。城外地取索底渠地叁畦，共陆亩半。园舍三人亭支。"由此可见，兄弟三人间采用的也是均分原则。该分书第八行至第九行约定："葱同渠地，取景家园边地，壹畦共肆亩。又玖岁樱牸牛壹头，共弟怀子合"，则表明董加盈与其弟董怀子合用，也是一种均分的方式。该分书第十行至第十一行约定："又葱同上口渠地贰亩半，加盈、加和出卖与集，集断作直麦粟拾硕，布一疋，羊一口，领物人董加和　董加盈　白留子。"表明董加盈、董加和将葱同上口渠地贰亩半出卖后，把所得的地价麦粟拾硕，布一疋，羊一口，由董加和、董加

---

① 唐耕耦、陆宏基编：《敦煌社会经济文献真迹释录》（第二辑），全国图书馆文献微缩复制中心1990年版，第143页。

盈和白留子三人所有。

从此可以看出，家产的处理与分割，均分是总的分割原则，在真实的分书中并不像分书样式（S.4374）号中表达的"更无偏党丝发差殊"。该分书第十二行至第二十一行约定："弟怀子，取索底渠地大地壹半肆亩半，葱同渠地中心长地两畦伍亩。城内舍，堂南边舍壹口，并院落地壹条，共弟怀盈二人亭分，除却兄加盈门道，园舍三人亭支。又玖岁㸬㸬牛壹头，共兄加盈合。白杨树一，李子树一，怀子、怀盈二人为主，不关加盈、加和之助。弟怀盈取索底渠大地一半肆亩半。葱同渠地东头方地兼下头共两畦伍亩，园舍三人亭支。城内舍：堂南边舍壹口并院落地壹条，除却兄门道，共兄怀子二人亭分。"其分割原则，对渠地、城内舍等由董怀子与董怀盈"二人亭分"，或对园舍由董加盈兄弟"三人亭支"，或对无法"亭支"的㸬牛由董怀子和董加盈合用。其他，如对于一棵白杨树、一棵李子树，则由董怀子和董怀盈分得，既非合用，也非亭支，比较灵活。又如对于葱同渠地东头方地兼下头共两畦伍亩，园舍则由"三人亭支"。而对于"城内舍：堂南边舍壹口并院落地壹条"，则由董加盈和董怀子"二人停分"。由此可见，分家中析产的原则是"均分"，但也会根据具体情况作适当变通，将原则与例外结合起来，做到实质的公平与公正。

四、敦煌分书的结构及各部分的意涵

敦煌所出的六件分书，虽然长短不一，结构各异，但细作分析就不难发现，无论是分书样式还是真实分书，自有其固定结构，只不过根据个例实情不同而有增减而已。和敦煌其它契约文书一样，分书的文书结构也可以分为首部、正文和尾部三部分，但是，分书的结构显然比其它敦煌契约文书要复杂一些，而且三件分书样式和三件真实分书的叙事结构也有很大不同，因此，需要对分书的文书结构以文书要素做"深耕细作"的研究，这不仅是抽象把握分书制作内在规律的需要，更是我们换一方式进一步研究和阐释分书的需要。同时，结合分书各部分的意涵，可以对六件分书作比较分析，从而整体把握分书文字背后的思想、观念与民间规则以何种方式相谐一致，以及如何在事实上"构成生活的真正的内在秩序、立法的原形和源头"，同时"构成了真正的人世规则，而蔚为特定地域与时代的'活法'"。①

（一）首部：文书要素及其意涵

敦煌所出的六件分书中，只有第三件分书样式（S.4374号）在文书开首居中有"分书"两字，应当是标题。可以说，这件文书的这两个字的功用很大，让后世知道这类文书在当时叫"分书"，因此，它不是对一件文书的命名，而是对一类文书的命名，方便了我们把这一类型化的文书，以"分书"之名统归起来，加以整体认识。

分书的首部，包括四项：文书名称、立约时间、分家主体（即分家当事人的乡属与姓名）、亲情论说，属于非实质性的程序性事项。其实就这四项的内容而言，六件分书也各不相同，差异很大。

1. 文书名称

敦煌六件分书只有一件标明"分书"，其余五件均无，可见此项可以删减。

2. 立契时间

三件分书样式均无这一文书要素，可见样式也有自身的不足。相反，在三件真实分书中，有两件明确标明立约时间，分别是戊申年（828

---

① 许章润：《说法 活法 立法——关于法律之为一种人世生活方式及其意义》，清华大学出版社2004年版，增订版序。

年)四月六日沙州善护遂恩兄弟分书(S.11332 ASD),在文书开首写明"戊申年四月六日",还有董加盈兄弟三人分书(S.2174号),在文书开首写明"天复九年己巳岁闰八月十二日"。① 另一件沙州僧张月光兄弟分书(P.3744号),由于文书首部残缺,看不到立约时间,推测而言,应当有立约时间。据此,可以得出一个小的结论,分书的文书开首并非如分书样式那样没有立约时间,应有立约时间,这也是敦煌所有私契、私文书的普遍特征和一般程式。

3. 分家当事人乡属与姓名

敦煌三件分书样式中有两件将分家主体与亲情论说浑融起来,分别在第一件分书样式(S.5647号)和第二件分书样式(S.6537号3V)中,而第三件分书样式(S.4374号)则首叙当事人的辈分称谓和姓名,然后才是亲情论说。但在三件真实分书中,或在立约时间后直叙"兄善护、弟遂恩诸亲",或加上乡属、身份及姓名,表述为"神沙乡百姓董加盈、弟怀子、怀盈兄弟三人",另一件僧张月光兄弟分书(P.3744号)因文书开首残缺不详。

4. 亲情论说

分书首部的重点和实质在于亲情论说,虽虚胜实。因为亲情论说所要解决的是立约的正当性,从而为分家析产铺垫了观念基础,让"重合"而"忌分"的当事人或民众有了理直气壮的支撑,因此非常重要。这部分的代表作,当属第一件分书样式(S.5647号)。该分书从第一行至第十七行的亲情论说如下:

盖闻人之情义,山岳为期。兄弟之恩,劫石不替。况二人等,悉为叔侄,智意一般;箱柜无私,畜积不异。结义之友尚怀让金之

---

① 天复九年是立契人误写,909年为后梁开平三年。在敦煌,属于张氏归义军时期。

心。骨肉之厚,不可有分飞之愿。叔唱侄和,万事周圆。妯娌谦恭,长守尊卑之礼。城隍欢念,每传孔怀之能。邻里每嗟。庭荆有重滋之瑞。已经三代,不乏儒风,盖为代薄时镐,人心浅促。①

这段叙说亲情的文字十分经典,所要表达的是人之情义,与山岳为期,而兄弟之恩,不因时间久远而改易。即使是结义之友,尚怀让金之心,何况骨肉之情,不可有分飞之愿。惟其情深义重,才能万事周圆,虽经三代,不乏儒风。可见,"儒家伦理把人伦融于人情中给中国人际交往带来了深远的影响。一方面血缘亲情被染上了伦常的色彩,另一方面哲学伦理思想扎根于日常生活,从而导致中国人的社会互动长期、稳定、和谐及等差有别。"② 其中的"劫石",③ 是佛家语。而尊卑之礼,孔怀之能,④ 儒风等等,皆儒家语。至于"城隍"一词,则是中国民间宗教文化中普遍崇祀的重要神祇之一,也是道教信奉守护城池之神。由此可见,这段表达人伦亲情的文字,是儒、释、道以及民间宗教文化的杂糅,有着复杂的文化渊源。相比之下,第二件分书样式(S.6537号3V)第一行至第二行中叙说兄弟之情,则言简意赅:"夫以同胎共气,昆季情深。玉叶金枝,相美兄弟",这与著名的《颜氏家训·兄弟》中所表达的"兄弟者,分形连气之人也"的意涵一脉相承。而在第三件分书样式(S.4374号)第二行中以"累业忠孝,千秋同居"八个字,表达了对忠孝与"同居"

---

① 唐耕耦、陆宏基编:《敦煌社会经济文献真迹释录》(第二辑),全国图书馆文献微缩复制中心1990年版,第164—166页。

② 翟学伟:《人情、面子与权力的再生产》(第二版),北京大学出版社2013年版,第106页。

③ "劫石"本义,按《大智度论》卷五解曰:"佛以譬喻说劫义。四十里石山,有长寿人,每百岁一来以细软衣拂拭此大石尽,而劫未尽。"此处是指时间久远,而兄弟之恩不改。

④ 《诗经·小雅·常棣》有"凡今之人,莫如兄弟。死丧之威,兄弟孔怀。"孔:甚、最;怀:思念。孔怀之能,是指兄弟间有非同一般的恩情。

共财的向往，但由于"今时浅狭，难立始终"，所以才不得不分家。这与上引分书样书中的"代薄时镐，人心浅促"是一致的。换言之，分书中的亲情论说文字，它一方面要表达亲情之重，乃是人间正道，因此义大于利。但分家不仅是世风日下的结果，也是因生活本身的不易而"难立始终"，所以才不得已而为之。如此论说，一方面间接表达了官民对世代同堂的认可，从而做到与正统无违；另一方面，又为分书的订立找到了立约的现实依据，从而增加了分书的正当性与合理性，让立约者心安理得。

有意思的是，以上的"亲情论说"，仅存于三件分书样式中。三件真实分书，除一件首部残缺不详外，另外二件真实分书，即沙州善护、遂恩兄弟分书（P.2685号）和董加盈兄弟三人分书（S.2174号），根本没有"亲情论说"，而是开门见山，直叙何以分家。这至少说明两点，一是分书样式大抵是民间文士所作，究竟在多大程度上被套用，值得打个大大的问号；二是因了生活的粗粝与赤裸，似乎无暇或无需繁文缛节，因此文书的叙述就直截了当。

（二）正文：文书要素及其意涵

分书的正文，包括五部分：立约原因或立约前提、家产分割及分割原则、分家后的情理论说、违约责任和先悔罚则。同首部一样，并非这五部分内容在每件分书均有，也是各有增减，互不相同。

1. 立约原因或立约前提

上文已述，需要补充的是，三件分书样式中，如第一件分书样式（S.5647号），是将立约原因与立约前提分述的，但第二件分书样式（S.6537号3V）中则将二者混在一起，叙写的内容也很简短。第三件分书样式（S.4374号）中添加了应在立约后的告诫语，并把这些告诫语提到了欲分家产之前，表述为"乡原体例，今亦同尘；反目嫌憎，仍须禁止；

骨肉情分，汝勿违之；兄友弟恭，尤须转厚。"

2. 家产分割及分割原则

正文的家产分割及分割原则这部分，才是分书中的核心部分，从结构上讲，占了分书的绝大部分篇幅，这也再次证明了上述一个观点，分家的本质就是分财。

需要补充的是，在分书结构的叙事上，三件分书样式均在人情论说后列出家产并模拟家产的陈列，如第一件分书样式（S.5647 号）仅以"其名如后"代替；在第二件分书样式（S.6537 号 3V）中，也以"城外庄田，城内屋舍，家资什物及羊牛畜牧等"概括；在第三件分书样式（S.4374 号）第十三行至十五行中，则以"某物，某物，某物，某物，某物，车牛羊驼马驼畜，奴婢庄园，舍宅，田地乡籍，渠道四至"代表。这就是典型的样式写法。

3. 分家后的情理论说

分书样式中很有意味的一个现象是文书前半部分有亲情论说，在财产分割后，又有前呼后应性的情理论说，最典型的还是第一件分书样式（S.5647 号），该分书第四十七行至第五十七行，其情理论说如下：

> 世代两房断疑，莫生怨渥。然则异门，前以结义，如同往日一般，上者更须临恩，倍加尤（优）恤；小者更须去（取）义，转益功（恭）勤。不令有唱荡五（忤）逆之子，一则令人尽笑，二来侮辱门风。一依分书为凭，各为居产。①

这段文字表明，在分家析产以后，不要对分家析产心生疑怨，虽然分家另立门户，但应像未分家之前一样，而且长者更应体恤小辈，小辈

---

① 唐耕耦、陆宏基编：《敦煌社会经济文献真迹释录》（第二辑），全国图书馆文献微缩复制中心 1990 年版，第 169—170 页。

更应恭顺勤谨，不应有忤逆之子的行为，免得他人取笑和有辱门风。在分书的履行中，"一依分书为凭，各为居产"。同时，这段关于分家析产后的论说，在行文规范上，是对样式开首的呼应。在实际功用上，则是对分家析产后免生疑怨的平抚，既是告诫，也是劝喻，从而为分家析产的履行起到预防作用。事实上，这一功用在第二件分书样式（S.6537号3V）中表现得尤为突出，该分书样式第十行至第十二行以四字格词语写到："自今以后，别开门户，树大枝散，叶落情疏。恒山四鸟，亦有分飞。今对枝亲，分割为定。"强调和申说的是分家的无奈，以及些许怅惘与不得不为，但一旦签约，应以"分割为定"的分书为凭，不得改易。因为"在契约领域，自然法所施加的一般义务（general duty）是：每个人必须信守承诺；完全履行承诺和契约。"① 在第三件分书样式（S.4374号）中，则没有这部分内容。

在三件真实分书中，沙州善护、遂恩兄弟分书（P.2685号），这一内容不是在文书末尾，而是在文书开始的第四行至第五行："从今已后，不许诤论"，直接明了。而沙州僧张月光兄弟分书（P.3744号）第十四行至第十五行表述为："区分已定，世代依之。一一分析，兄弟无违。"也是强调了遵守契约约定，不得有违反之义。在董加盈兄弟三人分书（S.2174号）第二十三行至第二十四行表述为："右件家业，苦无什物，今令诸亲，一一具实分割，更不得争论。"申说、强调的也是家产分割后的"不得争论"。

将真实分书与分书样式两相对照，真实分书中压根儿就没有分书样式中文绉绉的劝谕，只有简单直白的告诫——不许或不得争论，因为家产已经分割，争论无益。由此可见，分书样式与真实分书之间，还是有很大的不同，分书样式偏虚，真实分书务实。

---

① 〔德〕塞缪尔·普芬道夫：《人和公民的自然法义务》，鞠成伟译，商务印书馆2009年版，第89页。

4. 违约责任与先悔罚则

在结构上，违约责任与先悔罚则是分书正文的最后一部分，一般在文书中的最后，但也有变例，如在沙州善护、遂恩兄弟分书（P.2685号）中，这一部分在第五行至第六行，在文书开首后，而非在文书的最后。

严格说来，违约责任与先悔罚则是不同的：前者是对违反契约或文书约定行为所要承担的责任，后者则是对一方先行毁弃契约或文书行为的惩罚。换言之，前者保证具体契约或文书条款得以落实，后者保证整件契约或文书得以落实。一般而言，根据契约文书的特质，将违约责任与先悔罚则并立，是部分敦煌契约文书（如敦煌雇工契约、敦煌养男立嗣契约、敦煌分家析产文书）的一项规则创制，已成一项失传了的契约经验。

（1）违约责任

在第一件分书样式（S.5647号）第五十七行至第六十三行约定："更若后生加谤，再说偏波（拨），便受五逆之罪，世代莫逢善事。兼有不存礼计，去就乖违，大者罚绫锦，少者决肉至骨。"从这一表述看，这里的违约责任可分为两项：第一项，对于加谤和拨弄是非者，将遭受五逆之罪，世代莫逢善事。需要指出的是，这种以诅咒方式加诸当事人的违约责任，看似荒唐，实近刻毒，与此分书一开始的敦厚、宽容乃至儒雅形成了巨大反差，这也是传统民间文化的一体两面。实际上，这种方式在敦煌许多私契、私文书中大量存在，是敦煌契约文书的一种民间习惯表达方式，试图通过加诸精神的惩罚，让契约文书的当事人守约而已。第二项，对于"不存礼计，去就乖违"者，则"大者罚绫锦，少者决肉至骨"，也就是说，不仅要承担民事违约责任，而且还要给予刑事处罚，以致"决肉至骨"。

在第二件分书样式（S.6537号3V）第七行至第九行约定的违约责任为："右件分割以后，一一各自支配，更不许道东说西，□说剩仗，后有不于此契争论者，罚绫壹定，用入官中；仍麦拾伍硕，用充军粮。"由于这件毕竟是分书样式，其违约责任过于"任性"，因为只要对此契"道东说西，口说剿仗"，就要承担叠加的违约责任，既要罚绫壹定，用入官中，还要罚麦拾伍硕，用充军粮。如此立约，大抵意在彻底阻断违约的念想和口舌是非。

在第三件分书样式（S.4374号）第十七行至第十八行对违约责任的表述为："如立分书之后，再有宣悖，请科重罪。名目入官，虚者伏法。"这一分书样式的违约责任，与真实分书僧张月光兄弟分书（P.3744号）的约定很接近，该分书第十五行至第十七行约定："文历已讫，如有违者，一则犯其重罪，入狱无有出期；二乃于官受鞭一阡。若是师兄违逆，世世堕于六趣。"也是叠加的违约责任：一是将违约视为严重的犯罪行为，而且是无期徒刑的重罪；二是鞭刑一千。如果是"师兄违逆"，则要受到"世世堕于六趣"[①]的恶罚，这种恶罚，与其说是违约责任，不如说它一种加诸精神的诅咒。从如此重罚的违约责任中，我们看到，一是古人对订立契约文书的恪守，二是佛教影响之深，已深潜到民间的契约文书之中，这在文化史上，亦不多见。

在董加盈兄弟三人分书（S.2174号）第二十四行至第二十六行约定："如若无大没小，决杖十五下，罚黄金壹两，充官入用，便要后检。"这一违约责任与僧张月光兄弟分书（P.3744号）的违约责任相比，比较可行。与此相近，沙州善护、遂恩兄弟分书（P.2685号）第五行至六行约定："如有先是非者，决丈（杖）五拾。如有故违，山河违（为）誓。"应当说，这一约定在违约责任与先悔罚则之间。需要指出的是，有此惩罚性质的约定是可以理解的，因为它是对契约文书风险的一种化解和附加保

[①] 佛教认为，造业受报，必有归趣之处。趣报有六，曰地狱、畜生、饿鬼、修罗、人、天，故名六趣，亦称六道。《涅槃经》二十五曰："以心因缘故，轮回六趣具受生死。"此处是说，违逆契约，就会遭遇堕入六道轮回之中的惩罚。

证,正如普芬道夫所讲:"为了确保合同的可靠性和安全性,当事人常常为合同附加保证和担保。"①

(2)先悔罚则

在第一件分书样式(S.5647号)第六十三行至第六十七行约定:"分析为定,更无休悔。如若更生毁位,说少道多,罚锦一疋,充助官门。"所谓先悔,是指订立契约文书的当事人无论哪一方,谁先毁约,就要承担率先毁约的责任,以此保障整个契约文书不因一方的随意毁约而落空。此处的约定,是说家产分析为定后,不得休悔,谁休悔就要"罚锦一疋,充至官门"。需要说明的是,六件分书中,只有这一分书样式有先悔罚则,这与敦煌买卖契约中普遍存在先悔罚则是大不相同的。

(三)尾部:文书要素及其意涵

分书的尾部,包括:契尾套语,立约时间和契尾签署画押三部分构成。

1. 契尾套语

在第一件分书样式(S.5647号)第六十七行至第六十八行约定:"恐后子孙不省,故勒分书,用为后凭";第二件分书样式(S.6537号3V)第九行至第十行约定:"故勒私契,用为后凭";第三件分书样式(S.4374号)第十一行至第十二行约定:"既无偏颇,将为后验。人各一本,不许重论。"此处的"人各一本,不许重论"在其他敦煌契约文书中少见,比较独特。在沙州善护、遂恩兄弟分书(P.2685号)第四行至第五行有"其两家和同,对诸亲立此文书。"在僧张月光兄弟分书(P.3744号)第十七行至第十九行约定:"恐后无凭,故立斯验。仰兄弟姻亲邻人为作证明。各各以将项印押署为记。"

---

① 〔德〕塞缪尔·普芬道夫:《人和公民的自然法义务》,鞠成伟译,商务印书馆2009年版,第120页。

2. 立约时间

在敦煌三件分书样式中，只有一件标出了立约时间，且在契尾，这就是第三件分书样式（S.4374号）第十八行的约定："年、月、日"。在真实分书中，僧张月光兄弟分书（P.3744号）的开首、文尾残缺，有无立约时间不详。最具参考和研究价值的是董加盈兄弟三人分书（S.2174号），该分书第一行首叙立约时间："天复九年己巳岁闰八月十二日"，又在第二十七行契尾再次写明："闰八月十二日，立分书"，这应当是一种比较规范的分书格式。在戊申年（828年）四月六日沙州善护遂恩兄弟分书（S.11332 ASD）分书第一行首叙立约时间为"戊申年四月六日"，而在沙州善护、遂恩兄弟分书（P.2685号）的末尾，没有再复述立约时间。

3. 签署画押

敦煌所出的三件分书样式，只有第三件分书样式（S.4374号）第十九行至第二十五行列了三个亲见，一个兄，一个妹，另两个残缺不详。在三件真实分书中，沙州善护、遂恩兄弟分书（P.2685号）的契尾从第三十二行至第三十六行，分别签署的是：兄善护，弟遂恩，诸亲兄程进进，兄张贤贤，兄索神神（藏文署名）。一个有趣的现象是，这些见证人的名字均是叠字。僧张月光兄弟分书（P.3744号）第二十行至第三十行，签署人分别是：兄僧月光，弟日兴，侄沙弥道哲，弟和子，姊什二娘，妹师胜贤，妹八戒膽娘，表侄郭日荣，邻人索志温，邻人解晟，此外还有七位见人，分别是索广子、索将将、张重重、张老老、僧神宝、僧法惠和汜检德。其中，僧张月光、日兴、和子、郭日荣的还盖有朱圆印。董加盈兄弟三人分书（S.2174号）第二十八行至第三十行，签署人分别是：兄董加盈（押），见人阿舅石神神（押），弟董怀子（押），见人耆寿康常清（押），弟董怀盈（押）[①]见人兵马使石福顺。

---

① 注：第二十八行至第三十行，原文献写本是从上到下竖写的，而董加盈兄弟三人是从下到上倒写的。

由上述签署画押可见，一是敦煌分书中的当事人均要亲自签名，甚至画押，这与敦煌借贷契中的麦主、豆主等均不署名完全不同；二是每件分书必得有诸亲兄妹，甚至邻人在场并签署；三是有见人签署，比如，僧张月光兄弟分书（P. 3744 号）中竟有七位见人见证并签署。这些程式，一方面表明了民间对分家析产的高度重视，另一方面，以这种广而告之的方式，即通过熟人社会无形的影响赢得对契约文书的信守。四是能够担任"中人"角色的"见人"，往往是他们生活环境中比较有资质和有信义的人，"在传统的农业社会家庭内部的契约中，如分家析产的契约，中人往往是小孩的舅舅。因为舅舅既是长辈，又对下一代在分析财产时没有直接的利害冲突。"① 在董加盈兄弟三人分书（S. 2174 号）中，见人中除了年高德劭的康常清，还有威震一方的兵马使石福顺，② 再就是董家兄弟的舅舅石神神，并且排在见人首位，也就证实了舅舅往往是分书的见人，实为我国古代社会的一个小的传统。由于中国人通过建构关系来实现其社会交往，因此，"中人制度的建立包含了一种极其深刻的文化意蕴，它是这个社会的有机文化逻辑的显现。"③ 非作如是观，不足以点透其中的真蕴。

五、结语

法国启蒙思想家卢梭曾将法律分为四类，其中第四类法律，他认为"这种法律既不镌刻在大理石上，也不镌刻在铜表上，而是铭刻在公民们

---

① 田涛：《千年契约》，法律出版社 2012 年版，第 43 页。
② 《资治通鉴·唐纪三十一》："河西、陇右节度使王忠嗣以部将哥舒翰为大斗军副使，李光弼为河西兵马使，充赤水军使。"宋元之际史学家胡三省注："兵马使，节镇衙前军职也，总兵权，任甚重。至德以后，都知兵马使率为藩镇储帅。"
③ 梁治平：《清代习惯法：社会与国家》，中国政法大学出版社 1996 年版，第 125 页。

的心里。只有它是国家真正的宪法。它每天都将获得新的力量；在其他法律行将衰亡失效的时候，它可以使它们获得新生或者取代它们。它能使一个国家的人民保持他们的创制精神，用习惯的力量不知不觉地去取代权威的力量。我说的这种法律是风俗和习惯，尤其是舆论。"① 我们从敦煌所出分书中看到，经由长期生活实践得出的均分原则，已成分家中世代遵循而不改易的法则，具有长久的生命力。同时我们看到，民间契约文书在签订时要么遵守国家法律的禁止性规定而不触碰底线，要么在分书的制作中有意缺省禁止性的文书要素，小心避让国法，让经由契约文书创制的民间规则与国法相谐共生而不冲突。在具体的分产过程中，面对亲情与利益的冲突，不乏兄友弟恭的义让，更多的是让我们见识了我国中古时代的先民对契约的敬畏、尊重与信守，那种对毁约行为甚至不惜采用诅咒方式施加的惩罚，让人在唏嘘不已的同时油生一种同情的理解。分书乃至敦煌其它契约文书中交缠、杂糅的儒、释、道的文化基底，乃至民间宗教元素，则是敦煌契约文书生长的土壤与理论基础。因此，敦煌契约文书与其说是一种规则，毋宁说是一种特有的文化，因而它既是民族的，更是世界的，具有诠释一个族群特有的文化密码，需要我们虔诚开掘。

---

① 〔法〕卢梭：《社会契约论》，李平沤译，商务印书馆2011年版，第61页。

第十二章　敦煌析产遗嘱文书

　　敦煌析产遗嘱文书，在此类文本本身自称为"遗书"。① 它与敦煌分家析产文书均涉析产内容，但两者有质的不同：前者实为"遗书"，其核心是在遗嘱中涉及析产问题；后者实为"分书"，其核心是在分家时涉及析产问题。迄今为止，就敦煌析产遗嘱文书的研究背景而言，中外学者对中国古代财产继承制度进行了多方位的研究，不少成果涉及敦煌析产遗嘱文书，或释其意以证史实，或引其文以佐己说，不一而足。更进一步，我们可以在已有研究成果的基础上，对敦煌析产遗嘱文书的意涵进行解读，对相关问题作进一步的甄别与追问，对隐含其中的法文化进行阐释，并以族、宗族、家族、民族为视角展开分析，探赜索隐，以求其真。

一、析产与分家的界分和别籍异财

　　现代意义上的"析产"，多与"分家"连在一起，亦即分家时会有析产的发生。但仔细甄别，分家与析产有很大不同。

---

① 此处的"遗书"之称，源于敦煌契约文书本身，也是时人对此类文书的一种称谓，如"遗书（样式）"二件（S.5647号）第九行中，叙写为"父母遗书一道"；又如"析产遗嘱（S.0343号11V）"第十一行中，叙写为"谨立遗书"。此外，也有称之为"唯书"的，如"唐咸通六年（865年）尼灵惠唯书（S.2199号）"第六行至第七行中，叙写为"遂作唯书"。还需说明的是，此处的"遗书"，与敦煌学界将敦煌藏经洞发现的所有敦煌文献也称为"敦煌遗书"是完全不同的，不应混淆。为避免不应有的歧义，本书多用"敦煌析产遗嘱文书"。

（一）敦煌析产遗嘱文书与分书的区分与联系

一般意义的分家,是指将一个较大的"家"分立成两个以上的小"家"的活动,而析产,则是将财产按照一定原则进行分割的行为。由于分家一般伴随着析产,所以,析产就成了分家的自然伴生部分。在日本学者滋贺秀三(1921年—2008年)看来,如果将"家"不单单从"人"这一主体来解读,"家"本身"多多少少可以伴有指称财产的语感"。① 因此,"分家"实即"分产"。

吕思勉认为,古家字有二义:一卿大夫之家,一即今所谓家。今所谓家,其职有四:(1)为夫妇同居之所。(2)上事父母。(3)下育子女。(4)则一家之率同财,有无相通。此所以相生相养也。② 由此看来,"家"这一与人类生活息息相关因之似乎是不言自明的概念,在滋贺秀三看来,大概由于民族以及时代的原因也还是有各种各样的不同。"在中国,家作为私法意义上的存在的同时,还是公法意义上的存在,即亦是通过国家权力掌握人民的单位。从后者的角度来看时,作为词汇更好使用的与其说是'家',不如说是'户'字。所谓的户籍恰好是其字面意义上的'户'的账册,即是为了把家作为公法上的——主要是作为课税的对象——来掌握的底账,而并非是以明确私法上的家族关系为目的所制作出来的东西。"而在私法意义上,家"在广义上,总称家系相同的人们为家",而"在狭义上,将共同维持家计的生活共同体称之为家。"③ 依此分析,分家析产实为一个私法意义上的将"家"与"产"进行分而析之的整体行为。但在中国古代,一个非常有意味的事实是,"析产"更多地与

---

① 〔日〕滋贺秀三:《中国家族法原理》,张建国、李力译,法律出版社2003年版,第42页。
② 吕思勉:《中国制度史》,上海教育出版社2002年版,第299页。
③ 〔日〕滋贺秀三:《中国家族法原理》,张建国、李力译,法律出版社2003年版,第41—42页。

"遗嘱"连接在一起,而"分家"多以"分户"作外显。换言之,我们看到的敦煌文献中的"析产"是"析产遗嘱"或"遗嘱"中的析产,而分家则是"分户"时的析产。① 为什么会有这样的不同呢? 理据可能很多,但我们认为,最重要的根由是析产的背景不同。

我国古代的"析"字是会意字。《说文解字》释"析"曰:"破木也,一曰折也,从木从斤。"② 即用斧砍木,其本义是指沿着木的纹路竖着分开木头,做动词时为"剖开"之意。因此,所谓"析",应当理解为将交缠、纠葛在一起的东西费力分割开来。由于分家以"均分"为原则,似乎相对比较简单一些,所以用"分书",而遗嘱的分割则比较复杂,要"析"产,考虑的因素也较多。现有的一些研究成果,不慎将这两者混淆了,即认为析产遗嘱是父母生前的一种分家方式,而分书则是父母亡故后按法定继承均分家产的方式,这一结论是欠妥和不当的。

我们知道,"析产遗嘱"遵照的是立遗嘱人的意愿,而"分家"则是在"均分原则"下的机会平等。敦煌"分书"样式(S.5647号)中的核心词语:"再三准折均亭,抛钩为定"这一程式,是分家所特有的。③ 为什么? 因为即使分得多么"均停",譬如土地,还有一个肥沃与贫瘠的问题,不单单是亩数数量的相等。房屋也有一个朝向、新旧的问题,也不单单是房屋间数与面积相同的问题。因此,"分家"就有了"抛钩为定"的特定程式,而这则是析产遗嘱所没有也不需要的。"抛钩"也称"投钩",明人乐韶凤《洪武正韵·尤韵》释曰"钩与阄同,投钩,今俗谓拈阄。"也就是说,抛钩即抓阄,是保证形式公平的一种古老的办法,现在在一

---

① 敦煌分书,不仅有三件分书样式,还有三件真实分书,为我们甄别分书中的析产和遗书中的析产提供了珍贵的史料和文本。相关分析,参见本书第十一章的具体内容。
② [汉]许慎:《说文解字》,江苏古籍出版社2001年版,第125页。
③ 当然,也有在父母生前析产的"阄书"。但这里的阄书侧重点是"分家",亦即以均分财产的方式分家,是将遗嘱通过明示化的程式与分家合一,不是单纯的遗嘱继承。

些日常的事务中还在沿用。这一方法以外显的"运气"与所谓的"天意",实质上杜绝了如果由人操作可能出现的偏私,正如敦煌分书样式(S.5647号)中所说的"更无曲受人情",[①]从而使参与抓阄的人无话可说,是一种古老的保证形式公平的方法。

归结而言,析产遗嘱重在"析"产,亦即"异财",是父母生前按照自己的意愿以"非均等"的原则处理家产的方式,使用的文书是析产遗嘱文书(即"遗书")。而分家重在"分"人,亦即"别籍",是父母亡故后一般在兄弟间(从敦煌分书样式看,也有叔侄间)按照"均分"原则处理家产的方式,使用的文书是分家析产文书(即"分书")。

当然,分家析产文书与析产遗嘱文书二者无论有怎样的不同,二者也有密切的关联,其本源同一,即源于同一个"家",源于同一家中"同居共财"这一基本事实,用滋贺秀三的话说,"使中国的家成其为家的本质性的要素还是同居共财这样的生活样式"。[②]总体说来,同居共财在我国古代,呈现一种非常缓慢但逐步瓦解的态势。在梁漱溟看来,这种同居共财是伦理社会在财产上的表征之一,此乃"共财之义"。[③]

(二)别籍异财

敦煌析产遗嘱文书与分书都直接关涉"别籍异财"。如前已述,《唐律疏议·户婚律》"子孙别籍异财"条对"别籍异财"作了明确规定,即不允许祖父母、父母在世时子孙分割财产。不仅如此,即使父母去世后,子女在服丧期间也不许分割家产。这一规定的实质,在于防止供养有阙,以及在居丧期间因"异财"引起的纠纷,因而有损孝道。如此一来,

---

[①] 唐耕耦、陆宏基编:《敦煌社会经济文献真迹释录》(第二辑),全国图书馆文献微缩复制中心1990年版,第169页。
[②] 〔日〕滋贺秀三:《中国家族法原理》,张建国、李力译,法律出版社2003年版,第56页。
[③] 梁漱溟:《中国文化要义》,上海人民出版社2011年版,第80页。

就产生了一个很大的问题,即敦煌分书所指向的分家和敦煌析产遗嘱文书中的析产是否涉及别籍异财?或者说,现实生活的样态是否与唐律的规定相悖呢?从前述敦煌所出的三件分书样式和三件真实分书看,均不存在唐律禁止的"别籍异财"的问题。

与分书不同,析产遗嘱文书的前提虽然是"父母在",但遗嘱是对"将来"出现的"异财"的"预案"。换言之,是"父母在"时预备"异财",事实上还没有"异财"。但要特别指出的是,这种预备"异财"不是分家,而是继承。分家是在父母没有遗嘱且已亡故后的"分人分产"行为,而遗嘱的预备"异财",是在立遗嘱人死亡时发生法律效力的析产遗嘱,完全符合遗嘱的特征。从这一点上看,二者也是不同的。可见,遗嘱继承也不存在"别籍异财"的法律问题。

《唐律疏议·户婚律》"子孙别籍异财"条规定:"若祖父母、父母令别籍及以子孙妄继人后者,徒二年;子孙不坐。"[疏]议曰:"但云'别籍',不云'令其异财',令异财者,明其无罪"。[①] 这一规定,恰恰与敦煌文献表明的史实相符,不表明、也不允许在现实生活中通过祖父母、父母令其"别籍"而达到"异财"的目的。倘若如此,实际上将祖父母、父母置于违法的境地,因而与历代倡导的孝道相悖。其实,这一规定,是对合法遗嘱的法律确认,即允许祖父母、父母生前作好"异财"的方案,也就是遗嘱,但不能"别籍"。

二、敦煌析产遗嘱文书的意涵

敦煌析产遗嘱文书共有四件"样式",三件真实的文书,我们逐一照录敦煌析产遗嘱文书,并简要分析其意涵。

---

① [唐]长孙无忌等:《唐律疏议》,刘俊文点校,法律出版社1998年版,第258页。

(一) 析产遗嘱 (样式)

S.0343 号 11V

1 吾今桑榆已逼、钟漏将穷、病疾缠身、暮年不差、日日承忘
2 痊损、月月渐复更加、想吾四体不安、吾则似当不免、吾
3 与汝儿子孙侄家眷等、宿缘之会、今为骨肉之深、未得安
4 排、遂有死奔之道、虽则辜负男女、逝命天不肯容、所是
5 域外田庄、城内屋舍家活产业等、畜牧什物、恐后或有不
6 亭争论、偏并、或有无智满说异端、遂令亲眷相憎、骨
7 肉相毁、便是吾不了事、今吾惺悟之时、所有家产、田
8 庄畜牧什物等、已上并已分配、当自脚下、谨录如后。
9 右件分配,并已周讫,已后更不许论偏说剩。如若违吾论者,
10 吾作死鬼,擎汝门铛,来共汝语,一毁地下,白骨万劫,是其
11 怨家;二不取吾之语,生生莫见佛面。谨立遗书,现吾嘱矣。①

这件作为"样式"的遗嘱析产文书,从结构上看,可分为三部分。第一部分是立遗嘱的原因,主要有两方面:一是由于立遗嘱人"桑榆已逼、钟漏将穷",加上"病疾缠身","遂有死奔之道",乃因"逝命天不肯容",亦即年暮、疾病可能病故的原因;二是为了防止死后"不亭(停)

---

① 唐耕耦、陆宏基编:《敦煌社会经济文献真迹释录》(第二辑),全国图书馆文献微缩复制中心 1990 年版,第 159 页。编者注:第一行至第八行,顿号原有。第九行至第十一行,系编者所加。

争论"和引发"亲眷相憎、骨肉相毁"悲剧的发生的原因。① 第二部分，概括遗产范围，即"所有家产、田庄畜牧什物等"，因为此件是"样式"，用一句"谨录如后"概括，以便在套用时按照实际情况补填。第三部分，是对不遵守遗嘱后果的约定：一是"吾作死鬼，掣汝门铛"，"白骨万劫，是其怨家"。《说文解字》释"鬼"曰："人所归为鬼，从人，像鬼头，鬼阴气贼害，从厶。"② 敦煌契约文书中相关"鬼"的表述，皆以"鬼阴气贼害"一义来做威吓，其实也就是民间日常用语中"做鬼也不放过你"的另一表述方式。二是"生生莫见佛面"。前者将后果诉诸于鬼神的报复，后者则将后果指向无缘于佛面。

（二）遗书二件（样式）

S.5647 号

（前缺）

第一件

1　右件分割，准吾遗

2　嘱，分配为定。或有

3　五逆之子，不凭吾之

4　委嘱，忽有诤论，吾

5　作死鬼，亦乃不与

6　拥护。若有违此

7　条流，但将此凭呈官，

---

① 张国刚的《中国家庭史》第二卷《隋唐五代时期》中，误将此件立遗嘱的原因解读成"遗嘱分家的原由"。参见张国刚：《中国家庭史》第二卷，《隋唐五代时期》，广东人民出版社2007年版，第 222 页。

② ［东汉］许慎：《说文解字》，江苏古籍出版社 2001 年版，第 188 页。

8　依格必当断决者。

9　父母遗书一道。

第二件

1　吾报男某专甲

2　□以年侵蒲柳,发

3　白桑衍榆,疾病

4　衰羸,渐以沉重。

5　阳乌过隙,不容

6　顷刻之间;司命追

7　我,岂能暂驻。吾

8　为汝父,爱念恩深。

9　庭训立身,汝须莫

10　忘。好心襁负,岂忘

11　乳哺之恩。回□□□

12　今以汝别,痛亦何言,

13　他劫来生,无因再

14　□,汝当奉教。

15　时厶年厶月厶日慈父母某专甲遗书。①

第一件,简在未叙立遗嘱的原因,直接切入分割清单,而且强调"准吾遗嘱,分配为定"。在违反遗嘱的后果方面,与前件相同的是,均诉诸

---

① 唐耕耦、陆宏基编:《敦煌社会经济文献真迹释录》(第二辑),全国图书馆文献微缩复制中心 1990 年版,第 162—164 页。需要特别说明的是,标注为 S.5647 号的文书除了此处的"遗书"(样式)二件外,长达六十八行的"分书"(样式)也标注为 S.5647 号。因此,本书在援引时将分别注明是"遗书"还是"分书"中的 S.5647 号,避免混淆。

于冥界鬼神，但稍有差异的是，这件"吾作死鬼"后，不是前件的死鬼上门"掣汝门镗"，而是"亦乃不与拥护"，也就是立遗嘱人变成死鬼了都不会支持不遵遗嘱的行为。与前件不同的是，这件没有诉诸"佛"面，而是诉诸于现世的"官"，要"依格断决"，这是很有意味的不同。

第二件，作为文书的"样式"有点"不规范"：只有暮年之叹，疾病沉重以及勿忘"庭训立身"与"乳哺之恩"的叮嘱，未列遗产范围与周备的分配方案，也没有违反遗嘱的后果，岂不奇怪？观察敦煌这一写本，系同一字迹，再对照第一件，恰好缺的就是这一部分，由此可以认为，第二件实为第一件前缺的第一部分，两件缀合，就是一件完备的"样式"了。

需要说明的是，第二件第十一行与第十二行间有阙文，即忘乳哺之恩。回□□□之后有缺文。据《敦煌资料》第一辑录文，这些阙文："回湿就乾，终天难报，人命无定，倏忽□(分)飞。汝等若有孝道之心，多修福力，以荐亡人，共请十王，无令一手足之义，忽听谗邪，妯娌孤孀，无违女范，莫使荆条枯悴，堂燕分飞，和光同尘，无乖反目"，① 然后接第十二行的"今以汝别，痛亦何言"。其实，即使加上这些文字，其指向也是与已有文字表述的含义同一，并不增加实质的内容。反过来，恰好证明了这些断、缺的写本，很可能是我们推测的应将两件合一的情形。

（三）遗书一道（样式）

S.6537号2V3V

1　遗书一道 某尊甲
2　身染患疾，已经累旬。种种医疗，未蒙抽减。今

---

① 中国科学院历史研究所资料室编：《敦煌资料》(第一辑)，中华书局1961年版，第439—440页。

3 醒素之时，对兄弟子侄诸亲等遗嘱，房资

4 产业庄园宅舍，一一各支分数，例名如下。右厶乙

5 生居杯幻，处在凡流。今复疾苦缠身，晨昏不

6 觉，准能报答。因缘房资贫薄，遗嘱轻微，

7 用表单心，情函纳受，准前支给。恐有争论，盟

8 路之间，故勒私契，用为后凭。厶年月日遗书。①

与上述遗书有区别的是：

（1）这件遗书添加了标题："遗书一道"。

（2）添加了身染患疾的时间："已经累旬"，且突出了"种种医疗"未蒙抽减。

（3）同第一件样式一样，强调了"今醒素（苏醒）之时"（第一件为"今吾惺悟之时"），表明这件遗嘱是在立遗嘱人神志清醒的状态下作出的，用现代法律术语讲，是当事人在有行为能力的情形下的真实意思表示，因此具有法律效力。

（4）强调了遗产的贫薄，只是"用表单（丹）心"，还要接受者"情函纳受"。依此可见，这件遗书与其它样式显著不同的是，立遗嘱人和继承者绝非父子关系。这一点，不仅表现在没有明确的"父母遗书一道"或"慈父母某专甲遗书""慈父遗书一道"的字样，也没有"今为骨肉之深"的口吻，完全是一副很客气的情辞，而且还有"盟路之间"与"准能报答"的字样，可以肯定这件"样式"适用于不是父子之间，但有养老送终行为的继承。

（5）没有其他几件样式违反遗嘱的惩罚性规定，只是为了防止争论，

---

① 唐耕耦、陆宏基编：《敦煌社会经济文献真迹释录》（第二辑），全国图书馆文献微缩复制中心1990年版，第180页。

且"用为后凭"才"故勒私契",从而肯定和印证了"官有政法,人从私契"以及"任依私契,官不为理"的中古时代私契与国法两者各有边界,但又互重的传统。事实上,"私契"一词,也是敦煌契约文书的一个标志性的标签。

(四)慈父遗书一道(样式)

S.6537号5V 6V

1 夫悲世事以哀,然命应南闾,气如风烛,人生共寿
2 百岁,七十者希,殷诸世间之生荣现而鲁电之光
3 炎,死时忽就,无路避逃,固病时渐加深重。吾想此
4 疾,似不成人,留嘱遗言,归他逝路。吾以生存之时,所
5 造家业,一切委付生存,闻吾醒悟,为留后语。吾若
6 死后,或有喧叫,(不)依吾嘱矣,更莫相逢。谨例舍田家
7 产畜牧等及忆念录依后耳,长男厶甲、此男厶甲、
8 某女,右通前当自己内分配指领已讫,后时更不
9 得啾唧。吾自多生,辜负汝等,今以劣弱,死路来奔,
10 未及恩怜,便归空道。吾若死后,不许相诤。如若不
11 听母言教,愿三十三天圣贤不与善道,眷属不合,当
12 恶坏憎,直劫他生,莫见佛面,长在地狱,兼受畜生。
13 若不听知,于此为报。千万重情,莫失恩颜,死将足
14 矣。时厶年厶月厶日、慈父遗书一道。①

---

① 唐耕耦、陆宏基编:《敦煌社会经济文献真迹释录》(第二辑),全国图书馆文献微缩复制中心1990年版,第182页。

这件以慈父的名义所立的遗书样文,有点集大成的感觉,足备了其它几件的所有要素。不同的是,这件更抒情,如"夫悲世事以哀,然命应南阎,气如风烛,人生共寿百岁,七十者希"等。还有,这件遗书中出现了一个新的必须标明的事件,就是给女儿也留了遗产。而这件样文之所以以"慈父"的口吻立遗嘱,表面看,是现实中父先离世的反映和作为样式使然,但文书的背后,其实是父权社会使然。再有,叮嘱儿女要听母言教,否则"愿三十三天圣贤不与善道,眷属不合,当恶坏憎,直劫他生,莫见佛面,长在地狱,兼受畜生。若不听知,于此为报"。这样叙写,显然与其它样式中不遵守遗嘱所遭遇的报应和惩罚有质的不同,因为其它样式中的报应和惩罚,是针对违反遗嘱而设的,但这里是对"父亡母在"即"不听母言教"而设的。

我们再看三件真实的遗嘱文书,并简析如后。

(五)唐咸通六年(865年)尼灵惠唯书

S.2199号

1 尼灵惠唯书。
2 咸通六年十月廿三日,尼灵惠忽染疾病,日日渐加,恐
3 身无常,遂告诸亲,一一分析。不是昏沉之语,并是醒
4 甦之言。灵惠只有家生婢子一名威娘,留与侄女潘娘,
5 更无房资。灵惠迁变之日,一仰潘娘葬送营办,已
6 后更不许诸亲吝护。恐后无凭,并对诸亲,遂
7 作唯书,押署为验。
8 弟金刚
9 索家小娘子
10 外甥尼灵皈

11　外甥十二娘(十二娘指节)
12　外甥索计计(倒写)、侄男康毛　康毛(签字)
13　侄男福晟(押)
14　侄男胜贤　胜贤(签字)
15　索郎水官
16　左都督成真①
　　(后残)

这件遗嘱文书的原件，字体秀逸，十分珍贵。一方面让我们看到了唐代遗嘱的真实样貌，同时也印证了真实遗嘱文书与作为样式的文书(如 S.6537 号 2V3V)两者之间，其实非常接近。需要说明的是，"文中之唯书，乃遗书之假借。"②

这件言简意赅的遗嘱，让我们看到尼灵惠在"忽染疾病，日日渐加"的情况下所立的遗嘱。立遗嘱人虽在病中，但强调了"不是昏沉之语，并是醒苏之言"，还因"灵惠只有家生婢子一名威娘，更无房资"，就将仅有的财产"婢女威娘"留与侄女潘娘，并"仰潘娘葬送营办"即料理自己的丧事。这一实例，让我们看到奴婢作为财产的史实，也看到了遗嘱继承的存在和高于法定继承的效力，即尼姑灵惠并没有将其弟金刚，侄康毛、福晟、胜贤作为遗产继承人。其实，这也有一个事实上的情理问题，即"女婢"威娘一个，无法让其弟和三个侄子"继承"。换言之，既无法"均分"，也不好分与其中任何一个人，留与同是女性的潘娘是比较妥帖的。事实上，还要潘娘料理后事，合情合理。

---

①　唐耕耦、陆宏基编:《敦煌社会经济文献真迹释录》(第二辑)，全国图书馆文献微缩复制中心 1990 年版，第 153 页。
②　[日]池田温:《敦煌文书的世界》，张铭心、郝轶君译，中华书局 2007 年版，第 175 页。

（六）沙洲僧崇恩处分遗物凭据

P.3410 号

（前缺）

1 □□□□□□□□田庄□□□□
2 铧各壹孔，镰各壹张，铛钼各壹口，椀叠各□□□□
3 具，车壹乘，楼壹具，种壹副　粟楼壹具□□□□□
4 共使
5 □人王禄般施入三世净土寺充□□□口无穷　　渠地两突，延康地
6 两突，牛乘驴农具依当寺文籍，随事支给，
7 施入合城大众微薄房资，双紃绯坛柒条，袈裟一条□□□□
8 汗衫壹，紫绫夹裙衫壹对，□□□京褐夹绫裙衫壹对，
9 绫袄子壹青绫里□□□□□□□□□里绯绫□□□□
10 録绢兰，白练汗衫壹，赤黄绫夹袴两腰，绯绫被壹，□□□□□
11 鹤子皮裘壹领，紫绫缦，故王皮裘壹领，红紬缦□□□□
12 紫绫履壹量，京皮靴壹量并靴毯，拾伍两金银间腰带壹□
13 银椀壹枚，故赤黄绫三衣襫子壹，白方毯壹领，龙须席□□□
14 朱里椀壹，铜椀壹，铜叠子壹，坠铜盘子壹，蟹叠子□
15 漆叠子肆，画油木盛子贰并盖，画油木钵子并盖，画油□□□□
16 画油酱叠子贰，木油酱台子贰，酱醋勺子贰，铜匙筯壹
17 画木叠子拾，独胡木盘壹，五岁草驴壹头，四岁父驴壹头

18 青刚鞍兀壹,録石枕壹枚,藤裘杖壹,绢扇壹柄。

19 三世净土寺所有家具什物车乘供养具佛衣并别有文籍,□

20 岁草马壹疋,充卖寺南宅壹躯舍肆口并院落。

21 崇恩前后两政为所由于常住三宝或货价忘取,不□□□

22 招业累,将八窠上锦壹张,施入都司。

23 报恩寺常住大床壹张,踏床壹张,新车盘壹,施入佛殿□□

24 用。

25 与姪僧惠郎□□壹张,白练里草録交缘,拾伍两银椀壹,

26 表弟大将阁英达红锦袄子壹,绯绢里。

27 外生邓猪□□□信□□尼严定,已上五人□□□□

28 褋壹□□□□□

29 吴三藏紫绫裘裟壹条,紫绫庐山冒子一顶。

30 翟僧统青□□长袖壹,草録兰,紫□□□□□

31 梁僧政青绮来长袖壹,绯𦅾丝兰,□□□

32 已下政僧,法律、法师及诸寺老宿,禅律大□□□□

33 子一顶。

34 优婆姨清净意比至无常已来,支瓜渠上地贰拾亩。先

35 清净意师兄法住在日与牸牛壹,母子翻折为五头,一任受

36 用,与白绫壹疋,方耳铛壹口,柒两银盏壹,小牙盘子□

37 面。沙弥宜娘,比至清净无常已来,承事清净意,不许东西。

无常

38 已后,一任随情取意,放汝宽闲。四岁特牛壹头,布放修功

德。清

39 净意无常已后,资生活具,少小之间,亦与宜娘。

40 僧文信经数年间与崇恩内外知家事,劬劳至甚,与耕

41 牛壹头,冬粮麦叁硕。

第十二章　敦煌析产遗嘱文书　461

42　娲柴小女在哺乳来，作女养育，不曾违逆远心，今出嫡（适）事人，已经

43　数载，老僧买得小女子壹口，待老僧终毕，一任娲柴驱使，莫令为贱，崇。

44　崇恩亡后衣服，白绫鞾壹量，浴衣一，长绢裈壹，赤黄绵壮

45　袴壹腰，京褐夹长袖壹，独织紫绫壮袄子壹领，紫绫裙衫

46　壹对，紫绫褃条，袈裟壹条，紫罗庐山冒子壹顶，覆面

47　绵壹屯，覆面青沙壹段。

48　上尚书剥草马壹疋。坠铜尺五面，悉罗壹。

49　侄僧惠朗（押）

50　表弟大将阎英达

51　侄都督索（押）

52　侄虞侯索

53　侄兵马索荣徽

54　侄女夫张忠信

55　侄女夫张忠均①

首先，需要指出的是，这件文书不是分家析产的实例，而应是遗嘱析产的实例，如前所述，两者是不同的，不可混为一谈。②

---

① 唐耕耦、陆宏基编：《敦煌社会经济文献真迹释录》（第二辑），全国图书馆文献微缩复制中心1990年版，第150—152页。

② 唐耕耦、陆宏基在辑录该写本时将它不慎归类到"分书"。在部分学者的著述中，如郑显文在其《唐代律令制研究》第四章第二节的第三个问题"从敦煌文书看唐代的财产继承"中，也将分书中的财产分割原则作为遗嘱继承文书的特征和财产分割形式而论（参见郑显文：《唐代律令制研究》，北京大学出版社2004年版，第200—203页）。再如张国刚的《中国家庭史》第二卷《隋唐五代时期》第四章第三节"关于分家析产若干类型分析"中，也将分家析产与遗嘱析产混同后，却又把析产遗嘱当成了"直系家庭遗嘱分家模式"而论，并以敦煌所出的"析产遗嘱样式（S.0343号11V）"和"尼灵惠唯书"为例进行了分析（参见张国刚：《中国家庭史》第二卷，《隋唐五代时期》，广东人民出版社2007年版，第222—224页）。

其次，这件字迹清秀劲朗的文书，详实载录了沙洲僧崇恩的遗嘱。在该遗嘱的遗物中，不仅有田庄（如第一行"田庄"）、土地（如第五行至第六行"渠地两突，延康地两突"），① 以及第三十四行"瓜渠上地贰拾亩"、奴婢（第四十三行"老僧买得小女子壹口"）、车乘（第三行"车壹乘"）、牲畜（如第十七行"五岁草驴壹头、肆岁父驴壹头"、第三十五行"……㸰牛壹，母子翻折为五头"，第三十八行"肆岁特牛壹头"），以及农具（如铧、镰等）、诸色衣物（如汗衫、紫绫夹裙衫、京褐夹绫裙衫、白练汗衫、紫绫庐山帽子、京皮靴等）、日常用具（如画油木盛子、画油木钵子、拾伍两银椀、酱醋杓子、铜匙箸、绢扇、藤裹杖、大床、踏床）等。

再次，我们在这件遗嘱中看到了作为僧人崇恩的富有，真实反映和印证了唐中后期寺院经济的发达，即所谓"十分天下之财，而佛有七、八"② 绝非虚言。崇恩在这件遗书中对遗产一一作了遗嘱：或施入都司，或施入佛殿□□用，或留与侄僧惠郎、表弟大将阎英达等。不仅对僧政、法律、法师及诸寺老宿遗留了财物，还对优婆姨（即在家修行的女居士）清净意师兄法住留给她的母牛壹头，后来"母子翻折为五头"让她"一任受用"，还对清净意遗留了"白绫一匹、方耳镗一口，柒两银盏一，小牙盘子□面"。而"承事"清净意的沙弥宜娘由于清净意"不许东西"，所以这件遗嘱说，等到清净意"无常"以后，"一任随情取用"，除"肆岁特牛壹头，布放修功德"以外，其余"资生活具，少小之间，亦与宜娘"。另外，还对数年间"劬劳至甚"于崇恩内外"知家事"的僧人文信，"与耕牛壹头，冬粮麦叁硕"。

该"凭据"第四十二行至第四十三行还有：

---

① 吐蕃时期的土地面积单位，一突等于十亩。
② 《文苑英华》卷698，辛替否《谏中宗置公主府官疏》。

娲柴小女，在哺乳来作女养育，不曾违逆远心。今出嫡（适）事人，已经数载。老僧买得小女子壹口，待老僧终毕，一任娲柴驱使。

我们看到，这位数年前已经出嫁的娲柴是崇恩收养的义女，崇恩将"买得"的女婢等他"终毕"后"一任驱使"。由此可见，资产颇丰的晚唐沙洲僧崇恩不但"有僧文信为其'知家事'，有优婆夷清净意及清净意之师兄法住和沙弥宜娘料理其家事及生活，又'买得小女子壹口'为使婢。看来，崇恩的生活起居并不乏人料理，崇恩收娲柴为养女显然并不为料理生活起居，其意不过是需要有子女亲情的关爱，以弥补亲情之乐的缺失而已。"[①] 和其他遗嘱文书一样，最后有"侄僧惠朗、表弟大将阎英达、侄都督索、侄虞侯索、侄兵马索荣徹、侄女夫张忠信、侄女夫张忠均"的画押。

（七）杨将头遗物分配凭据

S.4577 号

1 癸酉年十月五日申时，杨将头遗留
2 与小妻富子伯师一口，又镜架匣子，又舍一院。
3 妻仙子大锅一口。定千与驴一头，白叠
4 袄子一，玉腰带两条。定女一斗锅子一口。
5 定胜鏊子一，又匣壹口。[②]

　　　（后空）

[①] 李正宇："晚唐至宋敦煌听许僧人娶妻生子——敦煌世俗佛教系列研究之五"（修订稿），郑炳林、樊锦诗、杨富学主编：《敦煌佛教与禅宗学术讨论会文集》，三秦出版社 2007 年版，第 24 页。

[②] 唐耕耦、陆宏基编：《敦煌社会经济文献真迹释录》（第二辑），全国图书馆文献微缩复制中心 1990 年版，第 154 页。

这件遗嘱残卷虽短，但信息量很大，让我们看到了当时社会生活的缩影。首先看到的是当时的多妻制。其次，敦煌地区女性地位较高，不愿接受地位卑微"妾"的称呼，①所以，这里的称谓是"小妻"富子。再次，这件遗嘱比较奇怪的是，给"小妻"遗留的既有日常用具伯师（即"筛子"）、镜架匣子，还有不动产宅院一处，可是给其妻仙子的却只有"大锅一口"，反差很大。对此，有学者推测道，杨将头"生前可能已经与妻仙子分开生活，而与小妾富子住在一起，所以在他死前，把身边的财产又进行了一次分配。留给小妾富子的宅院又可能就是杨将头现在与富子共同居住的房子，妻子或其他儿女分别得到一些牲畜或衣服、锅之类的生活日用品。"②也有学者推测道："这个有妻有妾的将头不可能就这点家当而没有田地。况且，只给小妾一处宅院而不给正妻和子女，也明显不合情理。很可能这道文书所记只是正式析分田产之外的补充，把日常生活用品分配一下；也可能是多次性析产时的最后一次析分，在此之前的正式析分时田宅都给了儿子，没给妻妾。"③这样的推论性分析似乎很合情理。我们还看到，定千、定胜、定女，可能是杨将头的子女，也分得了财物，且定千比定胜的财物数量多、价值大。此外，还给未出嫁的"在室女"也分了财物，这也与前述慈父遗书一道（S.6537 号 5V、6V）中的"某女，右通前当自己内分配指领已讫，后时更不得啾唧"的样文契合。

三、中国古代有没有私法意义上的遗嘱继承

对中国古代的遗嘱继承，学界基本持肯定的态度，但滋贺秀三认为

---

① 郑学檬："七世纪后期至八世纪后期敦煌县人口结构试析"，《敦煌学辑刊》1984 年第 1 期。

② 张国刚：《中国家庭史》第二卷，《隋唐五代时期》，广东人民出版社 2007 年版，第 233 页。

③ 邢铁："唐代家产继承方式述略"，《河北师范大学学报》2002 年第 3 期。

"在普遍意义上的可以称为遗产继承法的内容却是不曾存在过的",因此,他认为在同居共财一向构成家族生活原理的中国古代社会,只要同居共财的家一直存续,人的死亡是不产生在普通意义上所称的继承。所以,他认为在人(所继的是人)、祭祀和财产这三者不可分的一体化的事实下,中国古代的继承,实为"承继"。① 我国也有学者认为:"中国古代不存在一般意义上的遗嘱继承制度。遗嘱继承制度的产生,以单纯的个人所有权的普遍化和血亲关系的相对淡化为前提条件,而中国古代不具备这些条件;中国古代的法律仅允许被继承人在'户绝'时适用遗嘱,有子时则必须实行法定继承,与普通意义上的遗嘱继承制度相去甚远;虽然中国古代有实行遗嘱继承的个别实例,但不能据此认为中国存在遗嘱继承制度。"②

(一)滋贺秀三的观点是否成立

滋贺秀三一方面说"可以称为遗产继承法的内容却是不曾存在过的",另一方面又说,"尽管看来似乎不存在那样的继承事件,却不可以直接说继承这样的关系也不存在。"③ 显然自相矛盾,因为他接着也承认"就算极为常识性地思考一下,也不会怀疑同居共财的集团中通过子的加入、父的离去这种过程,进行了从祖先到子孙的财产传承即在实质意义上的继承"。④ 滋贺秀三的观点之所以显得游移不定,不仅因为他试图在细密的甄别中将问题的研究导向深入的可贵努力,却恰恰在这一细密

---

① 〔日〕滋贺秀三:《中国家族法原理》,张建国、李力译,法律出版社2003年版,第88—100页。
② 魏道明:"中国古代遗嘱继承制度质疑",《历史研究》2000年第6期。
③ 〔日〕滋贺秀三:《中国家族法原理》,张建国、李力译,法律出版社2003年版,第89页。
④ 同上。

化的过程中将最重要的"细节"粗疏化了。非常可惜的是，他意识并提到了这一"细节"但未能深入，结果在犹疑中得出了难以令人信服的结论。这个他提到但又忽略了的至关重要的"细节"是什么呢？就是后继者即儿子在复数的场合下，存不存在继承的问题。

滋贺秀三论断的前提是："如果按中国人的心中存在的法意识，个人的人格对这个人来说只要只有后继者（儿子或养子）就没有因肉体的死消灭掉而继续活在后继者的身上，从而财产以以前那样的形式继续归属于后继者，在这之间不产生任何法律上的事件。"[1] 这一论断，在对后继者即儿子是单数的情形下，的确是合适的，但他由此认为"只是儿子有复数的场合各自在相互平等的资格上是父的后继者，在这里于后继者之间产生人格的对立，这些早晚要表现为家产分割这样的法律上的事件。"[2] 这就有误解了。尤其是他将这一前提与立"嗣"连接起来后，又说："在儿子有复数的情况下立其中的哪一个便成为问题，从这一点上大概继承就变成用语了"，[3] 就更加不当。

首先，在儿子是复数的场合下，他一方面认为儿子在资格上是相互平等的后继者，又说"立其中的哪一个便成为问题"，前后论说矛盾。

其次，将儿子在资格上是相互平等的后继者以及儿子们会产生人格上的对立，指向了"早晚要表现为家产分割这样的法律上的事件"，混淆了父母亡故后家产的分割与父母在世立遗嘱产生的继承这两者"质"的不同。也就是说，父母亡故后发生在诸子间的分割家产的行为是分家，并不是严格意义上的继承，更不是遗嘱继承。如果遗嘱是按照诸子均分的原则来"立"的，甚至这样的遗嘱的存在没有多大的意义。因为，即

---

① 〔日〕滋贺秀三：《中国家族法原理》，张建国、李力译，法律出版社2003年版，第93页。
② 同上。
③ 同上书，第99页。

使没有这样的遗嘱,在父母亡故后,也会在"大家"过不下去后要分成"小家"时按照"诸子均分"的原则来"分家"的。因之这样的遗嘱不会起到敦煌析产遗嘱文书样式中所言的"恐后或有不亭争论、偏并、或有无智满说异端,遂令亲眷相憎、骨肉相毁"的预防效果。事实上,我们从慈父遗书(S.6537 号 5V 6V)第六行至第九行中看到的是"谨例舍田家产畜牧等及忆念录依后耳,长男厶甲、此男厶甲、某女,右通前当自己内分配指领已讫,后时更不得啾唧"①的样例,同时,还在杨将头的真实遗嘱凭据(S.4577 号)中,同样看到的是儿子定千比定胜的财物数量多、价值大,且定女也分得了财物的史实。这就充分说明了儿子是复数(甚至包括了女儿)的情形下,的确存在遗嘱继承的事实。

最后,滋贺秀三所谓在儿子有复数的情况下立其中哪一个,实质上将宗祧继承或者政治继承与财产继承又混淆了。因为在财产性的遗嘱继承中,不存在"立哪一个"的问题,而是将财产遗留给谁、给诸子各分多少的问题。杨将头遗嘱即是实例。

综上,在儿子是复数的时候,显而易见,遗嘱的"不均等"与父母亡故后以"均分"为原则的分家是不同的。尤其是,遗嘱中财产的分割,事实上把曾经的一个"大家"共同共有的财产分割为主体不同的"小家",即一个化大为小、化共同共有为分别所有的过程。在这个小家中,对经由遗嘱继承而来的财产,小家中的成员对这些财产的占有、使用、收益和处分是完全的,亦即符合财产所有权的四项权能,已与儿子是单数的情形即财产仅仅是一种"转移"有根本的不同。如果前者不是继承而是"承继"的话,那么,更多更广泛的后者则表明了继承是存在的,遗嘱继承也是毋庸置疑的。换言之,原先的同居共财因为儿子的复数走向瓦

---

① 唐耕耦、陆宏基编:《敦煌社会经济文献真迹释录》(第二辑),全国图书馆文献微缩复制中心 1990 年版,第 182 页。

解。这种瓦解过程是随着父母的死亡而产生的,既存在于遗嘱继承导致的财产分割,也存在于父母亡故后的兄弟分家导致的财产分割。前者是继承,后者是分家。

因此,所有将析产遗嘱与分家析产混淆并论的观点,是缺乏缜密论证的,也是难以成立的。

(二)中国古代的遗嘱继承

在中国古代,没有"继承"一词,而是"继"是"继","承"是"承"。继与承,原来是两个不同意义的词汇。继是对种姓和身份的继续,承是对财产的承袭,继承二字合而用之,不过百年之久。① 那么,这一事实,是否会如我国有学者所言的"中国古代不存在一般意义上的遗嘱继承"呢?

首先,要简要梳理并澄清"累世同居"的事实,究竟是个案还是常态。吕思勉认为,"累世同居之事,盖起于汉。赵氏翼《陔余丛考》曰:'世所传义门,以唐张公艺九世同居为最。然不自张氏始也。《后汉书》:樊重三世共财。缪彤兄弟四人,皆同财业。及各娶妻,诸妇遂求分异。彤乃闭户自挝。诸弟及妇闻之,悉谢罪。蔡邕与叔父从弟同居,三世不分财,乡党高其义'……是此风盖起于汉末。"② 杨鸿烈也认为:"累世同居的制度起源于后汉,但到南北朝即有自然崩溃的趋势。"③ 如前已述,累世同居毕竟是个案,而"析居之风,由来已久,且滔滔者天下皆是。赵氏所辑累世同居之事,虽若甚多,实则九牛一毛耳。"④ 事实上,累世同居也是非常态的家庭形式,它"看上去很美",但生活起来会有诸多不便。更

---

① 参见田涛:《千年契约》,法律出版社2012年版,第123—125页。
② 吕思勉:《中国制度史》,上海教育出版社2002年版,第311页。
③ 杨鸿烈:《中国法律思想史》,商务印书馆2017年版,第355页。
④ 吕思勉:《中国制度史》,上海教育出版社2002年版,第313页。

多或更普遍的中国家庭,"通常只包括两个或三个世代的人口,一般人家,尤其是耕作的人家,因农地亩数的限制,大概一个家庭只包括祖父母,及其已婚的儿子和未婚的孙儿女,祖父母逝世则同辈兄弟分居,家庭只包括父母及其子女,在子女未婚嫁以前很少超过五六口以上的。"[①]也就是说,累世同居是个案和例外,而"祖父母逝世则同辈兄弟分居"是常态。如此,则该学者所谓"遗嘱继承制度的产生,以单纯的个人所有权的普遍化和血亲关系的相对淡化为前提条件"不是不存在,恰恰是存在的。

其次,有学者还提出:"中国古代的法律仅允许被继承人在'户绝'时适用遗嘱,有子时则必须实行法定继承。"[②]这一论断既没有可资援引的中国古代法律条文作为依据,也没有史实加以佐证。相反,在中国古代,有法定继承人而采取遗嘱继承方式是由来已久的习俗。如《旧唐书·姚崇传》载,唐开元初年,姚崇不仅"先分其田园,令诸子侄各守其分",还立遗令以诫子孙:"比见诸达官身亡以后,子孙既失覆荫,多至贫寒,斗尺之间,参商是竞。岂唯自玷,仍更辱先,无论曲直,俱受嗤毁。庄田水碾,既众有之,递相推倚,或致荒废。陆贾、石苞,皆古之贤达也,所以预为定分,将以绝其后争,吾静思之,深所叹服。"[③]这种在临终前预分家产,就属于有法定继承人而采取了遗嘱继承的方式。如姚崇推崇的西晋石苞,据《晋书·石苞传》:"苞临终,分财物与诸子,独不及崇。其母以为言,苞曰:'此儿虽小,后自能得'。"[④]这说明石苞在预分家产的遗嘱中剥夺了幼子石崇应有的份额,但"诸子皆奉遵遗令"。这一事

---

① 瞿同祖:《中国法律与中国社会》,中华书局2003年版,第3页。
② 魏道明:"中国古代遗嘱继承制度质疑",《历史研究》2000年第6期。
③ [后晋]刘昫等:《旧唐书》,中华书局1975年版,第3026—3027页。
④ [唐]房玄龄等:《晋书》,中华书局1974年版,第1004页。

实,一方面证明了石苞的遗嘱并非是在"户绝"时才能适用,另一方面也证明了石苞的遗嘱继承可以改变法定继承,并且能得到承认和执行。

最后,对"虽然中国古代有实行遗嘱继承的个别实例,但不能据此认为中国存在遗嘱继承制度"[①]这一观点,乜小红认为,"此见解并不符合中国古代历史的实际",[②]有论者也反驳说,这就牵涉到对史学研究的举例说明方法的评估问题。事实上,"由于现有史籍资料的限制,举例说明在历史研究特别是古代史研究中是不可避免的论证方法,其论证成立与否,关键不在例证的多少,而在所举例证蕴含的共性有多少。"[③]我们目前能见到的敦煌析产遗嘱文书样式"虽然只有五份,但它们的史料价值是很高的,其显性共性在于遗嘱的指定继承人都包括法定继承人在内;其隐性共性则在于,它们说明在有承分人时采取遗嘱继承形式在唐五代社会生活中是相当流行的习俗,而非个别事例,因此遗嘱样文才有必要出现并书写流传以适应实际需要。"[④]

综上,中国古代没有遗嘱继承的观点是偏颇的,因而是不能成立的。

四、敦煌析产遗嘱文书的文化结构

布罗代尔认为,"在考察社会问题时,'结构'是指社会现实和群众之间形成的一种有机的、严密的和相当稳定的关系。对我们历史学家说来,结构无疑是建筑和构架,但更是十分耐久的实在。有些结构因长期存在而成为世代相传、连绵不绝的恒在因素:它们左右着历史长河的流

---

① 魏道明:"中国古代遗嘱继承制度质疑",《历史研究》2000年第6期。
② 乜小红:《中国古代契约发展简史》,中华书局2017年版,第258页。
③ 姜蜜:"中国古代非'户绝'条件下的遗嘱继承制度",《历史研究》2002年第2期。
④ 同上。

速。另有一些结构较快地分化瓦解。但所有的结构全都具有促进和阻碍社会发展的作用。"① 敦煌析产遗嘱文书,无论是样式还是真实遗嘱,不仅让我们看到了我国中古时代遗嘱继承的情状,透过字里行间,还间接向我们展现了我国中古时代敦煌一域人们的生活样貌和社会关系。卡西尔(Ernst Cassirer,1874年—1945年)指出:"人的突出特征,人与众不同的标志,既不是他的形而上学本性也不是他的物理本性,而是人的劳作(work)。正是这种劳作,正是这种人类活动的体系,规定和划定了'人性'的圆周。语言、神话、宗教、艺术、科学、历史,都是这个圆的组成部分和各个扇面。因此,一种'人的哲学'一定是这样一种哲学:它能使我们洞见这些人类活动各自的基本结构,同时又能使我们把这些活动理解为一个有机整体。"② 他进一步认为,虽然"人的所有劳作都是在特定的历史和社会条件下产生的",但是,"如果没有描述的分析事先提供某种尺度,我们就不可能期望测量人类文化某一特殊分枝的深度。这种结构的文化观必须先于单纯的历史观。"③ 我们从敦煌析产遗嘱文书中不仅看到经由人的劳作产生的物质财产,我们尤其看到了基于特定历史和社会条件下产生的具有"符号"性质的遗嘱文书,其中构成它们的语言,以及透过语言隐含的宗教意识和特定的历史史迹,都为我们深层追问这些符号怎样构成了一个民族的私契文化结构提供了可能。按照范忠信的说法,就是"从文化的遗物遗迹去破译一个族群的文化模式或文化构型"。④

---

① 〔法〕费尔南・布罗代尔:《资本主义论丛》,顾良、张慧君译,中央编译出版社1997年版,第180页。
② 〔德〕恩斯特・卡西尔:《人论》,甘阳译,上海译文出版社1985年版,第87页。
③ 同上书,第88页。
④ 范忠信:"法律史研究的'文化解释'使命 —— 兼论传统法律史研究的局限性",倪正茂主编:《批判与重建:中国法律史研究反拨》,法律出版社2002年版,第298页。

（一）作为族群重要标识的词语

语言是一种符号系统。它不仅是人类借以命名事物、进行思维和传递信息的工具，还是人类保存认识成果、外显一个族群文化模式或文化构型的重要标识，是一个民族成长的"胎记"。皮亚杰（Jean Piaget，1896年—1980年）干脆认为"言语表达是一种集体制度。……由于它的年代（远在科学出现的年代之前），它的普遍性和它的权力，言语很自然地被看做是有特殊重要性的结构的源泉了。"① 因此，语言就成为解读一个民族特有文化结构的捷径。那么，当年不经意间写进文书，因之很真实地带有那个特定时期"印记"的敦煌契约文书语言，会有怎样的文化标识呢？

需要说明和分析的是敦煌文书中的"别字"（通假字）。从遗嘱样式和真实遗嘱文书中，汇总起来，析产遗嘱（S.0343号11V）样式中有"桑榆已逼"中的"逼"（应为"毕"），"日日承忘痊损"中的"忘"（应为"望"），"或有不亭争论"中的"亭"（应为"停"），"或有无智满说异端"中的"满"（应为"漫"），"已后更不许论偏说剩"中的"已"（应为"以"）。而遗书二件（S.5647号）样式中没有别字。遗书一道（S.6537号2V3V）样式中有"今醒素之时"中的"素"（应为"苏"）；慈父遗书一道（S.6537号5V 6V）样式中"此男厶甲、某女"中的"此"（应为"次"）。

但细检真实遗嘱，在尼灵惠唯书（S.2199号）和杨将头遗物分配凭据（S.4577号）中没有别字。在沙洲僧崇恩处分遗物凭据（P.3410号）中有二处将"帽子"误为"冒"子，一处是"録绢兰"（应为"绿"）。

由以上别字可得出两点推论：一是样式中的别字多，且别字全都别在读音上，证明了样式的流布甚广，因为这是在传布过程中出现的失误，因此，是否可以这样大胆推测，样式流传之广，已到了口口相传的地步

---

① 〔瑞士〕皮亚杰：《结构主义》，倪连生、王琳译，商务印书馆1984年版，第52页。

呢？因为如果按照底本誊抄的话，一般不会出现这么多读音别字的错误，合理的解释似乎应当是口口相传，才导致读音相同的别字出现。第二点推论是，真实遗嘱中的别字只有两处，且不明显，这说明的确是真实遗嘱，很慎重，很认真，一般是延请了民间识文断字的代书先生，按照立遗嘱人意愿完成的一件"作品"，它同时印证了样式的别字，比如尼灵惠唯书（S.2199号）中的"并是醒甦之言"就核校并印证了遗书一道（S.6537号2V3V）样式中的"今醒素之时"的"素"为"甦"（即"苏"）。当然，也有可能是立遗嘱人自己识文断字，自己书写遗嘱。

（二）作为汉民族思维方式的"喻射"现象

作为文化印记的析产遗嘱文书中的词语，不仅隐含了一个民族的宗教意识，还标识了一个民族独特的思维方式。

析产遗嘱（S.0343号11V）样式中有"桑榆"与"钟漏"，均喻指人的晚年、残年。如《汉书·冯异传》云："始虽垂翅回谿，终能奋翼黾池，可谓失之东隅，收之桑榆。"① 桑榆，指日影落在桑树和榆树之间，喻指晚年。钟漏，即钟和刻漏，也喻指晚年。需要指出的是，这种喻指，是汉民族语言的一大特征，通常以浅显、形象的事物或事理，"喻射"② 众多抽象的、繁难的、同一原理的相关事物或事理，这在我们的日常生活中俯拾皆是，只是百姓日用而不知。比如，"雷声大，雨点小"，并非说雷和雨，它"喻射"计划或承诺很大，而兑现得很少，或"喻射"做起事来声势造得很大，而实际行动却很少。相关的"喻射"，比如"光打雷，不下雨"，干脆"喻射"了所有的有名无实。再如"挂羊头，卖狗肉"，文字的表面含义是挂着羊头，卖的却是狗肉，它"喻射"了以好的名义做招牌，实际上兜售

---

① ［南朝宋］范晔：《后汉书》，中华书局1965年版，第646页。
② 喻射，是指通过比喻辐射、映射相关事物的简称，含有比喻、映射、影射以及隐射之意。这是我们对汉语中以比喻的方法辐射相关事物的这种思维方式的一种概括。

低劣货色的所有行为。又如"老鼠过街，人人喊打"，也不是指真有老鼠过街，人人喊打的实景，而是"喻射"了遭人厌弃的东西，大家不约而同的痛恨。凡此种种，不一而足。

因此，与其说汉语中的"喻射"是一种表达方式，毋宁说它是一个族群的思维方式。这种思维方式，将浩繁纷纭的事物及其关系通过"喻射"赅简化、形象化、道理化，以超越事物、事理本身的繁杂，以删繁就简的方式代之以心领神会。如果说，百姓日常的话语是口语化的"喻射"，而遗嘱文书中的桑榆、钟漏等等，则是书面化的"喻射"。

（三）释、儒、道的混融

显而易见，"宿缘之会""宿缘庆会"这一类深受佛教教理影响而生成的词语，不只在敦煌析产遗嘱文书中出现，也常见于其他敦煌契约文书。即使没读过佛教诸如《佛说奢弥跋宿缘经》《佛说背痛宿缘经》等十部宿缘经，也知道此乃佛教影响的汉化词语。可以说，当一种宗教能深入世俗生活的深处，进而表现为一般的日常用语时，这种宗教的传播乃至它预设的目的，就十分显著了。因为日常词语历经时间的磨洗，并经由内心的认可才能外显出来，而且因了日常而浸漫成广大，进而转变成呼吸一样须臾不可离的观念意识，并影响人的行为，这样，它就成了一种稳定的文化结构。

也就是说，由于佛教在敦煌地区的"世俗化"，佛教教理"在当地深得民心，并极大地影响着敦煌官、民、僧、俗的观念意识。"[①]从这一视角看，敦煌契约文书中能把"生生莫见佛面"作为对违约的惩罚与保证，也

[①] 李正宇："晚唐至宋敦煌听许僧人娶妻生子——敦煌世俗佛教系列研究之五"（修订稿），郑炳林、樊锦诗、杨富学主编：《敦煌佛教与禅宗学术讨论会文集》，三秦出版社2007年版，第14页。

可证得佛教影响之深。类似的表述还有"直劫他生,莫见佛面,长在地狱,兼受畜生",以及"三十三天圣贤",等等。敦煌析产遗嘱文书样式中的"他劫来生",则是佛教三世因果说的一种世俗表达,此类词语在敦煌"放妻书"中也具有同样的效能。① 而"司命追我"句中的"司命",是掌管人类寿命的神,释、道均有,可见"司命"一词本身即是释、道混融的见证。还有,在敦煌契约文书中出现的"吾作死鬼,掣汝门镗"与"莫见佛面",则是儒、释混融的见证。儒家经典《礼记·祭法》云:"大凡生于天地之间者皆曰命,其万物死者皆曰折,人死曰鬼。"② 可见,人死成鬼,不仅是儒家的观念,也是一种民间意识。此外,遗书二件(S.5647号)样式中把"五逆之子"与"吾作死鬼"对接起来,也是儒、释混融的见证。③ 但此件样式很有趣的一个现象是,前面诉诸于佛教的五逆,后又诉诸于儒家的"死鬼",但对不遵守遗嘱的保障则又指向了"此凭呈官,依格必当断决者",这就证实了儒、释混融不仅是一种民间意识,甚至也是一种官方保证,即当时这种民间混融的信仰通过契约的方式同时得到了国家法律的维护。霍布斯指出,"契约中语词之力太弱,不足以使人履行其信约"。因此,"可以指靠的激情是畏惧。这种激情有两种十分普遍的对象,一种是不可见的神鬼力量,另一种是失约时将触犯的人的力量。在这两种力量中,前一种力量虽然较大,但就畏惧感讲来,则一般是对后一种的畏惧较大。对前者的畏惧在每一个人身上讲来就是他自己的宗教,在文明社会出现以前就在人类的本性之中占有其地位"。④ 以此来看,就不难理解敦煌契约中将鬼神的惩罚与官方的惩罚两者结合的良苦用意,即诉诸双重畏惧而使人恪守契约。

---

① 王斐弘:《敦煌法论》,法律出版社2008年版,第125—127页。
② [清]孙希旦:《十三经清人注疏——礼记集解》,中华书局1989年版,第1197页。
③ 五逆,佛教用语,即"五逆罪",参见本书第九章敦煌养男立嗣契约中的相关注释。
④ [英]霍布斯:《利维坦》,黎思复、黎廷弼译,商务印书馆1985年版,第107页。

(四)民族文化的混融与生活样态的缩影

民族文化的混融,显见的实例是在沙洲僧崇恩的遗嘱中既有吐蕃时期的土地的计量单位"突",也有汉族常用的"亩",是藏、汉文化交汇的一个见证。日本学者土肥义和从对敦煌姓氏的详细统计中,得出大约有 150 个左右的姓氏,为胡、汉杂居成分的结构。① 我国学者则自汉简到敦煌文书所见姓氏材料的分析中得出总数为 190 余个,在南北朝以后由汉族为主转变为汉、胡杂居的结构,② 更客观、更令人信服地说明了民族间混融的史实。

此外,我们还通过敦煌析产遗嘱文书及相关史料,可以一窥当时生活样态的一些缩影。比如,民间信仰的混融,女性较高的社会地位,繁荣的寺院经济,多妻制,敦煌僧徒大量使用、保存金银器皿的风气,以及敦煌僧人可有妻室,可有子女,可收养义子义女等,为我们在研究法律制度之外提供了当时难得的社会生活画卷。其中任何一项,都极具冲击力。如敦煌僧人可有妻室,在李正宇看来,"敦煌听许僧人娶妻生子的现象十分特殊,为魏晋唐宋间闻所未闻,在此前中国汉传佛教史上称得上石破天惊的大事。"③ 事实上,原始佛教法的戒律中是严格规定不允许和尚蓄妻的,但在元代的《通制条格》中就突出强调了和尚蓄妻现象,可以想见当时这种现象的普遍性。④

---

① 〔日〕土肥义和:"归义军时期的敦煌",《敦煌研究》1986 年第 1 期。
② 杨际平、郭锋、张和平:《五至十世纪敦煌的家庭与家族关系》,岳麓书社 1997 年版,第 5 页。
③ 李正宇:"晚唐至宋敦煌听许僧人娶妻生子——敦煌世俗佛教系列研究之五(修订稿)",郑炳林、樊锦诗、杨富学主编:《敦煌佛教与禅宗学术讨论会文集》,三秦出版社 2007 年版,第 23 页。
④ 参见陈晓聪:《中国古代佛教法初探》,法律出版社 2014 年版,第 147 页。

五、族、宗族、家族、民族视角的深层追问

世论敦煌法律文献所载特定史实蕴涵的制度或生活样态，一个重要的观点就是认为敦煌法律文献反映的是敦煌地区特定的规则或习俗，乍听之下，很有道理，甚至不言自明，但深究就会发现，这是一个似是而非的结论，因为它只强调了差异而忽视了制度和习俗的共通性。所以，这一观点的危害就在于使敦煌法律文献所见的制度或习俗只具有局部意义，从而使它不再有普遍性。比如，敦煌分书中的"抛钩为定"，就不能认为只是一种"敦煌民俗"或敦煌私契特有的规则，它就具有普遍性，因为它是一项被人们总结出来的"通则"，不因地域而受限。应当说，规则或习俗既有因地域不同而不同的一面，也有超越地域和时间而具有共通的一面。因此，要进一步阐释敦煌析产遗嘱文书，可以民族共通的背景和原理，解读隐含其中的深层文化结构。

从某种意义上说，民族，是以一个个"族"的同心圆在向"家族"放大过程中，通过血缘与地缘的杂糅融会而逐步形成的具有稳定文化系统的共同体。因此，"民族是一个客观普遍存在的'人们共同体'，是代代相传，具有亲切认同感的群体，同一民族的人们具有强烈的休戚相关、荣辱与共的一体感。"[①] 那么，何谓"族"呢？"族"的概念由来已久、源远流长。"标众"和"矢"的结合是其原初含义，或者说"族"应该是以家族氏族为本位的军事组织。"族"的含义在后来的扩展中，既包括"有血缘关系之亲属的合称"，如家族、宗族、氏族之类；也有"品类"之意。对于早期的中国社会来说，"族"的观念主要是宗族。[②] 当然，宗族是一

---

① 费孝通主编：《中华民族多元一体格局》（修订本），中央民族大学出版社1999年版，"代序：民族研究"第4页。

② 郝时远："先秦文献中的'族'与'族类'观"，《民族研究》2004年第2期。

个整体概念,细究起来,宗和族还是有区别的:"宗者,何谓也?宗尊也,为先祖主也,宗人之所尊也。……大宗能率小宗;小宗能率群弟,通于有无,所以经理族人者也。"而"族者何也?族者,凑也,聚也,谓恩爱相流凑也。生相亲爱,死相哀痛,有会聚之道,故谓之族。《尚书》曰:'以亲九族。'"①也就是说,"宗"是尊奉共同祖先的族人,有大宗、小宗、群弟若干层次,从而治理族人。"族"还是上至高祖下至玄孙的五服亲,因此"生相亲爱,死相哀痛,有会聚之道"。而宗族,则是同一父系祖先若干分支结成的同姓集团。一方面,宗族作为"人以群分"的基本单位,以血缘关系及同姓作为宗族的归属基础;另一方面,以宗族的层级结构连接分封的政治权力结构以后,就形成了"大宗能率小宗,小宗能率群弟的宗法制度"。由此可见,宗族为同姓集团,而血缘又是宗族的纽带,那么,同姓则是同族的外在符号。或者说,姓是源于血亲氏族阶段的图腾或徽记,本身就有分类学的意义,是划分同族与异族的基本符号,②而血缘则是家族内在的连接与衍续的根据。

问题是,秦汉以降,由于历经战乱,宗系荡然,分不清谁是小宗,谁是宗子,用《通典·礼》引晋范汪"祭典"的话,乃"汉家求三代之后弗得。"③这又促成了宗法向"户法"的转化。就其中的变迁而言,"秦汉以前有宗法。秦废封建,宗法与之俱废。萧何定《九章》,乃变为户法。"④换言之,宗法以宗为单位,户法以户为单位。以宗为单位,有小宗可绝,大宗不可绝之说;以户为单位,无某户可绝,某户不可绝之理。可见,宗系荡然的结果,使宗法转变为以家长为本位的家族制度,历史的这一悄然变化,非常重要,但不能由此说宗法向户法转变了,宗法就销声匿迹

---

① [汉]班固:《白虎通德论》卷八《宗族》。
② 郝时远:"先秦文献中的'族'与'族类'观",《民族研究》2004年第2期。
③ [唐]杜佑:《通典》,王文锦等点校,中华书局1988年版,第2581页。
④ 吕思勉:《中国制度史》,上海教育出版社2002年版,第321页。

了，也不是说，以家长为本位的家族制度就没有了宗族的痕迹。这是一个需要细心剥剥方能一窥其奥的深层问题。与此关联，必得如下追问，才能试解敦煌析产遗嘱文书相关的背景与原理，印证隐于敦煌析产遗嘱文书背后的文化结构。

（一）家产继承的目的是什么？

略想这似乎不是一个问题，但深思却是一个大问题，因为它直接关系到对遗嘱继承目的的追问。如果说，分家具有两方面的主要意义，亦即一方面从大家取得了财产以彰显法律意义上的平等，另一方面，更主要的是因之使小家有了赖以生活的必要的财产。但事实上，通过遗嘱的家产继承，其重心不在承继财产，而在于家族的延续。而家族的传承延续，又与继续宗祧关联。如果说分家是小农社会的"生存经济"，那么，遗嘱则更多地含有了立遗嘱人对继承人德才的考量，是一种"伦理经济"。在清末民初近代化的法典编撰过程中，逐渐明晰起来的一个概念就是继承。"夫继承云者，不惟承接其产业，实即继续其宗祧。"[①] 这也是梁治平所说的"古之继承不同于现代民法继承，其性质为宗法的，而非财产的（尽管其中可以包括财产）"[②] 的意思。因此，不是为了继承家产而继承家产，而是以继承的家产保证家族的"香火"延续。如果说"不孝有三，无后为大"使得传宗接代是延续"香火"最低和最基本的诉求，即不能在自己的身后"绝了门户"，那么，期望进一步光宗耀祖，就是遗嘱继承考虑继承人德才的内在动因。

如前已述，与此相关的"孝"，其内核有三，一是生前的奉养，二是死时的丧葬，三是死后的祭祀。而继产，不只履行了生前的奉养和死时

---

① 参见《大清民律草案》第1468条之"理由"。
② 梁治平：《清代习惯法：社会与国家》，中国政法大学出版社1996年版，第63页。

的丧葬，尤其在"香火"延续的意义上具有死后祭祀的职分。对此，吕思勉讲："宗祧继承，非徒承袭财产，亦兼掌管祭祀。"① 而只有通过祭祀，才能完成宗祧继承的目的，即死后的血食祭祀，② 这在儿子是复数的情形下，无论是嫡子主祭还是轮流当祭，都没有实质的影响。

同时，对"绝户"（无子者）通过"立嗣"制度加以保障。从这一视角也就可以解释，为什么无财产可继承者还要立嗣，可见其目的或重心也在于解决门户的传延而非继承财产。嗣子如果有可继承的财产，自然就没有嫡庶之分了。只有嗣子，也就没有了后述的嫡长子多得一份家产的问题。如果存在袭爵的情形，嗣子自然也继承永业田。但是立嗣，必须同姓同宗方可。《唐律疏议·户婚律》中规定的"无子者，听养同宗于昭穆相当者"，③ 实际上是"神不歆非类，民不祀非族"④ 的法律化。正因为历代法律严禁立异姓为嗣，也就恰恰说明了"族类"观念的牢不可破。代表性的说法就是《唐律疏议·户婚律》"养子舍去"条的"异姓之男，本非族类。"⑤ 而"非我族类，其心必异"。一个非常值得深思的话题是，这种"族类"观，不仅构成了一种身份认同，而且是法律加以保障的民间观念，这大抵也是当时的法律得以深入民间的力量缘在。在敦煌析产遗嘱文书中，譬如"但将此凭呈官，依格必当断决者"的表述，就是民间私契赢得法律尊重并认可、保护的有力佐证，反过来，又为法律在民间的落实提供了良性互动。

（二）同居共财和析产遗嘱关系中的合户与析户

显然，析产遗嘱的前提是当下的"同居共财"，从"户法"的视角

---

① 吕思勉：《中国文化史》，商务印书馆2015年版，第51页。
② 关于"血食"观念及其原理，参见本书第九章中有关"继嗣"的论述。
③ ［唐］长孙无忌等：《唐律疏议》，刘俊文点校，法律出版社1998年版，第258页。
④ 《左传·僖公十年》。
⑤ ［唐］长孙无忌等：《唐律疏议》，刘俊文点校，法律出版社1998年版，第259页。

看,就是"合户",由此指向了将来的"析户"。敦煌析产遗嘱文书、分书等文书样式的广泛流布,证明了析户是合户的必然趋势。如果说,商鞅颁行的"民有二男以上不分异者,倍其赋",① 目的是为了增加赋税的收入,那么隋、唐的强制'析户',则主要是解决北齐以来大户包荫、户籍伪讹不实的问题。一个看似很矛盾的现象是,在析户成为趋势的情形下,统治者出于儒家伦理的需要,常常旌表"合户"以敦风俗,似乎不顾赋税而为,或者说为了伦理而牺牲赋税,其实正好相反,鼓励同居共财以形成"合户",一方面形成所谓累世同居合爨的孝道格局,另一方面,内质上却是为了防止民间以析户制籍为由降低户等,隐瞒丁口,逃避公课,以保证封建国家的赋役有足够的来源。《唐六典》"京县、畿县、天下诸县官吏"中记载:"所管之户,量其资产,类其强弱,定为九等,其户皆三年一定,以入籍帐。"②《通典》在论到天宝中财政收入的状况时记载:"按天宝中天下计帐,户约有八百九十余万,其税钱约得二百余万贯。大约高等少,下等多,今一例为八等以下户计之。其八等户所税四百五十二,九等户则二百二十二。今通以二百五十为率。自七载至十四载六七年间,与此大数,或多少加减不同,所以言约,他皆类此。其地税约得千二百四十余万石。"③ 据此可见,税钱按户等计户征收,各户等之间税钱的差额相当大(八等户岁税钱452文,九等户岁税钱222文,八等户的税钱额为九等户税钱的两倍多);上等户很少,下等户很多,九等户约占总户数的90%,八等户约占总户数的10%,七等以上户仅占百分之几。④ 敦煌文书也证实了由于析户导致户等的降低这一史实,证实了唐代民间析户异居之风之盛,也间接证实了赋役的沉重,迫使下层民

---

① [汉]司马迁:《史记》,中华书局2009年版,第420页。
② [唐]李林甫等:《唐六典》,中华书局1992年版,第753页。
③ [唐]杜佑:《通典》,王文锦等点校,中华书局1988年版,第110页。
④ 郑学檬主编:《中国赋役制度史》,上海人民出版社2000年版,第216—217页。

户逃隐和离析。因此,研究中古时代的家族演变,需借助当时的赋役制度,方能深解。

(三)"非我族类"的财产继承与立嗣的变异

为了简化对"族类"的识别,在日常生活中代之以"姓"。姓氏,由此不仅构成了人群的标识,因在血缘意义上的承接以至成了一种身份认同。经由姓氏,把"非我族类"观转化为《国语》所说的"异姓则异德,异德则异类",而"同姓则同德,同德则同心,同心则同志"。[①] 但问题是,生活的繁复并不总是按照人们的意愿都能齐整地装进预设的规则之中,这就需要耐心分拣,并在实际生活中加以解决。一般常态是,当儿子是单数时,产生滋贺秀三所说的"承继",是在家内的一种财产传承。当儿子是复数时,要么父母在世时通过析产遗嘱以确定财产的继承,要么在父母亡故后再通过"分书"分家。也就是说,在有子继承或诸子均分的情形下,与其说不会产生族类问题,不如说就是自然而然的族类观的运用,像人的呼吸一样习焉而不察。子承父姓,这一一般规则也就保证了族类的"纯粹性"。所以,族类观更多地产生于非常态的"户绝"时。为了克服"非我族类"的隐忧,如前所述,法律规定了立嗣必须"听养同宗"之男,亦是非我族类观的直接保障。

这里必须注意两个问题,一是在中国古代,由于将宗祧继承、政治继承与财产继承混融起来,因之在财产继承时,必得注意家产继承与宗祧继承重合的整体性继承原则,亦即长子长孙要多得一份家产,其潜在的理由是长子和长孙在继承家产的同时,还继承了父祖的家长身份与责任。这一般体现在遗嘱继承中的非均分之中。二是由于政治继承,同时伴生了一种袭爵的嫡长子、长孙单独继承永业田的规定,即所谓"世业

[①] 《国语》卷十《晋语》。

之田,身死则承户者便授之",①或者是《通典》所言的"诸袭爵者,唯得承父祖永业,不合别请。"②遗憾的是,这两项规定,在析产遗嘱中是否必须遵守,在敦煌析产遗嘱文书中未曾涉及,不好妄断。但可以明了的是,由于袭爵对于众多家庭而言,几乎不会涉及,所以在析产遗嘱中也就没有了这方面的考虑。至于以宗祧继承为目的的财产继承中,多得一份家产是否必得以嫡长子、长孙为准,至少从敦煌析产遗嘱文书中看不出来。这不仅与曾经以嫡长主祭为方式向后世采取的各房轮祭转换的事实有关,而且还以立遗嘱人的意志和对复数的儿子们的考量有关。事实上,析产遗嘱就是以"非均分"为原则的,而究竟给谁多分,不一定非是嫡长、嫡孙不可。如果嫡长、嫡孙贤能,自然天遂人愿,皆大欢喜,否则,一如我们所见的皇帝废嫡立庶,也非个案一样,在析产遗嘱中将财产多分给某一庶子,也非个案。

如果说,无子立嗣是族类观下不得已的一种遗产继承的变异,那么,与宗祧继承勾连的析产遗嘱的非均分,不一定是嫡长子多得财产的变异,恰是析产遗嘱的生命力所在,其实质在于保证族、家族、宗族的绵延与活力。非作如是观,不足以道破中国古代析产遗嘱的要义。

问题的复杂性更在于,即使到清代,虽然"法律严禁以异姓子承宗,'异姓乱宗'在一般宗族法上也总是悬为厉禁,然而由《报告录》所载各地习惯看,民间收异姓子为继子、招婿以承嗣以及过继姐妹之子、异姓兼祧、以外孙或义子为继者,可以说比比皆是,乡民恬不为怪,往往有宗族不加干涉且登其名入谱者。"③对这种变异于法律规定之外的民间习惯,梁治平的解释是,"这种情形不但可以表明社会情态之复杂,地方习惯之多样,而且向我们显示出个体偏离社会模式的行为,如何在特定

---

① [后晋]刘昫等:《旧唐书》,中华书局1975年版,第2088页。
② [唐]杜佑:《通典》,王文锦等点校,中华书局1988年版,第30页。
③ 梁治平:《清代习惯法:社会与国家》,中国政法大学出版社1996年版,第78页。

情境之下逐渐演成一般习惯的过程。一些地方并立二嗣的习惯尤其可以用来说明这一变化过程。"而"应继表明宗法规则,爱继则体现个人意志,并立二嗣即是礼法与人情的调和。"① 可见,任何将繁复的生活样态企图按照齐整的方式做僵化而武断的论断,都是有失偏颇的,因而也是缺乏深度和经不起校验的。

(四)宗祧继承、政治继承与财产继承的混融

与现代继承仅以财产为内容不同,中国古代的继承十分复杂,既涉及财产继承,又涉及身份地位的继承,因此,应将中国古代的继承严格理解为身份地位和财产权在家内的一种转移。就其实质而言,前者是政治利益和荣誉的转移,后者是经济权利的转移。以此论,可将我国古代的继承分为两方面:身份地位的继承和家产的继承。② 而身份地位的继承又包括祭祀继承、封爵继承和食封继承。但也有学者认为,宗祧继承、政治继承(身份继承)和财产继承构成了中国古代继承的三大实质内容。③

宗祧继承、政治继承与财产继承的混融是显而易见的。祭祀继承不仅是一种身份地位的继承,事实上,因为祭祀所需,一般在嫡长子祭祀继承中也就与家产多得连接在一起。由于爵位是权力与财产的综合载体,所以封爵继承,也不仅仅是一种政治荣誉的继承,袭爵意味着权力和财产的整体性的传继。吕思勉就认为,"所谓继承者,即继承治理之

---

① 梁治平:《清代习惯法:社会与国家》,中国政法大学出版社1996年版,第79页。
② 张晋藩总主编:《中国法制通史》(隋唐卷),法律出版社1999年版,第604—612页。
③ 丁凌华:《五服制度与传统法律》,商务印书馆2013年版,第318页。另外,滋贺秀三也将中国古代的"继承"解读为三个关系,第一是继人(人的后)的关系(继嗣),第二个是承担祭祀(承祀),第三是继承财产(承业)。并认为这三者决不是各自分开的事态。参见〔日〕滋贺秀三:《中国家族法原理》,法律出版社2003年版,第95页。

权之谓也。"① 至于食封继承,在唐代,食封因属于经济利益而允许分割,不像袭爵的权力不能分割。《唐六典·尚书户部》载:"凡食封皆传于子孙。"注云:"食封人身没以后,所封物随其男数为分,承嫡者加与一分。若子亡者,即男承父分;寡妻无男,承夫分。若非承嫡房,至玄孙即不在分限,其封物总入承嫡房,一依上法为分。其非承嫡房,每至玄孙,准前停。其应得分房无男,有女在室者,准当房分得数与半;女虽多,更不加。虽有男,其姑、姊、妹在室者,亦三分减男之二。若公主食实封,则公主薨乃停。"② 虽然,中下层平民无缘食封,也就无缘传于子孙,但不能因此忽略在继承一脉中毕竟有"食封继承"的事实存在。还应注意的是,在食封继承中,规定了承嫡者加一分的特权,这与祭祀继承嫡长子多得一份财产规定类似。此外,女子有一定的继承权,这在非食封继承的敦煌析产遗嘱文书中,我们得以看到女子确有继承权。但是,食封继承中的女子继承是在"其应得分房无男"的条件下开始的,且在室女也只能继承同房男子应继份额的一半,在室的姑、姊、妹,只能得到同房男子应继份额的三分之一。换言之,食封中的女子继承是有条件的,严于普通财产的继承。这"大致因食封乃特殊的财产,其对家族而言财产意义尚轻,荣誉和地位才为最重,首先应由男性来继承。"③

与此同时,敦煌析产遗嘱文书还向我们证得了学界所谓女子较充分的继承权"只有在户绝财产法律关系中才能得以实现"④的结论是片面的。因为上述敦煌析产遗嘱文书样式和真实遗嘱,均表明即使是非户绝时,也有充分的继承权。如慈父遗书(S.6537号5V 6V)样式就没有限制女子继承的条件,而真实的"尼灵惠唯书"则将仅有的财产"婢女威娘"

---

① 吕思勉:《中国制度史》,上海教育出版社2002年版,第297页。
② [唐]李林甫等:《唐六典》,中华书局1992年版,第79页。
③ 张晋藩总主编:《中国法制通史》(隋唐卷),法律出版社1999年版,第613页。
④ 同上。

留与侄女潘娘。至于沙洲僧崇恩处分衣物凭据(P.3410号),在女性继承人中,有优婆姨清净意、沙弥宜娘和已出嫁的义女娲柴,均有充分的继承权。在杨将头遗物分配凭据(S.4577号)中,妻仙子、小妻富子和定女,也均有继承权,且并非在"户绝"时,这些敦煌析产遗嘱文书,均可佐证。

还需指出的是,以往学者的著述中注意到宗祧继承与嫡长子继承的混融,但往往将二者混为一谈,这是不当的。丁凌华明确认为,二者在实质与方式、目的与重心、理论基础、发展沿革方面均有明显区别。① 宗祧继承与政治继承的边界是,前者继承的是血食祭祀,兼有财产继承;后者继承的标的是身份和荣誉,也附带有财产继承。而纯粹的财产继承,继承的只能是财产。从广义上讲,宗祧继承和政治继承兼含财产继承,而狭义的财产继承,则单指不含宗祧继承和政治继承中的财产继承。换一视角,如果将这种继承视作一种家庭资源的传递,它可分为两大类,一类是权威(authority),另一类是财产(property)。中国家庭属于异质传递,它意味着中国家庭在资源转移上是长子继承权威,财产却诸子平分。而想要在异质传递中维持住家庭成员社会关系的稳定性,单靠财产或权威都是不够充分的,因为不以财产做基础的权威是不牢靠的,而不受权威控制的财产也意味着不服从或脱离。因此,一旦包括权威者在内的家庭成员为利益分配而发生冲突,则用儒家提倡的"重义轻利"和君子人格来调解彼此的关系。②

(五)民族的文化特性与继承的外显

孟德斯鸠指出:"法律应该和国家的自然状态有关系;和寒、热、湿的气候有关系;和土地的质量、形势与面积有关系;和农、猎、牧各种人

---

① 参见丁凌华:《五服制度与传统法律》,商务印书馆2013年版,第318—319页。
② 参见翟学伟:《关系与中国社会》,中国社会科学出版社2012年版,第53—55页。

民的生活方式有关系。法律应该和政制所能容忍的自由程度有关系；和居民的宗教、性癖、财富、人口、贸易、风俗、习惯相适应。"①的确如此。作为文化视野下的法律，它的差异和国家、民族的自然环境密不可分。虽然这种"构成民族特质的文化差异的自然基础是生态环境，即在'天地寒暖湿燥'、'广谷大川'等不同生态环境中生存的人类群体'皆随地以资其生'所表现的'异俗'，其中也包括语言、信仰之类。但是，形成民族共同体的条件则是社会环境。"②如果说，生态环境构成了民族的文化差异，是一种"地方性"风景，那么，社会环境则形成了民族之所以为民族共同体的通则。前者如梁治平的研究发现："赎田以春前秋后为限的习惯直接产生于农作秩序，且体现农耕社会中之公正观念。"③后者如敦煌契约文书中对土地的格外重视，是农耕民族的必然心理。与农耕社会相关的析产遗嘱文书之所以侧重传子，不仅因为农耕社会依赖男子的体力耕作以支撑家庭，更与儒家祭祀、血食观和"孝"道直接勾连，还与"绝户"乃是不光彩的民间观念有内在的牵绊，亦即十分忌讳自己身后变成"绝户"。

至于析产遗嘱之源的"共同共有"，中国古代的这种所有制形式与西方物权理论的共同共有也不完全一样，具有汉民族特有的特质。如果对起源于罗马法和日耳曼法的西方近代物权理论做最赅简的追溯，那么，罗马法以商品经济为基础，这与中国古代以自然经济为基础具有质的不同。即使以自然经济为基础的日耳曼物权法，由于血缘或姻缘产生的亲属团体使每个人都不清楚自己应该享有的份额，而中国古代由于有父母亡故后诸子均分原则的存在，享有分家资质的诸子大致可以算出自己预得的份额。如果采用遗嘱析产，可以在预得的份额上下增减，但如

---

① 〔法〕孟德斯鸠：《论法的精神》（上），张雁深译，商务印书馆1982年版，第7页。
② 郝时远："先秦文献中的'族'与'族类'观"，《民族研究》2004年第2期。
③ 梁治平：《清代习惯法：社会与国家》，中国政法大学出版社1996年版，第53页。

果在父母亡故后"分家",则基本可以知道自己应得的财产的比例。

　　而户绝的财产,唐开元二十五年(737年)的"丧葬令"规定:"诸身丧户绝者,所有部曲、客女、奴婢、店宅、资财,并令近亲(亲依本服,不以出降)转易货卖,将营葬事及量营功德之外,余财并与女(户虽同,资财先别者,亦准此);无女,均入以次近亲;无亲戚者,官为检校。若亡人在日,自有遗嘱处分,证验分明者,不用此令。"① 唐文宗开成元年(836年)颁行的"敕"又有进一步的限制:"自今后,如百姓及诸色人死绝,无男空有女,已出嫁者,《令》文合得资产。其间如有心怀觊望,孝道不全,与夫合谋,有所侵夺者,委所在长吏,严加纠察,如有此色,不在给与之限。"② 由两则令、敕可见,遗嘱的效力优于法定继承的效力,而让女儿在无遗嘱的情形下继承家产,很有意味或者说具有民族特色的一个条件是"孝道"要全。至于孝道的标准,虽有常则,其导向则是带有伦理性的。至于"无女,均入以次近亲"的理由,还是"族类"观使然,即认为家产本源是家庭的,而家庭的也曾经是家族的,所以户绝家产应该在本家族范围内传承,好在官方法律也认可这一点,这就使族类观通过官、民的共同认可,进而成为一个民族的法文化特征之一。

　　最后,在析产遗嘱的保障上,如前所述,只是诉诸于佛、鬼的报应,这不仅和一个民族的民间信仰相关,借用唐君毅的说法,也与农业与和平对中国文化精神的形成有关。换言之,不是动辄诉讼,而是先以言辞的方式做温婉的劝谕,力使析产遗嘱达到"无讼"化,这一点,也与西方民族的法文化及其法律制度大异其趣。

---

① 〔日〕仁井田陞:《唐令拾遗》,栗劲、霍存福等编译,长春出版社1989年版,第770页。
② 《宋刑统·户婚》引唐令。

附录　主要历史时期敦煌地区大事件

时期	年代	主要历史文化活动	备注
先秦	旧石器时期—前221年	敦煌地区的上古居民有三苗、瓜州戎，民族有乌孙、月氏、匈奴。磨制与打制的石器与铜器、陶器并存，而以畜牧业兼顾农业（已出现手工业和交换），以等级差别显著为主要特征的"火烧沟类型文化"，辐射到当时的敦煌地区。	《尚书·舜典》："流共工于幽州，放欢兜于崇山，窜三苗于三危，殛鲧于羽山，四罪而天下咸服"。此处的"三危"，就是指敦煌的三危山。《山海经》："三危之山，三青鸟居之。"
秦汉	前221年—220年	月氏在敦煌一代留下的文化遗存与河西走廊发现的"沙井文化"的特质相契。在敦煌已出现铁器。汉武帝时，"张骞凿空"，两次出使西域，开通了著名的"丝绸之路"，为中国与中亚各国及地区的经济文化交流开创了新纪元。霍去病西击匈奴获胜后，河西归入汉朝版图。汉代始置河西四郡：酒泉、武威、张掖、敦煌。同时修筑河西的汉长城和烽燧亭障，移民屯田，戍守实边。	"敦煌"一名，始见于《史记》《汉书》。《史记·大宛列传》："始月氏居敦煌、祁连间。"《汉书·张骞传》："昆莫父难兜靡本与大月氏俱在祁连、焞煌间，小国也。"

续表

魏晋南北朝	220年—589年	因中原朝代更迭，战乱频仍，河西地区尤其是敦煌遂成避难之地，由是河西"多士"，传统文化兴盛。同时，由于敦煌地接西域，成为佛教东传的门户。 前秦建元二年（366年），乐僔在莫高窟造窟一龛，此乃敦煌石窟艺术的起点，敦煌也逐渐成了佛教艺术的胜地。 就敦煌文献而言，最早的敦煌写本出现在这一时期，它是抄写于东晋太和三年（368年）的《法句经》（甘博1号）。而敦煌经济社会文献，斯坦因发现，最早的敦煌写本是东晋末年（416年）一份记录敦煌人口统计数据的卷子。	其一，敦煌历经曹魏、西晋、前凉张氏、前秦苻氏、后凉吕氏、西凉李氏、北凉沮渠氏、北魏、西魏、北周等10个政权的统辖。 其二，本书援引的史学名词"中古时代"，在中国，对应的是南北朝到明朝这一段时间。 其三，北魏曾设敦煌镇。明帝时将瓜州改为敦煌郡，后又改称义州。孝庄帝又改为瓜州。
隋唐五代	581年—960年	隋代虽短，却是敦煌走向兴盛的起始。在隋代，敦煌已是总辖"丝绸之路"的咽喉要道。隋炀帝时，吏部侍郎裴矩在《西域图记·序》中明确提出："发自敦煌，至于西海，凡三道，各有襟带。"三道即"丝绸之路"的北、中、南道，它是中西经济文化交流的要道。 唐对"丝绸之路"上的明珠敦煌加强了行政管理与军事防卫力量，同时，由于长期的"渠河口作"，敦煌已形成了比较完善的绿洲灌溉系统，除畜牧业外，农业得到了长足的发展。在文化上，儒、释、道的融会，成为敦煌契约文书的根基性理论。与此同时，敦煌宗教石窟艺术进入全盛时期，标志着莫高窟创举的北、南大像的修建，实质上是唐代敦煌兴盛与唐代国家强大的象征。	其一，隋建国于581年，589年灭陈，完成统一。隋文帝一度废郡为县，称敦煌县。隋炀帝后罢州置郡，复称敦煌郡。 其二，唐初，改敦煌郡为瓜州，后分为两州：瓜州和西沙州，后再改西沙州为沙州、沙州郡、敦煌郡。 其三，本书所涉的各类敦煌契约文书，主要签约履行年代在唐代，且以唐中后期为主。

续表

蕃占时期	781年—848年	蕃占时期,敦煌被强制推行一系列吐蕃化措施,如在行政建制上,以"部落、将"制替代了唐代的乡里制;在土地制度上,以"突田制"替代唐代的授田制;而计量单位,则是吐蕃计量制与汉制并用(如"突"、"汉斗")。 本书研究的敦煌契约文书,签约履行年代在蕃占时期的数量不少,如敦煌买卖契中的癸未年(803年)尼僧明相卖牛契;再如,827年安环清卖地契等。 这一时期,世俗化的佛教与寺院经济发达,莫高窟的开凿也久盛不衰。	755年"安史之乱"后,唐德宗建中二年(781年)吐蕃占领敦煌,开始了吐蕃在敦煌长达67年的统治时期,史称"蕃占时期"。
归义军时期	851年—1036年	这一时期,敦煌莫高窟在洞窟开凿、窟檐建筑、彩塑、壁画等方面虽有新的发展,但较之唐前期的艺术成就,已逊色不少,衰退迹象明显。 本书研究的敦煌契约文书,签约履行年代在归义军时期的数量占比大,如14件田宅交易契约中,有13件属于这一时期;再如,在10件敦煌租佃契中,有9件属于这一时期。又如,索怀义土地疑难纠纷案,如果按历史时期,对应的是后晋开运二年(945年),但在敦煌地方历史上,此年则属于曹氏归义军时期。	唐大中二年(848年),张议潮率军推翻了吐蕃的统治。大中五年(851年)唐遣使河西设立归义军,张议潮为首任节度使。前期为张氏归义军时期(851年—914年)。后梁乾化四年(914年),曹议金取代张氏,废金山国,恢复归义军称号,史称曹氏归义军时期(914年—1036年)。
南北两宋	961年—1279年	两宋时期,敦煌分别被沙州回鹘政权和西夏政权先后统治,因此,两宋政府实际上并未对敦煌进行统治。 在文化上,沙州回鹘时期的壁画构图简洁明快,造型丰满粗放,具有浓郁的民族风格,是维吾尔先民爽朗奔放审美情趣的反映。	其一,在归义军与西夏政权间,沙州回鹘政权统治敦煌30多年(1036年—1070年)。 其二,西夏有效统治敦煌(时称瓜州、沙州)的时期约在1070

续表

		西夏统治敦煌期间，虽然新开洞窟极少，但在改造旧窟时，重现宗教壁画的大型题材，内容繁复，技法高超，规模宏大，散发着藏传佛教绘画的浓厚气息，特色鲜明，独树一帜。 在敦煌文献中，最晚的文献是写于宋咸平五年（1002年）的敦煌王曹宗寿、夫人氾氏添写报恩寺藏经录（俄藏Φ.32号）。本书敦煌契约文书，如果将签约履行的年代与历史时期对应起来，也有不少北宋时期的契约文书，如在14件田宅交易契约中，有四件为北宋时期的契约，但实际上，一件为蕃占时期的契约，三件为归义军时期的契约，如最晚一件契约即马保定的卖舍契，对应的历史时期是北宋雍熙元年（984年），而在敦煌地方历史，则属于归义军时期的契约。	年至1227年间。
元明清	1271年—1911年	元代以后，敦煌石窟营造中辍。明嘉靖七年（1528年），吐鲁番汗国占领敦煌，开始长达190多年的统治。这一时期的敦煌地区，水利失修，良田抛荒，农牧结合的生产方式被毁，绵延千年的汉唐文化中断。由于吐鲁番汗国信奉伊斯兰教，因此曾盛极一时的莫高窟满目凄凉："佛像屡遭破坏，龛亦为沙所埋"。 至清朝，大规模移民至敦煌屯田，以农耕为主的敦煌经济逐渐复苏，但文化上的重建，以及信徒在道光、嘉庆年间对莫高窟的整修，重修葺、多杂糅而少建树。	其一，蒙古孛儿只斤·铁木真于1206年建国，1271年忽必烈定国号为元，1279年灭南宋。 其二，明代自1368年至1644年。 其三，清代建国于1616年，初称后金，1636年始改国号为清，1644年入关，1911年辛亥革命爆发，1912年2月12日清帝溥仪退位，清朝灭亡。

续表

		与本书相关的是:(1)1900年6月22日(清光绪二十六年五月二十六日),敦煌藏经洞发现,诞生了一门国际性的学科"敦煌学"。学界一般将1909年作为敦煌学研究的起始年份。(2)俄国的奥勃鲁切夫、英国的斯坦因、法国的伯希和,分别于1905年、1907年和1908年先后来到敦煌,骗买、掠走了各类敦煌文献,分别构成俄、英、法藏敦煌文献。(3)1909年(清宣统元年),地方政府将劫余的敦煌文献押解到北京,交京师图书馆。	
中华民国	1912年—1949年	与本书相关的是:(1)1914年斯坦因最后一次来到敦煌,再次掠走了一部分敦煌文献。(2)俄国的奥登堡在敦煌掠走19000余件敦煌经卷文书,以及大约350件绢、纸绘画品。(3)1912年,日本的橘瑞超、吉川小一郎先后从敦煌当地村民,尤其是从王圆箓私藏的宝藏中用超低市价买走了600多件敦煌汉藏文写经和两尊佛像。	在中国,以罗振玉、王国维、王重民、王仁俊、陈垣、姜亮夫、刘复、董康、许国霖等第一代敦煌学者为代表,对敦煌文献进行收集、整理、刊布、介绍和初步研究,是我国敦煌学研究的开拓者与先导者。

附:

1. 此表虽然梳理了从先秦到中华民国不同历史时期敦煌的主要历史文化活动,但侧重从敦煌契约文书的视角出发,旨在为本书所论提供一种作为历史坐标的对应与参照,因此未能面面俱到,比较简略。

2. 此表主要参考了刘进宝《敦煌学通论》(修订本)。

后　　记

　　时间无声，世界纷扰，人生实难。静下心来，用10年时光倾力完成一部书稿，与其说是对凡俗生命深陷琐碎日常的超越，毋宁说，是对个体历经尘忧俗虑、三病四痛、世事刺激而犹能了无尘芥、心无旁骛于写作的一种拯救。她是孤峭高卓的雪莲。

　　本书是我2011年主持的第一个国家基金课题"敦煌契约文书研究"的结项成果。而此缘于20多年前在敦煌的故土甘肃的一次奇妙的机缘，至今想来，依然不可思议。

　　我对敦煌法律文献的研究，大抵可分三个阶段。第一阶段，对敦煌文明判集残卷、神龙散颁刑部格残卷、开元户部格残卷、放妻书和敦煌吐鲁番法律文献所见的情理法等进行了专题研究，于2008年结集出版了《敦煌法论》；第二阶段，以主持的国家基金课题为契机，转向并集中研究敦煌契约文书，也就是本书的主要内容。再进一步，对敦煌契约文书中数量最多、内容繁富的敦煌借贷契约，以主持的第二个国家基金课题——"丝路文化视域下敦煌借贷契约精细化研究"为契机，进行精细化研究；第三阶段，将对敦煌所出的债务、地宅、遗产、租田、请地、徭役、砲（礧）课纠纷等状牒，以及公验和种类庞杂的籍历等进行系统研究，以圆成一个敦煌学人的学术心愿。

　　长期以来，以政治、军事等重大事件为内容的叙述史始终是史学的主流。于是，用法国年鉴学派一代宗师布洛赫的话说，认真地修剪历史的枝条就成了"历史学家的技艺"。但问题一如钱锺书所言："求尽则尽无止境,责实则实无定指。"在总体史以及那些掀天动地的历史事变之外,尚有生发于民间日常广大的微观史,其中的"民间细故",不仅是重大历史事件的"毛细血管",而且是恒稳家国秩序,返照族群文化的根基。这些,既是我们重新打量被正史典籍轻忽了的敦煌契约文书以作深度研究的理据,也是克服迂远空疏与过于琐屑的必由路径。

在我经年的研究中,那些隐现于敦煌契约文书中一个个普通的姓名,让我熟识得像是朝夕相处的亲人,他们跳动在我的键盘上,萦绕在我的思量中,乃至出入于我的梦境里,真真切切成了我生命中魂牵梦绕的一部分,恍惚觉得时光可以倒流,空间可以穿越,于无数个风霜雨雪的日夜,和他们一起推日子、共悲欣。

德沃金说,人生苦短,在离开这个世界之前,我们有责任有所成就。我们有责任过好的一生,而不是被人浪费的一生。说到底,任何人都不能替我们作出决定,这是我们自己的责任。这是自觉、自尊所带来的苦难、重负和祝福。此中真意,惟知者知矣!事实上,挣开尘世的万千羁绊已是不易,四望浮生道上奔竞贪缘的各色人马而不移初志,犹能心如古井、清凉静谧,以一种扫尽尘嚣的平和独守专一的心境,又何其难。至于不在今朝浮沉随浪,埋头千年古契而宛若初见,已由难入苦。但就在这苦中,我分明永怀这段于晨钟暮鼓里以一盏清茶相伴青灯黄卷的写作时光:心境澄明、超然忘机、自得自在。那是笛卡尔所说的人生中唯一不掺任何杂质、不受任何惊扰的幸福啊!下面两首五绝,约略记述了写作中不同时段的不同境况:

其一

时入无人境,

孑然雪域行。

一朝出世网,

峭立向天庭。

其二

户静月无痕，

江潮夜半声。

秋虫鸣唱外，

大化入微中。

是啊，大化迁流，天道有常。在核校书稿的一年又半中，庚子之年，疫情肆虐，人类历劫。海子说，活在这珍贵的人间，太阳强烈，水波温柔。培根说，如若人心能动于仁爱，安于天意，围绕真理之轴旋转，那人间就无异于天堂了。

在书稿付梓之际，我要感谢无法一一单列的诸多师友对我的提携和指点，感谢中国计量大学及法学院对我的帮助，感谢家人长期以来默默的支持与关爱。尤其要衷心感谢商务印书馆王兰萍编审为本书的出版付出的超常辛劳：她不仅把本书列入已成一定规模的"中国法律史学文丛"，而且在翔实的"审读加工报告"中从框架结构、目录标题、编辑体例，乃至参考文献、标点符号以及行文的字斟句酌，都提出了建设性的修改意见，使本书有了全新的样貌与品质。这份感恩，永存心底。

王斐弘

2021 年初春·杭州半隐庐